天元数学文化丛书

灿烂群星
我心中的杰出科学家

陈关荣 著

科学出版社

北 京

内 容 简 介

本书集录了作者心中赞美的 50 多位科学家的生平和事迹。这些科学家的不平凡经历和科学献身精神令我们由衷敬佩并深受鼓舞。书中把这些科学家分类为数学家、物理学家、计算机科学家和其他领域科学家,方便欣赏阅读。

故事以大众化科普的笔法写作,兼顾学术性和趣味性,适合所有年龄段的读者,包括大中小学教师和学生、科技和产业界员工、文艺工作者以及退休人员。

图书在版编目(CIP)数据

灿烂群星：我心中的杰出科学家 / 陈关荣著. —北京：科学出版社，2025.6

ISBN 978-7-03-077537-5

Ⅰ. ①灿⋯ Ⅱ. ①陈⋯ Ⅲ. ①科学家-生平事迹-世界-通俗读物 Ⅳ. ①K816.1-49

中国国家版本馆 CIP 数据核字(2024) 第 009598 号

责任编辑：王丽平　孙翠勤 / 责任校对：郝甜甜
责任印制：张　伟 / 封面设计：无极书装

科 学 出 版 社 出版
北京东黄城根北街 16 号
邮政编码：100717
http://www.sciencep.com
北京建宏印刷有限公司印刷
科学出版社发行　各地新华书店经销

*

2025 年 6 月第　一　版　开本：720×1000　1/16
2025 年 6 月第一次印刷　印张：29 3/4
字数：487 000
定价：198.00 元
(如有印装质量问题，我社负责调换)

丛书编委会

主　编　汤　涛

编　委　蒋春澜　刘建亚　乔建永

　　　　王　杰　叶向东　袁亚湘

　　　　张继平　周向宇

丛书序

数学是研究数量、结构、空间、变化的学问。数学的研究方法是从少许自明的公理出发，用逻辑演绎的方法，推导出新的结论；这些新的结论被称为定理。由此看出，数学有别于其他科学，是一种独特的文化存在。高斯说：数学是科学的女王。这个女王，至少具备真善美三项优秀品质。这个女王的地位，是由数学的真理性保证的。数学之善，这已经为大众所熟知，在当今科技飞速发展的时代发挥着越来越重要的作用。数学之美，正如罗素所说：只有这门最伟大的艺术，才能显示出最严格的完美。

数学文化，是指数学这门学问存在以及发展的方式。狭义的数学文化，包含数学的思想、精神、方法、观点、语言，以及它们的形成和发展；广义的数学文化，更包含数学家、数学史、数学发展中的人文成分、数学与各种文化的关系，等等。基本的数学能力，比如掌握加减法，是一个人智力正常的基本判别条件，而归纳与演绎能力，是一个人智力水平的必要标尺。因此，数学文化是人类文化基本且重要的组成部分。正是由于数学文化的这种基本且重要的特性，数学文化的传播对于科普育人也同样有着基本且重要的意义。

在过去半个世纪，社会发展的需求成为应用数学突飞猛进的主因。航空路径优化加速了运筹学的发展；保险业的兴起加大了精算的需求；制药公司的崛起带动了生物统计的发展；金融市场的壮大促进了金融数学的发展。很多企业为了提高效益，不断从数学中吸取能量，我国的华为就是崇尚数学之美、享受数学福利的典型代表。近二十年来，华为和中、俄、法、土耳其数学家紧密合作，走过了中国移动通信技术从 4G 并跑到 5G 领跑的光辉历程。一百年前，数学还集中在证明定理、攻克猜想的"田径"时代，但现代应用数学的发展，包括计算数学、金融数学、数据科学、系统科学、人工智能的发展，已让数学进入了"大球"时代。"大球"实力是体现一个国家现代数学水平的重要标志。如何吸引读者接触到更多与时俱进的数学科普文章，如何加快我国数学从"田径"时代进入"大球"时代，是摆在我们这代数学科普人面前的挑战，也将是本丛书探索的一个重要课题。

进入 21 世纪以来，尤其是近十年来，数学文化的研究与传播欣欣向荣，既涌现出优秀的数学文化类杂志，也出现了很多的优秀数学科普书籍。与以上这些作品相比，本丛书自有特色。本丛书致力于一手的数学文化传播，即由在数学基础理论和/或应用研究方面具有丰富实战经验的数学家，而不是数学评论家，亲自著述并倾力传播数学文化。丛书以大众语言阐述数学的真善美，

灿烂群星：我心中的杰出科学家

我们希望具有中等数学水平的读者可以看懂；当然，具有更高数学修养的读者，会有更多的收获。另一方面，因为是一手的数学文化传播，我们希望丛书对于专业数学研究者和教育者也有启发。

本丛书的出版，承蒙国家自然科学基金委员会数学天元基金的大力支持，在此谨致以诚挚谢意。

"天元数学文化丛书"编委会

2021 年 1 月

序言

在历史的长河里、科学的殿堂中，有许多熠熠生辉的科学家明星。大家熟识的有牛顿、爱因斯坦、华罗庚、钱学森等等，他们自然不必多费笔墨再详加介绍。这本书集录了笔者近年来在一些微信公众号和科普杂志上讲述过但读者通常不太关注的 50 多位科学家的生平和事迹。他们的不平凡经历和科学献身精神令我们由衷敬佩并深受鼓舞。

本书把这些科学家分为四个类别：数学家、物理学家、计算机科学家和其他领域科学家。

笔者 2021 年写的小册子《情中流意》（第一册）中还介绍过众多的杰出人物，包括数学家欧拉、希尔伯特、维纳、香农；物理学家法拉第、狄拉克、麦克斯韦、德布罗意、吉布斯；计算机科学家罗森布拉特；通才人物托马斯·杨、顾毓琇、饶宗颐；工程科学家特斯拉、布鲁内尔、本杰明·富兰克林、卡尔曼；中国古代科学家墨子、沈括、张衡、王贞仪以及音乐家莫扎特。这些人物在本书中不再重复介绍。

笔者感谢丁玖、林开亮和李澄清三位笔友，他们对书中大部分人物故事的草稿都提供过一些宝贵意见。最后，笔者对其中从互联网下载的许多无版权照片的来源网主们致谢。

陈关荣
香港城市大学

目录

丛书序

序言

第一篇　数学家

- 1. 阿诺德，一个毕生追求"发现"乐趣的数学家 / 3
- 2. 布尔和他的逻辑代数，还有诗 / 16
- 3. 卡特赖特——混沌数学理论从她笔下悄悄流出 / 26
- 4. 切比雪夫，他带起了俄罗斯现代数学的发展 / 38
- 5. 盖尔范德，他预见了一个尚未结束的故事 / 47
- 6. 这位格林写出了自己人生的童话 / 55
- 7. 格罗滕迪克，一个并不广为人知的名字 / 64
- 8. 汉明，用非常规的方式去做非常规的事情 / 70
- 9. 柯瓦列夫斯卡娅，一个有诗人灵魂的女数学家 / 78
- 10. 拉德任斯卡娅，她是"20世纪最有影响的数学家"之一 / 92
- 11. 莱文森——混沌理论背后的影子数学家 / 105
- 12. 罗宾逊：她的真正身份是一名数学家 / 112
- 13. 沙可夫斯基——他为无穷多个函数周期排序 / 123
- 14. 希尔尼科夫和他的分叉与混沌理论 / 131
- 15. 你知道泰勒级数，但你了解泰勒吗？ / 136
- 16. 维托里斯——最长寿的数学家 / 142

灿烂群星：我心中的杰出科学家

- 17. 第一位中国籍数学女博士——徐瑞云 / 150

第二篇　物理学家

- 18. 约翰·巴丁——只有他，两次获诺贝尔物理学奖 / 157
- 19. 吉布斯，他在艰难的攀登中自得其乐 / 167
- 20. 科学巨匠亥姆霍兹 / 174
- 21. 焦耳，一个没有学历和文凭的杰出物理学家 / 183
- 22. 开尔文，一个说自己失败的成功科学家 / 193
- 23. 洛伦茨的蝴蝶效应和混沌故事 / 205
- 24. 罗伯特·梅和离散混沌故事 / 220
- 25. 迈特纳，她从来也没有失去自己的个性和人性 / 233
- 26. 没有最早，只有更早：罗卡德还有故事 / 241
- 27. 卢瑟福，他把实验室变成诺贝尔奖摇篮 / 250
- 28. 王明贞，清华大学第一位物理学女教授 / 256
- 29. 汤川秀树，为日本荣获第一个诺贝尔奖 / 265

第三篇　计算机科学家

- 30. 巾帼风华：弗朗西丝·艾伦 / 279
- 31. 群芳谁不让天柔，笑杀码农敢并游 / 287
- 32. 六朵绝密的玫瑰：世界第一批计算机程序员 / 300

第四篇　其他领域科学家

- 33. 小县城走出了第一批留美少年 / 309
- 34. 商博良的埃及石碑古文字故事 / 328
- 35. DNA 影子女士罗莎琳德·富兰克林 / 338
- 36. 高尔基和拉蒙-卡哈尔，一对"冤家"同台领诺贝尔奖 / 347
- 37. 郭守敬，一个仕途坦荡的科学家 / 362
- 38. 从哥尼斯堡七桥问题谈起 / 370
- 39. 莫尔斯，一个画家的电报传奇 / 385
- 40. 普莱斯和他的定律及模型 / 397
- 41. 拉姆齐——思考者永远年轻 / 407
- 42. 希望理查森能够知道，他生前的梦想成真了 / 414
- 43. 司马贺之问：学习还是创造？ / 424
- 44. 天空没有留下翅膀的痕迹，但童诗白已经飞过 / 438
- 45. 博物学家威尔逊——他用一生去讲蚂蚁的故事 / 448
- 46. 章名涛，水木清华一滴露 / 459

- 《天元数学文化丛书》已出版书目 / 464

第一篇
数学家

1 阿诺德，一个毕生追求"发现"乐趣的数学家

弗拉基米尔·阿诺德（Vladimir Igorevich Arnold，1937 年 6 月 12 日—2010 年 6 月 3 日）是公认的 20 世纪最伟大的数学家之一。这里虽然有个"之一"，但还有个"最"字，因此绝对不同凡响。

图 1　弗拉基米尔·阿诺德（昵称 Dima）

【一】

阿诺德出生在乌克兰敖德萨（Oddesa），当时乌克兰属于苏联，但再往前到公元 9 世纪则是基辅罗斯国。阿诺德的父亲叫伊戈尔（Igor V. Arnold，1900—1948），是个数学家，在阿诺德 11 岁时去世；母亲妮娜（Nina A. Isakovich，1909—1986）是个艺术历史学家。阿诺德祖辈几代人都是科学家和数学家，而他本人后来成为家族的第四代数学家。

灿烂群星：我心中的杰出科学家

阿诺德小时候，用他自己的话说，"我一直讨厌死记硬背。因此小学老师对我父母说，像我这样的低能儿永远掌握不了乘法表"。

第一个引起阿诺德对数学感兴趣的是一位名叫伊万·莫罗兹金（Ivan V. Morozkin）的老师。老师给小学生阿诺德一道算术题：两位女子从两个地方同时出发相向而行；她们走路快慢不一样，但正午12点在旅途上相遇了；之后，她们分别在下午4点和9点到达对方的出发地点；问她们是早上几点钟出发的？那时阿诺德没有学过代数，但他用自己的算术解法找到了答案。这道数学题的解决给他带来了"发现"的乐趣。

阿诺德13岁时，一位当工程师的叔叔跟他讲解微积分并用来解释一些物理现象，这大大激发了他对数学的兴趣。于是他开始自学父亲留给他的一些数学书籍，其中包括欧拉和埃尔米特的著作。

图2　阿诺德（莫斯科国立大学，1957）

阿诺德中学毕业后进入了莫斯科国立罗蒙诺索夫大学（简称莫斯科国立大学）。在那里，他的指导老师是著名数学家安德烈·柯尔莫哥洛夫（Andrey N. Kolmogorov，1903—1987）。

1956年，柯尔莫哥洛夫证明了一条重要的数学定理：任意有限个变量的连续函数总可以约化为三个变量连续函数的叠加。半个多世纪之前，即1900年，大卫·希尔伯特（David Hilbert，1862—1943）在巴黎第二届国际数学家大会上做了题为《数学问题》的著名演讲，条列了他认为最重要的23个数学问题，其中第13问题说上面的约化表示不可能简单到只含有两个变量。在柯尔莫哥洛夫指

1/阿诺德，一个毕生追求"发现"乐趣的数学家

导下，当年 19 岁的大三学生阿诺德，证明了这个要求是可以实现的，即任何有限个变量的连续函数都可以用有限数量的两个变量的连续函数的叠加来表示，否定了希尔伯特第 13 问题的猜想。这个漂亮的结果后来被称为"柯尔莫哥洛夫–阿诺德表示定理"。阿诺德因此于 1958 年荣获莫斯科数学学会颁发的青年数学家奖。

1959 年，阿诺德从莫斯科国立大学数学力学系毕业，之后留校任教。在那里，他于 1961 年获莫斯科应用数学研究所授予博士候选人学位，论文题目是"On the Representation of Continuous Functions of Three Variables by the Superpositions of Continuous Functions of Two Variables"，就是上面提到的解决希尔伯特第 13 问题的工作总结及相关研究。1963 年，他获莫斯科应用数学研究所授予正式博士学位，论文题目是"Small denominators and stability problems in classical and celestial mechanics"。1965 年，阿诺德在莫斯科国立大学晋升为教授。1986 年，他转到了莫斯科 Steklov 数学研究所工作。从 1993 年开始，他在法国巴黎 Dauphine 大学兼职，通常春夏天在巴黎、秋冬天在莫斯科，至 2005 年为止。这期间，1999 年他在巴黎遇到严重自行车事故，导致创伤性脑损伤。虽然他在几个星期后恢复了意识，但留下健忘症，在医院有一段时间甚至认不出自己的妻子。不过他后来恢复得很好。

图 3　阿诺德墓碑（莫斯科）

2010 年 6 月 3 日，他因急性胰腺炎在巴黎辞世，享年 73 岁。他的遗体被送回莫斯科，安葬在新圣女修道院。

灿烂群星：我心中的杰出科学家

【二】

阿诺德是苏联–俄罗斯数学学派承前启后的人物，他的学术贡献广泛、丰富而且深刻。

阿诺德在数学和物理多个领域做出了重要贡献，包括微分方程、动力系统、拓扑学、突变论、实数代数几何、辛几何、变分法、经典力学、流体力学、磁流体动力学以及奇点理论，其中好几个方向都是开创性的，特别是在动力系统和辛几何方面。阿诺德对奇点理论的贡献丰富了突变理论并改变了这一领域的面貌和进程。他关于哈密顿辛同胚与拉格朗日截面不动点的猜想推动了后来的 Heegaard Floer 同调性理论发展。

阿诺德最出名的可能是他参与的动力系统理论中的 KAM（Kolmogorov-Arnold-Moser）定理，其背景是太阳系稳定性这个历史悠久的三体问题。研究起源于柯尔莫哥洛夫留给阿诺德在读大学二年级学生们的一次相关课外作业。后来建立起来的定理刻画了可积哈密顿系统受微小扰动后其解的长期性态，被认为是牛顿力学在 20 世纪的一个重大进展。定理最先由柯尔莫哥洛夫在 1954 年国际数学家大会上的报告中提出，大意是非退化的可积哈密顿系统在保守的微小扰动作用下，虽然系统某些解的不变环面一般都会受到破坏，但仍会有相当多的环面被保存下来，即相空间中仍然保留有许多简单运动形态的相流。阿诺德把它推广到弱不可积系统，并通过对运动稳定性条件的分析，说明三维以上非线性系统的轨道运动出现混沌（chaos）现象具有普遍性。研究发现，破坏定理中的任何一个条件都会使系统的轨道运动变得混沌。这些论断后来分别由阿诺德和德国裔美国数学家于尔根·莫泽（Juergen K. Moser，1928—1999）给出了严格的证明。当年莫泽在天体力学上已经颇有建树，他因对该定理的贡献于 1962 年应邀访问了莫斯科，后来又被邀请为《数学评论》写了一篇关于柯尔莫哥洛夫研究工作的评述，从而让这个重要结果广为人知。

与此同时，阿诺德还发现了一个极其重要而有趣的被称为"阿诺德扩散"的现象。他指出，在稳定的不变环面之间可能存在一些貌似随机的轨道在隐蔽地游荡。虽然这一种复杂动力学行为的内在机制至今尚未清楚，但是阿诺德的分析清晰地描绘了有序与无序运动的共存和交错，那是今天周知的混沌系统的一个共同特征。

1/阿诺德，一个毕生追求"发现"乐趣的数学家

图 4　阿诺德和莫泽（圣彼得堡，1991）

在混沌理论中广为人知的还有以他命名的"阿诺德猫映射"（Arnold cat map）和"阿诺德舌"（Arnold tongue）。

阿诺德猫映射由下面的迭代公式来定义：

$$\begin{bmatrix} x(k+1) \\ y(k+1) \end{bmatrix} = \begin{bmatrix} 2 & 1 \\ 1 & 1 \end{bmatrix} \begin{bmatrix} x(k) \\ y(k) \end{bmatrix} \pmod 1$$

虽然这个迭代关系形式简单，但是它有好几个颇为优雅的特性：① 它是对称可逆的，并且逆矩阵元素也是整数；② 它的行列式等于 1，因此是保面积变换；③ 它是环面双曲自同构映射，有唯一的双曲型不动点；④ 它是拓扑传递的、遍历的和混合的；⑤ 它是结构稳定的，等等。这些性质保证了它具有典型的混沌特性。直观地说，它的迭代可以实现图 5 所示的图像变换。

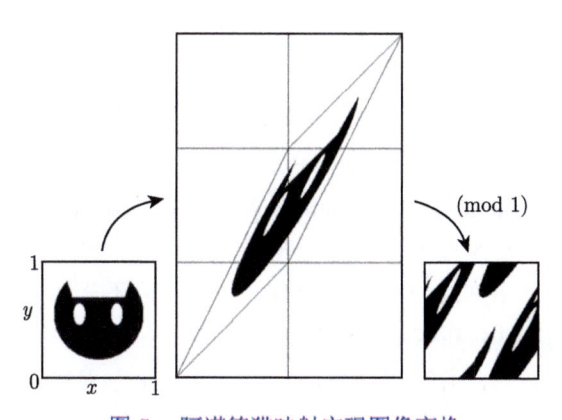

图 5　阿诺德猫映射实现图像变换

灿烂群星：我心中的杰出科学家

这幅猫照片最早是阿诺德为解释他的迭代映射公式而使用的，因而得名"猫映射"。左边的猫照片经上述变换后变成了右边的照片，其中间步骤变大了的图像是用来解释原变换由变宽和变高两个变换复合而成的：

$$\begin{bmatrix} 2 & 1 \\ 1 & 1 \end{bmatrix} = \begin{bmatrix} 1 & 1 \\ 0 & 1 \end{bmatrix} \begin{bmatrix} 1 & 0 \\ 1 & 1 \end{bmatrix}$$

这个复合变换完成之后，取模 1 的运算便把照片恢复到原来的尺寸。容易想象，用阿诺德的映射把猫照片反复迭代多次以后，最后映射出来的照片就完全不可辨认了，达到了信息隐藏的目的。因为映射可逆，混乱的照片可以还原。因此，这个混沌的猫映射在信息隐藏和数字保密通信中简单好用，至今被广泛地用来作加密程序设计。

至于"阿诺德舌"，是在可视化一些动力系统的旋转数或某些不变属性时，根据其参数变化而产生的图像会产生像舌头形状的斑图。在涉及振荡特性的多种自然现象中，例如人体心电图、生物酶浓度变化以及锁相环电路等，经常都可以观察到周期振荡在相空间中的阿诺德舌图形。

1965 年，阿诺德参加了比利时数学家雷内·汤姆（René Thom，1927—2002）在巴黎高等科学研究所（Institut des Hautes Etudes Scientifiques，IHES）举办的关于"突变"（catastrophe）理论的数学研讨会。这次活动，用阿诺德的话来说，"深刻地改变了我的数学世界"。此后，奇点理论（singularity theory）成为阿诺德的主要研究兴趣之一，而他在该领域最著名的成果是对各种简单奇点的明确分类。阿诺德厘清了其中的光滑映射奇点并把它们准确清晰地描绘出来。他把奇点理论的研究目标定义为描述几何对象如何依赖参数微小变化下突然出现特大变化（即突变）的机理。

阿诺德还把亨利·庞加莱（Henri Poincaré，1854—1912）的最后一个几何定理即"庞加莱–伯克霍夫定理"推广到高维，并作出了"阿诺德猜测"，将哈密顿辛同胚的不动点的数量与底层流形的拓扑联系起来，成为辛几何（symplectic geometry）数学分支后来许多开创性研究成果的动力和源泉。他和学生阿斯科尔德·霍万斯基（Askold Khovanskii，1947—）一起，还开创了一门全新的拓扑伽罗瓦理论（topological Galois theory）。

此外，在经典力学方面，阿诺德对旋转刚体的欧拉方程和流体动力学的欧拉方程作出了一个统一的几何解释，把以前被认为不相关的两个主题有机地连接了起来。他还为许多与流体运动及其湍流相关的困难问题提供了数学解释和解答。例如，阿诺德对理想不可压缩流体的运动方程给出了一个非常优美的数学刻画，把它视为保体积微分同胚组成的无穷维李群上的测地线方程，进而清晰地揭示了流体运动内在不稳定性的几何根源。

【三】

阿诺德认为数学"是关于真理的科学"，"数学是物理学的一部分"，而物理学的本质是几何，因此他推崇物理和几何的思考方式。他还认为，数学是"发现"而不是"发明"。他毕生都在追求数学"发现"的乐趣。

阿诺德的教学指导思想和方法与法国布尔巴基（Bourbaki）学派截然相反。他经常直言不讳地批评数学高度抽象化和形式化的趋势，说："在20世纪中叶，人们试图严格地区分物理学和数学，造成的后果是灾难性的。整整一代的数学家在对他们所从事的科学的另一半极其无知的情况下成长，对其他的科学自然就更无知了。"为此，他还专门出版了《实验数学》(*Experimental Mathematics*)一书，指出严格的数学论证常常需要计算、试错、猜测以及数值验证，而不只是抽象的逻辑推理。

阿诺德以其严谨的数学描述、直觉的写作风格以及轻松的教学方式闻名。他在莫斯科和巴黎长期举办数学讨论班，坚持了约3年，培养了一批杰出的年轻数学家。他的学术著作包括传统的数学专业主题如《常微分方程》、《偏微分方程讲义》、《经典力学的数学方法》、《经典力学和天体力学中的数学论题》，当然也有非常专门的主题如《奇点理论》、《可微映射的奇点理论》、《突变理论》、《常微分方程的几何方法》、《实数代数几何》、《平面曲线和焦散曲线的拓扑不变量》、《动力学、统计学及伽罗瓦域上的投影几何》以及《动力系统卷》（1—8）。其中，阿诺德的《经典力学的数学方法》一书特别有名，他用辛几何的框架给经典力学进行了一次彻底的改造。这本书被称为"几何力学的圣经"。然而，他的一些书的写作有时候会受到批评，说他对于学科内容的处理很恰当，但常常省略了太多的细节，让学生无法像他本人那样毫不费力地证明那些艰深的定理。不过这时他会自辩，说他的书是写给"那些真正希望了解它的人"看的。阿诺德在平时教学中有一个习惯，就是给学生出大量的技巧性练习题，其中一批精选的题目收集在他的数学习题集（*Arnold's Problems*）之中。

灿烂群星：我心中的杰出科学家

图 6　阿诺德学术著作选示

阿诺德对数学史非常感兴趣。他喜欢研究经典，最着迷的是惠更斯、牛顿和庞加莱的著作，并且多次在报告中去讨论他们作品中看到而尚未被探索的深刻思想。他还说通过学习菲利克斯·克莱因（C. Felix Klein，1849—1925）的书《19世纪数学的发展》让他学到了很多数学历史和数学思想。

大家都知道数学巨匠欧拉在一生繁忙的数学研究中不仅亲自为青少年编写数学课本，撰写通俗科普读物，还经常抽空到大学和中学去讲课。欧拉晚年几乎双目完全失明，但他仍然给青年学生们编写了一本《关于代数学的全面指南》。事实上，很多大数学家都把数学科普教育和培养青少年一代视为己任。阿诺德也不例外。

20世纪60年代，阿诺德在莫斯科给中小学生们讲授群论。他后来回忆道："我回避了任何的公理，尽可能让内容贴近物理。在半年内，我就教给了他们关于一般的五次方程不可解性的阿贝尔定理。以同样的方式，我还教给了小学生们复数、黎曼曲面、基本群以及代数函数的单值群。"这门课程的内容后来成书出版，名叫《问题中的阿贝尔定理》（*The Abel Theorem in Problems*）。

阿诺德还为青少年学生写了一本《讲义和问题：给年轻数学家的礼物》（*Lectures and Problems: A Gift to Young Mathematicians*），甚至还写了一本《给5至15岁儿童的数学问题书》（*Problems for Children 5 to 15 Years Old*），里面列

出了 77 个非常有趣的初等数学问题和答案。他说，"2004 年春，我在巴黎写了这些问题。一些在巴黎的俄罗斯居民邀请我去协助他们培养一代有思想有文化的小孩子。在西方，俄罗斯的这一传统远远超过了别的俄罗斯传统。"

图 7　阿诺德和数学班一位小女孩

阿诺德喜欢运动，小时候就经常去爬山和远足。后来在莫斯科的日子里，他经常与学生和同事们去长途滑雪、到莫斯科河冬泳、骑自行车越野，甚至会扬帆出海好几天。他很有个性，争论时语言激烈尖锐是众所周知的，特别到了晚年脾气还变得有些暴躁。数学坊间关于阿诺德的小故事颇多，这里只讲他两则轶事。

阿诺德对学术界拉帮结派的现象非常反感。他曾引用莫斯科国立大学的数学家老师伊万·彼得罗夫斯基（Ivan G. Petrovsky，1901—1973）的话，说："真正的数学家决不会拉帮结派，只有弱者为了生存才会加入帮派。他们可以联结很多各方面的人，但其本质总是为了解决自我的社会生存问题。"

另外，没有记录说阿诺德参加过奥林匹克数学竞赛。他似乎对此不以为意。在 2012 年美国数学会 Notices of the AMS 杂志的一次访谈中，阿诺德说："当 90 岁的阿达马（Jacques S. Hadamard，1865—1963）向柯尔莫哥洛夫描述他参加 Concours Général（大致相当于我们的数学奥林匹克）的情景时，他依然很兴奋。当年阿达马只得了个二等奖，而获得一等奖的那个学生后来也成为数学家，但比阿达马差多了！一些奥林匹克冠军后来一事无成，而许多杰出的数学家并没有获得过奥林匹克奖牌。"当然，凡事不绝对，例如陶哲轩（Terence Chi-Shen Tao，1975—）就是个例外。

灿烂群星：我心中的杰出科学家

【四】

阿诺德一生荣获的主要奖励条列如下：

1965 年，阿诺德和导师柯尔莫哥洛夫一起荣获列宁奖（苏联国家奖）；

1982 年，获克拉福德（Crafoord）奖，表彰他对非线性微分方程理论的贡献；

1983 年，被选为美国科学院外籍院士；

1984 年，被选为巴黎科学院外籍院士；

1987 年，被选为美国艺术与科学院外籍院士；

1988 年，被选为伦敦皇家学院外籍院士；

1990 年，当选为苏联科学院（1991 年后成为俄罗斯科学院）院士；

1992 年，获俄罗斯科学院罗巴切夫斯基（Lobachevsky）奖；

1994 年，获以色列哈维（Harvey）奖，表彰他对动力系统、奇点理论和几何分析的贡献；

1996 年，出任莫斯科数学学会主席，至 2010 年。同年，出任国际数学家联盟副主席兼执行委员，至 2002 年；

1997 年，获俄罗斯自然科学院卡皮察（Kapitsa）科学发现奖章；

2001 年，获美国物理学会海涅曼（Heineman）数学物理奖，表彰他在动力系统和奇点理论及其在经典力学、天体物理学、统计力学、流体力学和光学应用中的奠基性贡献；

2001 年，获沃尔夫（Wolf）奖，表彰他"对很多个不同数学学科做出了重大贡献；他的许多研究论文、书籍和讲座，加上他深厚的学识和高度的热情，对整整一代数学家产生了深远的影响"；

2007 年，获俄罗斯国家奖；

2008 年，获邵逸夫数学科学奖，表彰他"对数学物理广泛而深远的杰出贡献"。

此外，阿诺德还获得多所大学授予荣誉学位，包括：巴黎 P-M 居里大学（1979）、英国 Warwick 大学（1988）、荷兰 Utrecht 大学（1991）、意大利 Bologna 大学（1991）、西班牙马德里 Complutense 大学（1994）和加拿大 Toronto 大学（1997）。

最后值得提及的是，1974 年 37 岁的阿诺德获国际数学联盟菲尔兹奖章（Fields medal）提名。可是，由于苏联政府的干预，该奖项最后被撤回。原因是阿诺德在 1968 年参与了苏联 99 位数学家联名的一封公开信，要求政府释放因不同政见而被关进精神病院的数学家亚历山大·叶赛宁–沃尔平（Alexander Esenin-Volpin, 1924—2016）。他不但失去了应得的菲尔兹奖，在 20 世纪 70—80 年代十多年时间里还不被允许出国参加国际会议和学术活动。实际上，那 99 位签名的数学家中还有 1970 年菲尔兹奖获得者、拓扑学家谢尔盖·诺维科夫（Sergei P Novikov, 1938—），当年同样被禁止出国领奖。诺维科夫在 2005 年也获得沃尔夫奖。此前，另一位乌克兰出生的苏联数学家伊斯雷尔·盖尔范德（Israel M. Gelfand, 1913—2009）也因为是 99 人之一，1978 年获沃尔夫奖后被禁止出境领奖，结果十年后才有机会去补领奖章。

图 8　邵逸夫数学科学奖颁奖典礼（2008）
（左：阿诺德；中：曾荫权；右：邵逸夫）

图 9　阿诺德（2006）

【五】

和阿诺德颇有缘分的一位重要数学家是斯蒂芬·斯梅尔（Stephen Smale,

灿烂群星：我心中的杰出科学家

1930—）。

阿诺德在 1995 年的一次学术访谈中回忆道："1961 年斯梅尔来莫斯科访问，他是我遇到的第一位外国数学家。他对俄罗斯在动力系统方向的研究以及对我个人的影响都是巨大的。"斯梅尔当年第一次访问莫斯科，其间他见到了柯尔莫哥洛夫、阿诺德、德米特里·阿诺索夫（Dmitri V. Anosov, 1936—2014）和雅科夫·西奈（Yakov G. Sinai, 1935—），告诉了他们一个猜想，即有无穷多周期轨道的结构稳定系统可能存在。该类系统后来被发现具有"斯梅尔马蹄"（Smale horseshoe）。

斯梅尔于 1995—2001 年以及 2009 年之后很长一段时间都在香港城市大学工作。他在 2012 年美国数学会 Notices of the AMS 杂志纪念阿诺德的专刊中回忆说："在 1995 年秋季学期，阿诺德应邀访问香港……我也刚到香港工作。他和我经常一起去香港郊野公园徒步远足。他的体能相当令人佩服。那时，……我们发现在大多数有争议的数学问题中我俩都站在同一边，尤其是突变理论。"

图 10　阿诺德（2008）

1998 年，时任国际数学家联盟副主席的阿诺德受希尔伯特 23 个问题的启发，邀请斯梅尔为新千禧之年的到来提出 21 世纪若干重要数学问题。于是斯梅尔提出了 18 个尚待解决的问题，后于 1999 年正式发布。其中，有 3 个问题目前已经得到解决：2001 年澳大利亚数学家沃里克·塔克（Warwick Tucker, 1970—）证明了洛伦茨混沌吸引子的存在性；2003 年俄罗斯数学家格里戈里·佩雷尔曼

(Grigori Y. Perelman，1966—）证明了庞加莱猜想，以及 C. Beltrán、L. M. Pardo、F. Cucker、P. Bürgisser、P. Lairez 等人各自部分完成的关于一个在平均意义下以多项式时间求解一个多项式方程组的问题。剩下的 15 个问题呢，包括了周知的黎曼猜想、P=NP 是否成立[①]、希尔伯特关于极限环的第 16 问题、纳维–斯托克斯方程以及雅可比猜想等等，就留给新一代的数学家们了。

（本文首发表于 2022 年 5 月 2 日）

[①] P 表示算法需要"多项式时间"，而 NP 表示需要"非多项式时间"，后者时间更长。P=NP 表示两者没有区别，所需时间处于相同的数量级。

2 布尔和他的逻辑代数，还有诗

纯数学是由布尔在一部他称之为思维规律的著作中发现的。

——伯特兰·罗素

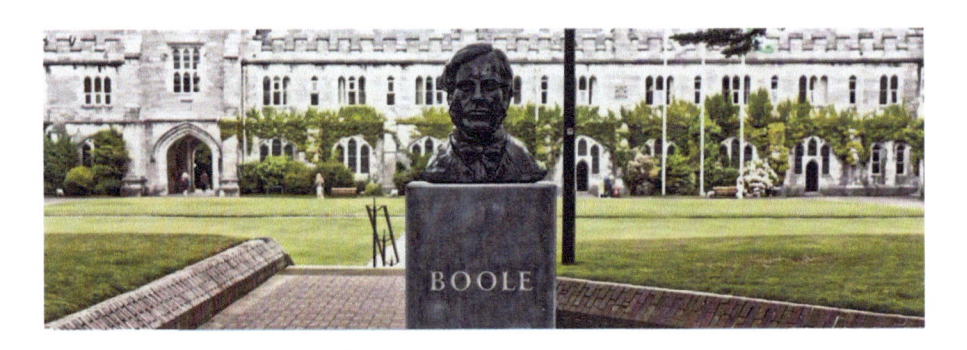

【一】从 0 和 1 开始

大家都认同：我们生活在一个信息时代。

但你可能会问，怎样表达信息呢？

用 0 和 1 呗，17 世纪的德国人莱布尼茨早已回答了这个问题。

就用 0 和 1？这么简单，你怎么去计算信息呀？

这容易，19 世纪的英国人布尔笑了：$0+0=0$，$0+1=1$，$1+0=1$，$1+1=1$。

好吧，但你怎么做逻辑运算去处理信息呢？

噢，20 世纪的美国人香农说他有办法：这逻辑运算嘛，可以用"与"（and）、"或"（or）、"非"（not）三个基本"门电路"，把它们如下对应起来加以执行就可以了：

- 1 and 1 = 1；1 or 1 = 1；not 1 = 0；
- 1 and 0 = 0；0 and 0 = 0；
- 1 or 0 = 1；0 or 0 = 0；

- not 0 = 1

哇，这些都有了，你马上明白：只要有"开"（代表 1）和"关"（代表 0）这两种基本操作的器件，电脑便能够表示、存储、传输和计算信息了！

【二】布尔的生平故事

科学和技术的发展通常都经过许多人的传承接力，上面说的信息技术也不例外。不过，我们这里只讲布尔的故事。

乔治·布尔（George Boole，1815 年 11 月 2 日—1864 年 12 月 8 日）出生于英格兰的林肯（Lincoln）镇，父亲约翰是个颇为穷困的鞋匠，但对科学和算术有业余爱好，母亲玛丽安·乔伊斯是个佣人。布尔有一个妹妹玛丽安妮和两个弟弟威廉及查尔斯。

布尔自幼表现出对古典语言的特别兴趣，父亲便请一位卖书的朋友教了他一点儿拉丁文。布尔接着自学了一些希腊语，后来还自学了法语、德语和意大利语。布尔 14 岁时就读于林肯镇的一所技校（Bainbridge Commercial Academy），但 16 岁就因家境困窘而辍学，此后余生再也没有机会进入任何学校读书。他幻想过当一名牧师，但后来父亲生意衰落，他作为长子便担负起了支撑全家生活的责任。他到离家很远的唐卡斯特镇找到一份工作，当一名小学助理教师。好处是，他有些课余时间可以自行学习和研究数学。据他自己解释，当年没有多少钱买书，而数学书可以慢慢看。据说他星期天做礼拜时还在看数学书，被认为是对神不敬，两年后就被解雇了。19 岁的布尔回到老家林肯镇开办了一间小小寄宿学校，从事初等教育。

在林肯镇，布尔经常走访一家机械学院。该学院的院长是爱德华·布罗姆黑德爵士（Sir Edward Bromhead，1789—1855），他曾在剑桥大学学习数学并促成了剑桥本科生的分析学会成立。自从认识了布尔之后，这位热心的数学爵士就介绍并借给了布尔一些法国著名数学家的著作。林肯镇圣·斯维钦教堂的乔治·迪克森牧师也送给了布尔一本由法国学院（Collége de France，也译为法兰西学院）数学主席西尔维斯特·拉克鲁瓦（Sylvestre F. Lacroix，1765—1843）写的微积分教科书（*Traité de calcul differentiel et de calcul intégral*，1797）。这个时候，他自学的法语派上了用场。几年间，布尔广泛涉猎了牛顿、拉格朗日、拉普拉斯、泊松等数学家的论文和著作，做了大量的读书笔记，并写下了一篇题为《关于变分法的某些定理》（"On Certain Theorems in the Calculus of Variations"）的数学

灿烂群星：我心中的杰出科学家

研究草稿。

1839 年，24 岁的布尔在《剑桥数学杂志》发表了生平第一篇数学论文《解析变换理论研究》("Researches in the theory of analytical transformations")。该论文颇得杂志首任主编邓肯·格雷戈里（Duncan F. Gregory，1813—1844）赏识，两人从此结为挚友。之后，布尔先后在该杂志及其系列《剑桥–都柏林数学杂志》上发表了 22 篇论文。其中，布尔 1841 年发表的论文 "Exposition of a general theory of linear transformations" 被爱尔兰数学家乔治·萨尔蒙（George Salmon，1819—1904）认为是关于多项式代数与几何变换之不变理论的奠基之作，其理论在后来的半个世纪里由乔治·萨尔蒙、亚瑟·凯莱（Arthur Cayley，1821—1895）和詹姆士·西尔维斯特（James J. Sylvester，1814—1897）等一批数学家加以完备和发展。

1844 年，布尔凭发表在《伦敦皇家学会学刊》的优秀论文《关于分析的一般方法》("On a general method in analysis")荣获英国皇家学会授予的数学金质奖章。该论文提出了符号逻辑概念，发展了满足微分算子的形式代数规则并将之应用于微分方程求解以及级数求和的解析表达。皇家学会的奖词中说："他的方法可以在科学领域中找到永久立足之地"（"His method would find a permanent place in the science"）。查实这篇得奖文章送审时有一位审稿人明确主张退稿，而另一位审稿人是爱丁堡大学的数学教授菲利普·凯兰（Philip Kelland，1808—1879）。他慧眼识珠，提交了如下的评语："我很荣幸皇家学会把这篇论文推荐给我审阅，我也很幸运地立即意识到它的重要性。我建议学会给予它一个认可的记录。"

1847 年，布尔出版了他第一本 86 页的小书《逻辑的数学分析》（*The Mathematical Analysis of Logic*），建立了逻辑和代数的联系，并由此引进了符号逻辑代数。在引言中他写道："我的目的是建立一种逻辑微积分，并且我可以宣称，它在公认的数学分析形式中占有一席之地，尽管它目前作为对象和工具都仍然是孤独的。"

1846 年，英国物理学家开尔文（Lord Kelvin William Thomson，1824—1907）已经出面提名把布尔推荐给爱尔兰皇后大学科克分校（Ireland Queen's University Cork）。该提名获得了德·摩根（Augustus De Morgan，1806—1871）、查尔斯·格雷夫斯（Charles Graves，1812—1899）以及前面提到的亚瑟·凯莱和菲利普·凯兰等几位大数学家的鼎力支持。经过历时三年的遴选之后，终于在 1849 年，没有学历的 34 岁布尔被皇后学院（Queen's College）直接聘为教授，成为该校第一位数学教授。当年，数理逻辑学家德·摩根的评语写道："我可以自信地说，他不仅精通最高水平的数学，而且具有扩展它的内在力量，这使得非常受人尊敬的他在今天英国创新者中名列前茅。"数学教授菲利普·凯兰在推荐信中写道："从他观念的独创性和知识的广度及准确性来说，我认为在欧洲很少有人能超越他……"

布尔到皇后学院任教后，进一步整理了他关于逻辑和代数的分析工作。为了确保自己的数学理论能反映人的心理活动规律，他花了大量时间去阅读心理学文献，去熟悉哲学家们对逻辑思维的认知和评论。布尔希望他的新代数能够包含亚里士多德（Aristotle，公元前384—前322）对人类推理的见解以及斯多葛哲学派（Stoicism）的命题演算，并试图遵循德国哲学和数学家莱布尼茨（Gottfried W. Leibniz，1646—1716）的思想将逻辑化为方程式去求解。布尔强调数学的本质不在于探究数学对象的内容，而在于研究其形式，并且他坚信数学可以用符号来表示。

1851年，布尔被皇后学院任命为科学院长（Dean of Science）。

1854年，布尔自行集资出版了另一本名著《思维规律的研究——逻辑与概率的数学理论基础》（*An Investigation of the Laws of Thought, on Which Are Founded the Mathematical Theories of Logic and Probabilities*）。他在序言中写道："本书要论述的，是探索心智推理的基本规律，用微积分的符号语言来进行表达，并在此基础上建立逻辑及其构建方法的科学……"该书进一步完善了第一本书的逻辑代数理论和方法，构建了一个完整的关于0和1的代数系统，并用基本逻辑的符号系统来描述多种数学和物理概念。书中，布尔试图解释他企图建立一个新的符号代数和逻辑系统的动机："尽管不可能建立解决概率论问题的一种普适方法，让它不仅明确接纳科学的特殊数学基础而且接纳作为所有推理基础的普遍思维规律，但不管它们的本质是什么，至少能够让它们的形式是数学的。"事实上，在这本书里，布尔首次引入了逻辑推断的符号表达方法，尽管其原理后来引起过一些争议。

在这两部开山之作中，布尔实质上开辟了一个全新的数学分支，即包括"布尔代数"和"布尔逻辑"的现代数理逻辑学。

布尔和英国著名数学家查尔斯·巴贝奇（Charles Babbage，1791—1871）有过交往。巴贝奇曾在剑桥大学担任卢卡斯数学讲座教授（Lucasian Chair of Mathematics），也就是牛顿、狄拉克和霍金等人担任过的教席。巴贝奇还是个发明家、机械工程师和经济学家，他提出了差分机与分析机的设计概念，被视为计算机科学

灿烂群星：我心中的杰出科学家

先驱之一。可是，布尔和巴贝奇的交往时间太短，两人的思想碰撞没有擦出火花，错失了将二进制布尔代数和布尔逻辑的运算结合起来并加以机械化的机会。布尔代数和布尔逻辑后来得到了美国通才科学家、逻辑学家查尔斯·皮尔士（Charles S. Peirce，1839—1914）的赏识，并为之设计了开关逻辑电路。技术发展的历史不断延续，这项具有巨大潜力的数字技术的最终成就归功于美国数学家克劳德·香农（Claude Shannon，1916—2001），他关于数字通信方法的成功设计使布尔的全部思想得以实现，成为了后来数字电路设计的实践基础，也是今天数字信息理论的技术基础。

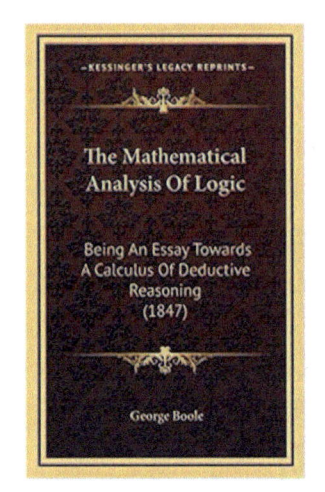

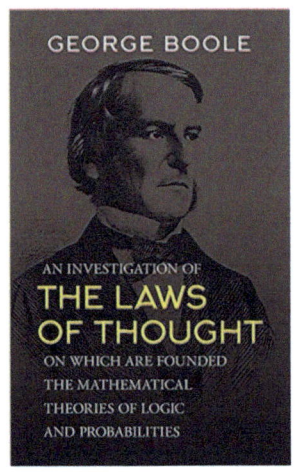

图 1　布尔的两本逻辑代数学名著

今天的数理逻辑和计算机语言（例如 Wolfram 语言）中用到很多布尔代数计算，其中的逻辑运算称为"布尔运算"，使用的函数称为"布尔函数"，执行的电路称为"布尔电路"，其结果称为"布尔值"，等等。事实上，布尔的名字用作系统功能跟其他名字相比是出现次数最多的。让"布尔"这个名字流传最广的还有"布尔变量"，因为几乎所有的编程语言都有布尔类型（Boolean）运算。

19 世纪 50 年代后期，布尔的数学研究逐步转向了比较传统的微分和积分方程理论。布尔撰写了两本数学教科书：《微分方程讲义》（*Treatise on Differential Equations*，1859）和《有限差分计算讲义》（*Treatise on the Calculus of Finite Differences*，1860），其中他引进了自己的算符演算方法。这两本书在英国一直被用作大学教材，直到 19 世纪末为止。

布尔一生发表了 50 多篇科学论文，他荣获爱尔兰都柏林大学和英国牛津大学荣誉学位，1857 年被选为英国皇家学会院士，1858 年被选为剑桥哲学学会荣誉会士。他被认为是 19 世纪最重要的数学家之一。

布尔在爱尔兰皇后学院任教直至 1864 年。一天，他从家里步行去学校上课，路上不期淋了一场暴雨，结果着凉病倒了。他因之犯了急性肺炎，接着又因妻子治疗处理不当，于 12 月 8 日不幸病逝，时年 49 岁。他的遗体下葬在科克市的爱尔兰教堂圣迈克坟场。

爱尔兰皇后学院于 1908 年改名为科克大学（University College Cork，UCC）。为纪念布尔，UCC 建立了一个"布尔信息研究中心"（The Boole Centre for Research in Informatics）。

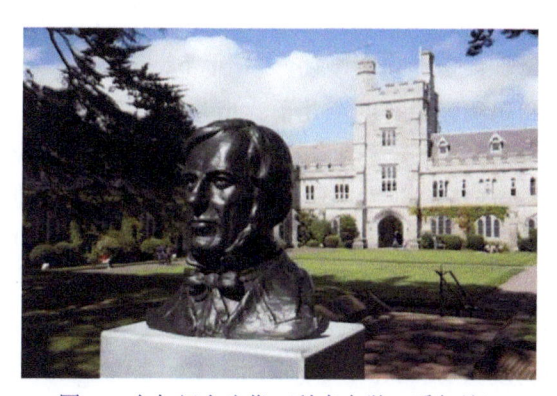

图 2　布尔纪念头像（科克大学，爱尔兰）

【三】布尔家庭和家族

认识布尔的人都说他为人严谨认真，办事很有条理。他是个优秀教师、出色演说家和高效管理人，但板书却以潦草出名。他社交广泛，宽厚待人，平时不屑争辩，但又极具正义感，在捍卫个人尊严时绝不含糊退让。

布尔把他所有的时间和精力都放在事业上，工作非常努力，经常熬夜，以致人们不时会看到他若有所思、精神恍惚的样子。他到 1855 年 40 岁时才结婚，妻子 Mary Everest（1832—1916）是同校一位希腊文教授的侄女，也是个自学成才的数学爱好者，特别喜欢代数。她曾经说过："除了他创造的代数，我对上帝一无所知，但这已经是让我全心全意地爱他的充足理由。"她是个业余数学科普作家，出版过《代数之哲学与乐趣》（*Philosophy and Fun of Algebra*）和《把孩子带进

灿烂群星：我心中的杰出科学家

科学》(*The Preparation of the Child for Science*) 等书籍。布尔夫妇育有五个女儿，玛丽·爱伦 (Mary Ellen, 1856—1908)、玛格丽特 (Margaret, 1858—1935)、艾丽西亚 (Alicia, 1860—1940)、露西 (Lucy, 1862—1904) 和艾捷尔 (Ethel, 1864—1960)。

这五朵金花，流光溢彩、丰泽葳蕤。

大女儿玛丽·爱伦嫁给了数学家和作家查理斯·辛顿 (Charles Howard Hinton, 1853—1907)，他的数学研究引出了对四维超正方体 (tesseract, 他起的名字) 的研究，并留下了畅销科普作品《第四维》(*The Fourth Dimension*)。辛顿是因为重婚罪被遣离英国的，到了美国先在普林斯顿当讲师，但没被续约，便转到明尼苏达州立大学当助理教授，后来在华盛顿海军天文台担任国家专利局的化学专利审查员。1907 年 4 月 30 日，他意外死于脑出血，时年 54 岁。次年 5 月，妻子玛丽爱伦在华盛顿自杀（原因不详），享年 52 岁。

查理斯·辛顿和玛丽爱伦有四个儿子。小儿子塞巴斯蒂安·辛顿 (Sebastian Hinton, 1887—1923) 有三个子女，其中一个名叫威廉·辛顿 (William H. Hinton, 1919—2004)，就是大众熟识的"中国人民的好朋友"韩丁，他 1948 年创作的关于中国土地改革的长篇纪实文学作品《翻身——中国一个村庄的革命纪实》广为人知。韩丁的妹妹叫琼·辛顿 (Joan Hinton, 1921—2010，中文名为寒春)，是参加过曼哈顿计划屈指可数的女物理学家之一，晚年定居中国。她的丈夫是另一位"中国人民的好朋友"、美国养牛专家阳早 (Erwin Engst, 1918—2003)。寒春 2010 年在北京去世，温家宝总理为之特别发了唁电。

查理斯·辛顿和玛丽爱伦的长子乔治 (George Hinton) 是个采矿工程师。乔治的儿子霍华德 (Howard E Hinton, 1912—1977) 是个著名昆虫学家，1961 年当选为英国皇家学会院士。霍华德的儿子杰佛瑞·辛顿 (Geoffrey E. Hinton, 1947—) 是今天人工智能科技领域的翘楚。他在英国出生，1978 年在爱丁堡大学获得人工智能博士学位，后来在加拿大多伦多大学任职计算机科学教授。他 1998 年当选为皇家学会院士，以其在神经网络反向传播算法和对比散度算法的发明闻名于世，被誉为"深度学习之父"，2018 年荣获图灵奖，2024 年获诺贝尔物理学奖。

再回来说说布尔的其他四个女儿。

布尔的二女儿玛格丽特嫁给了艺术家爱德华·泰勒 (Edward I. Taylor, 1855—1923)。他们的儿子杰弗里 (Geoffrey I. Taylor, 1886—1975) 是著名物理学家和数学家，在流体力学和固体材料研究方面有重要贡献，先后获得重磅的皇家奖章（Royal Medal）、科普利（Copley）奖章、功绩勋章（Order of Merit）、德·摩根（De Morgen）奖章、铁木辛柯（Timoshenko）奖、富兰克林（Franklin）奖章和冯·卡门（von Karman）土木奖，是英国皇家学会院士。他在第二次世界大战时作为十位重要人物名单（VIP List）的核心成员参加曼哈顿计划。

布尔的三女儿艾丽西亚继承了父亲的数学天赋，尽管从未有过学术职位，由于受大姐夫的影响，她对四维几何深感兴趣并独立钻研，在该领域有不少成果。她发现了高维空间特别是四维空间中多种凸面实体的数量和形式，还给它们起了一个名字"多面体"（Polytope）。1914年，荷兰格罗宁根（Groningen）大学授予她荣誉博士学位以表彰她对四维几何的突出贡献。

布尔的四女儿露西是爱尔兰化学家和药剂师，曾在伦敦皇家自由医院任职化学教授，是英国史上第一位研究药学的女性和第一位女化学教授，也是英国化学学会的第一位女会士。

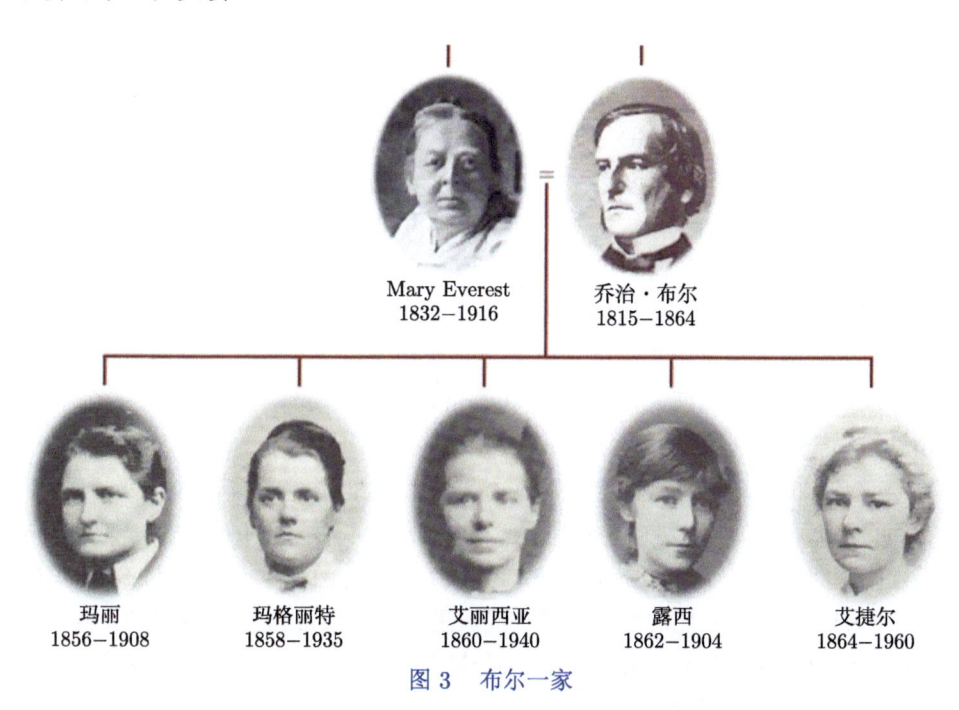

Mary Everest 1832—1916 ＝ 乔治·布尔 1815—1864

玛丽 1856—1908　玛格丽特 1858—1935　艾丽西亚 1860—1940　露西 1862—1904　艾捷尔 1864—1960

图 3　布尔一家

布尔的小女儿艾捷尔25岁时到俄国一个旧贵族家庭当音乐教师，这期间接触到俄国革命思潮。返回伦敦后，她曾与恩格斯和俄国革命家普列汉诺夫结识，后来与从西伯利亚逃亡到英国的波兰革命家伏尼契（Wilfrid M. Voynich, 1865—

23

灿烂群星：我心中的杰出科学家

1930）结婚。她酷爱写作，以实名"艾捷尔·伏尼契"在伦敦出版了文学名著《牛虻》（*Gadfly*，1897），该书后来在苏联和中国产生过巨大的影响。20 世纪 20 年代，夫妇俩移居到了纽约，丈夫成为古董书商，她自己则靠改编音乐、辅导音乐和翻译作品维生。艾捷尔在纽约安静地度过了后半生，96 岁辞世。后人按遗嘱将她的骨灰撒布在曼哈顿的中央公园里。

【四】布尔与诗歌

历史上不少数学家都喜欢写诗，有些甚至被誉为诗人。和布尔同时代的就有知名数学家威廉·哈密顿（William R. Hamilton，1805—1865），他一生写了 124 首诗歌，虽然没有正式出版却在学界四处流传。

布尔也不例外。除了阅读并学习亚里士多德的形而上学、西塞罗（Marcus Tullius Cicero，公元前 106—前 43）的哲学、斯宾诺莎（Baruch Spinoza，1632—1677）的伦理学，布尔还经常品读古典诗歌、原创十四行诗和其他体裁的作品。据布尔自己说，他最欣赏的诗人是但丁（Dante Alighieri，1265—1321），而且他特别喜欢但丁《神曲》三篇中的《地狱篇》和《天堂篇》。

布尔 14 岁时在林肯镇发表了第一首从希腊语翻译为英语的诗"To The Evening Star"。但这首译作引来了当地一位古典诗人的公开质疑，说他不相信一个 14 岁的少年没有人辅助可以翻译出这么高水平的诗歌。该指责最后被证明无效，却让当地居民知道了他们当中有一位天才少年。

小布尔翻译了几首希腊诗歌之后，又开始翻译拉丁文诗歌，其中被认为最好的一首是罗马诗人贺拉斯·弗拉库斯（Quintus H. Flaccus，公元前 65—前 8）的"Non Omnis Moriar"（英文"I Shall Not Wholly Die"）。

接下来，布尔开始自己写诗了。在 1832—1855 年，他写了许多十四行诗，其中 23 首保存了下来。特别有趣的是，他在 1845 年 5 月写的那首"献给数字三的十四行诗"（"Sonnet to the Number Three"），诗中他暗喻宇宙是"三合一"的，即为三维的。这也让我们想起了《道德经》里的"三生万物"。后来威廉·哈密顿说，应该还有"时间"这一维。为此，布尔在 1848 年专门写了一篇关于"四元数"（quaternion）的论文。

布尔很多诗歌是写给自己家人和亲友的，也有写给一些科学家朋友。他写得更多的是宗教赞美诗和历史题材诗。他有时候也写自己的情感和孤独。1855 年结婚后，妻子劝他把时间和精力留给科学研究会更好，他从此就再也没有写过诗

2/布尔和他的逻辑代数，还有诗

歌了。

人们注意到，或许是由他的谦虚内向性格所决定，布尔留下的诗歌里没有一首是描述自己的科学发现和学术名声的。这和威廉·哈密顿写诗自诩的风格迥然不同。

布尔的诗收集在爱尔兰 UCC 荣休数学教授 Desmond MacHale（1946—）于 2020 年出版的《乔治·布尔的诗歌》（*The Poetry of George Boole*）一书中。

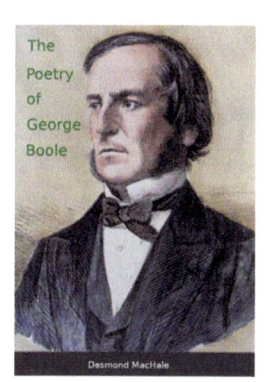

图4　《乔治·布尔的诗歌》封面

图5　笔者 2005 年访问 UCC

（本文首发表于"华院计算"微信公众号 2022 年 2 月 7 日）

25

3 卡特赖特——混沌数学理论从她笔下悄悄流出

> 同画家和诗人的模式一样，数学家的模式必然是美的。与色彩和文字相同，思想也必然会以某种和谐的方式来组合。美是首要的试金石：丑陋的数学不可能永存。
>
> ——戈弗雷·哈代

写混沌（chaos）数学理论的发展史，如果不提及玛丽·卡特赖特的话无论如何是不完整的，也是不公允的。

【一】渐露头角

女爵士玛丽·露西·卡特赖特（Dame Mary Lucy Cartwright，1900年12月17日—1998年4月3日）是为数不多的长寿数学家之一。

玛丽·卡特赖特出生于英格兰西部北安普敦郡 Aynho 村的一个从事公益事业的传统家庭。父亲 William D. Cartwright 曾是 Aynho 小学校长，母亲名叫 Lucy H. M. Bury，玛丽在家排行第三，两个哥哥死于第一次世界大战战乱之中，留下她和妹妹 Jane 以及小弟弟 William。

1917年，或许是由于她表姐 Cecily Ady 在牛津大学 St. Hugh College 教历史的缘故，玛丽考进了该学院。但是，在那里她却没有修读自己本来喜欢的历史专业，原因是嫌历史课程作业太多，而去学习数学。当年，连她在内整个牛津大学只有 5 名女生读数学。她被著名数学家戈弗雷·哈代（Godfrey H. Hardy，1877—1947）破例接纳到他一向只有男生的数学课程。在那里，玛丽被艰难却优雅的数学理论深深吸引。1923年，她从牛津大学毕业，是英国第一个获得"数学一等优秀生"（first class degree in mathematics）荣誉的女大学生。随后的四年时间里，她先后在 Alice Ottley School 和 Wycombe Abbey School 讲授数学，但她的兴趣仍然是探究更深奥的数学。

3/卡特赖特——混沌数学理论从她笔下悄悄流出

图 1　玛丽·卡特赖特

1928 年 1 月，玛丽离开了教学职位，回到牛津大学加入哈代的数学研究小组继续深造。当年哈代给学生授课的方式有点特别：他通常是先讲一个小时的课，然后让大家聚在一起喝茶吃点心，继续讨论课程中的数学问题，偶尔也闲聊一些数学家轶事。在那里，玛丽期末考试名列第一。特别是，她在听完哈代几个关于狄利克雷（Dirichlet）级数的阿贝尔（Abel）求和讲座之后，出色地用围道积分方法完全解决了哈代留下的一个重要而又困难的问题，让哈代颇为惊讶。多年之后，哈代在其名著《发散级数》（*Divergent Series*，1948）中收录了玛丽的积分方法及其在傅里叶（Fourier）级数中的应用。

1928—1929 年间，哈代到美国普林斯顿大学作学术访问，临走时把玛丽推荐给继承自己 Savilian 讲座教授位置的爱德华·蒂奇马什（Edward C. Titchmarsh，1899—1963）。蒂奇马什把玛丽的研究兴趣带进了复变函数分析领域，并配合哈代指导她的博士论文。1930 年，玛丽作为牛津大学历史上第一个女数学博士毕业，论文题目是《特殊类型积分函数的零点》（"The Zeros of Integral Functions of Special Types"）。在博士学位答辩委员会里，一位重要的成员是哈代的长期合作者、剑桥大学三一学院（Trinity College）的数学教授约翰·李特尔伍德（John E. Littlewood，1885—1977）。当年，哈代和李特尔伍德两人在英国纯粹数学领域首屈一指，并在很大程度上改变了数学分析这门学科的发展方向和进程。他俩合作成果累累，其中比较广为人知的有哈代-李特尔伍德定理、哈代-李特尔伍德不等

灿烂群星：我心中的杰出科学家

式、哈代-李特尔伍德极大函数、哈代-李特尔伍德圆方法，等等。哈代的小册子《一个数学家的辩白》（*A Mathematician's Apology*，1941）中的一句话是众所周知的："真正"的数学几乎是完全"无用"的。李特尔伍德的小册子《数学随笔集》（*A Mathematician's Miscellany*，1953）中关于最短的数学博士论文可以只有两句话的说法也是众所周知的：一句重要定理的叙述加上一句简洁的证明。玛丽博士毕业后，李特尔伍德和她亦师亦友，成了长期数学研究合作伙伴。

1930年10月，玛丽获得了Yarrow基金的资助，到剑桥大学格顿学院（Girton College）继续她的函数理论研究。在那里，她旁听了李特尔伍德的几门函数理论课程并参加他组织的数学讨论班。这期间，玛丽利用拉尔斯·阿尔福斯（Lars V. Ahlfors，1907—1996）的保形映射理论解决了李特尔伍德公开的一个多复变函数的极大模精确上界估计问题，让李特尔伍德大为赞赏。那就是著名的"卡特赖特定理"，1935年发表在数学年报（*Mathematische Annalen*）杂志，并被李特尔伍德收录进他的教科书《函数理论讲义》（*Lectures on the Theory of Functions*，1944）。该定理在今天信号过程（signal processing）的应用研究中依然被经常引用。

1931年，哈代从牛津大学到剑桥大学接受了萨德莱里恩（Sadleirian）讲座教授职位。1935年，玛丽留在剑桥大学格顿学院担任助理讲师。

开始，玛丽依然注重于纯数学研究。除了上面提到的狄利克雷级数的阿贝尔求和以及多复变函数的极大模理论之外，她那个时期的主要贡献在函数理论、积分函数的零点、解析函数在单位圆上的正则性、博雷尔（Borel）扩散等方面。

后来，玛丽最广为人知的应用数学成果是和李特尔伍德合作的关于荷兰物理学家范德波尔（Balthasar van der Pol，1889—1959）微分方程的研究，尤其是她关于非线性微分方程解的存在性和振荡行为的拓扑学分析方法，开启了对具体混沌物理模型的数学分析研究先河。

【二】混沌数学理论的曙光

故事还得从1938年说起。英国政府于1916年建立的科学与工业研究总署统辖下的雷达研究委员会给伦敦数学会发去了一项研究提案，希望数学家们能够帮忙解决雷达工程研究中出现的非线性微分方程的求解和分析问题，以期"更全面地了解某些电气组合设备的真实行为"。当时玛丽关注到了其中的数学问题，但却不熟识其动力学背景。于是她去请教李特尔伍德，因为他在第一次世界大战中积累了许多关于对抗战机运动轨道分析的经验。他俩讨论了文件中提及由范德波尔在 1920 年提出的关于无线电波振动问题的微分方程：

$$\ddot{x} - k\left(1-x^2\right)\dot{x} + x = bk\lambda\cos(\lambda t + \alpha)$$

其中 k, b, λ, α 为参数。范德波尔于 1927 年 9 月在《自然》(Nature) 杂志上发文报告了基于这个微分方程的霓虹灯实验，说当驱动信号具有某种自然频率时，会听到"毫无规律的噪声"。这篇文章很可能是观察到物理混沌现象最早的实验报告，只不过那时还没有混沌这个概念，更谈不上其数学理论。

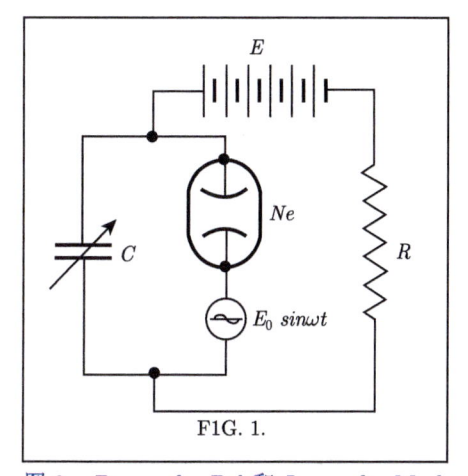

图 2　B. van der Pol 和 J. van der Mark，"Frequency Demultiplication"，《自然》杂志，1927

当年，玛丽和李特尔伍德通过数学分析发现，工程师们在雷达制造和测试中遇到的问题其实并非仪器设备的设计和工艺问题，而是微分方程本身的数学问题。他们发现这个貌似简单的非线性微分方程有着非常复杂的动力学特性，有些还异乎寻常地奇异。例如，他们发现这个方程有无穷多个不稳定的周期解和一个高度复杂的稳定非周期解的吸引域。他们严格证明了，当 $b=0$ 时，随着 $k \to \infty$，这个方程的解趋向于唯一的一条周期轨道。后来，受美国数学家诺曼·莱文森（Norman Levinson，1912—1975）相关论文的影响，他们把拓扑学的思想和技巧引进了对一般二阶非自治非线性微分方程的研究，并发现非周期解有着非常脆弱的拓扑结构。他们的成果反过来又帮助解决了拓扑学中几个未解决的问题。

特别地，他们还注意到了方程初始条件和参数的不适当选取会导致方程解的

灿烂群星：我心中的杰出科学家

不稳定性和不可预测行为，让对微分方程的分析和求解变得极其困难。这其实就是后来人们说的"蝴蝶效应"。他们留下了一个"卡特赖特–李特尔伍德猜想"：范德波尔方程在 $b > 2/3$ 时有并且只有一个稳定的周期解。这个猜想后来在 1972 年由英国数学家诺埃尔·劳埃德（Noel G. Lloyd，1946—2019）证实。

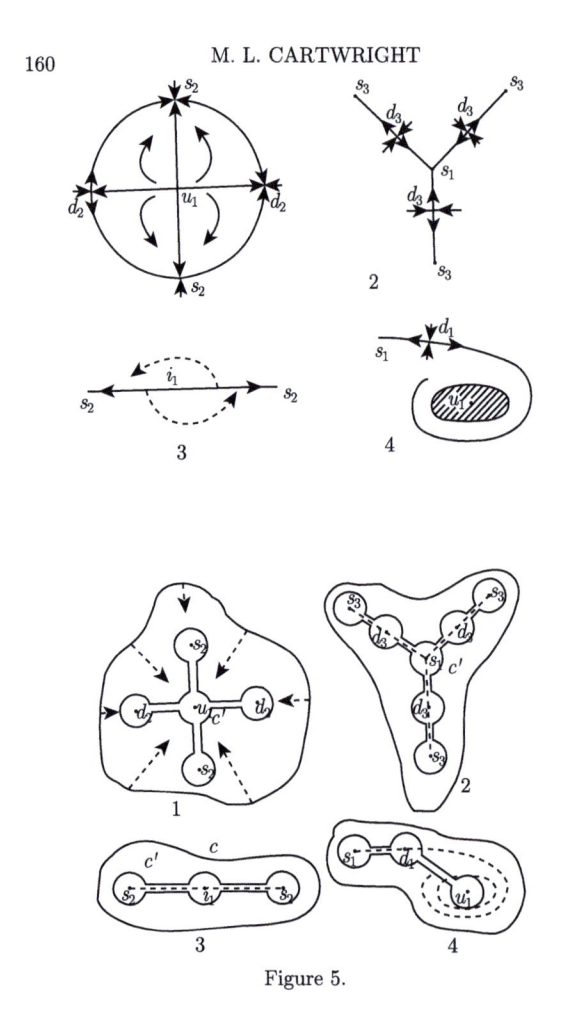

图 3　M. L. Cartwright，"Forced Oscillations in Nonlinear Systems"，1950

接下来的十年间，玛丽自己以及和李特尔伍德合作发表了一系列的论文，给出了较为一般的二阶非线性微分方程的解的存在唯一性、最终有界性以及可能的

3 / 卡特赖特——混沌数学理论从她笔下悄悄流出

周期解。他们采用了乔治·伯克霍夫（George D. Birkhoff，1884—1944）的解析变换方法，建立了"卡特赖特–李特尔伍德不动点定理"，发展了一套完整严格的微分系统张弛振荡数学理论。那个时段她俩讨论频繁，常常夜以继日。奇特的是，李特尔伍德喜欢用纸面书写而不是黑板演算的方式讨论数学问题，此外也喜欢在散步时作交谈讨论。李特尔伍德后来回忆说：玛丽很用功，"是我每天都要写给她两次 [讨论稿] 的唯一女性"。

1939—1945 年第二次世界大战期间，玛丽热情地参与了国际红十字会英国支队的业余服务工作。

作为一个小插曲，1945 年玛丽简化了查尔斯·埃尔米特（Charles Hermite，1822—1901）的初等方法证明了圆周率是无理数。该漂亮的证明后来被哈罗德·杰弗里斯（Sir Harold Jeffreys，1891—1989）收集在名著《科学推理》（*Scientific Inference*，1974）的附录中。

图 4　1932 年国际数学家大会，苏黎世 (右一：玛丽)

到了 20 世纪 60 年代，玛丽开始研究周期驱动下一般二阶非自治非线性微分方程的"几乎周期解"（almost periodic solution），并采用亨利·庞加莱（Henri Poincaré，1854—1912）映射去研究几乎周期解极限点的最小集。她还把其中一些结果推广到高维空间中去。1964 年，玛丽在《伦敦数学会会刊》上发表了著名论文《从非线性振荡到拓扑动力学》（"From Non-Linear Oscillations to Topological Dynamics"）。

至此，说到"无穷多个不稳定的周期解"、"不可预测性"和"几乎周期解"，

灿烂群星：我心中的杰出科学家

就离混沌的现代数学理论不远了。

受导师哈代的影响，玛丽的兴趣起源于纯数学，曾自认为是个纯数学家。但是，研究了范德波尔微分方程以后，她很感慨地说，这是"一个奇特的、由不同学科和不同背景的人共同发展起来的数学分支——它涵盖了经典力学、无线电振荡、纯数学和自动控制理论的伺服机构"。许多年以后，在 20 世纪 90 年代的一次访谈中她还说："我保持这样的观点，就是在严格抽象推理和考虑现实思维之间的边界是不可能清晰定义的。"

【三】混沌数学理论的成型

玛丽是一位以"本性谦和"（characteristically modest）出名的谦虚严谨的数学家。理论物理学家弗里曼·戴森（Freeman John Dyson，1923—2020）1942 年在剑桥大学读书时听过玛丽关于范德波尔微分方程研究的学术报告，大受鼓舞，认定那是极其漂亮的数学结果。后来，戴森评价说：李特尔伍德并不理解他和卡特赖特所做研究工作的深远意义，而"只有卡特赖特理解她的工作作为混沌理论基础的重要性。但她不是一个喜欢为自己吹喇叭的那种人"（F. J. Dyson, "Mary Lucy Cartwright [1900—1998]：Chaos Theory"，2010）。

事实上，玛丽对混沌数学理论的贡献一直都没有得到足够的关注，直到二十多年后美国数学家斯蒂芬·斯梅尔发展了混沌数学中著名的"马蹄理论"（horseshoe theory）时才得到印证。

斯梅尔是个很有故事的人，并且他的名声不仅限于数学。他说他最好的作品是"在里约（Rio）海滩上"完成的。1960 年，斯梅尔获得美国国家自然科学基金资助到巴西里约热内卢做博士后研究。斯梅尔后来回忆说，他到达里约后不久发表了一份手稿，猜想"混沌并不存在"。但是很快，他收到了资深数学家诺曼·莱文森的一封来信，给他举了个反例，并建议他去看卡特赖特–李特尔伍德的文章。斯梅尔在里约海滩上躺了很久，反复琢磨。"通过这些思考过程，我最终说服了我自己。现在我认为莱文森确实是对的，而我的猜想是错的。混沌已经隐含在卡特赖特和李特尔伍德的分析中。悖论解决了，是我猜错了。但是在这学习的过程中，我发现了马蹄！"从此以后，数学界有了现代混沌理论的一块基石。这个过程也启发了斯梅尔在大于 4 的维度上解决了庞加莱猜想，让他在 1966 年荣膺菲尔兹奖（Fields Medal）。

说到法国数学家庞加莱，他被认为是"历史上最后一个数学通才"。1887 年，

3/卡特赖特——混沌数学理论从她笔下悄悄流出

瑞典国王奥斯卡二世（Oskar，II）悬赏，征求太阳系稳定性问题的解答，期望解决天体力学中的 N 体问题。庞加莱以他的三体问题研究成果获得了大奖。可是，论文被送到 Acta Mathematica 杂志付印时，青年数学编辑拉斯·符文（Lars E. Phragmén，1863—1937）在校对过程中发现有一个问题，便去咨询庞加莱。庞加莱明白了那是个基本错误。深思熟虑之后，庞加莱彻底地改变了原来采用的传统定量分析方法，以定性分析重新探讨了这个数学上极其艰深的问题。其中，庞加莱发现了非线性系统解的同宿轨道缠绕现象，后人知道那是混沌的最主要特征之一。庞加莱的论文修改好后在该杂志于 1890 年正式发表，从此推动了数学动力系统理论特别是混沌理论的蓬勃发展。庞加莱在《科学与方法》（Science et Méthode，1908）一书中回忆说，当时发现了"初始条件的微小误差在最后结果中产生极大差别的情况会发生。……于是预测变得不可能，从而我们就看到了许多似乎是偶然的表面现象"。

独立于庞加莱，俄罗斯女数学家索菲娅·柯瓦列夫斯卡娅（Sofya Kovalevskaya，1850—1891）也指出过许多非线性微分方程是不可能求出精确解析解的，虽然她自己曾用超椭圆函数给出了三体问题中三个特别情形的解析解。柯瓦列夫斯卡娅是历史上第一个女数学博士，1874 年在德国哥廷根大学毕业，是卡尔·魏尔斯特拉斯（Karl T. W. Weierstrass，1815—1897）的学生，1889 年在瑞典 Stockholm 大学任聘，成为世界上第一位女教授。十分可惜的是，她 41 岁时因流感不治，不幸离世。

多年之后，在 1954 年国际数学家大会闭幕式报告里，苏联数学家安德烈·柯尔莫哥洛夫（Andrey N. Kolmogorov，1903—1987）不加证明地叙述了一个定理，试图解释浮点运算观察不到的混沌现象。后来，弗拉基米尔·阿诺德（Vladimir I. Arnold，1937—2010）和尤尔根·莫泽尔（Jürgen K. Moser, 1928—1999）补充了全部的细节，共同建立了著名的 Kolmogorov-Arnold-Moser（KAM）定理。该定理指出，微小扰动之下可积系统的环面只会变形而不会消失；但如果有环面受到破坏的话，它便会导致混沌。这一混沌产生过程类似于斯梅尔马蹄映射。后人还把 KAM 定理应用到太阳系统的稳定性分析。

自庞加莱以来，许多数学家似乎已经看到了混沌存在的幽灵，但始终没有人给出一个具体的微分方程例子。

1963 年，大气物理学家爱德华·洛伦茨（Edward N. Lorenz，1917—2008）出场了，给出了今天广为人知的三维一阶自治（二次多项式）微分方程系统，即著名

灿烂群星：我心中的杰出科学家

的洛伦茨系统，并在数值计算中观察到了"混沌吸引子"（chaotic attractor）。当然，对比之后，人们很快就想到了范德波尔方程，它其实等价于一个三维一阶自治（非多项式）微分方程系统。洛伦茨在他《混沌的本质》（*The Essence of Chaos*，1995）一书中也提到了卡特赖特和李特尔伍德的数学分析对混沌理论发展的重要影响。后来知道，比洛伦茨略早的还有日本京都大学的电子工程学教授上田睆亮（Yoshisuke Ueda，1936—），他在 1961 年尚是个研究生时就从实验室里观察记录了方程 $\ddot{x} - k(1-hx^2)\dot{x} + x^3 = b\cos(\alpha t)$ 当 $k=0.2, h=8, b=0.35, \alpha=1.02$ 时的混沌吸引子，称为日本吸引子（Japanese attractor）。不过，后来他自己也知道，这个方程比杜芬（Georg Duffing，1861—1944）混沌方程还要复杂一些。

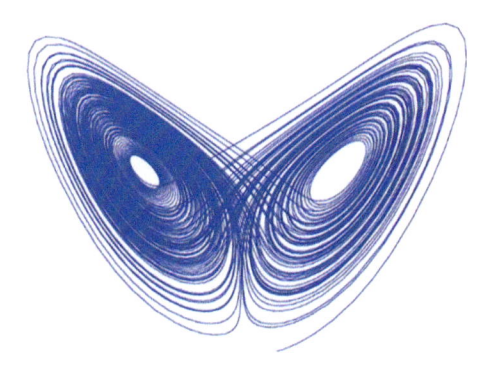

图 5　洛伦茨混沌吸引子

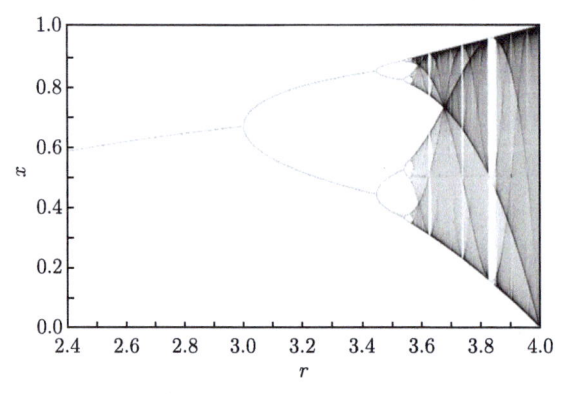

图 6　可用李–约克定理证明的混沌 Logistic 映射 $x_{k+1} = rx_k(1-x_k)$

前面说到的混沌系统都是时间连续微分方程。1975 年，李天岩（Tien-Yien Li，1945—2020）和詹姆斯·约克（James A. Yorke，1941—）发表了一篇题为

《周期三意味着混沌》的文章,讨论了洛伦茨的气象系统和罗伯特·梅（Robert M. May，1936—2020）的逻辑斯谛（logistic）映射,证明了一条漂亮的数学定理,开启了离散混沌数学理论的先河。后来,弗里曼·戴森在他 2009 年初由《美国数学会会刊》发表并在"爱因斯坦讲座"上演讲的著名文章《鸟与蛙》（"Birds and Frogs"）中说:"在混沌学的领域中,我知道的只有一条严格证明了的定理,那是由李天岩和詹姆斯·约克在 1975 年发表的一篇短文《周期三意味着混沌》中所建立的。"他将李–约克的这篇论文誉为"数学文献中不朽的珍品之一"。

【四】成名之后

1947 年,玛丽被选为英国皇家学会院士,是英国皇家学会 1660 年成立以来的第一个女数学院士。她后来还是英国皇家学会理事会历史上的第一位女理事。

1949 年初,她应邀到美国进行学术访问,先后到了斯坦福大学、UCLA 和普林斯顿大学作非线性微分方程定性分析的系列演讲。

1949 年从美国回到剑桥之后,玛丽取得了剑桥科学博士（ScD）学位并被选为格顿女子学院（Mistress of Girton College）的院长。她说那是"实际上不可推脱的选举"结果。

1950 年,她出任英国数学会主席。

其后,她还兼任了多种学术和行政委员会职务,特别是重要而繁琐的剑桥女员工任职委员会主席、剑桥妇女联合会主席、剑桥教工委员会主席以及两届剑桥大学参议会理事。她慢慢地把主要精力投入到了数学教育和学校行政事务中。她为人温文尔雅、办事公正严谨,深受师生们的爱戴。

尽管如此,玛丽在余生一直没有停止数学研究。她继续研究微分方程的新颖拓扑方法,并在函数理论以及簇集理论等方面时有新作。同时,她还写了一系列的文献综述和研究展望文章,其中特别著名的是关于 1920—1930 年间发展起来的"Hardy-Littlewood-Paley-Riesz circle" 理论的历史回顾和评论,以及很有影响的科普书《数学思维》（*The Mathematical Mind*, 1955）和专著《积分函数》（*Integral Functions*, 1956）。

1956 年,她作为英国皇家学会成员随代表团访问了苏联和波兰,到过莫斯科大学和波兰科学院并参加了学术会议。

玛丽于 1959 年晋升为剑桥大学函数理论教授（Reader），1961—1963 年担任伦敦数学会主席,1968 年退休。

灿烂群星：我心中的杰出科学家

其实玛丽退而不休，她不停歇地继续她的学术交流活动和数学研究。20 世纪 70 年代，她和剑桥数学家亨利·斯威纳顿-戴尔（Sir Henry P. F. Swinnerton-Dyer，1927—2018）维持了长达十年的合作，主要研究二阶微分方程的有界性。这期间，她还参与了伦敦数学会委托的《哈代论文集》（*The Collected Papers of G. H. Hardy*，1974）的编辑工作。

图 7　玛丽·卡特赖特（剑桥格顿学院）

玛丽先后获得爱丁堡（Edinburgh）、利兹（Leeds）、赫尔（Hull）、威尔士（Wales）和牛津（Oxford）大学的荣誉博士学位，以及芬兰（Finland）大学的荣誉勋章。1964 年，她作为第一位女性数学家获得了伦敦皇家学会最高荣誉的 Sylvester 金质奖章。1968 年，她被授予爱丁堡大学荣誉博士学位，同年又作为第一位女性数学家获得了伦敦数学会最高荣誉的 de Morgan 金质奖章。1969 年，她被女王伊丽莎白二世册封为英国皇家女爵士（Dame Commander of the British Empire）。

玛丽·卡特赖特一辈子单身，喜欢外出学术访问，极具幽默感和同情心，晚年自我陶醉于绘画和音乐。她于 1998 年 4 月 3 日在英国剑桥的 Midfield Lodge 养老院辞世，享年 98 岁。

为了纪念玛丽，伦敦数学会设立了年度"玛丽·卡特赖特讲座"（Mary Cartwright Lecture）系列，演讲人均由"女数学家委员会"（Women in Mathematics Committee）提名邀请。

玛丽一生有许多高深漂亮的数学成果，写进了 90 多篇优雅流畅的学术论著中。她常常被问道：你有这么多好论文，自己最欣赏的是哪一篇呢？玛丽每次都不经思考地回复同一句话："噢，是我手头上正在写的这一篇。"

（本文首发表于 2021 年 8 月 16 日）

4 切比雪夫，他带起了俄罗斯现代数学的发展

俄罗斯的数学家们常说，他们的现代数学是由切比雪夫带动而建立和发展起来的。

图 1　帕夫努蒂·切比雪夫（1869）

帕夫努蒂·切比雪夫（Pafnuty Lvovich Chebyshev，1821 年 5 月 16 日—1894 年 12 月 8 日）出生于离莫斯科二百公里开外荒郊奥卡托沃（Okatovo）的一个贵族家庭。他祖辈许多人都为俄国立过战功。父亲列夫（Lev P. Chebyshev）参加过抵抗拿破仑入侵的卫国战争，母亲阿格拉费娜（Agrafena I. Pozniakova Chebysheva）出身名门。夫妇俩养育了五男四女，切比雪夫排行第二。

切比雪夫天生左腿便有残疾，因而他童年不好活动，通常独坐家中，养成了

闭门看书和安静思考的习惯。他没有读过小学和中学，少儿时代在家里接受初等教育，由母亲教他阅读和写作，表姐 Avdotia Soukhareva 教他法文和算术。他从小爱好机械玩具和数学，对欧几里得《几何原本》中关于没有最大素数的证明非常着迷。1832 年，切比雪夫全家搬到了莫斯科，在那里父母让他继续留在家中接受教育。父母注意到切比雪夫对数学有特殊兴趣，便专门请了莫斯科最好的数学老师 P. N. Pogorelski 上门对他进行辅导。

【一】生平

1837 年，没有中小学文凭的 16 岁青年切比雪夫考入了莫斯科大学哲学系，就读于其属下的物理和数学专业。

在大学里，数学家尼古拉·布拉什曼（Nikolai D. Brashman，1796—1866）对他有较大的影响，特别是在应用力学和概率计算方面。布拉什曼后来成为他的硕士和博士导师。切比雪夫对导师非常尊敬，钱包里一直带着师生两人的合照。多年之后，1865 年 9 月 30 日，已经是数学教授的切比雪夫在莫斯科数学学会上做了一个把连分数应用于级数展开的学术报告，还把该项研究成果归功于当年布拉什曼对他的启发和指导。

1841 年是切比雪夫在大学本科学习的最后一年，他提交了一篇题为《方程根的计算》的论文，提出了一种建立在逆函数级数展开基础上的方程近似解法，并因之而获得了该年度由哲学系颁发的银质奖章。

大学毕业后，切比雪夫留校继续攻读硕士学位。这一年，俄罗斯遇到特大饥荒，他父亲因庄园破产带着家人离开了莫斯科。切比雪夫不仅失去了家庭经济支持，而且还要负担两个弟弟的部分教育和生活费用。尽管艰难，切比雪夫依然靠着微薄的助教金维持学业，最后于 1846 年以题为《概率论基础分析浅论》的论文获硕士学位。之后，他随布拉什曼到了圣彼得堡大学，在那里一边教书一边攻读博士学位。

在圣彼得堡大学，他的数学才能很快就得到两位著名的乌克兰数学家维克托·布尼亚科夫斯基（Viktor Bunyakovsky，1804—1889）和米哈伊尔·奥斯特罗格拉茨基（Mikhail Ostrogradsky，1801—1862）的赏识和指导。1847 年，在题为《关于用对数做积分》的晋职报告中，切比雪夫彻底解决了奥斯特罗格拉茨基不久前提出的一类无理函数的积分问题。他因此被提升为高等代数与数论课程的讲师。在文章中他证明的一个关于二项微分式（binomial differentials）积分定理，至今

灿烂群星：我心中的杰出科学家

仍然收录在许多大学微积分教科书中。

1849 年，他以题为《同余理论》的数论论文获得圣彼得堡大学博士学位。随后，该数论论文获圣彼得堡科学院的最高数学荣誉奖。

1850 年，切比雪夫在圣彼得堡大学晋升为副教授。1852 年的下半年，他到法国、英国、德国和比利时进行了一次让他毕生受益的学术访问。切比雪夫不但考察了先进的蒸汽机、风磨和机械设备，而且拜访了多位活跃的数学家。此后十多年间，切比雪夫几乎每年夏天都到西欧进行学术访问。他先后访问过柯西（Augustin-Louis Cauchy，1789—1857）、刘维尔（Joseph Liouville，1809—1882）、比奈梅（Irénée-Jules Bienaymé，1796—1878）、埃尔米特（Charles Hermite，1822—1901）、塞雷特（Joseph A. Serret，1819—1885）、彭赛列（Jean-Victor Poncelet，1788—1867）、勒贝格（Henri L. Lebesgue，1875—1941）、凯莱（Arthur Cayley，1821—1895）、西尔维斯特（James J. Sylvester，1814—1897）和狄利克雷（Peter G. L. Dirichlet，1805—1859）等一流数学家。此外，他和卢卡斯（Édouard Lucas，1842—1891）、博查特（Carl W. Borchardt，1817—1880）、克罗内克（Leopold Kronecker，1823—1891）以及魏尔斯特拉斯（Karl T. W. Weierstrass，1815—1897）等著名数学家也建立有长期的联络和交流。对切比雪夫毕生研究影响最大的是法国数学学派。1873—1882 年间，切比雪夫多次参加法国最重要的法国科学促进联盟（French Association for the Advances of Sciences）学术会议并先后做过 16 场数学报告。

在切比雪夫的职业生涯里，1852—1856 年间他兼任圣彼得堡皇家高等政法学院应用力学教授。1856—1873 年间他出任俄国教育部科学委员会委员。1860 年，他在圣彼得堡大学晋升为教授。1872 年，在他到校任教 25 周年之际，圣彼得堡大学授予他功勋教授的荣誉称号。1882 年，61 岁的切比雪夫从大学教学岗位退休，之后全职在科学院工作，把余生奉献给了无休止的数学研究。

切比雪夫在圣彼得堡大学执教 35 年间教学成绩卓著。他先后主讲过数论、高等代数、积分运算、椭圆函数、有限差分计算、概率论、分析力学、傅里叶级数、函数逼近论、机械工程学等十多门数学和力学课程。他善于把研究思路和成果融入到教学之中，广受学生欢迎。有趣的是，他对教学程序的掌控也像做数学研究一样严格和精密。他从不缺课、从不迟到。但每当到了下课时刻，他也从不在课室多逗留一分钟。如果有一个数学证明来不及讲完，他将会在下一节课从被打断的地方开始继续他的推证。

4/切比雪夫，他带起了俄罗斯现代数学的发展

图 2　19 世纪 50 年代圣彼得堡大学物理与数学教师（前排左二是切比雪夫）

切比雪夫的一个著名学生亚历山大·李雅普诺夫（Aleksandr Lyapunov，1857—1918）回忆说："他的课程并不冗长，他不去考虑所传授知识的总量。相反，他试图阐明所谈及问题的一些最重要方面。这些都是生动的、引人入胜的讲座。他对某些问题和科学方法的意义和重要性的新奇评论总是很丰富……他的讲课非常令人鼓舞。学生在每堂课中都会获得一些新的和必不可少的知识。他喜欢传授较为开阔而不同寻常的思想观点。"

切比雪夫毕生培养了 7 名博士学生。其中，除李雅普诺夫之外，还有众所周知的杰出数学家安德烈·马尔可夫（Andrey A. Markov，1856—1922）。

1894 年 12 月 8 日，73 岁的切比雪夫在圣彼得堡病逝。

【二】贡献

切比雪夫一生发表了 80 多篇论文，但没有留下专著。他对数学的重要贡献是多方面的。他在概率论、数论、函数逼近论、代数函数积分、机械和力学理论、曲面制图学、飞行弹道学以及纯数学和应用数学中的许多领域都成果累累。

在概率论方面，切比雪夫开创了证明中心极限定理的矩方法，用十分初等的方式证明了一般形式的大数定律，研究了独立随机变量的和函数的收敛条件，引导概率论的研究进入了一个新阶段。随后，马尔可夫对矩方法作了补充，给出了

灿烂群星：我心中的杰出科学家

随机变量按正态分布收敛的条件。之后，李雅普诺夫发展了特征函数方法，把中心极限定理的研究用现代数学方式来刻画并作出了推广。到 20 世纪 30 年代，安德烈·柯尔莫哥洛夫（Andrey Kolmogorov，1903—1987）进一步建立了概率论的公理化体系，让苏联在这一数学领域独占鳌头。1947 年，柯尔莫哥洛夫在《概率论科学在俄罗斯的发展》一文中写道："从方法论的观点来看，切比雪夫所带来的根本变革的主要意义不在于他是第一个在极限理论中坚持绝对精确的数学家……切比雪夫的工作主要意义在于，他总是从极限规律中精确地估计出任何次数试验里可能出现的偏差并以有效的不等式表达出来。此外，切比雪夫是清楚地预见到诸如'随机量'及'期望值'等概念的价值并将它们加以应用的第一人。"这里提到的，就是著名的"切比雪夫不等式"。

图 3　切比雪夫纪念碑（莫斯科大学校园）

在数论方面，切比雪夫从本质上推进了对素数分布问题的研究。他探讨了素数分布的渐近规律，还证明了法国数学家约瑟夫·伯特兰（Joseph L. F. Bertrand，1822—1900）的猜想：任何大于 1 的自然数 n 与 $2n$ 之间存在至少一个素数。他还研究了用有理数逼近实数的问题，从而发展了丢番图逼近理论，为解析数论的发展开辟了新的方向。

切比雪夫详尽地研究了用多项式逼近连续函数的问题，为此还构造了著名的"切比雪夫多项式"，对一般正交多项式理论也有不少重要贡献。他还研究了用三角函数及有理函数逼近连续函数的问题，发展了内插方法，创立了函数构造理论和最佳逼近理论。

切比雪夫在经典数学分析中也做了许多工作，研究了无理函数的可积性，解决了有限形式下椭圆积分问题，建立了微分二项式的可积条件，等等。

在数学中以他的姓氏命名的有切比雪夫集、切比雪夫点、切比雪夫结、切比雪夫交错、切比雪夫网、切比雪夫常数、切比雪夫偏差、切比雪夫向量、切比雪夫中心、切比雪夫空间、切比雪夫半径、切比雪夫滤波、切比雪夫逼近、切比雪夫函数、切比雪夫方程、切比雪夫求积公式、切比雪夫准则、切比雪夫正交、切比雪夫迭代法、切比雪夫多项式、切比雪夫系统、切比雪夫不等式以及几条切比雪夫定理。有趣的是，由于有太多"切比雪夫"名下的数学术语，在科学文献引用中他的英文名字出现过多个版本，诸如 Chebysheff, Chebycheff, Chebyschev, Tchebycheff, Tschebyscheff, Tchebychev, Tchebyshev, Tschebychev, Tchebysheff, Tschebycheff, Tchebyscheff，此外还有几个不太常见的。不过，现在都统一写为 Chebyshev 了。

最后特别值得一提的是，切比雪夫是科学研究工作中理论联系实际的典范。他把函数逼近论的思想和算法应用于机械设计，得到过许多可以直接应用的成果，包括连续运动变为脉冲运动的理论、直动机理论、最简平行四边形法则、铰链杠杆系统用作机械结构的条件、三铰链四环节连杆的运动定理、离心控制器原理等等。他还亲自设计和制造了其中一些机械。据说，他一生共设计了 40 多种机器及其 80 多个变种，包括可以模仿动物行走的步行机，可以自动变换船桨入水和出水角度的划船机，可以度量实际曲率并绘出大圆弧的曲线规，以及压力机、筛分机、选种机、自动椅和手摇计算机。他的一些机械发明在 1878 年巴黎博览会和 1893 年芝加哥博览会上都展出过，有些至今依然保存在俄罗斯科学院数学研究所、莫斯科历史博物馆和巴黎艺术学院里。1856 年，切比雪夫被任命为俄国炮兵委员会成员，参与了革新炮兵装备和技术的研究工作。1867 年，他提出的一个计算弧形炮弹射程的公式被军方弹道专家采用。他在圣彼得堡大学教授联席会上作的《论地图绘制》报告分析了数学理论与实践结合的意义并详尽讨论了如何减少投影误差的问题。在 1878 年法国科学院第七次年会上，切比雪夫还宣讲了一篇题为《论

灿烂群星：我心中的杰出科学家

服装裁剪》的报告，其中提出的"切比雪夫网"后来成为曲面数学理论中的一个重要工具。

切比雪夫在 1856 年的一个学术讲座中综合性地表述了他的思想："理论观点和实践观点越接近就越能带来最高效益的成果，而且受益的不仅仅是实践方面。在这种影响之下，科学便向前发展，因为两者的这种接近会提供新的研究对象或者为成熟学科带来新的领域。尽管过去三个世纪以来杰出数学家的论著使得数学科学取得了长足的进步，实践依然清楚地揭示了它们在许多方面并不完善。实践提出了对科学来说本质上是全新的问题，从而挑战人们去寻求全新的解决方法。如果理论在旧方法的新应用或新发展中能获得很大的收益，那么在发现新方法时收益会更大。在这里，科学在实践中能够找到可靠的指南。"

切比雪夫在去世前不久还说过一段有趣的话："数学已经经历了两个时期：一个是面对诸神设置的原始问题，另一个是面对半神，例如费马、帕斯卡和其他人，所提出的问题。今天，我们进入到第三个时期：面对人类因需求而提出的、我们必须去解决的问题。"

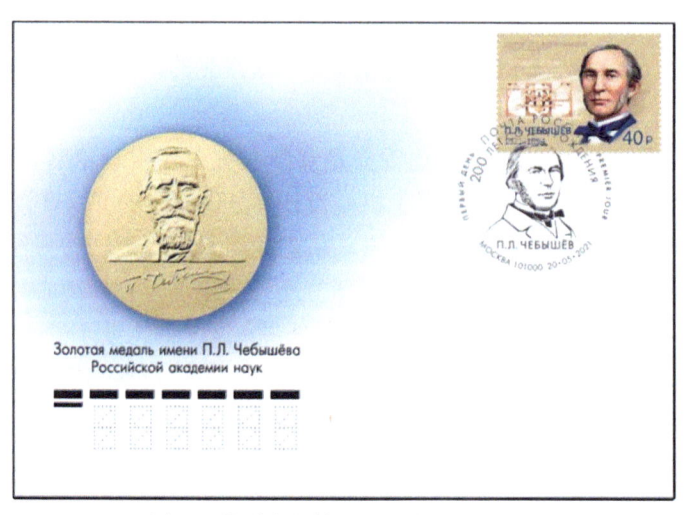

图 4　苏联发行的切比雪夫纪念明信片

【三】后话

18 世纪以前，俄国几乎没有现代数学可言。1724 年 1 月，俄国国王彼得大帝（Peter the Great，1672—1725）颁布，要在圣彼得堡建立科学院，并以法国巴

4/切比雪夫，他带起了俄罗斯现代数学的发展

黎科学院为样板拟定了具体的科学院章程。1725 年，俄国科学院由彼得大帝遗孀凯瑟琳一世（Catherine I，1684—1727）主持正式成立。当时数学领域的院士全是外国人，包括莱昂哈德·欧拉（Leonhard Euler，1707—1783）、尼古拉·伯努利（Nicolaus Bernoulli，1687—1759）、丹尼尔·伯努利（Daniel Bernoulli，1700—1782）和克里斯蒂安·哥德巴赫（Christian Goldbach，1690—1764）。一个世纪之后，俄国才开始出现像尼古拉·罗巴切夫斯基（Nikolai Lobachevsky，1792—1856）、布尼亚科夫斯基和奥斯特罗格拉茨基这样的几位优秀数学家。但除了罗巴切夫斯基之外，其他人都是在外国特别是法国接受高等教育的"海归"。切比雪夫是个土生土长的数学家，他在那种学术资源贫乏的环境下进行自己的数学研究和创造，十分难能可贵。切比雪夫在圣彼得堡建立了第一所俄罗斯数学研究院（Russian Mathematical School），带起了一代年轻人。在他的组织和领导之下，圣彼得堡数学学派逐渐形成，让俄罗斯数学走到了世界前列。切比雪夫因而被尊称为俄罗斯现代数学的奠基人和领袖。

图 5　切比雪夫（1890 年左右）

切比雪夫于 1858 年当选为圣彼得堡皇家科学院院士。他作为第一个俄国科

灿烂群星：我心中的杰出科学家

学家被法国科学院遴选为通讯院士（1860），然后成为正式院士（1874）。此外，他还被选为柏林皇家科学院院士（1871）、伦敦皇家学会院士（1877）、意大利皇家科学院院士（1880）、瑞典皇家科学院院士（1893）。1890 年，他获颁法国荣誉军团勋章。1893 年，他成为圣彼得堡数学学会终身荣誉会士。

切比雪夫毕生大体上生活颇为富裕，但他终身未娶。

切比雪夫去世后，数学界先后出版了他的论文集（1899—1907），全集（1944—1951）和选集（1955）。1944 年，苏联科学院设立了切比雪夫奖金。1946 年 5 月 25 日，为纪念切比雪夫诞生 125 周年，苏联发行了两枚面值不同的纪念邮票。

图 6　苏联发行的切比雪夫纪念邮票（1946）

（本文首发表于 2022 年 8 月 25 日）

46

5 盖尔范德，他预见了一个尚未结束的故事

> 数学是文化的一部分，就像音乐、诗歌和哲学一样。
>
> ——伊斯雷尔·盖尔范德

伊斯雷尔·盖尔范德（Israel Moiseevich Gelfand，1913 年 9 月 2 日—2009 年 10 月 5 日）出生于乌克兰南部 Okny 镇（现称 Krasni Okny）的一个普通犹太人家庭。

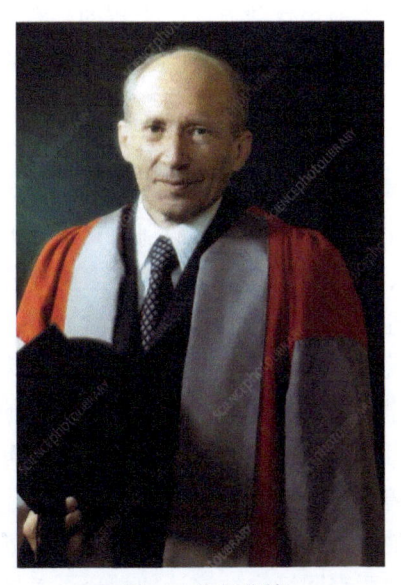

图 1 盖尔范德

盖尔范德初中毕业后进入了一间职业技术学校受训当化学实验员，未结业便失学了。1930 年初，16 岁的他从家乡孤身来到莫斯科投靠远亲自寻生计。他在莫

> 灿烂群星：我心中的杰出科学家

斯科四处做临工，但经常失业。后来他在列宁图书馆找到一份外借图书管理员的工作。在那里，他如饥似渴地自学那些以前没有学到的知识。他结识了几个大学生，便常常安排时间跟随他们去莫斯科大学听课。他最有收获的是旁听了数学家米哈伊尔·拉夫连季耶夫（Mikhail A. Lavrentyev，1900—1980）组织的复变函数讨论班。

1932 年，没有大学学历的盖尔范德由于各种出众的数学表现被破格录取为莫斯科国立大学的研究生，师从著名数学家安德烈·柯尔莫哥洛夫（Andrey N. Kolmogorov，1903—1987）。从此以后，用盖尔范德自己的话来说，他的学术生涯"平常而正规，进入了数学家通常的轨道"。

【一】喜欢数学的少年

在介绍盖尔范德如何"进入了数学家通常的轨道"而成长为"20 世纪最伟大的数学家之一"之前，先来回顾一下他小时候是如何学习数学的。

盖尔范德的家乡奥克尼（Okny）镇只有一所中学。他 12 岁上初中时，自己弄明白了有些几何题目是不能用代数方法去求解的。有一次，他对正弦曲线的图形每隔 5 度算出一个弦长并制成了表格。后来他当然明白，是自己"创制"了一个三角函数表。那段时间，在没有相应的代数课本的情况下，他还做完了一本初等代数习题集。这个小小的成功让他明白并且记住了一个道理，就是通过解题是可以进入一个数学新领域的。

到了 13 岁时，他对平面几何产生了特别的兴趣。他注意到有些直角三角形边长为 3、4、5，或者 5、12、13，就想求出边长为整数的全部直角三角形。结果，他又"发明"了勾股定理。

那个时候他家贫环境差，经常生病。但每当病倒在床上，特别是学校放假的时候，他就自己学习数学，结果很有收获。多年以后，他竟然经常让儿子病愈后在家里多住几天，说是有能力的学生在生病时窝在家里可以做很多事情。

盖尔范德小时候家境贫困的情形是别人难以想象的，比如要父母买一个练习本都是一种奢求。后来他终于得到了一个练习本，于是就在每一页上都抄满了数学定理的陈述和证明。他后来回忆说，这让他学会了怎样去写一本数学著作。

对于很有数学天分的盖尔范德来说，数学书籍的缺乏是他进一步发展的严重障碍。他经常看到高等数学书的广告，猜测高等数学大概是非常有趣的。可惜穷父母不可能给他买这些书本。15 岁那年，他得了阑尾炎，需要去大城市敖德萨

(Odessite)医院做切除手术。他趁机跟父母亲耍赖，说如果你们不给我买高等数学书我就不去医院了。父母无奈给他买了一本乌克兰文的《高等数学教程》。可怜的爸妈只够钱买了第一卷，其内容包括平面解析几何和初等微积分。

盖尔范德觉得很幸运，有机会从一本正规的大学教程开始学习高等数学了。他手术后第三天开始，就迫不及待地开始看这本书，穿插着还读了法国作家埃米尔·左拉（Émile Zola，1840—1902）的一本小说。在医院的九天，他读完了这本高等数学第一册。这期间，他还独自推导出了欧拉-麦克劳林公式、伯努利数递推公式、前 n 个自然数 p 次幂的求和公式。对他来说，最大的收获是锻炼了独立解题的能力和养成了解题后继续探求进一步结果的好习惯。

到了 1930 年，16 岁的盖尔范德便告别父母，独自到莫斯科做工自谋生路去了。

【二】数学家的杰出贡献

1932 年，盖尔范德成为莫斯科国立大学的研究生，师从大数学家柯尔莫哥洛夫。

研究生学习期间，在导师引领下盖尔范德进入了当时新兴的泛函分析领域。1935 年，盖尔范德以抽象函数和线性算子为论题获副博士学位。他证明了泛函分析特别是完备赋范空间的许多基本性质，建立了通过连续线性泛函把其中许多问题转化为经典分析问题的一些普适方法。

1940 年，盖尔范德获苏联物理与数学科学博士学位。在学位论文中，他创立了交换赋范环论，奠定了巴拿赫（Banach）代数的基础。在这领域里，他后来建立了全新的表示论，还把希尔伯特空间中线性算子的谱理论推广到赋范代数中。一个有趣的例子是他应用赋范环的理论和技巧，仅用了 5 行字的篇幅就推出了诺伯特·维纳（Norbert Wiener，1894—1964）早前一篇长文中证明的一条著名定理：如果一个不取零值的函数可展开为绝对收敛的傅里叶级数，则其倒数也可展开为绝对收敛的傅里叶级数。接下来，盖尔范德开创了 C* 代数的研究。

1943 年，盖尔范德成为莫斯科国立大学教授，后来还在苏联科学院应用数学研究所任职。20 世纪 50 年代，盖尔范德在纯粹数学和应用数学的多个分支开展了大量卓有成效的研究，成果累累。他的主要贡献涵盖泛函分析、调和分析、群表示论、积分几何、广义函数、微分方程、数学物理等领域。此外，1958 年后他还开展了对生物学和生理学的深入研究，并且在苏联科学院成立和领导了一个生物物理研究所。在生物医学领域中，他研究 X-CT 扫描的数学问题，还改进了约翰·拉东（Johann K. A. Radon，1887—1956）的图像变换从而开创了一门全新的积分几何学。

　　盖尔范德发表论文近 500 篇，其中以他个人名义发表的有 33 篇，只占总数 7%，而联名发表的合作者共有 206 位，包括中国数学家夏道行。他还出版了教材和专著 18 本。20 世纪 80 年代末，施普林格（Springer）出版社出版了《盖尔范德文选》3 卷，收入作者自选论文 167 篇。1958 年至 1966 年间，盖尔范德牵头编辑出版了 6 大卷的巨著《广义函数》。其中，第一卷讨论广义函数的定义、基本性质和傅里叶变换以及各种特殊类型的广义函数；第二卷考察各种类型基本函数空间及其上的广义函数以及相应的傅里叶变换；第三卷应用广义函数研究偏微分方程组柯西问题解的存在唯一性和适定性以及自伴微分算子按特征函数的展开；第四卷研究核空间及其应用并引进装备希尔伯特空间，以及正定广义函数、广义随机过程与线性拓扑空间上的测度论；第五卷以积分几何为基础，讨论洛伦兹群及相关齐性空间上的调和分析；第六卷引进表示论与自守函数。这套专著享有极高的国际声誉，有中、英、法、德文译本，是分析类型数学家的基本教材和参考资料。

图 2　盖尔范德（莫斯科国立大学）

　　盖尔范德的数学研究与数学教学紧密联系在一起。他在莫斯科国立大学经常给低年级本科生上课，1944 年起又为年轻老师和研究生开办泛函分析讨论班，之后又开办理论物理讨论班。盖尔范德组织和指导的讨论班一直持续到他晚年，成为苏联发展泛函分析和培训数学新秀的一个主要基地。盖尔范德素来幽默风趣，

5/盖尔范德，他预见了一个尚未结束的故事

他多次戏说："本讨论班面向一般的高中生，良好的本科生，优秀的研究生和杰出的教授。"和他合作的一批年轻人都先后来自他的讨论班，其中许多后来成为著名数学家，包括数学界熟识的 F. Berezin、J. Bernstein、E. Dynkin、A. Goncharov、D. Kazhdan、A. Kirillov、M. Kontsevich、A. Zelevinsky 等，特别是 1990 年沃尔夫数学奖得主伊利亚·皮亚捷茨基–沙皮罗（Llya Piatetski-Shapiro，1929—2009）。皮亚捷茨基沙皮罗认为，当时的苏联数学界有三位泰斗，就是师徒三代的柯尔莫哥洛夫、盖尔范德和伊戈尔·沙法列维奇（Igor R. Shafarevich，1923—2017）。他说："盖尔范德是最卓越的。他既有沙法列维奇那样深刻的数学造诣，又有柯尔莫哥洛夫那样广博的知识。此外，盖尔范德还有一个特别的才能：他能够同时从事几个基本领域的研究而不感到吃力……在这方面，盖尔范德是无与伦比的。"

值得一提的是，或许是由于自己年轻时家贫失学的缘故，盖尔范德对中学生的数学教育特别关心。他是 20 世纪 30 年代莫斯科数学奥林匹克竞赛的发起人之一，还参与设立了一所远程数学函授学校。他领头和几位数学家朋友一起为中学生编写了 5 本基础数学读物：《代数》《几何》《三角函数》《函数和图像》《坐标方法》，英文版在 21 世纪初由 Springer 出版社出版，中译版收录在"盖尔范德中学生数学思维丛书"中。

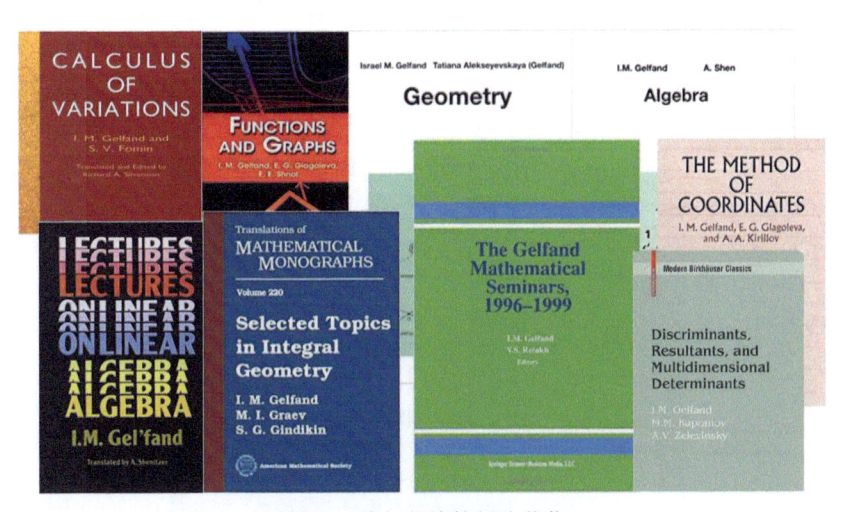

图 3　盖尔范德的部分著作

盖尔范德 90 高龄时回忆过去，非常感激自己人生各个阶段的老师："对我来说，最重要的老师是列夫·施尼雷尔曼（Leu Schnirelman，1905—1938）他是一个

灿烂群星：我心中的杰出科学家

英年早逝的天才数学家。然后有 Kolmogorov、Lavrentyev、Plesner、Petrovsky、Pontriagin、Vinogradov、Lusternik，他们各不相同……但他们都是伟大的数学家。我对他们所有人都非常感激，我从他们那里学到了很多。"

【三】奖励和荣誉

盖尔范德曾在国际数学家大会上做过 3 次全会报告（1954 年、1962 年、1970 年），足以表明他在当代数学发展中的重要地位。事实上，迄今为止只有维多·沃尔泰拉（Vito Volterra，1860—1940）做过 4 次全会报告，以及埃利·嘉当（Élie Cartan，1869—1951）、拉尔斯·阿尔福斯和安德烈·韦伊（André Weil，1906—1998）做过 3 次全会报告。

盖尔范德于 1953 年当选为苏联科学院通讯院士，1984 年当选为院士。他于 1968 年至 1970 年担任莫斯科数学会主席。后来，他三次荣获列宁奖章（第一次在 1973 年），以及被誉为"日本诺贝尔奖"的京都奖（1989 年）、美国文化界的最高荣誉 MacArthur Fellow（1994 年）和美国数学会的终身成就奖（2005 年勒罗伊·斯蒂尔奖. L. P. Steele Prize）。

盖尔范德还是英国皇家学会、美国国家科学院、美国艺术与科学院、巴黎科学院、瑞典皇家科学院的院士。他获牛津大学、哈佛大学、巴黎大学授予荣誉博士学位。

图 4　盖尔范德在 MIT 讲课

5/盖尔范德，他预见了一个尚未结束的故事

1978 年，盖尔范德和德国数学家卡尔·西格尔（Carl L. Siegel，1896—1981）分享了以色列沃尔夫（Wolf）基金会设立的第一届沃尔夫数学奖。可是，由于他在 1968 年参与苏联 99 个数学家联名的一封公开信，要求政府释放因不同政见而被关进精神病院的数学家亚历山大·叶赛宁–沃尔平（Alexander Esenin-Volpin，1924—2016），加上苏联和以色列早前已经断绝了外交关系，盖尔范德被禁止出席当年的颁奖典礼，让沃尔夫奖第一次颁发就遭遇尴尬。直到 1988 年，盖尔范德才得以前往以色列补领十年前荣获的奖章。

顺便提及，至今获得沃尔夫数学奖的华人数学家只有陈省身（1983 年）和丘成桐（2010 年）。

【四】尚未结束的故事

1989 年，76 岁的盖尔范德移居美国。他在哈佛大学和麻省理工学院访问了一段时间之后，被罗格斯大学（Rutgers University）聘为终身杰出访问教授。

2009 年 10 月 5 日，盖尔范德在新泽西州新不伦瑞克（New Brunswick）去世，享年 96 岁。

盖尔范德和第一任夫人 Zorya Shapiro 养育有 3 个儿子，Sergei 和 Vladimir，但小儿子 Aleksandr 1958 年因白血病去世。当年的痛苦成为了他开始研究生物医学的主要动因。他和后来的夫人 Tatiana 生有一个女儿，名字也叫 Tatiana。

图 5　盖尔范德在 Rutgers 讲课

灿烂群星：我心中的杰出科学家

乌克兰数学家盖尔范德就这样度过了他不平凡的一生，为人类留下了一大批宝贵的数学财富。

2003 年 9 月 2 日，盖尔范德在庆祝他 90 岁生日的晚宴上作了个简短的发言，主题是他对数学的看法和为什么这么高龄还在做数学。结束时，他话锋一转，说了句题外话：

"最后，我想给出一个数学之外的例子。有句简短精辟的话组合了我之前提到的简单和精确等特征。这是诺贝尔文学奖得主艾萨克·巴什维斯·辛格（Isaac Bashevis Singer）说的一句话：'只要人还以刀枪摧毁弱小，就不会有正义'。"

今天看来，他预见了一个尚未结束的故事。

（本文首发表于 2022 年 3 月 10 日）

6 这位格林写出了自己人生的童话

"格林"在中国成为一个广为人知的名字，大概始于著名的《格林童话》。部分格林童话最早的中文译本可能是 1903 年周桂笙的《新庵谐译》。1934 年，上海商务印书馆出版了魏以新翻译的《格林童话全集》，这是中国第一本格林童话大全。创作《格林童话》的格林兄弟是德国人——哲学家哥哥 Jacob Grimm（1785—1863）和人类学家弟弟 Wilhelm Grimm（1786—1859）。但本文要介绍的人物却是英国人乔治·格林（George Green，1793 年 7 月 14 日—1841 年 5 月 31 日）。尽管此 Green 非彼 Grimm，然而他们分别来到中国后都变成了一家人：格林。

乔治·格林不写童话，他是一位数学物理学家，但他却无意中写出了自己人生的一个童话。

图 1　乔治·格林

灿烂群星：我心中的杰出科学家

理工科的学者和学生都知道"格林公式"和"格林函数"。格林公式在多元微积分教科书中就有介绍，它描述了在 (x,y) 平面中单连通区域 D 上的二重积分与沿其边界正向简单闭曲线 L 对坐标的线积分之间的关系：

$$\iint_D \left(\frac{\partial Q}{\partial x} - \frac{\partial P}{\partial y}\right) \mathrm{d}x\mathrm{d}y = \oint_L P\mathrm{d}x + Q\mathrm{d}y$$

格林函数则是一类特殊的广义函数 $G(x,y)$，满足微分方程

$$\mathcal{L}G(x,y) = \delta(x-y)$$

其中 $\mathcal{L}$ 是微分算子而 δ 是狄拉克 δ-函数。用上述格林函数来解微分方程

$$\mathcal{L}u(x) = f(x)$$

其中 $f(x)$ 是变量 x 的连续函数，可得到解的一般表达式

$$u(x) = \int G(x,y)f(y)\mathrm{d}y$$

在此，格林函数 $G(x,y)$ 扮演了一个积分核函数的角色。容易看出，在微分算子和积分算子可交换的条件下，有

$$\mathcal{L}u(x) = \mathcal{L}\int G(x,y)f(y)\mathrm{d}y = \int \mathcal{L}G(x,y)f(y)\mathrm{d}y = \int \delta(x-y)f(y)\mathrm{d}y = f(x)$$

由于这种形式计算上的方便，格林函数在物理和工程科学中有着非常广泛的应用。

我想你一定会赞美这个简单优雅又灵活好用的格林函数。特别是，如果你注意到这是格林大约二百年前（1828 年）引进的，你可能会倍加赞叹。进一步，如果我告诉你，格林并非师出名门，而且只受过一年小学教育，并且在建立上述公式和引进上述函数之前没有受训于任何数学家或物理学家，那么你肯定会惊诧莫名了。

乔治·格林于 1793 年 7 月 14 日出生在英国诺丁汉（Nottingham）的 Sneinton。他的父亲也叫做乔治，是个面包师傅，妈妈叫 Sarah，家里还有一个妹妹 Ann。1801 年，8 岁的格林到了当地一位数学爱好者 Robert Goodacre 开办的小学读书，估计在那里他对数学发生了朦胧的兴趣。但翌年夏天格林便辍学回家了，协助贫

苦的父亲在面包房做杂工。1807 年，格林父亲买下了一座小型风车磨坊，替别人加工谷物，家境逐渐有所改善。

图 2　今天修复后的格林家风车磨坊

当年诺丁汉地区的知识资源极端贫乏，郡里只有一个学过数学的人，就是从剑桥大学毕业的约翰·托普利斯（John Toplis）。托普利斯于 1814 年翻译并出版了法国数学家拉普拉斯（Pierre-Simon Laplace）的五卷数学著作 *Mécanique céleste*。但是没有记录表明格林跟他学习过数学。不过，诺丁汉有一家私人集资建成的位于 Bromley House 的图书馆，收藏有当时出版的一些学术著作和期刊《皇家学会哲学学报》（*Philosophical Transactions of the Royal Society*）。大概因为格林的表哥 William Tomlin 是图书馆的活跃会员的缘故，格林有机会经常进入图书馆阅读书报。后人猜测，在那个小小图书馆里格林自学了不少数学知识。

1828 年 3 月，35 岁的磨坊工人格林完成了他的第一篇也是最重要的一篇学术论文：《论数学分析在电磁理论中的应用》"An Essay on the Application of Mathematical Analysis to the Theories of Electricity and Magnetism"。这篇文章长达 72 页。在引言中他说自己的研究基于"非常有限的信息资源"。但令人吃惊的是，文章依然引述了卡文迪什（Henry Cavendish）1771 年的论文 "Single-fluid Theoretical Study of Electricity"、泊松（Siméon Denis Poisson）1811 年和 1812 年关于电学的两本著作以及 1821—1823 年间关于磁学的三篇论文，还有拉普拉斯、傅里叶（Joseph Fourier）、托马斯·杨（Thomas Young）、阿拉

灿烂群星：我心中的杰出科学家

戈（François Arago）和柯西（Augustin-Louis Cauchy）等人的工作。格林曾留下当年的一张书单，上面列有数学家拉格朗日（Joseph-Louis Lagrange）、拉普拉斯、拉克鲁瓦（Sylvestre François Lacroix）、傅里叶和泊松，以及物理学家库仑（Charles-Augustin de Coulomb）和毕奥（Jean-Baptiste Biot）等人的法语论文和著作。神秘的是，Bromley House 这间小小地方图书馆里根本没有收藏这些文献，而且没有记录表明格林在什么地方学习过法文。格林对数学似乎是无师自通的，这一事实直到今天对所有人来说依然是一个谜。

在这篇论文里，格林试图建立导体在真空中的电势公式。他推广了泊松在电磁学方面的相关研究工作。他假定源是一个点电荷，从而引进了三维空间的格林公式（上述二元公式的某种高阶形式），并证明了其解可以用一个"点源函数"（即上述的格林函数）给出。记录表明，格林在这篇文章中引进位势函数的相关工作，与高斯当年类似的研究几乎是同时但独立地进行的，尽管两者概念上不尽相同。

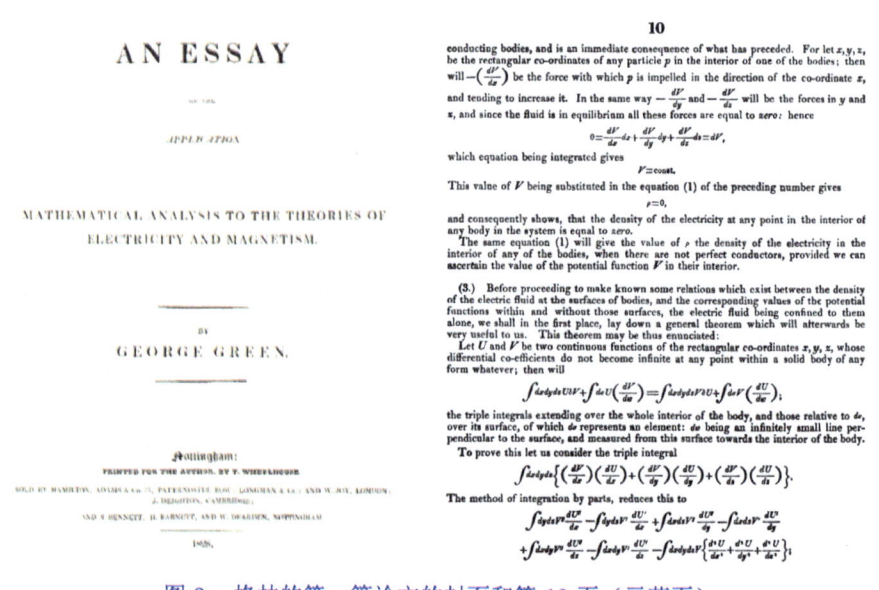

图 3　格林的第一篇论文的封面和第 10 页（示范页）

格林没有任何学历和学术职称，也不认识任何数学家，这篇论文是靠他的几位朋友集资以单行本形式印发的。当时一共卖出了 51 份，买家有一半是 Bromley House 图书馆的成员（包括 Robert Goodacre），另一半则是他的好朋友（包括 William Tomlin）。虽然他们都看不懂论文的内容，但都买下来以示友谊和鼓励。

幸而好人有好运，爱丁堡有一位数学家爱德华·布隆海德（Edward T. F. Bromhead，1789—1855）爵士买了一本。布隆海德是个贵族，也是爱丁堡皇家学会会员。布隆海德发现了格林的数学才能，特地在自己的庄园 Thurlby Hall 约见了他，并鼓励他继续研究数学。当时，穷人格林并不相信富人布隆海德的诚意，随后两年都不再去见他。无论如何，后来的事实表明，与布隆海德的相识成为格林人生转折极其关键的契机。

这期间格林又完成了三篇论文：《关于与电流相似的流体平衡定律的数学探讨及其他类似研究》("Mathematical Investigations Concerning the Laws of the Equilibrium of Fluids Analogous to the Electric Fluid with Other Similar Research"，1832)、《变密度椭球体外部与内部吸引力的确定》("On the Determination of the Exterior and Interior Attractions of Ellipsoids of Variable Densities"，1833) 和《流体介质中单摆的振动研究》("Researches on the Vibration of Pendulums in Fluid Media"，1833)。前两篇由布隆海德推荐给了《剑桥哲学学会会刊》(*Cambridge Philosophical Society*)，而第三篇发表在《爱丁堡皇家学会会刊》(*Royal Society of Edinburgh*)。

说起来这位好心人布隆海德是剑桥大学 Gonville-Caius 学院毕业生，也是剑桥分析学会（Analytical Society）创始人之一。他建议格林到剑桥读书深造。1829 年 1 月，格林的父亲去世。随后，格林将磨坊变卖，凑足了学费，于 1833 年在布隆海德的协助下进入了剑桥大学 Gonville-Caius 学院。那一年，40 岁的格林成为一个没有中小学学历的大学本科生。不过，他的学业成绩出众，1837 年获得了剑桥大学数学荣誉考试（Mathematical Tripo）一等级别（Wrangle）的第四名，而当年的第二名是后来的著名数学家西尔维斯特（James Joseph Sylvester）。格林翌年获得了学士学位，被留校任教。1839 年，他还当选为 Gonville-Caius 学院院委会成员。在剑桥大学这 6 年时间里，格林在剑桥哲学学会会刊发表了 6 篇关于流体力学、光学和声学的论文。

在剑桥大学留校任教，对于多年贫困失学的 44 岁的格林来说，这正是云开日出的时刻，前途一片光明。可是，他的命运迎来了第二次重大转折，而这次却是不幸：他积劳成疾，工作仅两年后于 1840 年不得不辞职回到诺丁汉养病，并于翌年 5 月 31 日在老家辞世，享年 48 岁。

格林被安葬在家乡西尔顿（Sneinton）的圣·史蒂芬（St.Stephen）教堂墓地，位于他曾经劳作了 27 年的风车磨坊的路旁。他病逝几天后，《诺丁汉评论》(*Not-*

灿烂群星：我心中的杰出科学家

tingham Review）发表了一篇由他的小学老师 Robert Goodacre 的儿子所写的讣告，说："如果他能活得长久一些，也许就能以杰出数学家的身份获得世人认可。"（"Had his life been prolonged, he might have stood eminently high as a mathematician."）

今天，世人都认同乔治·格林是个杰出的数学物理学家。遗憾的是，格林生前完全不知道自己的数学成果的重要性。

格林 1828 年的那篇论文《论数学分析在电磁理论中的应用》因为没有正式发表，一直无人知晓。就这样，论文在布隆海德等几位朋友手中静静地度过了 17 年。1841 年，格林去世。1845 年，英国数学物理学家、开尔文勋爵（Lord Kelvin）威廉·汤姆孙（William Thomson），一个被称为热力学之父的科学家，偶然发现了格林这篇几乎被完全埋没了的名作。那时开尔文还在剑桥读书。他阅读了数学家墨菲（Robert Murphy）在剑桥哲学学会会刊上发表的论文"On the Inverse Method of Definite Integrals"，并注意到文献中引用了格林的这篇文章。但那时他找不到原文来参考。这一年，开尔文从剑桥毕业，离校前把此事告诉了他的教练霍普金斯（William Hopkins）。意料之外，霍普金斯居然收藏有格林这篇论文的传本。适逢开尔文赴法国考察，他在巴黎向数学家刘维尔（Joseph Liouville）和施图姆（Charles-Francois Sturm）推介了格林的这篇论文。两位数学家阅后，立即意识到该论文的价值，认定格林已为"位势论"及其应用奠定了完整的数学基础。格林这篇 72 页的论文最后于 1850 年由德国数学家克雷尔(August Leopold Crelle)在他创办和主编的《纯粹数学与应用数学杂志》(*Journal für die reine und angewandte Mathematik*）上分三期（1850 年、1852 年、1854 年）正式发表，开尔文还为之撰写了格林生平与工作介绍的导言。可惜，那时候格林已经辞世十多年了。

格林短促的一生，总共发表了 10 篇数学论文。数量虽少，却对 19 世纪数学物理学科的发展做出了十分重要的贡献。作为开创性的成果，格林第一次引进了"位势函数"的概念、第一次引进了弹性力学一般形式的守恒定律和弹性应变的"格林张量"、建立了描述光媒质振动的偏微分方程、建立了描述"孤立波"（soliton）的浅水波动方程，等等。格林的奠基性工作带出了后来以开尔文勋爵、斯托克斯（George Stokes）和麦克斯韦（James Clerk Maxwell）为代表的剑桥数学物理学派（见：莫里斯·克莱因的《古今数学思想》第三册，上海科学技术出版社，2002）。

1871 年，剑桥 Gonville-Caius 学院院委会成员费勒斯（Norman Macleod Ferrers）在伦敦编辑出版了《格林数学论文集》（*Mathematical Papers of the Late George Green*）。多年后，到了 1894 年，法国数学家庞加莱（Henri Poincaré）在他的著名论文《关于数学物理方程》（"Sur les équations de la physique mathématique"）中概括性地总结了格林函数的多种性质。

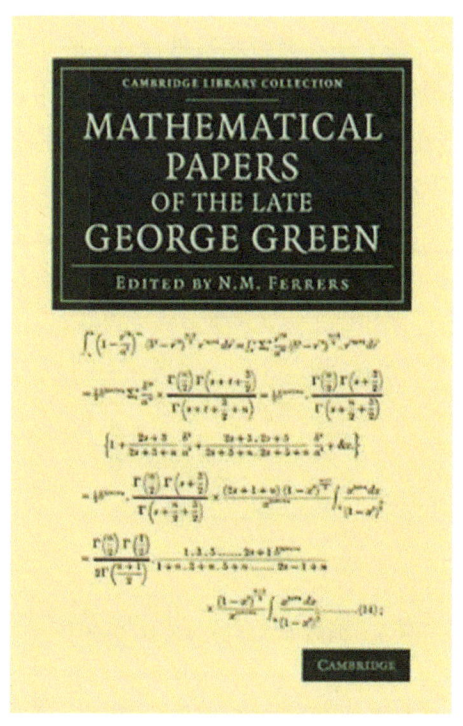

图 4　格林数学论文集

随后，数学物理学家们陆续发现了格林函数及其思想方法可以用来解决常微分方程和偏微分方程中许多边值问题以及初边值问题，既可以处理齐次方程，又可以处理非齐次方程，既可以分析有界问题，又可以分析无界问题，从而把它广泛地应用到求解拉普拉斯方程、位势方程、热传导方程、波动方程等许多数学物理方程中去。格林函数方法的明显优越性是它可以把非齐次方程的边值问题转化为仅依赖于微分算子、边界条件的形式和所包含区域的形状的边值问题，从而非常方便地求解。这些优越的特性让格林函数在各种数学、物理、工程科学中获得了极其广泛的应用。在纯数学领域，格林定理还和斯托克斯公式一起，启迪了后来微分形式理论和流形上微积分的诞生。

灿烂群星：我心中的杰出科学家

到了 20 世纪，通过诺贝尔物理学奖得主施温格 (Julian Schwinger) 和量子电动力学创始人之一戴森（Freeman Dyson）的努力，格林函数方法在量子电动力学的计算中获得了极其成功的应用，还延伸出了传播子（propagator）的物理概念。戴森指出："乔治·格林的发现，即格林函数，是一种数学工具，而不是一个物理概念。它并没有给世界带来新的电学和磁学理论，也没有给物理学提供新的蓝图。但是，它给世界带来了一系列新的数学技巧，它们对于探索理论的影响和预测实验的结果以及寻找可能的新现象等方面都非常有用。"

1930 年，爱因斯坦在访问诺丁汉时曾经感叹地说，格林比他自己的时代超前了二十年。

图 5　西敏寺内格林的墓碑（1993）

1993 年 7 月，为纪念格林诞辰 200 周年，他的一块新墓碑被隆重地安放到伦敦的西敏寺（Westminster Abbe），位于牛顿、开尔文、法拉第和麦克斯韦等几位大师的墓碑旁边，上面刻着："乔治·格林，数学家和物理学家，1793—1841"，顶端镶嵌有他家风车磨坊的图案。

最后我们简单地回顾一下格林的家庭生活。格林成人后与风车磨坊管理人 William Smith 的女儿 Jane 毕生一起居住，但两人始终没有正式结婚。据说，最初可能是因为他父亲反对这门婚事，后来则可能是由于剑桥 Gonville-Caius 学院院委会成员资格只授予给单身男子。格林去世后，Jane 被公认为其合法遗孀，并被尊称为"格林夫人"。夫妇俩共生育了两个儿子和五个女儿。

今天，诺丁汉大学的图书馆以乔治·格林命名。1986 年，格林的风车磨坊由格林纪念基金会出资修复至可以示范运转，并作为"乔治·格林纪念馆和科学中心"供游客参观缅怀。

图 6 乔治·格林的肖像

（本文首发表于 2021 年 4 月 23 日）

7 格罗滕迪克，一个并不广为人知的名字

> 我在孤独工作中掌握了成为数学家的要素……我从内心就知道我是一位数学家，做数学的人。这好像是种本能。
>
> ——亚历山大·格罗滕迪克

图 1　亚历山大·格罗滕迪克

他不是新闻人物——至少生前不是——因此并非家喻户晓。但是在全世界数学家眼中，他是殿堂式的人物，名叫亚历山大·格罗滕迪克（Alexandre Grothendieck）。

格罗滕迪克于 2014 年 11 月 13 日辞世。法国总统奥朗德在悼词中称赞他为"当代最伟大的数学家之一"。英国《每日电讯报》（*The Daily Telegraph*）在讣告中评价说："他是 20 世纪后半叶最伟大的纯粹数学家。他的名字在数学家中所赢得的尊敬，就像爱因斯坦的名字在物理学家中所赢得的尊敬一样崇高。"

格罗滕迪克小时候没有机会接受正规教育。他 1928 年 3 月 28 日出生于德国柏林。父亲是犹太人，生活上玩世不恭，政治上无政府主义，参加过沙俄时代多次暴动，是监狱的常客。1938 年格罗滕迪克十岁，随家庭以难民身份移居法国。1942 年，父亲被纳粹杀害，他和母亲一同被送进集中营，直至 1945 年第二次世界大

7/格罗滕迪克，一个并不广为人知的名字

战结束后才恢复了自由。之后，格罗滕迪克随母亲定居于蒙彼利埃（Montpellier）的一个小村庄。他很少去学校上课，喜欢自学，还独自研究体积的概念，从中他"发现"了测度。1947 年，格罗滕迪克有幸获得了法国大学互助会奖学金，来到了巴黎。这时他才从大学数学教授那里得知，他的测度概念早在 1902 年就由数学家勒贝格（Henri Lebesgue）引进了。他有幸获大数学家亨利·嘉当（Henri Cartan）推荐，进入了在巴黎高等师范学院（École normale supérieure）开办的研究班。后来，格罗滕迪克师从布尔巴基学派成员 Laurent Schwartz 教授。

格罗滕迪克读书和做研究工作都十分努力。后来他的同窗数学家 Paulo Ribenboim 回忆说，有一次导师 Schwartz 建议他和格罗滕迪克交个朋友，一起出去玩玩，这样格罗滕迪克就不会没日没夜地工作了。多年以后，他在巴西的同事 Chaim Honig 也说，格罗滕迪克过着一种斯巴达克式的孤独生活，仅以香蕉牛奶度日，完全沉浸在自己的数学迷宫里。Honig 有一次问格罗滕迪克为什么选择了数学，格罗滕迪克回答说他只有两种爱好——音乐和数学；他选择了后者，觉得数学更容易谋生。Honig 惊讶地回忆道，他对数学极具天赋，却竟然会在数学和音乐的选择中犹豫不决。

1953 年，格罗滕迪克在提交博士论文时遇到了另一次犹豫：委员会要求他只能从手中的六篇文章里挑选一篇提交，但是他的每一篇论文都有足够的水准。最后他选定了《拓扑张量积和核空间》。毕业后，由于国籍记录被战火毁灭了，格罗滕迪克无法在法国找到一个正式的研究员位置。当时如想取得国籍，得先去服兵役，但那是他不可能接受的。于是他离开法国，在巴西周转了一段时间，然后访问了美国堪萨斯大学和芝加哥大学。这期间，他在泛函分析方面取得了卓越成果，但随后转向研究代数几何学。

1956 年，他回到巴黎，在法国国家科学研究院 CNRS（Centre national de la recherche scientifique）谋得了一个位置。那时，他致力于拓扑学和代数几何的研究。普林斯顿高等研究院的著名数学家阿曼德·博雷尔（Armand Borel）回忆说："我当时就很确定某些一流的工作必将出自其手。最后他做出来的成果远远超出了我的预想：那就是他的 RiemannRoch 定理，一个相当美妙的定理，真是数学上的一个杰作。"简单地说，格罗滕迪克给出了这个定理一种新描述，揭示了代数簇的拓扑和解析性质之间极其隐蔽而重要的关系。博雷尔评价说："格罗滕迪克所做的事情，就是将某种哲学原理应用到数学中很困难的一个论题上去……单单那个陈述本身，就已经领先了其他人十年。"在一些相关定理的证明过程中，格罗

灿烂群星：我心中的杰出科学家

滕迪克引入了现在被称为格罗滕迪克群的概念。这些群从本质上提供了一类新型拓扑不变量。格罗滕迪克称之为 K 群，取自德文单词 Klasse（分类）。该理论为拓扑 K 理论的产生提供了起点，后来拓扑 K 理论又为代数 K 理论的研究提供了原动力。

由于童年的苦难经历，格罗滕迪克一直与母亲相依为命。1957 年底母亲去世，他悲伤得停止了所有的数学研究和学术活动。他说要去寻回自我，还想改行做个作家。但数月后，他又决定重返数学。那是 1958 年，格罗滕迪克认为："可能是我数学生涯中最多产的一年。"

1958 年的确是不平凡的一年。在这一年，著名的法国高等科学研究院（Institut des Hautes Études Scientifiques，IHÉS）成立，格罗滕迪克是其创始成员之一。据说曾经有访客因没见到研究所里陈放什么书籍而感到惊讶。格罗滕迪克解释说："在这里我们不读书，我们写书。"事实上，在 IHÉS 期间，他开辟了自己的代数几何王国。后来被誉为代数几何"圣经"的《代数几何原理》（*Elements de Geometrie Algebrique*，EGA）前八卷就是在 1960—1967 年间他与让·迪厄多内（Jean Dieudonné）在这里合作完成的。格罗滕迪克因此也被奉为代数几何的"教主"。IHÉS 当时成为世界上最重要的代数几何学研究中心，很大程度上归功于格罗滕迪克和他的工作。

20 世纪 60 年代中，格罗滕迪克在 IHÉS 的工作状态和今天许多数学教授没有什么两样：整天和同事探讨问题、与来访专家交流、指导学生研究、撰写文章书稿，等等。他这十年中无日无夜地工作，研究代数几何的基础理论，此外便没有别的爱好和兴趣。

功夫不负有心人，格罗腾迪克在代数几何学领域成就辉煌、博大精深，主要贡献在于对代数几何学发展的推动和影响。他奠定了这门学科的理论基础，引入了很多非常有用的数学工具。代数几何学通过代数方程去研究几何对象，如代数曲线和曲面。而代数方程的性质，则是用环论的方法去研究。格罗滕迪克将几何对象的空间和环论作为研究的主要对象，为代数几何提供了全新的视野。他发展的概形理论是当今代数几何学的基本内容之一。除了前面提到的 K 群，他还构建了上同调理论，用代数技术研究拓扑对象，在代数数论、代数拓扑以及表示论中有重要作用和深远影响。格罗滕迪克强调不同数学结构中共享的泛性质，将范畴论带入主流，成为数学中的组织原则。他的阿贝尔范畴概念，现在是同调代数的基本框架和研究对象。他创造的拓扑斯理论，是点集拓扑学的范畴论推广，影响了

7/格罗滕迪克,一个并不广为人知的名字

集合论和数理逻辑。他还构想了模体(motif)理论,推动了代数 K 理论、motif 同伦论、motif 积分的发展。他对几何学的贡献,也促进了数论的发展。他发现了上同调的第一个例子,开启了证明韦伊猜想(Weil conjecture)的思路,启发了他的比利时学生皮埃尔·德利涅(Pierre Deligne)完成猜想的全部证明。值得提及的是,德利涅后来获得了几乎全部最有名的数学大奖:他 1978 年获菲尔兹(Fields)奖、1988 年获克拉福德(Crafoord)奖、2008 年获沃尔夫(Wolf)奖、2013 年获阿贝尔(Abel)奖。

可以说,20 世纪 60 年代是格罗滕迪克数学生命中至关重要的十年。但是到了 60 年代末期,40 岁出头的他突然间来了一个华丽转身,开始接触社会和政治。据说 1968 年,他去看电影了——那是十年来的第一次。1966 年,格罗滕迪克荣获菲尔兹奖。但是他拒绝前往在莫斯科召开的国际数学家大会去接受颁奖,以此抗议苏联对东欧一些国家的军事干预。1969 年,格罗滕迪克愤然离开了 IHÉS,原因是研究院创始人利奥·莫查恩(Leo Motchane)接受了来自军方的研究经费,将他的代数几何方法用于军事密码的编制。

格罗滕迪克放弃数学研究而投入政治活动,突然而且坚决,没有人知道为什么。1970 年 6 月,他在巴黎第十一大学的一次讲演中,没有如观众所期待的那样去讲述他的代数几何,而是激昂地批评核武器对人类生存的威胁,并呼吁科学家们不要以任何形式和军方合作。同年 7 月,他又成立了名为"生存与生活"(Survivre et vivre)的反战、反帝和环境保护运动的组织。不过,他的政治活动并没有在社会上造成多大影响。稍微回顾历史,当时除了在法国,世界上有很多数学家在政治上都很活跃。在北美,戴维斯(Chandler Davis)和斯梅尔都积极参与反越战的罢课和示威。斯梅尔和格罗滕迪克 1966 年分享菲尔兹奖,但是选择了与他不同的做法:斯梅尔摆脱了美国政府的阻挠到了莫斯科,借领奖机会发表了一石二鸟的演说,先后抨击了美国出兵越南和苏联军事镇压事件。

1973 年,格罗滕迪克获聘为蒙彼利埃大学(Université de Montpellier)终身教授,在那里一直工作到 1988 年六十岁时退休。随后,他隐居在附近的 Les Aumettes 村庄,过着与世无争的生活。认识格罗滕迪克的人都说,尽管个人生活中有时放荡不羁,但从小在极度困厄中长大的他,一生对受迫害者和穷困人群的命运充满同情,常常为他们提供力所能及的援助。

同年,也就是 1988 年的 4 月,格罗滕迪克拒绝了瑞典皇家科学院授予他和学生皮埃尔·德利涅的克拉福德奖,表示他对时下政界和学界的各种腐败及欺世

灿烂群星：我心中的杰出科学家

盗名现象非常不满。背后原因当然还包括了他和德利涅的一些私人恩怨。同年，他也拒绝了接受一些数学家为祝贺他六十岁生辰而编辑的文集 *The Grothendieck Festschrift*，说最好别把他的工作如同"婚礼上的五彩纸花"那样拿去到处张扬。于是文集被搁置了许多年，第一、二辑到 2006 年才正式面世，而第三辑则于 2009 年出版。

在与外界隔绝多年后，2010 年 1 月格罗滕迪克忽然写了一封信给他的学生吕克·伊吕西（Luc Illusie，巴黎第十一大学教授），宣布不许出版或再版他的数学著作，也不许以电子版的形式传播，并说过去没有征得他同意而出版他的著作包括日后同类的出版计划均属非法。他还要求书店停止出售、图书馆停止收藏他的著作。后来，一个由他的学生和追随者们建立并活跃参与的"格罗滕迪克圈"（Grothendieck Circle）网站，遵嘱把他的电子版著作和手稿全部删除了，尽管迄今为止格罗滕迪克的数学论著和手稿中还有很多重要思想有待挖掘。事实上，格罗滕迪克的手稿《纲领草案》从 1984 年起就已经在数学家手中流传，但到 1994 年才正式发表。时至今日，仍有许多同事和学生继续探究他的深邃数学思想，希望成就他那未竟之业。

2014 年 11 月 13 日，格罗滕迪克在法国圣·吉龙（Saint-Girons）医院中辞世，享年 86 岁。

图 2　格罗滕迪克作学术报告

格罗滕迪克留给世人的除了光辉的代数几何及其相关数学理论，还有他近千页关于自己生平的手稿《收获与播种：一个数学家对过去的回顾和证词》（*Récoltes et semailles—Réflexions et témoignage sur un passé de mathématicien*），在 1983 年 6 月到 1986 年 2 月间写成，其中一段话可以用作本文的结语：

> "每一门科学，当我们不是将它作为能力的显示和统治的工具，而是作为我们人类世代努力追求知识的冒险历程的时候，它是那样地和谐。从一个时期到另一个时期，或多或少，巨大而丰富……它展现给我们微妙而精致的各种对应，仿佛来自虚空。"

（本文首发表于《数学文化》2020 年第 6 卷第 2 期）

8
汉明，用非常规的方式去做非常规的事情

他是美国国家工程院院士、图灵奖得主。这也许足以让他名满天下了，但事实上他并不备受关注。有人说，那是因为他一生都被香农的灿烂光环所覆盖。

他的名字叫理查德·卫斯里·汉明（Richard Wesley Hamming，1915年2月11日—1998年1月7日）。1946至1976年间，汉明在贝尔实验室任职，和克劳德·香农（Claude Shannon，1916—2001）合用一间办公室。同时同地，香农研究信息理论，汉明研究编码理论。

图 1　理查德·汉明

8/汉明，用非常规的方式去做非常规的事情

1948年，香农发表了奠基性的论文《通信的数学理论》，在贝尔实验室的《贝尔系统技术杂志》于7月和10月分两部分刊登。文章运用了诺伯特·维纳（Norbert Wiener，1894—1964）建立的概率论工具，为如何最有效地发送信息进行编码的问题奠定了理论基础。文中香农引进了信息熵作为消息不确定性的量度，从而开创了信息论这个全新的研究领域。

1949年，弗兰克·格雷（Frank Gray，1887—1969）设计了二进制的格雷码，该码因1953年公开的格雷专利"脉冲编码通信"（Pulse Code Communication）而得名。

1950年，汉明用他引进的"汉明距离"（Hamming distance）为格雷码实现了可视化。他还设计了另一种调试码，后人称为汉明码（Hamming code）。汉明码在传输的信息流中插入验证码，能够自动检测计算机存储或移动数据产生的数据错位并自动更正错码。由于汉明码既简单又高效，它被广泛应用于数字通信和计算机内存（RAM）。

汉明在贝尔实验室工作了整整三十年（1946—1976）。20世纪40年代末，四位年轻的数学家：香农、汉明、Donald Percy Ling（1912—1981）和维纳的博士生Brockway McMillan（1915—2016）先后来到了贝尔实验室。在那里他们被称为"麻烦制造者"，因为他们"喜欢用非常规的方式去做非常规的事情"。但他们"总能获得特别有价值的成果，让管理层不得不对他们另眼相看，甚至干脆不去管他们了"。那时汉明在实验室里被视为"计算机传教士"，可以帮助同事解决任何计算机故障问题。后来，大名鼎鼎的香农自然不必介绍了，D. P. Ling在1967年被选为美国国家工程院院士、1971年出任贝尔实验室副总裁，而B. McMillan在1959—1960年出任美国工业与应用数学学会（SIAM）主席。

图2　四个"Young Turks"（C. Shannon，R. Hamming，D. Ling，B. McMillan）

灿烂群星：我心中的杰出科学家

在贝尔实验室期间，汉明不仅引进了汉明距离（Hamming distance）和设计了汉明码（Hamming code），还发明了汉明数（Hamming number）、汉明矩阵（Hamming matrix）、汉明重量（Hamming weight）、汉明边界（Hamming bound）等基本概念和度量，在数字通信、信号过程、图像处理和密码学中都非常重要。行家们知道，这些成果大体上都是"用非常规的方式去做非常规的事情"而得到的：汉明别出心裁地把代数结构嵌入到信源序列并把伽罗瓦域（Galois field）的数学理论用于构造信道纠错码。此外，汉明的窗函数（Hamming window）也成为数字滤波技术教科书中的经典。

1968年，汉明因在数值方法、自动编码系统、错码检测和纠错码发明等方面的成就获得了图灵奖。

图3　汉明在贝尔实验室

汉明于1915年2月11日出生于芝加哥，1937年在芝加哥大学获数学学士学位，1939年在内布拉斯加大学（University of Nebraska）获数学硕士学位，1942年在伊利诺伊大学（UIUC, University of Illinois at Urbana-Champaign）获数学博士学位。他的博士论文题目是《线性微分方程边界值理论中的若干问题》（"Some Problems in the Boundary Value Theory of Linear Differential Equations"）。

第二次世界大战期间，汉明在路易斯维尔大学（University of Louisville）当助理教授。1945年，他作为 Chief Mathematician 参加了曼哈顿计划，负责编写计算机程序，为物理学家们提供的各种方程进行求解。在那里，他被称为"计算机看门人"，负责最重要的计算工作。坊间传说，当时有个关键的数学方程用来判

8/汉明，用非常规的方式去做非常规的事情

断引爆原子弹后是否会让大气层燃烧起来，汉明的计算结果说"不会"，于是美国便开始了原子弹试验。

图 4　汉明和他的计算机

1947 年，汉明创立了美国计算机协会（Association for Computing Machinery, ACM）。ACM 是世界上第一个引领计算机科学及教育的专业学会，也是现时全球最大的计算机科学学会，约有七万五千个成员。ACM 从 1966 年开始设立并负责颁发每年一度的图灵奖。1958—1960 年间，汉明再次出任 ACM 主席。

汉明于 1968 年获选为 IEEE Fellow，同年获 ACM 图灵奖；1979 年获 IEEE Emanuel R. Piore 奖；1980 年荣膺美国国家工程院院士，同年获 IEEE 计算机学会 Pioneer 奖；1981 年获宾夕法尼亚大学 Harold Pender 奖；1988 年获 IEEE 第一届以他命名的 Richard W. Hamming 奖章；1996 年获德国 Eduard Rheim 技术成就奖（\$130000）以及 Franklin Institute 颁发的荣誉证书。

1946—1976 年，汉明一直在贝尔实验室工作。从 1976 年 7 月 23 日起，他离开了贝尔实验室，应邀到了位于加利福尼亚州 Monterey 市的美国海军研究院（Naval Postgraduate School）任荣誉教授，给研究生上课。他当年"非常规"的教学思想后来影响深远，就是"教导学生学会怎样学习"（"Learning to learn"）。其间，他还是斯坦福大学、Stevens 理工学院、加州大学 Irvine 分校、纽约城市大学、普林斯顿大学等的访问或兼职教授。这段时间，他写了好几本技术专著和教科书。

1997 年 12 月圣诞节前，汉明顺利地结束了他荣休前最后一门课的教学工作，高高兴兴地回家度假。不幸的是，1998 年 1 月 7 日，他因心脏病突发而离世，享年 83 岁。

灿烂群星：我心中的杰出科学家

图 5　汉明书选

汉明毕生非常关注科普教育，尤其关心青年人的科研工作，先后举办过多次关于科学研究的讲座。YouTube 上保留有他 1995 年制作的几部代表性的演讲视频：

Hamming Lectures (YouTube)

● Intro to The Art of Doing Science and Engineering: Learning to Learn (March 28，1995)

● Foundations of the Digital (Discrete) Revolution (March 30，1995)

●Coding Theory - The Representation of Information，Part I (April 18, 1995)

● Error-Correcting Codes (April 21，1995)

● Digital Filters，Part II (April 28，1995)

● Mathematics (May 18，1995)

● Creativity (May 23，1995)

● Systems Engineering (May 30，1995)

● You Get What You Measure (June 1，1995)

● You and Your Research (June 6，1995)

汉明上列最后一个题为《你和你的研究》的演讲特别有名。他以同样的题目演讲过多次。第一次是 1986 年对二百多名贝尔实验室科学家讲的，其中他有一段很有意思的话：

8/汉明，用非常规的方式去做非常规的事情

"你在某个科研方向工作一阵子之后就会感到疲倦：你用光了在这个领域的全部创造力。因此，你需要找另一件相近的事情去做。我不是说要你从音乐换到理论物理再换到文学。我是说，在你的领域里，你需要更换到一个不会令你厌烦的新区域。你不可避免地被迫每七年变换一次。如果有可能的话，你会要求有一个更好的做研究的环境。要做到这样，你得每七年改变一次研究区域，这当然要给出合适的理由……你需要走进一个新领域以求开辟新视角，这样你才能做些新鲜事。但这要费脑筋和费力气。要有点勇气才能说出：'是的，我要放弃我已有的响亮名声。'比如，当纠错码成功发布之后，我有了这些理论，就对自己说：'汉明，你要停止看该领域的论文了，你要完全忽略它。你要试着做点别的事了，别光吃老本。'我有意拒绝自己继续停留在此领域里。我甚至不去读相关的文章，以强迫自己去做别的事情。我操控着我自己。这就是我在整个谈话里反复讲述的内容。"

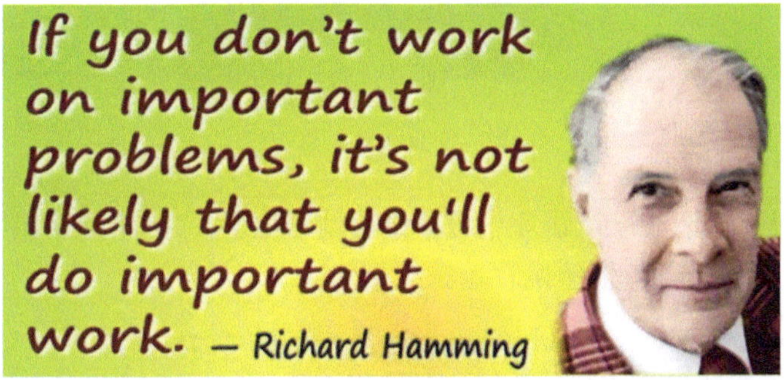

图 6　汉明语录

中文意思为：如果你不研究主要的问题，那么你就不太可能做出主要的贡献

说起来科学家做科研有许多不同的风格，各自有成功和失败的例子。陈景润一生只做一件事，就是试图去证明数论中的哥德巴赫猜想。通俗地说，哥德巴赫猜想是指任何一个大于 2 的偶数都可写成两个质数之和，俗称"1+1"问题。该猜想在 1742 年哥德巴赫给欧拉的信中提出，是数论中未解决的重大问题之一。目前最好的结果是陈景润 1966 年证明了的"1+2"（任何一个充分大的偶数是一个质数及一个不超过两个质数乘积之和），虽然尚不是问题的终结。但也有许多数学同仁类似地只做同一件事情而毕生无果而终的。汉明建议，当你在一个研究

灿烂群星：我心中的杰出科学家

方向努力了几年之后，获得或者没有获得成果，你或许已是江郎才尽了，坚持下去很可能日后一事无成，换个相邻的研究方向也许会"柳暗花明又一村"。当然，许多人做科研的方式是"打一枪换一个地方"，终归没有做出重大的成果，并不可取。

图 7　汉明在海军研究院

最后提及，汉明在一次讲座中漫不经心地给出了："一个成功科学家的 14 条准则"。今天重温一下，依然饶有趣味：

1. 努力工作；
2. 接受模棱两可处境；
3. 做重要的研究；
4. 播下小橡籽而种出大橡树；
5. 机会来时全力以赴；
6. 有所为而有所不为；
7. 做可以让别人跟进的工作；
8. 推介自己的科学成果；
9. 教导你的老板；
10. 适当表现自己；
11. 善待秘书；

12. 让别人去和官僚系统作斗争吧；
13. 正面而不是负面地看问题；
14. 认识自己，克服缺点，保持幻想。

　　（本文首发表于 2021 年 3 月 26 日）

9 柯瓦列夫斯卡娅，一个有诗人灵魂的女数学家

没有诗人的灵魂就不可能成为数学家。

——索菲娅·柯瓦列夫斯卡娅

索菲娅·瓦西列夫娜·柯瓦列夫斯卡娅（Sofya Vasilyevna Kovalevskaya，1850年1月15日—1891年2月10日）是世界历史上第一位女数学博士、第一位女数学院士。

图1　索菲娅·柯瓦列夫斯卡娅和她的签名

9/柯瓦列夫斯卡娅，一个有诗人灵魂的女数学家

【一】童年："新的毕达哥拉斯"

1850年1月15日，索菲娅出生于俄罗斯莫斯科。她的父亲瓦西里·科尔文克鲁科夫斯基（Vasily V. Korvin-Krukovsky，1801—1875）当年是俄国陆军的一位中将，任职莫斯科炮兵指挥官。她的母亲叶利扎维塔·舒伯特（Yelizaveta F. Schubert，1820—1879）出生于德国裔的贵族家庭，其祖父一家于1785年从德国移民到了俄国。索菲娅的外曾祖父西奥多·冯·舒伯特（Friedrich T. von Schubert）是俄国著名天文学家、圣彼得堡科学院院士；外祖父曾任军事地形部门负责人、俄罗斯科学院荣誉院士、彼得大帝人类学与民族学博物馆馆长。

在家里，索菲娅有一个比她年长7岁的姐姐阿纽塔（Anyuta，1843—1887）和一个年轻5岁的弟弟费奥多尔（Fyodor，1855—1919）。1858年她8岁时，父亲退休，全家移居到帕里滨卢（Palibino）的家族庄园。

少年时期的索菲娅受姐姐阿纽塔影响最大。她对姐姐非常崇拜，因为姐姐懂得很多，关心社会，并且乐意和她谈心。阿纽塔长大后成为政治激进分子，那是后话。

索菲娅的父亲先后请了几个家庭教师辅导她的英语、法语、德语和初等数学。教她初等代数和几何的老师是波兰人Yosif I. Malevich，他惊奇地发现这女孩对数学特别着迷。原来她对数学的兴趣是早年由她伯父Pyotr V. Krukovsky启发的。伯父爱好数学，给这位小侄女讲了许多有趣的数学故事，诸如化圆为方、可以不断趋近但又永远不能达到的渐近线，等等，让她对数学充满了好奇和幻想。

索菲娅父亲年轻时修读过皇家宫廷数学家、欧拉的弟子Mikhail V. Ostrogradsky的微积分课程。后来装修庄园房子，父亲用当年的微积分教材纸页糊满了索菲娅房间的四壁作为装饰。索菲娅11岁那年，开始对墙纸产生了极大的兴趣，试图弄明白那些术语和符号到底表示什么。索菲娅后来回忆说："我观察墙壁时，发现从伯父那里听来的内容都描述在上头。我激动万分，开始更用心地去看那些墙纸。虽然纸上留下泛黄的岁月痕迹，但我很喜欢观察纸上的神秘符号。即使没能破解那些符号，我相信那绝对带有某种有趣且充满智慧的含义。我常常在墙壁前站上好几个钟头，反复琢磨印刷在上面的内容。"

一天，邻居一位物理学家Nikolai N. Tyrtov教授给她父亲送来了一份礼物，是他自己写的一本物理教科书。索菲娅看见了就有兴趣去阅读。Tyrtov注意到，索菲娅在阅读"光学"章节时是完全不懂里面三角函数公式的含义的，但她居然能够用自己的方式去正确地解释正弦函数。Tyrtov很惊讶，夸奖她是"新的毕达

灿烂群星：我心中的杰出科学家

哥拉斯"。

图2 青少年时代的索菲娅

【二】求学的破冰之旅

在沙俄时代，女子并不被允许进入高等学府大门，数学天才索菲娅自然没有机会。

为了接受高等教育，索菲娅想到出国。可是，当年单身女子是领不到护照的。1868年，18岁的索菲娅私下约了好朋友弗拉基米尔·柯瓦列夫斯基（Vladimir O. Kovalevsky，1842—1883），两人以"结婚"的名义和方式离开了父母，来到了圣彼得堡。柯瓦列夫斯基进入了圣彼得堡大学古生物专业。政治观点上，他是个政治激进分子，后来翻译出版了达尔文的《进化论》。索菲娅则偷偷地跑到大学去听数学家 Aleksandr N. Strannoliubsky 讲授微积分课程。这位教授是 Nikolai Tyrtov 的学生，是一位出色的数学教育家，出版过俄罗斯第一部代数教学法论著。他的微积分课程让索菲娅感叹："数学为我开辟了一个新的奇妙世界。"

1869年，这对假夫妻离开了俄罗斯，经维也纳作短暂停留后来到了德国。柯瓦列夫斯基在耶拿（Jena）大学注册修读生物和地理学。但没想到，德国比俄罗斯好不了多少，也不让女生注册为正式学员。经多番争取后海德堡大学允许索菲娅去旁听基础课。于是，索菲娅去旁听了冯·亥姆霍兹（Hermann von Helmholtz，1821—1894）、古斯塔夫·基希霍夫（Gustav R. Kirchhoff，1824—1887）和罗伯

9/柯瓦列夫斯卡娅，一个有诗人灵魂的女数学家

特·本生（Robert W. E. Bunsen，1811—1899）的物理和化学课程。让索菲娅特别入迷的是保罗·波依斯-雷蒙德（Paul Du Bois-Reymond，1831—1889）的数学课，特别是里奥·柯尼斯伯（Leo Königsberg，1837—1921）的"椭圆函数论"专题。柯尼斯伯是在柏林大学任教的著名数学家卡尔·魏尔斯特拉斯（Karl T. W. Weierstrass，1815—1897）的学生。

在海德堡大学三个学期之后，遵照柯尼斯伯的建议，索菲娅转到了柏林大学。可是，柏林大学更糟糕，甚至不允许女生旁听教授的讲课。四处碰壁，索菲娅感到很痛苦："普鲁士首都是落后的，我的一切恳求和努力都落空了，我没有被批准进入柏林大学。"索菲娅无望，便直接登门求救于德高望重的大学者魏尔斯特拉斯。

在当年的传统观念和规章制度约束下，魏尔斯特拉斯也很为难，或者说他内心也不乐意去帮助这个素昧平生的俄国女子。魏尔斯特拉斯给她出了一些数学难题作为考试，意在礼貌性地作出拒绝。没想到索菲娅出乎意料地交了完美的答卷，其独到的思维方法和解题技巧让教授惊奇。魏尔斯特拉斯后来回忆道：她所具有的"直觉能力，甚至在更为年长成熟的学生中也是罕见的"。

图 3　魏尔斯特拉斯

入学依然是不可能的，但魏尔斯特拉斯破天荒地答应每周两次为她单独讲授

灿烂群星：我心中的杰出科学家

数学课。这单对一形式的师徒授课居然持续了四年。后来，索菲娅回忆在教授身边学习数学的这段往事时，非常感激地说："这段学习经历对我整个学术生涯影响至深，它决定了我后来的研究方向。"魏尔斯特拉斯对这位特殊的学生也很欣赏，他在后来写给她的一封信中说："我从来没有遇到像你这样对科学最高目标有如此透彻理解的人，而且你能如此快乐地配合我的指示和规则。"这一段不寻常的师徒关系对两人来说都是十分愉快并且收获丰盈的。

1871年春，索菲娅听说姐姐阿纽塔和姐夫查尔斯·贾克拉德（Charles Victor Jaclard，1840—1903）到了法国参加巴黎公社革命运动，便从柏林到巴黎去看望姐姐。期间，索菲娅还到医院当志愿者护理巴黎公社伤员。六个星期之后，索菲娅折回柏林，继续她的数学学习和研究。同年5月，巴黎公社失败，贾克拉德被捕。索菲娅知道后便告知时为俄罗斯陆军中将的父亲。父亲并不赞成女儿的革命行动，但他还是到了巴黎，通过政府要员的帮助营救了贾克拉德。最后，这对年轻夫妇潜离巴黎，分别去了瑞士和伦敦。1874年，两人又返回了俄罗斯。

1874年，24岁的索菲娅以《关于偏微分方程的理论》、《对拉普拉斯的土星环形状研究的评论和补充》和《论一类三阶阿贝尔积分化为椭圆积分》等三篇论文，在已晋升为柏林大学校长的魏尔斯特拉斯精心安排和极力推荐下，通过缺席答辩荣获哥廷根大学破格颁发的博士学位，成为历史上第一个女数学博士。魏尔斯特拉斯表示，索菲娅的每一篇论文都值一个博士学位。他在推荐书中写道："在来自世界各国的学生中，目前没有任何一个能超过柯瓦列夫斯卡娅女士。"此外，学位委员会还收到了知名数学家波依斯–雷蒙德和拉撒路·福克斯（Lazarus Fuchs，1833—1902）写的强力推荐报告。

索菲娅的第一篇论文是关于偏微分方程一般理论的，证明了一类偏微分方程在适当初边值条件下存在唯一解析解。后来知道，法国数学家奥古斯丁–路易·柯西在1842年已经对同样的问题给出了一个解答，只是当年魏尔斯特拉斯和索菲娅都不知道他的工作。尽管如此，查尔斯·埃尔米特（Charles Hermite，1822—1901）赞扬索菲娅的论文是"偏微分方程一般理论的第一个重要成果"，亨利·庞加莱（Jules Henri Poincaré，1854—1912）评价说索菲娅"大大简化了柯西的证明方法，并给出了定理的最终形式"。从此，在偏微分方程领域里有了一条"柯西–柯瓦列夫斯卡娅定理"，后来还有了高阶方程组的相应结果。索菲娅还考察了热传导方程，发现了某些偏微分方程即使有"形式幂级数解"也没有解析解。

索菲娅的第二篇论文是关于刚体绕平衡点旋转这一经典力学问题的，包括了

9/柯瓦列夫斯卡娅，一个有诗人灵魂的女数学家

普通的摆、陀螺和回转仪为其特例。那时数学家们对于这类刚体运动的分析已有一百多年历史，但都没能解决这个貌似简单的一般情形的难题，把它称为"数学水妖"。欧拉、拉格朗日、勒让德、泊松和雅可比等著名数学家研究过其中两种经典情形。由于它在理论和应用上的重要性，法国科学院以之作为 Prix Bordin 奖的目标，但悬赏三次未果。

索菲娅的第三篇论文讨论了阿贝尔积分和椭圆积分的关系。后来，到了 1888 年，索菲娅进一步发展了这篇文章的成果，借用阿贝尔函数和椭圆积分的技巧解决了上述的"数学水妖"难题，因而荣获法国科学院的 Prix Bordin 奖。

图 4　索菲娅在圣彼得堡

【三】周折的学术生涯

1874 年，索菲娅获得数学博士学位后随即与"丈夫"正式举行了婚礼，并于同年秋天一起回到了俄罗斯。但是，在当年沙皇统治下的俄国，她丈夫因为政治激进行为没有学校愿意聘请，于是做些房产生意，但很快便破产了。索菲娅本人更因为是女性无法进入大学教书，甚至找不到一份合适的工作，最后只好折回父亲的老庄园待业。

这段时间里，索菲娅的弟弟费奥多尔在圣彼得堡大学研读数学专业，他多年后成为该校物理与数学系的教授。索菲娅随后也来到圣彼得堡，试图在大学或科

灿烂群星：我心中的杰出科学家

学院里获得一个职位。她开始与圣彼得堡的科学家们有所接触。一次，她应邀出席了由著名化学家德米特里·门捷列夫（Dmitri Mendeleev，1834—1907）主持的晚会，在那里遇到了数学、生物和化学领域的一些学者名流，特别是数学家帕夫努蒂·切比雪夫（Pafnuty Chebyshev，1821—1894）。然而，当年的俄罗斯科学家们对德国有一定敌意，同时对魏尔斯特拉斯分析学派有不同看法，索菲娅并没有受到特别的欢迎。尽管如此，切比雪夫依然邀请索菲娅去参加他的数学讲座并鼓励她去考虑天体力学特别是土星环稳定性的数学问题。

图 5　格斯塔·米塔–列夫勒

1876 年，魏尔斯特拉斯的一位瑞典学生、数学家格斯塔·米塔–列夫勒（Gösta Mittag-Leffler，1846—1927）访问圣彼得堡，在那里见到了师妹索菲娅，之后便决定帮她找一份大学数学教职。

1880 年，由切比雪夫邀请和安排，索菲娅在圣彼得堡举行的第六届自然科学大会上作了一个关于阿贝尔积分的报告。

1881 年春天，索菲娅带着刚出生不久的女儿符珐（Fufa）转回到柏林。索菲娅与魏尔斯特拉斯一起研究光在不同介质中折射的数学问题。索菲娅的丈夫则留在俄罗斯，但他因激进思想情绪非常不稳定，加上经济困境的压力并由于股票诈骗案受到了惩处，于 1883 年自杀身亡。这一不幸事件让索菲娅遭受沉重打击。她中断了数学研究并且不得不回到俄罗斯去清理丈夫留下的债务。

1883 年 11 月，索菲娅从俄罗斯来到了瑞典斯德哥尔摩（Stockholm）。在时为数学系主任的米塔–列夫勒帮助下，她进入了新成立的斯德哥尔摩学院（Stockholms högskola)。为了考核她的教学能力，学校让她无职无薪地教了一年书。基于小时候良好的家庭外语教育和非凡的语言能力，她在那里的数学教学非常成功，被学院正式聘为讲师。该学院到 1904 年有了博士学位授予权，到 1960 年升格为斯德哥尔摩大学（Stockholms Universitet）。1883 年，索菲娅发表了第四篇论文《论光线在结晶介质中的折射》。这期间，米塔-列夫勒邀请索菲娅担任了他创办和主编的瑞典皇家科学院《数学学报》（Acta Mathematica）的编委。1884 年，索菲娅晋升为副教授。

1885 年，索菲娅发表了一篇关于天体力学的论文，用二阶超椭圆函数去逼近土星环的引力势，扩展了拉普拉斯关于土星环的流体或固体结构稳定性的分析。她对这个问题的兴趣和研究，是 70 年代在圣彼得堡时受切比雪夫的影响和鼓励开始的。

图 6　索菲娅水晶石像（圣彼得堡国立大学）

1888 年，索菲娅荣获法国科学院的 Prix Bordin 奖，奖励她应用阿贝尔函数和椭圆积分的技巧解决了刚体旋转运动研究中的"数学水妖"难题。评奖是在匿名论文上进行的，十分公正。委员会赞叹匿名作者的学术水平和方法远超预期，一致同意把奖金从三千法郎提高到五千法郎。揭奖后，法国科学院为索菲娅举行了隆重的授奖仪式。科学院院长在颁奖辞中说："我们的评委们发现，她的研究成果不仅证明了她的知识渊博，而且证明了她的思维具有超凡的创造力。"该奖项表

灿烂群星：我心中的杰出科学家

彰她解决了"在特定情况下刚体围绕平衡点旋转的问题，其中完全积分是通过用时间的超椭圆函数实现的"。她的结果是继"欧拉陀螺"（1765）和"拉格朗日陀螺"（1788）之后的"柯瓦列夫斯卡娅陀螺"。它们给出目前仅有的三种刚体关于平衡点旋转的运动状态的完全可积分解析解。

1889年6月，索菲娅获得瑞典皇家科学院颁发的一个大奖，又被斯德哥尔摩学院晋升为终身职正教授。同年11月，经切比雪夫等三名院士联名推荐，索菲娅被俄罗斯科学院物理学部正式选为通讯院士，成为历史上第一位女数学院士。更有意义的是，俄罗斯科学院从此改变了不授予女性科学家院士称号的传统。

【四】生命的最后时光

1888年12月，索菲娅来到巴黎，24日到法国科学院接受 Prix Bordin 奖。其时她感到自己对于刚体旋转运动问题的研究过分投入，已经筋疲力尽了，身体非常不适。她给米塔–列夫勒写了封信，向学校请假，要留在巴黎休养一段时间。但次年初春，她在给朋友的信中写道："现在我身体状况完全好了，已经可以工作了。因为我的假期又延续了两个月，我在巴黎可以继续力学问题的研究了。"可见她是闲不住的人。这期间，她还去出席了几个在巴黎举行的社会主义者、工人和妇女运动的大会。她还是同年7月在巴黎举行的妇女劳动者及其组织大会的两名俄罗斯妇女代表之一。

1889年，索菲娅和俄罗斯社会学家马克西姆·科瓦列夫斯基（Maxim Kovalevsky，1851—1916）发展了一段恋情。科瓦列夫斯基是个非常活跃的社会活动家，于1901年在巴黎创办了俄国高等社会科学学校，1905年回俄罗斯后任圣彼得堡大学教授，1906年被选为第一届国家杜马代表，1907年进入国务议会，1906—1907年出版了《国家报》，1909年起编辑《欧洲通报》，并于1914年当选为俄罗斯科学院院士。1916年他去世后，俄罗斯社会科学院以他的名字命名，至1923年后才改换新名。

1890年5月，索菲娅从瑞典回到圣彼得堡旅行，受到了热忱的接待。市议会正式欢迎她回访并邀请她作公众讲演。这期间，她还应邀在高等女子专修班的数学考试和物理考试中当评委。

1891年1月，索菲娅到法国南部海滨小城戛纳（Cannes）度假。在那里，她不小心着凉病倒了。当她回到斯德哥尔摩时病况变得更加严重。但她依然按时间表去上课。可是，由于病情严重，她不得不在上课中途退了下来，回家休息。她

9／柯瓦列夫斯卡娅，一个有诗人灵魂的女数学家

后来觉得熬不住了，写了个便条委托米塔–列夫勒去请医生。医生诊断后说，这属于流行性感冒并发肺炎，是重症。2月10日，索菲娅辞世，时年41岁。

图 7　索菲娅纪念像（圣彼得堡）

图 8　索菲娅墓碑（斯德哥尔摩）

索菲娅被安葬在斯德哥尔摩北公墓（Norra Begravningsplatsen）。在她的葬

87

灿烂群星：我心中的杰出科学家

礼上，米塔–列夫勒致了悼词，称颂索菲娅："作为一名教师，她诚心诚意地献出了自己丰富的知识。"瑞典和法国等几个国家的数学学会都为索菲娅的逝世召开了追悼会。柏林大学数学系主任利奥波德·克罗内克（Leopold Kronecker，1823—1891）发文赞扬她是"罕见的探索者"。圣彼得堡高等女子专修班募捐委员会筹集资金，为她在斯德哥尔摩的墓地立了一个纪念碑，上面镌刻着俄文铭文"献给数学家索菲娅·瓦西列夫娜·柯瓦列夫斯卡娅教授"，落款是"她的俄国朋友和赞美者"。募捐委员会还在瑞典设立了一个以索菲娅名字命名的数学奖学金。

【五】数学文学两相宜

索菲娅一生只发表过 10 篇数学论文，但篇篇都具有重要的学术价值。

索菲娅更重要的贡献是她对东西欧数学理论的交流和推广以及对数学学科的普及工作，特别是一改西方社会对女性教育、职业以及奖励的歧视和限制。所有这些，事实上具有更重要的历史意义和价值。

除了数学，索菲娅还喜爱诗歌和文学。她曾说："在我看来，诗人需要感知别人看不到的东西，要比别人看得更深入。其实数学家也必须做同样的事情。"1874年，哥廷根大学授予索菲娅数学博士学位的同年还授予她一个文学硕士学位。

事实上，数学家索菲娅是一个出色的写手，她创作了不少剧本、小说、诗歌、随笔和小品，只是绝大部分都没有完成，生前来不及发表。她出版了的有剧本《为幸福而斗争》（1877 年）和《一位虚无主义的姑娘》（1884 年），以及诗歌《一位丈夫的悲叹》。她最为出名的是自传体小说《童年的回忆》（1890 年）。书中写道："我 15 岁时从圣彼得堡的著名数学教师 Aleksandr Strannoliubsky 那儿学习微积分。他对于我能迅速理解和消化一些数学名词及导数概念大为惊讶，好像我以前早就知道它们了。我还记得他当时的神态。事实上，当他解释这些概念时，我立刻就很清晰地回忆起，那正是我以前在'糊墙纸'上见过但尚不理解的内容。无论如何，那些东西我早就熟悉了。"该小说于 1890 年在俄文杂志《欧洲通报》的 7 月和 8 月两期上发表。俄国《北方通报》杂志的评论员对之作了高度评价："我们著名的女同胞无疑将在最杰出的俄国女作家中占有一席之地。这部作品已经显示出她真正文学能力的萌芽。"该书后来被译成多种文字，广为流传。

索菲娅曾急切地要实现自己的科学与文学双重计划。1890 年秋，她兴奋地写了一封信给朋友，说："到达斯德哥尔摩时，我愉快而又惊讶地收到几位素不相识的俄国妇女的来信，告诉我她们是如何为我的回忆录而感动，坚持要求我继续写

9/柯瓦列夫斯卡娅，一个有诗人灵魂的女数学家

下去。这些信使我感到非常幸福，并且确实说服了我着手去写一个续篇：我至少要写到我的学生时代。现在我把不做数学研究的每一分钟都用来完成这一任务。"在给朋友的另一封信里，她谈到了其他几篇正在创作的作品，如小说《一位民粹派姑娘》、关于俄罗斯民粹派创始人尼古拉·车尔尼雪夫斯基（Nikolay Chernyshevsky，1828—1889）的传记，以及一本已送审的法文小说。

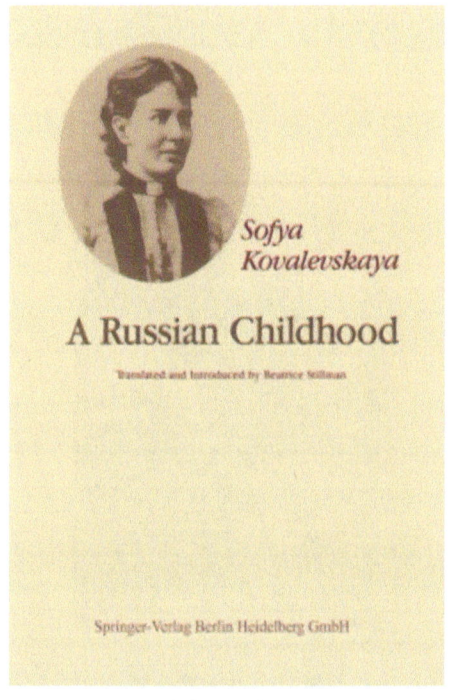

图 9　《童年的回忆》（1890）

索菲娅还积极向俄国人宣传瑞典文学。她写了几封信给《北方通报》的秘书，向他推荐值得翻译的瑞典作家的作品，并对俄国文学表示关注。她曾为《北方通报》写了一篇题为《在瑞典一所农民大学中度过的三天》的文章。有人问她，你在文学上花费这么多的精力，是否意味着要放弃数学研究而转向文学创作？她回答说，这两种兴趣没有矛盾，它们完全可以统一起来。在给朋友的一封信中她谈到二者的关系时说："我理解你对我同时在数学和文学方面进行工作感到惊奇。许多从来没有机会更多地探索数学的人把数学混同于算术，并且认为这是一门干涩、枯燥的科学。但实际上并非如此……没有诗人的灵魂就不可能成为数学家。至于

灿烂群星：我心中的杰出科学家

说到我，我从来都不能确定在数学和文学二者中更偏向于哪一方。每当我对纯粹抽象的思维感到厌倦时，我就开始观察生活，转向具体的、活泼生动的生活。反之，当生活变得乏味时，我又转向数学。如果我集中精力只做一门学问，我可能会做出更多的工作。但是，我不愿意放弃其中任何一个。"

索菲娅的政治观念一直受着她终生崇拜的姐姐的激进思维影响。事实上，她在文学创作的每一项写作中，包括随笔和回忆录，都会触及一些现实性很强的问题，比如对传统的反叛、公众教育、女权主义、社会主义、共产主义等等。

图10　作家索菲娅

【六】永不遗忘的纪念

索菲娅·柯瓦列夫斯卡娅被认为是19世纪杰出数学家之一。

为了纪念她，莫斯科、圣彼得堡和斯德哥尔摩各有一条"柯瓦列夫斯卡娅大街"。

1970年，月球上有了一个"柯瓦列夫斯卡娅陨石坑"。

1972年，克里米亚天文台把新发现的1859号小行星命名为"柯瓦列夫斯卡娅星"。

2002年，德国的亚历山大·冯·洪堡基金会设立了"柯瓦列夫斯卡娅奖"，每两年颁发一次，授予在科学、艺术和人文科学领域的优秀年轻学者。

图 11　索菲娅纪念章

（本文首发表于《数学文化》2022 年第 13 卷第 3 期）

10 拉德任斯卡娅,她是"20世纪最有影响的数学家"之一

2022年7月6—14日,国际数学家大会在全球线上召开,这期间举行了一次隆重的学术活动,以纪念圣彼得堡国立大学的校友、数学家奥尔加·拉德任斯卡娅(Olga A. Ladyzhenskaya,1922—2004)的100周年诞辰,同时颁发第一枚"拉德任斯卡娅数学物理奖章"(Ladyzhenskaya Medal in Mathematical Physics)。国际数学联盟(International Mathematics Union)的这一次有意义的活动,再次唤起了人们对这位曾经被选为"20世纪最有影响的数学家"之一的女数学家的记忆和怀念。

图1 奥尔加·拉德任斯卡娅

10/拉德任斯卡娅，她是"20世纪最有影响的数学家"之一

【一】生平与经历

奥尔加于 1922 年 3 月 7 日出生在俄罗斯北部的一个不到四千人口的小镇科洛克里夫（Kologriv），当年俄国正处在第一次世界大战后的经济萧条时期。她的父亲亚历山大（Alexander I. Ladyzhenskaya）是当地一所中学的校长兼数学教师，母亲 Anna Mikhailovna 是个家庭主妇，奥尔加在三姐妹中排行最小，祖父根纳迪（Gennady Ladyzhensky）是个画家。

1937 年奥尔加 15 岁，父亲被内务人民委员部 NKVD（克格勃 KGB 的前身）以"国家的敌人"罪名逮捕随后枪杀，让整个家庭从此经历了长达二十年之久的艰难痛苦生涯。到 1956 年，奥尔加的父亲被完全无罪平反，家人收到的通知是"没有不法行为的证据"。那时奥尔加已经 34 岁了。

图 2 奥尔加（少年时期）

1939 年，17 岁的奥尔加以优秀成绩从科洛克里夫（Kologriv）高中毕业，到列宁格勒（即圣彼得堡）继续求学。但是，父亲的历史问题让成绩优异的她被禁止进入已经考取的列宁格勒国立大学（即圣彼得堡国立大学）。但她还算幸运进入了波克罗夫斯基教育学院（Pokrovskii Pedagogical Institute），在那里读了两年课程，于 1941 年 6 月毕业。然后，她到了戈洛杰茨（Gorodets）镇的一所学校任教，但 1942 年又折回老家科洛克里夫（Kologriv），在父亲生前任教的中学担

灿烂群星：我心中的杰出科学家

任数学教师。

1943 年，经过多番周折之后，奥尔加终于进入了莫斯科国立大学数学力学系二年级就读。该校当年也叫莫斯科国立罗蒙诺索夫（Lomonosov）大学。在那里，她获得了助学金。她的指导教授是著名的数学家伊万·彼得罗夫斯基 (Ivan G. Petrovsky，1901—1973)。彼得罗夫斯基主要从事偏微分方程研究，对希尔伯特第 19 和第 16 问题做出过重大贡献。在校期间，奥尔加经常参加伊斯拉埃尔·盖尔范德（Israel Gelfand，1913—2009）的数学讨论班。盖尔范德被认为是 20 世纪最伟大的数学家之一。在那里，她受盖尔范德和安德烈·吉洪诺夫（Andrei N. Tikhonov，1906—1993）影响甚深。

1947 年，奥尔加从莫斯科国立大学毕业。她的毕业论文解决了一类时变系数抛物型偏微分方程的求解问题，被彼得罗夫斯基推荐到 *Mathamaticheskii Sbornik* 发表。她毕业后和数学系同学安德烈·基谢列夫（Andrei A. Kiselev）结婚，并跟随丈夫移居到列宁格勒。在那里，她凭着莫斯科大学的强力推荐如愿以偿地进入了列宁格勒国立大学数学力学系，师从谢尔盖·索伯列夫（Sergei L. Sobolev，1908—1989）。索伯列夫是数学分析和偏微分方程领域的著名数学家，他长期组织一个数学物理方程边值问题的讨论班系列，让列宁格勒各个高校偏微分方程理论及应用方向的师生们经常有机会聚集在一起研讨数学物理的前沿问题。在那里，奥尔加是骨干成员，后来成为组织者。之后，她一直坚持组织该讨论班系列的活动直至去世为止。在读博期间，她和著名数学家弗拉基米尔·斯米尔诺夫（Vladimir I. Smirnov，1887—1974）在流体动力学研究方面开始建立合作。

1949 年，奥尔加在列宁格勒国立大学取得博士学位，并留校在数学物理学院当讲师。在那里，她 1954 年成为副教授，1956 年升为正教授。在博士毕业论文中，她发展了线性和拟线性双曲偏微分方程组的有限差分算法，在索伯列夫空间网格上作类似于傅里叶（Fourier）级数的展开，并通过对逼近误差的估计严格证明了算法在网格步长趋于零时的收敛性。后来知道，冯·诺依曼（John von Neumann，1903—1957）在美国洛斯·阿拉莫斯（Los Alamos）实验室差不多同时也发展了类似的算法。奥尔加在博士论文中把有限差分法推广到其他不同类型的偏微分方程组，给出了包括时变系数情形的算法稳定性条件和证明。她还对彼得罗夫斯基关于拟线性双曲型偏微分方程组的柯西问题局部唯一解的存在性证明做了有意义的简化。

博士毕业后，奥尔加继续研究二阶线性双曲型偏微分方程组初边值问题的差分算法。她透彻地研究了一般对称二阶椭圆型偏微分方程，在有界域上定义的某类函数组成的索伯列夫空间内以特征函数作级数展开求解，发展了收敛算法，并对狄利克雷边值问题作了许多研究。

图3　奥尔加（青年时期）

此外，奥尔加还研究了各种比较具体的线性和线性化偏微分方程及方程组，包括弹性力学方程、薛定谔（Schrödinger）方程、线性化纳维–斯托克斯（Navier-Stokes）方程组和麦克斯韦（Maxwell）方程组。她在索伯列夫空间中求各种偏微分方程初边值问题弱解的思想、理论和方法对后来数学物理方程的数值算法研究产生了非常深刻的影响。

这段时间里，奥尔加的重要贡献包括几条著名的"拉德任斯卡娅不等式"：

$$\|u\|_{L^4(\Omega)} \leqslant C_1(\Omega) \|u\|_{L^2(\Omega)}^{\frac{1}{2}} \|\nabla u\|_{L^2(\Omega)}^{\frac{1}{2}}, \quad n=2$$

$$\|u\|_{L^4(\Omega)} \leqslant C_2(\Omega) \|u\|_{L^2(\Omega)}^{\frac{1}{4}} \|\nabla u\|_{L^2(\Omega)}^{\frac{3}{4}}, \quad n=3$$

$$\|u\|_{W_2^2(\Omega)} \leqslant C_3(\Omega) \left(\|\Delta u\|_{L^2(\Omega)} + \|u\|_{L^2(\Omega)} \right)$$

其中索伯列夫空间 $W_2^2(\Omega)$ 中的 Ω 是个适当的 n 维有界区域，C_1, C_2, C_3 是常数，$L^2(\Omega), L^4(\Omega)$ 分别是 Ω 上 2 次和 4 次幂可积函数空间，$\nabla = (\partial_x, \partial_y, \partial_z)$，$\Delta$ 是

灿烂群星：我心中的杰出科学家

拉普拉斯算子，而 u 是在区域边界为零的弱可微函数。她还进一步研究了二阶拟线性椭圆型和抛物型偏微分方程以及高维和非线性偏微分方程组的许多相关问题，特别是解的存在唯一性和正则性问题。

1953 年，奥尔加获得了物理与数学科学博士学位（Doctor of Physical and Mathematical Sciences），论文是关于一般二阶双曲型偏微分方程混合边值问题解的正则性。她给出了这类方程的解是经典解的严格精确条件，并论证了 Fourier 方法用于双曲型方程求解的可行性，以及 Laplace 变换方法在这类方程中的应用。1953 年，她的俄文专著《双曲方程的混合问题》(*The Mixed Problem for a Hyperbolic Equation*) 总结了上述成果。

图 4　奥尔加（中年时期）

多年之后，1964 年奥尔加和她的学生尼娜·乌拉尔茨瓦（Nina N. Ural'tseva, 1934—2012）出版了一本百科全书式的专著《线性和拟线性椭圆型方程》(*Linear and Quasilinear Equations of Elliptic Type*)，该书涵盖了领域内的大部分基本成果。她俩又和另一个学生弗谢沃洛德·索隆尼科夫（Vsevolod A. Solonnikov, 1933—）一起，出版了专著《线性和拟线性抛物型方程》(*Linear and Quasilinear Equations of Parabolic Type*)。美国著名数学家彼得·拉克斯（Péter D. Lax, 1926—）是 2005 年阿贝尔奖（Abel Prize）得主，他评说奥尔加的这几本书"包含了许多关于椭圆型和抛物型方程解的估计的深刻结果。作者们极大地推广了伯恩斯坦的思想和德·乔治、莫泽及纳什的技巧。这些书是领域内基本知识的源泉"。

图 5　奥尔加的部分著作

【二】研究与成果

奥尔加一生发表了 250 多篇论文和 7 本专著。

如上所说，她关于偏微分方程理论的研究几乎是全方位的。但她毕生的挚爱是流体动力学中的偏微分方程，特别是纳维–斯托克斯方程。

纳维–斯托克斯方程

1757 年，欧拉（Leonhard Euler，1707—1783）在他著名论文《流体运动的一般原理》（"Principes généraux du mouvement des fluides"）中建立了第一个无黏性不可压缩流的运动偏微分方程。1821 年，工程师和物理学家克劳德·纳维（Claude-Louis Navier，1785—1836）改进了欧拉的方程而建立了带有一个黏性常数不可压缩流的方程。1845 年，数学和物理学家乔治·斯托克斯（Sir George Stokes，1819—1903）作了进一步的推广，建立了带有两个黏性常数不可压缩流的方程，即著名的"纳维–斯托克斯方程"。

纳维–斯托克斯方程的研究旨在确定其初值问题是否在所有时间区间上都存在光滑解；如果没有的话，它的广义解是否由初始数据唯一确定？对于三维情形，这是一个很困难的数学问题。纳维–斯托克斯方程有物理意义的解的存在性是美

灿烂群星：我心中的杰出科学家

国克雷数学研究所（Clay Mathematical Institute）在 2000 年 5 月 24 日公布的千禧年百万美元大奖中七个难题之一。

图 6　奥尔加（青壮年时期）

20 世纪 50 年代初，奥尔加着手研究最简单形式的平稳斯托克斯方程

$$\left.\begin{array}{r}\alpha\Delta u - \nabla v = -f \\ \operatorname{div} u = 0\end{array}\right\} 在\ \Omega\ 内,\quad u|_{\partial\Omega} = 0$$

其中区域 $\Omega \subset \mathbf{R}^n$（$n=2,3$）有边界 $\partial\Omega$，函数 $f \in L_2(\Omega; \mathbf{R}^n)$ 为给定输入，α 为黏性常数，u 为速度场未知量，v 为压力场未知量。如果把光滑函数集合 $C_0^\infty(\Omega; \mathbf{R}^n)$ 在索伯列夫空间 $W_2^1(\Omega)$ 中的闭包记为 $H^1(\Omega)$，则速度场可以由下面的变分方程来决定：

$$\alpha\int_\Omega \nabla u : \nabla v\, \mathrm{d}x = \int_\Omega f \cdot v \mathrm{d}x,\quad \forall v \in H^1(\Omega)$$

奥尔加证明了，在 Ω 上速度场 u 的解存在并且它的二次导数是局部平方可积的。

由于 19 世纪 40~50 年代苏联和西方世界的割裂，奥尔加并不了解法国数学家让·勒雷（Jean Leray, 1906—1998）和美国数学家埃伯哈德·霍普夫（Eberhard F. F. Hopf, 1902—1983）关于纳维–斯托克斯方程的重要成果。在 20 世纪 50 年代期间，奥尔加独立地发表了一系列关于斯托克斯方程和纳维–斯托克斯方程的研究结果。1958 年，她在《苏联科学院学报》（*Doklady Akademii Nauk SSSR*）上发表了一篇十分重要的论文，证明了二维纳维–斯托克斯方程初边值问题的全局唯一可解性。而相应的柯西问题则是由勒雷解决的。同时，奥尔加还给出了纳维–斯托克斯方程的数值解法和算法收敛性证明。

奥尔加的工作在流体动力学的研究领域里引出了许多有意义的新课题。这些主要成果都总结在她非常有影响的专著《黏性不可压缩流的数学理论》（*The Mathematical Theory of Viscous Incompressible Flow*）里。该书后来成为该领域内的经典。

至于三维纳维–斯托克斯方程，如上所说，属于千禧年难题，至今还没有多少结果。对此难题，奥尔加在 1967 年证明了它在勒雷–霍普夫意义下的弱解是光滑的。她还对三维纳维–斯托克斯方程的速度场作了些修改，并容许它在一些区域内有较大的波动。这个修改后的方程后来被称作"拉德任斯卡娅方程"。对此方程，她证明了全局唯一可解性。在 1966 年莫斯科国际数学家大会上，她应邀报告了这个漂亮的结果。

奥尔加在流体偏微分方程方面的研究工作主要受到俄罗斯数学家谢尔盖·伯恩斯坦（Sergei N. Bernstein, 1880—1968）、法国数学家让·勒雷和波兰数学家朱利叶斯·绍德尔（Juliusz P. Schauder, 1899—1943）的影响。由于这三位数学家对希尔伯特第 19 问题均有不同程度的贡献，他们的工作也把奥尔加从经典偏微分方程的研究引导到希尔伯特第 19 问题中去。

图 7　奥尔加（壮年时期）

灿烂群星：我心中的杰出科学家

希尔伯特第 19 问题

希尔伯特在 1900 年巴黎举行的第二届国际数学家大会上作了题为《数学问题》的演讲，提出了 23 个最重要的数学问题，其中的第 19 问题是一个关于变分法极值的本质问题。希尔伯特注意到了 Laplace 方程（也叫做位势方程或调和方程）具有某种正则性从而保证了解析解的存在性。他还注意到其他一些偏微分方程也有某种正则性从而都有解析解。他把问题描述为具有如下三个特征的变分极值问题：

（1）$\iint F(p,q,z;x,y)\,dxdy = \min$，其中 $\frac{\partial z}{\partial x} = p$，$\frac{\partial z}{\partial y} = q$；

（2）$\frac{\partial^2 F}{\partial p^2} + \frac{\partial^2 F}{\partial q^2} - \left(\frac{\partial^2 F}{\partial p \partial q}\right) > 0$；

（3）F 关于各个变量 p, q, x, y, z 都是解析函数。

1904 年，俄罗斯数学家伯恩斯坦在巴黎大学的博士论文中证明了，如果上述问题在二元情况下对 $u \in C^3$ 有解的话，那么 u 必定是个实解析函数。这个结果表明，关于上述方程正则性的要求包括了对 u 的解析性要求和对维数的某种约束。随后，许多数学家先后作了不少努力并对一些相关问题取得了不少成果，如放宽某些条件或在二维情形下得到较为完整的解答。

最完整的结果公认为是由意大利数学家恩尼奥·德·乔治（Ennio De Giorgi，1928—1996）和美国数学家约翰·纳什（John F. Nash Jr.，1928—2015）对三维情形做出的。德·乔治证明了具有散度形式并带可测系数的一致椭圆二阶方程的弱解是 Hölder 连续的，从而推出了关于第 19 问题正则性的解答。他的证明在 1956—1957 年间与纳什是同时但独立完成的。德·乔治直接研究偏微分方程本身，而纳什研究相应的热传导方程并得到 Hölder 估计，即证明了弱解的 Hölder 连续性。由于椭圆方程可以理解为不依赖时间的热方程，由此可推出原变分问题的正则性，即也给出了第 19 问题的解答。稍后，美籍德国数学家于尔根·莫泽（Jürgen K. Moser，1928—1999）给出了一个不同的证明。于是有了一条著名的 De Giorgi-Nash-Moser 定理。他们的结果表明，散度型椭圆方程以及半线性椭圆方程和 Laplace 方程一样，都具有正则性。至此，希尔伯特第 19 问题被认为是完全解决了。

接下来，不少数学家还致力于一些推广性研究。奥尔加则发展了德·乔治和纳什的理论，和合作者一起在 20 世纪 60 年代完整地解决了一大类椭圆型及抛物型偏微分方程的希尔伯特第 19 问题。在这些结果的基础上，后人还将希尔伯特第 19、20 及 23 问题整合在一起，把数学问题和结果作了相当程度的推广。

顺便提及，2015 年纳什因在非线性偏微分方程方面的贡献而荣获阿贝尔奖。当然，他 1994 年因为博弈论方面的贡献而荣获诺贝尔经济学奖是广为人知的。而让他更广为人知的主要原因还应归功于 2001 年以他为主角原型的大众化电影《美丽心灵》。

图 8　奥尔加（老年时期）

耗散偏微分方程吸引子理论

奥尔加研究二维纳维–斯托克斯方程初边值问题时导出了半群的概念并发展了相应的一些技巧。她证明了，方程的解算子在相空间中对应于每个固定的时刻都是个紧算子。这个结论对于有限维相空间是容易建立的。她接下来对无穷多个有限维数逐渐增大的相空间取交集，然后证明了其交集非空、紧致、并对相邻有界子集具有某种吸引性。她把这个极限集称为全局最小吸引子（global minimal attractor）。她还发现了这个交集的许多有趣特性，诸如某些不变性和耗散性，以及时间向负方向的可逆转性，特别是对相关抛物型方程作了推广。她的研究开辟了偏微分方程的一个全新方向，即大范围稳定性理论（stability in the large）以及偏微分方程的吸引子理论。她建立了算子半群和二维纳维–斯托克斯方程的联系并给出了吸引子豪斯多夫（Hausdorff）维数和分数维数的精确估计。这些成果总结在她 1988 年出版的专著《半群的吸引子和演化方程》（*Attractors for Semigroups and Evolution Equations*）里。

灿烂群星：我心中的杰出科学家

图 9　奥尔加（79 岁，圣彼得堡家中）

【三】奖励与荣誉

奥尔加的学术生涯，从 1954 年起成为俄罗斯科学院斯捷克洛夫数学研究所（Steklov Mathematical Institute，LOMI）的核心成员，到 1961 年被选为所长。1959—1965 年以及 1970—1990 年，她被选为列宁格勒数学会副主席，1990—1998 年出任主席，成为欧拉多年后的一位女继承者。在那里，她数十年如一日地组织偏微分方程讨论班，不断地跟踪国际数学研究的进展。当年，她的讨论班系列在苏联很有名气，对微分方程的研究和发展产生过非常重大的影响。

1958 年，奥尔加被提名菲尔兹奖并成为候选人之一，可惜没有成功。

1959 年，她荣获列宁格勒国立大学科学一等奖。

1969 年，她荣获俄罗斯科学院帕夫努蒂·切比雪夫奖（Pafnuty L. Chebyshev Prize）并荣膺国家勋章。

1981 年，她被选为俄罗斯科学院准院士（Corresponding Member）。

1985 年，她获选为德国利奥波第那科学院（Deutsche Akademie Leopoldina）外籍院士。利奥波第那科学院成立于 1652 年，其后三百多年德国都没有全国性的科学院。到 2007 年 11 月，利奥波第那科学院才升格为德国国家级的科学院。

1989 年，她获选为意大利国家科学院（Accademia Nazionale dei Lincei）外籍院士。这是一个 1603 年成立的国家级的科学院和科技研究机构。

1990 年，奥尔加晋升为俄罗斯科学院院士（Full Member）。

1992 年，她荣获德国洪堡基金会颁发的索菲娅·柯瓦列夫斯卡娅奖（Sofia V. Kovalevskaya Prize）。

1994 年，她应邀在国际数学联盟做了著名的埃米·诺特讲座演讲。

1998 年，她应邀在 SIAM 年会上做了著名的冯·诺依曼讲座演讲。

2001 年，她被遴选为美国艺术与科学院外籍院士。

2002 年，她荣获俄罗斯科学院的米哈伊尔·罗蒙诺索夫金质奖章（Great Gold Lomonosov Medal）。

2002 年，她获德国波恩大学授予荣誉博士学位。

2003 年，她荣获俄罗斯科学院的亚伯兰·约夫物理科学奖章（Abram F. Ioffe Medal）和圣彼得堡国立大学勋章。

图 10　奥尔加（晚年时期）

【四】晚年与结局

奥尔加年轻时就立志把自己的一生奉献给数学。为此，她还决定不生小孩。为了这件事，她和丈夫长时间里意见不能统一。结果两人没有留下后代，而且奥尔加自己一个人过完了后半生。不过奥尔加完全不是一个无情无义的工作狂。她一生热爱艺术，喜欢讲故事，还经常参加社会慈善服务工作。她深得朋友和同事们的尊重和爱戴。

由于父亲历史问题的缘故，奥尔加本人到 1988 年 66 岁之后才被允许出国参加学术会议。这些痛苦的经历自然影响到她的政治观点。她明确地支持当年的一些政治异见人士，包括著名作家、诺贝尔文学奖获得者、俄罗斯科学院院士亚历

灿烂群星：我心中的杰出科学家

山大·索尔仁尼琴（Aleksandr Solzhenitsyn，1918—2008）和著名女诗人、牛津大学名誉文学博士安娜·戈连科（Anna A. Gorenko，1889—1966；笔名安娜·阿赫玛托娃，Anna Akhmatova）。

奥尔加晚年遭受严重眼疾的困扰，需要用特制带光的铅笔才能看清楚自己写的字。2004 年初，她计划去美国佛罗里达州参加一个学术会议，为之开始准备一篇水力学分析的论文。可是就在启程前两天的 1 月 12 日，她不知不觉地在睡梦中安然辞世，享年 82 岁。

奥尔加的名字被铭刻在波士顿科学博物馆内"20 世纪最有影响的数学家"的一块大理石板上。

2022 年 7 月 6—14 日，国际数学家大会举办了纪念奥尔加 100 周年诞辰的学术活动。大会的组织委员会和俄罗斯国家数学会以及圣彼得堡国立大学联合颁发一个新的奖项："奥尔加·拉德任斯卡娅奖章"（Olga A. Ladyzhenskaya Medal），奖金为一百万卢布。第一届奖项颁授给了乌克兰裔美国女数学家斯维特拉娜·吉托米尔斯卡娅（Svetlana Jitomirskaya，1966—），表彰她对"殆周期薛定谔算子谱理论的开创性和深刻贡献"。此后，该奖项在每届国际数学家大会上都将隆重颁发，奖励数学物理领域（包括量子场论和统计物理）中有杰出贡献的数学家和物理学家。

图 11 "奥尔加·拉德任斯卡娅奖章"盒（2022）

（本文首发表于《数学文化》2022 年第 13 卷第 1 期）

11 莱文森——混沌理论背后的影子数学家

混沌理论背后有个影子数学家——诺曼·莱文森（Norman Levinson，1912年8月11日—1975年10月10日）。

图1 诺曼·莱文森

【一】生平

莱文森于1912年8月11日出生在美国马萨诸塞州Lynn镇一个贫穷的俄罗斯犹太移民家庭。他父亲是个鞋厂工人，靠每周3美元的工资养活全家，母亲是个文盲。莱文森有个妹妹Pauline。后来，随着父亲转换工作，全家搬到了不远的Revere镇，在那里一家人住的小房子连浴室都没有，冬天靠厨房里的油炉取

灿烂群星：我心中的杰出科学家

暖。莱文森就读于 Revere 高中。他白天上课，晚上在杂货店做工以帮补家庭。有一次，他因发热被诊断出患有风湿病。后来，风湿病越来越严重，致使他无法参加任何体育活动。这疾病导致他患上终生疑病症（Hypochondriasis）。

1929 年，莱文森中学毕业后进入麻省理工学院（MIT）电机工程系。1934 年，他完成了学士和硕士学位。莱文森在读书期间还修完了数学系提供的几乎所有研究生课程，其中有诺伯特·维纳（1894—1964）讲授的傅里叶级数和傅里叶积分。1933 年，维纳让莱文森参考一份未发表的手稿《复平面上的傅里叶变换》，署名作者是雷蒙德·佩利（Raymond E. A. C. Paley）和维纳。莱文森发现证明中存在漏洞并修改了主要引理。维纳随即作了更正，并亲自用打字机加上莱文森的名字作为合作者，随后正式投稿发表。这篇文章留下了一条著名的定理——佩利–维纳–莱文森定理（Paley-Wiener-Levinson Theorem）。1934 年，莱文森转到了数学系，正式师从维纳攻读博士学位。莱文森后来回忆说，"维纳教授说服了我，让我把专业从电机工程改为数学。然后，他还去看望了我的父母——生活在破败的贫民窟社区里没受过教育的移民工人——向他们保证我在数学方面一定会有好的未来。"事实表明，维纳慧眼识人，研究生莱文森的数学学得很好，研究也做得很好。时任数学系主任亨利·菲利普斯（Henry B. Phillips）教授说，莱文森提交给维纳的论文报告"足够一篇异常优秀的博士论文"（"Sufficient for a Doctor's Thesis of Unusual Excellence"）。

图 2　学生时代的莱文森

菲利普斯和维纳认为莱文森的学问已经达到博士水平，便为他争取到了 MIT 的 Redfield Proctor 外访资金，让他前往英国剑桥大学访学，师从数学家戈弗雷·哈代（Godfrey H. Hardy）。1934—1935 年，莱文森在剑桥期间，头四个月就发表了两篇论文。1935 年，莱文森回到 MIT，以题为 "Non-Vanishing of a Function" 的博士论文获得博士学位并随即获得国家研究委员会（National Research Council）资助到普林斯顿高等研究院从事博士后研究，师从冯·诺依曼，至 1937 年正式入职 MIT。

说到莱文森入职 MIT，还有一段传奇轶事。

20 世纪 30 年代中期，美国遭遇经济大萧条，到处是大批的失业者。这段时期，美国本土还兴起了反犹太主义风潮。这局势让犹太裔的莱文森无法找到合适的教学工作。1936 年，MIT 数学系的菲尔兹奖获得者杰西·道格拉斯（Jesse Douglas）重病无法正常授课，于是维纳建议学校聘请莱文森来接替他的教学。但 MIT 的反犹太主义让行政部门拒绝了维纳的推荐。这一年，适逢哈代到美国参加普林斯顿大学校庆时顺道访问了 MIT，由时为 MIT 副校长兼工学院院长的万尼瓦尔·布什（Vannevar Bush）陪同。据莱文森妻子 Fagi 回忆，当时哈代对布什展示的 MIT 各种先进机械科研成果表示赞赏，说"多么奇妙的神机构！"布什笑着回应道："这里可不是神学院。"哈代便问："那么你们为什么不雇用莱文森？"于是莱文森获得了 MIT 的一个讲师职位。

1938 年，莱文森与 Zipporah（Fagi）Wallman 结了婚。她是拓扑学家亨利·沃尔曼（Henry Wallman）的妹妹。夫妇俩有两个女儿，Sylvia（1939）和 Joan（Zorza，1941）。

之后，莱文森一直在 MIT 工作。他于 1944 年晋升副教授，1949 年成为正教授，1971 年出任讲座教授（Institute Professor）。1975 年 10 月 10 日，莱文森因脑瘤不治在波士顿的麻省公立医院去世，享年 63 岁。他的遗孀于 2009 年去世，享年 93 岁。

【二】贡献

莱文森的主要数学贡献在复分析、非线性微分方程、数论、傅里叶变换和信号过程等领域。

1935—1940 年间，莱文森致力于调和分析与复分析研究。他的工作深受佩利和维纳《复平面上的傅里叶变换》的影响。初出道这几年是莱文森研究成果累累的

灿烂群星：我心中的杰出科学家

时期。他发表了 15 篇文章，其中许多结果连同其他一些主要成果都收集在他 1940 年由美国数学学会出版的《间隙和密度定理》（*Gap and Density Theorems*）一书中。该书包括了他关于复变量指数序列的完备性、在一个区间内消失的 Fourier 变换，解析函数以及 Dirichlet 级数的许多特性分析，在最后部分还给出了 Hardy–Littlewood 关于 Tauberian 定理的一个漂亮总结。

之后，莱文森转向了线性和非线性常微分方程及偏微分方程的研究。这是一个非常广阔的研究领域，其中莱文森的主要贡献要从荷兰电气工程师巴尔塔萨·范德波尔（Balthasar van der Pol）的振荡器研究说起。

1927 年 9 月，范德波尔在《自然》杂志上发表了一篇短文，其中写下了一个张弛振荡器（relaxation oscillator）的微分方程：

$$\ddot{x} - k\left(1 - x^2\right)\dot{x} + x = bk\lambda \cos(\lambda t + \alpha)$$

式中 k, b, λ, α 为参数。后来知道，这个方程和瑞利勋爵（Lord Rayleigh）的方程是等价的，它还可以看作是阿尔弗雷德–玛丽·李纳德（Alfred-Marie Liénard）方程的一种特别情形。不过，这个方程极限环的存在性是范德波尔在 $k > 0$ 和 $b = 0$ 条件下从实验中证实的。在 $k > 0$ 和 $b \neq 0$ 以及 $\lambda \neq 0$ 即有驱动信号输入时，在某种自然频率下他听到了来自这个确定性系统内部的"毫无规律的噪声"。后来科学家们认识到，这是最早在实验中观察到物理混沌现象的报告。

1945 年，英国数学家玛丽·卡特赖特和约翰·李特尔伍德仔细地研究了范德波尔方程，从分析中发现了一些意想不到的复杂动力学现象，包括不连续周期运动的存在。他们的工作引起了莱文森的浓厚兴趣。莱文森考虑了较为一般的微分方程

$$a\ddot{x} + p(x)\dot{x} + ax = b\sin(t)$$

其中 a 是一个小常数，$p(x)$ 是分段线性函数，满足 $|x| > 1$ 时 $p(x) = 1$，$|x| < 1$ 时 $p(x) = -1$，而常数 b 从定义区间中取值。莱文森的这个方程和范德波尔方程在感兴趣的范围内具有相同的动力学现象。莱文森证明了，这个方程的庞加莱映射有一个奇异吸引子（singular attractor），它是一个并不组成若尔当（Jordan）曲线的点集，包含无穷多个周期轨道和不连续的递归（recurrence）运动。

多年以后，动力系统领域著名数学家于尔根·莫泽（Jürgen Moser）评论说："必须强调的是，莱文森的论文不仅仅是验证了一个已知结果。卡特赖特和李特尔伍德的原始工作以及他们随后的论文是较为粗略的……而且非常晦涩，像是李特

11/莱文森——混沌理论背后的影子数学家

尔伍德随意写下的。当我在 1977 年 6 月询问他时，他回答说：'呵呵，你说 [我们] 那篇怪诞文章吗，它在世界上只有三个人看过：两位作者和 [Peter] Swinnerton-Dyer。'所以，莱文森的一项重大成就是为该理论提供了一个明确的证明。"换句话说，莱文森事实上为混沌理论提供了最早期的严格数学论证。

另一件同样至关紧要的事件是莱文森对数学大师斯蒂芬·斯梅尔混沌马蹄理论的贡献。

1959 年，斯梅尔在巴西里约热内卢著名的纯粹和应用数学研究院（IMPA）做博士后研究。年轻的斯梅尔在一篇自我得意的文章中提及了他的一个猜想："混沌不存在！"（"chaos doesn't exist!"）。他推测三维以上的微分动力系统不可能有无限多个周期轨道。如果这个猜测是对的话，人们就会放弃对混沌吸引子的进一步探究。但是，让斯梅尔大吃一惊的是，莱文森给他发信提供了一个反例，证明他的想法是错误的，并建议他去看卡特赖特和李特尔伍德的文章。后来，斯梅尔在 1998 年为《数学信使》（*Mathematical Intelligencer*）写的一篇题为《在里约热内卢海滩上发现马蹄》的文章中回忆道："[当时] 我夜以继日地工作，试图解决这个挑战。……我最后说服了自己，莱文森是对的而我的猜想是错了。混沌已经隐含在卡特赖特–李特尔伍德的分析之中！现在谜团已经解开，是我作出了错误的猜测。但是在这个学习的过程中，我发现了马蹄！"此后，斯梅尔的数学马蹄理论对现代几何动力学理论的发展产生了极其重大的影响。

图 3 莱文森著作选介

正如莫泽后来指出的那样，当年"莱文森站在了动力系统早期的经典理论和后期的几何理论发展的交叉路口上。"他促成了该学科向现代数学方向发展的重

灿烂群星：我心中的杰出科学家

要转折。

此外，莱文森在非线性沃尔泰拉（Volterra）积分方程方面也有一系列的开创性研究成果。

莱文森在微分方程领域的多项研究成果让他赢得了 1954 年美国数学会的 Bôcher 纪念奖（此前，该奖曾授予 George Birkhoff、Solomon Lefschetz、Marston Morse、Norbert Wiener、John von Neumann、Jesse Douglas 等数学家）。

1967 年，莱文森被选为美国国家科学院院士。1968—1971 年间，莱文森担任 MIT 数学系主任。这段时期，莱文森引领 MIT 数学系从教学型转变为研究型，逐步走到了世界前列。

图 4　莱文森在讲课

莱文森的后半生在解析数论方向开展了很深入的研究。哈代在 1921 年一次讲座上说："目前没有见到关于素数定理（prime number theorem）的任何初等证明，因此人们不禁要问是否可能有这样的证明。这样一种不依赖于函数理论的证明依我看来是不太可能的。"但是，1948 年保罗·埃尔德什（Paul Erdös）和阿尔特·塞尔贝格（Alte Selberg）分别独立地给出了初等证明，尽管不太好懂。1969 年，基于塞尔贝格的思路，莱文森在《美国数学月刊》（*American Mathematical Monthly*）上发表了 "A Motivated Account of an Elementary Proof of the Prime Number Theorem" 一文。莱文森因之获得了美国数学协会颁发的 1971 年 Chauvenet Prize（此前，该奖曾授予 G. H. Hardy、Dunham Jackson、Paul Halmos、Mark Kac、Philip J. Davis、Jack K. Hale、Joseph P. LaSalle、陈省身等数学家）。此前，在

1970 年莱文森还获得过美国数学协会颁发的 Lester Ford Award。1974 年，莱文森在一篇著名论文中证明了，黎曼 zeta 函数的无穷多个非退化零点是单零点并且有超过 1/3 这样的零点位于临界线上。该结果后来被约翰·康利（John B Conrey，1955—）提高到 2/5。

【三】技术成果

莱文森毕竟拥有电机工程学士和硕士学位，他对应用数学情有独钟。

莱文森早期的研究是在导师维纳特别专长的数据预测和滤波理论方面。莱文森在他的一篇关键文章中说，他的研究是"定量地确定信息和噪声可以分离到某种程度的方法，并提供设计滤波器以执行该分离的方法，还将同时考虑滤波和预测的问题。所使用的均方根误差方法是诺伯特·维纳开创的先验方法的近似和简化"。

莱文森还通过建立波的散射数据和光谱数据之间的联系，用盖尔范德-列维坦（Gelfand-Levitan）方法对薛定谔方程的逆向散射谱求解势能。他是第一个具体分析并明确使用今天在散射理论中称为 Jost 函数的人。

图 5　数学家莱文森也有出色的物理学和工程学研究

（本文首发表于"华院计算"微信公众号 2023 年 1 月 9 日）

12 罗宾逊：她的真正身份是一名数学家

朱莉娅·罗宾逊（Julia Hall Bowman Robinson，1919 年 12 月 8 日—1985 年 7 月 30 日）是美国科学院第一位女数学院士和美国数学学会第一位女主席。但是，朱莉娅的遗愿是大家不要去唠叨她是第一位这样或那样的女士，只希望人们知道她的真正身份是一名数学家并记得她留下的数学定理和她解决的数学问题。

图 1　朱莉娅·罗宾逊

【一】生平

朱莉娅出生于美国密苏里州圣路易斯市。她的父亲拉尔夫·鲍曼（Ralph Bowers Bowman）经营机床设备业务，母亲名叫海伦·霍尔（Helen Hall Bowman）。朱莉娅两岁时母亲因病去世，她和姐姐康斯坦丝（Constance Bowman Reid，1918

—2010）被祖母接到了亚利桑那州凤凰城生活。后来，她的父亲与伊登尼亚·克里德堡（Edenia Kridelbaugh）结婚并来到了凤凰城。之后，一家人又搬到了加利福尼亚州圣地亚哥市郊的 Point Loma，在那里朱莉娅有了个小妹妹比莉（Billie）。

朱莉娅天生免疫系统不健全，年幼多病。她九岁时染上猩红热，被隔离一年，十岁时又患上风湿热并多次反复，卧床一年。她身体康复后，在一位家教指导下学习了一年，读完了五至八年级的主要课本。老师曾经对她说你无法将 2 的平方根计算到后面小数可以不断重复的那种程度。这道貌似简单的算术挑战题让她着了迷。她接着进入中学九年级，开始对数学产生极大的兴趣，是选修数学和物理课为数不多的女生之一。1936 年，她以优异的数学和科学成绩从中学毕业，获得了全国性的科学全优奖章（Bausch-Lomb medal）。为此，父母亲奖励了她一把计算尺。

接下来，她考进了圣地亚哥州立学院（现在为大学）。当年学院特别重视培养师资，因此她主修数学师资培训课程。这期间，她父亲因美国经济大萧条而破产自杀。之后，她凭借姑姑和姐姐的经济支持继续学业。在大学里，她读到了数学家埃里克·贝尔（Eric T. Bell，1883—1960）的名著《数学大师：从芝诺到庞加莱》（*Men of Mathematics*，1937），被其中的人物、数学特别是数论故事深深吸引。

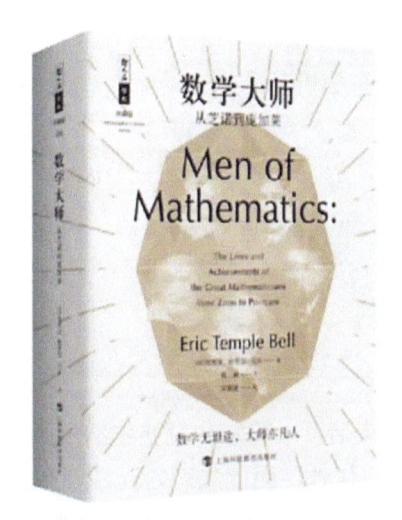

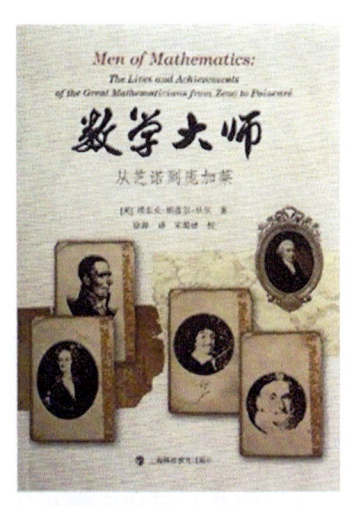

图 2　《数学大师》上海科学技术教育出版社，2012

从《数学大师》一书中朱莉娅明白了师资对知识传承的重要，于是转学到了

灿烂群星：我心中的杰出科学家

加州大学伯克利分校继续她的四年级学业，以期修读更好的数学课程。在那里，她选修了助理教授拉斐尔·罗宾逊（Raphael M. Robinson，1911—1995）的数论课程，从中学到了很多有趣的数论知识。她后来愉快地回忆了在伯克利的学生时光：

> 在伯克利，我很开心，真的很幸福。在圣地亚哥，没有人喜欢我。如果像 Bruno Bettelheim [著名儿童心理学家] 所说的每个人都有自己的童话故事的话，那么我的经历就是丑小鸭的故事。在伯克利，我突然发现自己真的是一只小天鹅。有很多人，包括学生和教员，像我一样对数学深感兴趣。我被选为数学联谊会的荣誉成员。我参加了很多社交活动。然后，就是拉斐尔。

图 3　朱莉娅和拉斐尔·罗宾逊在伯克利

1941 年底在伯克利研究生第一学期结束后，朱莉娅和拉斐尔结了婚。当年的伯克利分校禁止同一家庭的成员在同一部门任教，因此朱莉娅无法在数学系当助教。她只好把时间花在组建家庭和装修房子上。接踵而来的怀孕让她非常兴奋。然而，她因风湿热导致心脏功能疾病失去了孩子，并且医生建议她不能再要孩子了。这使她伤心至极，接下来经历了一段抑郁期。是拉斐尔重新点燃了她对数学的兴趣，把她从抑郁症中解脱了出来。于是她决定攻读博士学位。在伯克利数学系，她师从著名的波兰裔数理逻辑学家阿尔弗雷德·塔斯基（Alfred Tarski，1901—1983）。这位导师和库尔特·哥德尔（Kurt F. Gödel，1906—1978）是公认的20世纪最重要的两位数理逻辑学家。1948年，她以题为《算术中的可定义性和判决问题》的毕业论文获得博士学位。论文中，她证明了整数在有理数中的可定义性，将哥德尔的"不可判定性"从整数推广到有理数。

【二】贡献

朱莉娅博士毕业之后，随即开始研究希尔伯特第十问题。

希尔伯特在1900年巴黎举行的第二届国际数学家大会上做了题为《数学问题》的著名演讲，条列了他认为最重要的23个数学问题，其中第十问题是"丢番图问题"。

丢番图（Diophantus，约200—284）是希腊数学家，他写了一本13卷的著作《算术》（*Arithmetica*），完整地流传于世的有6卷。丢番图在书中详尽地讨论了各种各样的整系数代数多项式方程，后人称之为丢番图方程。

简单的丢番图方程包括众所周知的方程 $x^2+y^2=z^2$ 是否有正整数解的问题。大家知道它有解，而且不止一组解，也就是大家熟识的"勾股定理"给出的答案：$x=3, y=4, z=5$ 以及 $x=5, y=12, z=13$，等等。

但出人意料的是，类似的方程 $x^3+y^3=z^3$ 却没有正整数解。1637年，法国业余数学家皮埃尔·德·费马（Pierre de Fermat，1607—1665）在一本小书页边随手写下了一个著名猜想：$x^n+y^n=z^n$ 在整数 $n>2$ 时没有正整数解。这个"费马猜想"到1995年才由英国数学家安德鲁·怀尔斯（Andrew J. Wiles，1953—）和他的学生理查德·泰勒（Richard L. Taylor，1962—）证明是对的。

还有很多形式简单的丢番图方程。一个简单有趣的例子是方程 $x^3+y^3+z^3=k$，其中 k 是正整数。一百多年以来，数学家们对 $k=1, 2, \cdots$ 的情形逐个去找它的正整数解。2019年3月，英国布里斯托大学（University of Bristol）的年轻数学家安德鲁·布克（Andrew R. Booker）对 $k=33$ 的方程找到了答案。6个月后，布克与麻省理工学院的安德鲁·萨瑟兰（Andrew V. Sutherland）又宣布对 $k=42$ 的方程找到了答案。至此，这方程对 $k \leqslant 100$ 时是否有正整数解的问题全部解决了，但人们对更大的 k 的情形依然所知无几。

长期以来，数学家们对丢番图方程是否有整数解的问题都如上述例子那样对

灿烂群星：我心中的杰出科学家

特定形式的方程来进行研究，并且通常都希望能够找到解答。希尔伯特对之也颇有期待。但由于很多形式简单的丢番图方程都找不到答案，如上述费马猜想，让人们转而考虑对一般丢番图方程有没有整数解的问题能否找出一种普适算法，来判定"有"或"没有"答案呢？这便是希尔伯特第十问题。这样的问题在数学上称为判定问题，因为它寻求的是对数学命题进行判定的算法。简而言之，希尔伯特第十问题是这样叙述的："给定一个具有任意有限多个未知数的整数系数的丢番图方程，设计一个算法，使得根据该算法可以通过有限步的操作来确定该方程是否有整数解。"

朱莉娅全力以赴从正面去研究希尔伯特第十问题，梦寐以求能够"找出一种有效的算法来确定任意给定的一个丢番图方程是否可解"。这个问题占据了她后来职业生涯中的绝大部分时间。她是这样的投入，在每年 12 月 8 日吹生日蛋糕蜡烛时都默许着同一个愿：希望有一天，她能够知道希尔伯特第十问题的答案。她甚至说："我无法忍受在不知道答案的情况下离开人世。"

图 4　朱莉娅在加利福尼亚

【三】技术成果

1950 年，朱莉娅在麻省剑桥举行的国际数学家大会上做了一个简短的演讲，报告了她关于希尔伯特第十问题的初步研究成果。在大会上，她认识了刚从普林斯顿获得博士学位的伊利诺伊大学讲师马丁·戴维斯（Martin Davis, 1928—），从此两人开始共同探讨丢番图方程问题。马丁后来回忆说，开始时两人的思路是向"绝对相反的方向"发展的。马丁称赞朱莉娅是"非常好的人，非常直截了当。除了数学，她在其他方面还有广泛的兴趣"。

12/罗宾逊：她的真正身份是一名数学家

在随后的研究工作中，朱莉娅通过对丢番图方程表示的幂运算和使用佩尔–费马方程的方法形成了一个构想，后人称之为"朱莉娅·罗宾逊猜想"，说是"在一定条件下，存在多项式丢番图方程，其解是指数式增长的函数"。

之后十年时间里，朱莉娅的研究没有太多实质性的进展。

1959年夏天，到了纽约大学任教的马丁和在普林斯顿大学的希拉里·普特南（Hilary Putnam，1926—2016）给朱莉娅寄去了他们的一个密切相关的研究工作结果。三个人详细讨论之后，1961年在《数学年鉴》(Annals of Mathematics)发表了一篇合作论文，其中的主要定理成为后来解决希尔伯特第十问题的重要依据。多年后，马丁回忆说：

> 她的第一步，几乎就在回信里，说清楚了如何避免混乱的分析。几周后，她展示了如何用算术级数的素数定理代替未经证实的关于素数级数的假设……然后大大地简化了证明。这确实非常巧妙。在发表的版本中，证明是简洁而优雅的。

不过，这还不是问题的最后解答。

十年时间又过去了，他们对最终解决问题的研究依然一筹莫展。

1970年2月15日，马丁从纽约给朱莉娅打了个电话，说有个同事刚从莫斯科回来，知道列宁格勒（即圣彼得堡）一位22岁的年轻人证明了关系式 $n = F_{2m}$（斐波那契数）是满足"朱莉娅·罗宾逊猜想"的丢番图集合。这意味着大多数递归可枚举语言是不可判定的。"这就是我们需要的"，朱莉娅欣喜若狂，"随之而来的是，希尔伯特第十问题的解是否定的——不存在一个判定丢番图方程是否有整数解的一般算法"。

这位22岁的年轻人叫尤里·马季亚谢维奇（Yuri V. Matiyasevich，1947—），当年在列宁格勒的斯捷克洛夫 Steklou 数学研究所读研究生。

朱莉娅在接到马丁的电话之后，又从另一位在俄罗斯听过该数学证明的计算机科学家朋友手中取得了零碎的笔记。她确认无误之后随即给尤里写了一封信，称赞道：

> ……现在我知道这是真的。它是美丽的、美妙的。如果你的确是22岁，我特别高兴地想到，当我第一次提出猜想时你还是个婴儿，那时我只需要等着你长大！

灿烂群星：我心中的杰出科学家

当年 12 月，朱莉娅又去吹生日蛋糕蜡烛了。这次她闭上眼睛，屏住呼吸，开心地想："突然发现：自己多年的心愿居然实现了。"

马丁也非常激动，他在后来自己的专著《可计算性与不可解性》（*Computability and Unsolvability*）序言中写道："我一生最大的快乐之一，是 1970 年 2 月看到马季亚谢维奇的工作。"

1971 年，朱莉娅和丈夫拉斐尔来到了列宁格勒访问尤里并见到他的妻子物理学家尼娜（Nina）。当时，由于希尔伯特第十问题的解决以及"朱莉娅·罗宾逊猜想"在其中所起的作用，朱莉娅在苏联成为"罗宾逊[①] 漂流记"之后第二个出名的罗宾逊。

从此，数学文献中有了一条著名的 Matiyasevich-Robinson-Davis-Putnam 定理（简称 MRDP 定理）。先后几个人的共同努力最终解决了希尔伯特第十问题，其答案是否定的：不存在一种普适算法在有限步的操作下能够确定一个丢番图方程是否有整数解。

2008 年，*Notices of the AMS* 数学杂志对马丁作了一次访谈，其中记者提到："希尔伯特第十问题通过你们的努力最终解决了，从希拉里·普特南、朱莉娅·罗宾逊、尤里·马季亚谢维奇和你的猜想变成了 DPRM 定理。我们知道在数学领域经常存在优先权的争议，但这好像没有发生在你们四个人身上。"马丁回答说："的确没有。我们都感到高兴并且互相尊重。我想这是因为我们都很友好！有些人想将结果称为 Matiyasevich 定理，尤里坚持说不，并且说它应该是 DPRM 定理。其他人则把它称为 MRDP 定理。其实我更想讲的一个故事是后来朱莉娅和尤里的进一步合作，他们把方程中的未知数减少到只有 9 个。"

事实上，尤里在后来一篇文章里写道："没有朱莉娅的贡献和启发，我很确定我是绝对不能把 N 减少到 9 的。"而朱莉娅在写给尤里的一封信中也说："我非常高兴地看到，我们（相隔几千里）的合作显然比各自独立研究取得了更大的进展。"朱莉娅毕生把数学看得比个人荣誉更为重要。她说：数学家们应该"像建立自己家园一样，不去区分地域、种族、信仰、性别、年龄，甚至时间（过去的数学家和未来的你都是我们的同事）——全心全意地贡献给这最美丽的艺术和科学"。

最后回来说说尤里的故事，那是颇具戏剧性的。他在上大学时就有兴趣研究丢番图方程，当时自然没啥结果。他后来回忆道：

[①] 书名也译作《鲁滨孙漂流记》。

12 / 罗宾逊：她的真正身份是一名数学家

1969 年秋天，一位同事跟我说："快去图书馆，朱莉娅·罗宾逊在最近一期的美国数学学报上发表了新的论文！"但我早已把希尔伯特第十问题搁置一边了。我对自己说："朱莉娅·罗宾逊在此问题上取得新进展，这很好，但我不能再花时间在这个问题上了。"因此，我没有去图书馆。但一定是在数学天堂的某个地方，有一位数学之神或女神，指引我不要错过朱莉娅·罗宾逊的新论文。由于我早期在此领域上发表过论文，算是个专家，因此《数学评论》苏联版给我邮寄来了她的论文，让我写个评论。这样，我在毫无打算的情况下阅读了朱莉娅·罗宾逊的文章，并于 12 月在 LOMI 的逻辑研讨会上介绍了她的论文。希尔伯特第十问题再次吸引了我，并且我立即注意到了朱莉娅·罗宾逊提出的一种新颖方法。

尤里仔细研究了那篇只有 5 页的论文，内容是关于两个变量中某些丢番图方程解的相对增长问题。论文中的思想启发他完成了最终证明。尤里的论文通过了著名数学家德米特里·法迪耶夫（Dmitrii K. Faddeev，1907—1989）和安德烈·马尔可夫（Andrey A. Markov，1903—1979）的严格审查。1970 年，尤里在法国尼斯（Nice）举行的国际数学家大会上宣讲了他的结果。

1993 年尤里在《数学信使》（*The Mathematical Intelligencer*）的一篇概述性科普文章中说："事实上，朱莉娅当时已经非常接近希尔伯特第十问题不可解性的完全证明了。"尤里的主要贡献是巧妙地构造了一个具体的例子验证了"朱莉娅·罗宾逊猜想"的条件，让她的猜想变成了定理。尤里数学证明的理论和技术难度也许算不得非常高深，正如多年后朱莉娅在自传中不经意地说的那样："他的证明没有什么东西是在初等数论课程里面找不到的！"无论如何，尤里"临门一脚"是不可或缺的。同时，数学界普遍认为，朱莉娅·罗宾逊的名字和希尔伯特第十问题是绝对分不开的。

作为后话，1972 年尤里以该成果获得苏联国家博士学位，1980 年获苏联科学院马尔可夫奖，1996 年获法国奥弗涅大学（l'Université d'Auvergne）荣誉博士学位，1997 年当选为俄罗斯科学院通讯院士，2003 年获法国巴黎皮埃尔和玛丽居里大学（l'Université Pierre et Marie Curie in Paris）荣誉博士学位，2008 年当选为俄罗斯科学院院士。

希尔伯特第十问题解决之后，数学家们进一步考虑：如果改变丢番图方程解的类型将会如何？一种很自然的改变或推广就是将问题转向有理数：有没有一种普

灿烂群星：我心中的杰出科学家

适算法可以确定一个有整数系数的多项式方程存在有理数解？对于这个问题，数学家们一般认为答案依然是否定的，不过他们离给出严格证明还有很长的路程要走。有人认为，解决这个问题的一个可能途径估计还得回到朱莉娅·罗宾逊 70 多年前的博士论文去。

图 5　马丁、朱莉娅和尤里

【四】

尽管朱莉娅把大部分时间都花在希尔伯特第十问题上，她也做了一些其他研究和管理工作。1949 年，她毕业后到了加利福尼亚州兰德公司（RAND Corporation）工作，在那里她研究零和博弈理论。她在一篇技术报告《关于哈密顿图游戏（一个旅行推销员问题）》里第一次使用了"旅行推销员问题"的称谓。1951 年，她发表论文《解决游戏的迭代方法》，证明了虚拟游戏动力学收敛于两人零和博弈中的混合策略纳什均衡。这段时间里，朱莉娅也参与斯坦福大学为海军研究办公室（Office of Naval Research）做的流体动力学科研项目。在 1952 年和 1956 年，她参与了阿德莱·史蒂文森（Adlai E. Stevenson，1900—1965）的总统竞选活动，并在随后的六年里为民主党做社会工作。

由于对解决希尔伯特第十问题的贡献，1975 年朱莉娅当选为美国科学院院士，成为美国历史上第一位女数学院士。翌年，她在伯克利获聘为全职正教授，那是她 1949 年获得博士学位以来的第一份正式教职。但是，由于健康原因，她只承担了四分之一的教学任务。1979 年，她获 Smaith College 授予荣誉学位。1982 年，她当选为美国数学学会主席，成为该学会历史上第一位女主席。同年，她还获得 MacArthur Foundation 奖以及女数学家协会颁发的诺特（Noether）奖，并在该奖名义下举办了"算术函数方程"系列讲座。1985 年，她又被遴选为美国国家艺术与科学院院士，并被列入美国 100 位最杰出女士名人录。

关于担任数学学会主席的职务，朱莉娅在自传中留下了这么一段话：

> 作为一个女性和一个数学家，我别无选择，只能接受，尽管我一直竭尽所能去鼓励有才华的女性成为研究型数学家。我发现我担当学会主席的工作很累，但同时也令自己感到非常、非常愉快。

图 6　朱莉娅院士、美国数学学会主席

【五】

1941 年朱莉娅因心脏疾病失去胎儿时，医生告诉她母亲说如果朱莉娅能活到 40 岁就很幸运了。事实上，到了 1961 年朱莉娅 41 岁时，她的心脏疾病重发，需要动手术除去积聚在心脏里的坏死瘢痕组织。幸亏手术成功，随后她的健康状况日渐改善。一个月后，她就可以骑自行车去锻炼身体了。后来，她锻炼上了瘾，先后买了六辆运动自行车，在美国甚至到荷兰旅行时骑自行车作长途旅行。她丈夫拉斐尔有点无奈地开玩笑说："别人的妻子买皮大衣和钻石手镯，而我的妻子买自行车。"

1984 年夏天，朱莉娅不幸患上了白血病，于 1985 年 7 月 30 日在加利福尼亚州奥克兰去世，享年 66 岁。

根据朱莉娅的遗愿，学校和学会都没有举办葬礼。她去世前留下建议，希望那些为纪念她作捐赠的朋友可以把款项转送给由伯克利数学系代管、为纪念她的导师而设立的 Alfred Tarski 基金。

灿烂群星：我心中的杰出科学家

为了纪念她，1996 年美国数学学会出版了她的论文集。2013 年开始，美国数学学会设立并赞助了每年 12 月举行的"朱莉娅·罗宾逊数学节"。导演 George Csicsery 还制作了一部题为《朱莉娅·罗宾逊和希尔伯特第十个问题》的纪录片，于 2008 年 1 月 7 日在圣地亚哥举行的美国数学学会和美国数学协会的联合会议上首映。

当朱莉娅知道自己患上不治之症时，请姐姐康斯坦丝为她写下一些人生回忆录。姐姐是个数学科普及传记作家，几周后就写好了简要的《朱莉娅·罗宾逊自传》(*The Autobiography of Julia Robinson*)。多年后，她又出版了详细的传记《朱莉娅：数学人生》(*Julia: A Life in Mathematics*，MAA Press，1996)。

"我的真正身份是一名数学家"，姐姐在书末忆述了朱莉娅临终前的一段话，"与其作为第一个这样或那样的女士被人记住，我更愿意自己像一位数学家应该的那样，是因为证明了的定理和解决了的问题而被人们记住。"

图 7　朱莉娅和姐姐康斯坦丝

（本文首发表于《数学文化》2022 年第 13 卷第 4 期）

13 沙可夫斯基——他为无穷多个函数周期排序

2022 年乌克兰杰出数学家、乌克兰国家科学院院士亚历山大·米科拉约维奇·沙可夫斯基（Oleksandr Mykolayovych Sharkovsky，1936 年 12 月 7 日—2022 年 11 月 21 日）在战火和新冠的双重创伤下辞世，享年 86 岁。

他的女儿奥莱娜·沙可夫斯卡（Olena Sharkovska）在 11 月 23 日发给朋友们的一份简短而悲伤的邮件中写道：

> 我的父亲亚历山大·沙可夫斯基于 2022 年 11 月 21 日上午 10：40 离世。过去的十天里，他在基辅的 Feofania 医院接受心脏复苏手术。他在过去的六个月内感染过两次新冠病毒。

图 1　亚历山大·沙可夫斯基（2006）

灿烂群星：我心中的杰出科学家

我和沙可夫斯基的初次见面是 1997 年在俄罗斯圣彼得堡举行的第一届"混沌控制"国际会议上。之后，又在俄罗斯举办的国际会议上见过他三次。多年来，一直不曾忘怀他那文雅谦恭的举止和亲蔼慈祥的笑容。

【一】

要介绍沙可夫斯基的学术贡献，我们不妨从离散混沌理论讲起。

离散混沌理论最著名的奠基性数学原理就是李天岩–约克的"周期三意味着混沌"定理（T.-Y. Li and J. A. Yorke, Period three implies chaos, American Mathematical Monthly, 1975, 82: 985–992）。这条定理说的是一个从区间到区间的连续映射如果有周期 3 的解的话，它就是"混沌"的。具体一点的通俗表述如下：

> 考虑一个连续映射 $f : [0,1] \to [0,1]$。假定存在一个点 $a \in (0,1)$，满足 $f^3(a) \leqslant a < f(a) < f^2(a)$ 或者 $f^3(a) \geqslant a > f(a) > f^2(a)$，这里 f^m 是映射 f 的 m 次迭代。那么
>
> (1) 对任何一个正整数 $n=1,2,\cdots$，映射 f 都有周期 n 的解。
>
> (2) 在区间 $[0,1]$ 中存在一个不可数的点集，使得映射 f 从其中任何一个点出发的迭代结果数列既不是周期的，又不趋向于任何一个周期解，以致它的最终走向是不可预测的混乱。由此可以推出，映射 f 对初始条件具有高度的敏感性。
>
> 映射 f 在上述意义下是"混沌"的。

显然，如果 $f^3(a) = a$，即映射 f 有周期 3 的解，这满足定理的条件，从而定理的结论说 f 便有所有正周期的解。

1975 年，约克在德国东柏林举行的第七届非线性振荡国际会议上报告了这条"李–约克定理"。那次会议是在施普雷（Spree）河的一条船上举办的。在船上，沙可夫斯基友好地对约克说：你这"周期三意味着所有周期"的结论呀，我在十年前的文章里就已经证明了，而且我把其中的周期隐含规律都说清楚了。不过，沙可夫斯基说的论文是用俄文发表在《乌克兰数学杂志》上的（Co-Existence of Cycles of a Continuous Mapping of the Line into Itself, *Ukrainian Mathematical Journal*, 1964, 16: 61–71），约克当然无从知晓。

13/沙可夫斯基——他为无穷多个函数周期排序

沙可夫斯基定理的大意是，如果把所有的正整数 n 按如下的次序排列起来：

$$1 \prec 2 \prec 2^2 \prec 2^3 \prec \cdots \prec 2^n \prec \cdots$$

$$\cdots \prec 7 \cdot 2^n \prec 5 \cdot 2^n \prec 3 \cdot 2^n \prec \cdots$$

$$\cdots\cdots$$

$$\cdots \prec 7 \cdot 2 \prec 5 \cdot 2 \prec 3 \cdot 2 \prec \cdots$$

$$\cdots \prec 11 \prec 9 \prec 7 \prec 5 \prec 3$$

那么，对于一个连续映射 $f:[0,1] \to [0,1]$，如果 f 有周期为 m 的解并且在上面的次序中 $n \prec m$ 的话，则 f 也有周期为 n 的解。

定理中的符号 $\prec$ 除了表示次序还表示前后两个周期数的依赖关系。本质上，沙可夫斯基定理是一个拓扑学结论。它的确包括了李–约克定理中的第一部分，即如果该映射有周期为 3 的解，那么它就有所有其他正整数周期的解。但是，它完全没有涉及李–约克定理中的第二部分，即该映射对初始条件的高度敏感性。而现代的混沌数学理论正是建立在这个最根本的敏感性条件之上，与"具有所有周期"这一特性其实关系不大。因此，今天学术界里说的李–约克定理，指的只是它的第二部分。不过，尊重原文的历史性标题，也为了让普通读者容易记住，习惯上大家还是保留原来的说法，即李–约克定理是一个关于"周期三意味着混沌"的有趣结论。

沙可夫斯基是以他上面这条数学定理闻名于世的。

不过，沙可夫斯基的这个研究成果并非一蹴而就。早在 1960 年，当沙可夫斯基还是个在读研究生时，他就研究了诸如 $\sin_n(x) = \sin(\sin_{n-1}(x))$, $n = 1, 2, \cdots$，的迭代过程，并总结起来发表了文章《一维迭代过程收敛的充分必要条件》("Necessary and Sufficient Conditions for the Convergence of One-Dimensional Iterative Processes", Ukrainian Mathematical Journal, 1960, 12（4）：484–489)，证明了在所有指标 $k > 2$ 时迭代周期的排序为 $2 \prec 4 \prec \cdots$。次年，他又发表了文章《单实变量连续函数的可约性及其相应迭代过程稳态点的结构》("The Reducibility of a Continuous Function of a Real Variable and the Structure of the Stationary Points of the Corresponding Iteration Process", Dokl. Akad. Nauk SSSR, 1961, 139(5)：1067–1070)，证明了在指标 $k \neq 2^i$ 时对所有 m 的迭代周期的排序为

灿烂群星：我心中的杰出科学家

$1 \prec 2 \prec \cdots \prec 2^{m-1} \prec 2^m \prec \cdots$。而上面所说的那条完整的著名定理，是他 1962 年投稿最后于 1964 年正式发表的。

图 2　天性乐观的沙可夫斯基

1967 年，沙可夫斯基第一次出国，到了捷克首都布拉格参加一个关于非线性振荡的国际会议。会上，他报告了对一维差分方程 $x(n+1) = f(x(n))$ 的研究，其中介绍了上面那条关于不同周期的周期解共存和排序的定理。会议组织者在会议论文集发表了几乎所有与会报告的全文，却仅用一页纸以摘要形式刊登沙可夫斯基的报告（Proc. 4th Conf. on Nonlinear Oscillations，Academia，Prague，1968，p. 249）。组委会负责人对他解释说，你那个结果只是基于最简单差分方程的颇为奇怪的自然数排序，很难与深刻的非线性振荡理论联系起来。而事实上，那个时代的许多数学家对一维动力系统都带有类似的偏见。于是，这条漂亮的定理就像睡美人一样沉睡了十多年，直到沙可夫斯基遇见约克之后，因为它支持了离散混沌理论，才引起数学界的广泛兴趣和关注。

沙可夫斯基定理后来被翻译为英文（P. Stefan, A theorem of Sharkovskii on the existence of periodic orbits of continuous endomorphisms of the real line, Commun. Math. Phys. 1977，54: 237–248）。顺便提及，沙可夫斯基排序（Sharkovsky ordering）的称谓，首先出自德国数学家 Peter Kloeden 的文章《关于沙可夫斯基共存周期排序》（"On Sharkovsky's cycle coexistence ordering"，Bull. Austral. Math. Soc.，1979，20: 171–177）。

1994 年 6 月，数学家们在西班牙 La Manga 召开了题为"沙可夫斯基定理之后 30 年:新视觉"（"Thirty Years after Sharkovsky's Theorem:New Perspectives"）

的国际会议，特别回顾并表彰了沙可夫斯基的杰出贡献。

1964 УКРАИНСКИЙ МАТЕМАТИЧЕСКИЙ ЖУРНАЛ Т. XVI, № 1
ИНСТИТУТ МАТЕМАТИКИ

Сосуществование циклов
непрерывного преобразования прямой в себя

А. Н. Шарковский

Всякая непрерывная функция действительного переменного $f(x)$, $-\infty < x < +\infty$, порождает непрерывное преобразование T прямой в себя: $x \to f(x)$. Свойства преобразования T определяются в основном структурой множества неподвижных точек преобразования T.

Напомним, что точку α называют неподвижной точкой порядка k преобразования T, если $T^k\alpha = \alpha$, $T^j\alpha \neq \alpha$, $1 \leqslant j < k$. Точки $T\alpha, T^2\alpha, \ldots, T^{k-1}\alpha$ также являются неподвижными порядка k и вместе с точкой α составляют цикл порядка k.

В этой работе исследуется вопрос о зависимости между существованием циклов различных порядков.

Основной результат настоящей работы может быть сформулирован в следующей форме. Рассмотрим множество натуральных чисел, в котором введено отношение: n_1 предшествует n_2 ($n_1 \preceq n_2$), если для всякого непрерывного преобразования прямой в себя существование цикла порядка n_1 влечет за собой существование цикла порядка n_2. Такое отношение, очевидно, обладает свойствами рефлексивности и транзитивности, и, следовательно, множество натуральных чисел с этим отношением есть квазиупорядоченное множество*. Ниже доказывается

Т е о р е м а. *Введенное отношение превращает множество натуральных чисел в упорядоченное множество и притом упорядоченное следующим образом*

$$3 \prec 5 \prec 7 \prec 9 \prec 11 \prec \ldots \prec 3\cdot 2 \prec 5\cdot 2 \prec \ldots \prec 3\cdot 2^2 \prec 5\cdot 2^2 \prec \ldots \prec \prec 2^3 \prec 2^2 \prec 2 \prec 1. \quad (*)$$

Терминологией упорядоченных множеств в дальнейшем мы пользо-

图 3　沙可夫斯基 1964 年著名论文（首页）

1995 年，著名俄裔美国数学家 Yakov G. Sinai 在他的专著《遍历理论的现代问题》（*Modern Problems of Ergodic Theory*）第 11 章“沙可夫斯基序和费根鲍姆数的普适性”中写道：“大约 20 年前，我持有一种平常心态，认为一维动力系统的结构相对简单，可以被完全理解；此外，对一维成立的论断一般在高维情形都没有类似结果。但后来的发展表明，这两种看法都是错误的。一是在这里发现了令人惊讶和意想不到的新模式，二是其中一些结果可以很自然地转移到任何维度的案例中。”

灿烂群星：我心中的杰出科学家

图4 约克在庆祝沙可夫斯基82岁生日学术会议上发言

沙可夫斯基毕生的数学研究集中在动力系统理论、微分和差分方程、数学物理和拓扑学。沙可夫斯基一生发表了约250篇论文和7本专著，留下了上面提及的著名沙可夫斯基排序（Sharkovsky ordering）以及沙可夫斯基空间（Sharkovsky space）、沙可夫斯基集合（Sharkovsky set）、沙可夫斯基分层（Sharkovsky stratification）、沙可夫斯基意义下的极大周期（maximum period in the sense of Sharkovsky）等等。他发展了一维动力系统的拓扑理论基础，研究了各种点集吸引流域的拓扑结构，并建立了动力系统简单性和复杂性的一些判别标准。他在任意紧集上的动力系统的一般理论中获得了一批基本结果。特别是，他证明了动力系统吸引子的不可压缩性。他还描述了几乎所有动力系统的全局稳定性类型，并为具有不同渐近线的轨道组成的集合给出了精确的界限描述。更重要的是，他开创了动力系统理论的一个新方向：组合动力学。此外，他还研究了数学物理的无限维动力系统和非线性边值问题，并提出了一个"理想湍流"概念，用确定性数学系统来模拟时间和空间中复杂的湍流特性。

沙可夫斯基毕生培养了17名博士学生。他们的研究领域分布在动力系统理论、稳定性理论、微分和差分方程理论、泛函微分方程理论、数学物理边值问题等方面。

【二】

沙可夫斯基于1936年12月7日出生在乌克兰基辅，自小喜欢数学。1951年，

13/沙可夫斯基——他为无穷多个函数周期排序

他在中学参加过基辅青年数学家奥林匹克竞赛并获一等奖。1953—1958 年,他进入了基辅的国立 Taras Shevchenko 大学,就读于数学力学学院。毕业后,1958—1961 年间他在基辅的乌克兰科学院数学研究所读研究生。1961 年,他以题为《一维迭代过程的若干理论问题》("Some Problems of the Theory of One-Dimensional Iterative Processes")的毕业论文获博士学位,后来于 1967 年以《关于离散动力系统的 ω-极限集》("On ω-Limit Sets of the Discrete Dynamical Systems")为题的博士论文获国家科学博士学位。

沙可夫斯基 1961 年获得博士学位之后毕生都在基辅的乌克兰科学院数学研究所工作,直至离世。这期间,1964—1983 年、1999—2000 年以及 2014 年之后,他也在母校国立 Taras Shevchenko 大学兼任数学教授。

沙可夫斯基在乌克兰科学院数学研究所工作期间,于 1974—1987 年担任微分方程研究室主任、1987—2017 年担任动力系统理论研究室主任。2017 年他 80 岁正式退休,成为荣休资深研究员。

图 5 年轻教师沙可夫斯基(1969 年)

沙可夫斯基 1978 年被选为乌克兰科学院通讯院士,2006 年成为正式院士。他获得的主要荣誉包括:
- 乌克兰国家科学院 Bogolyubov 奖(1994 年);
- 乌克兰国家科学院 Lavrentyev 奖(2005 年);
- 乌克兰国家科学技术奖(2010 年);
- 国际差分方程学会 Bernd Aulbach 奖(2011 年);
- 捷克 Silesia 大学荣誉博士学位(2014 年);

灿烂群星：我心中的杰出科学家

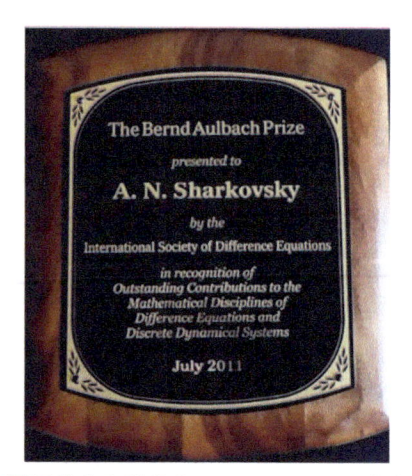

图 6　国际差分方程学会 Bernd Aulbach 奖（2011）

多年来，沙可夫斯基一直是我目前主编的《国际分叉与混沌杂志》（International Journal of Bifurcation and Chaos）的荣誉编辑。不幸的是，从现在起我与他联络的通信邮址 asharkov@imath.kiev.ua 变成了一个静默的历史记号。今天，我谨以这篇短文感谢他的支持和贡献，并表达对他的崇敬和怀念。

图 7　沙可夫斯基在学术会议上发言

（本文首发表于"和乐数学"微信公众号 2022 年 12 月 2 日）

14 希尔尼科夫和他的分叉与混沌理论

列昂尼德·帕夫洛维奇·希尔尼科夫（Leonid Pavlovich Shilnikov，1934 年 12 月 17 日—2011 年 12 月 26 日）是俄罗斯著名数学家，专长于非线性动力系统的分叉和混沌理论研究。

希尔尼科夫毕其一生在俄罗斯"下诺夫哥罗德罗巴切夫斯基国立大学"（Lobachevsky State University of Nizhny Novgorod）读书和工作。罗巴切夫斯基（Nikolai I. Lobachevsky）是非欧几何创始人之一。下诺夫哥罗德是俄罗斯一座古城堡，建于 1221 年。1932 年，该城市改名为高尔基（Maxim Gorky）城，该大学也改名为高尔基国立大学，到 1990 年 10 月双双恢复原名至今。

2000 年 7 月初，我应好友 Vladimir Shalfeev 教授的邀请访问了这所大学，并于 10 日在希尔尼科夫旗下的俄罗斯国际高等研究中心（Russian International Center for Advanced Studies）讲了个小报告，题为《面向工程应用的混沌控制与反控制技术研究》（"Control and Anticontrol of Chaos for Engineering Applications"）。我的报告由希尔尼科夫主持，因而有幸见过他一面。有趣的是，当时他坚持只讲俄语，我只能从他的笑容和动作去领会他的意思。2011 年痛悉希尔尼科夫病逝，我作为《国际分叉与混沌杂志》（*International Journal of Bifurcation and Chaos*）主编组织了一期悼念他的学术专刊，邀请他的数学家儿子 Andrey L. Shilnikov 和几位同事及学生把他们在 2013 年一次纪念希尔尼科夫的学术会议报告完备化，以文集形式于 2014 年 8 月份出版（图 1）。希尔尼科夫生前是这份杂志的荣誉编辑。

【一】

希尔尼科夫出生在俄罗斯基洛夫（Kirov）科捷尔尼奇（Kotelnich）地区的一个劳工家庭。他 1952 年中学毕业后进入当时称为高尔基国立大学的物理与数学系，1957 年毕业后继续研究生学业，师从尤里·奈马克（Yurii I. Neimark）。1962 年，他以题为《从奇异轨线产生的周期运动》（"The Birth of Periodic Motions From

灿烂群星：我心中的杰出科学家

Singular Trajectories"）的论文获博士学位。他的博士论文把亚历山大·安德罗诺夫（Aleksandr A. Andronov）和叶夫根尼·莱昂托维奇（Evgenia A. Leontovich）的平面非局部的分叉理论推广到高维。图 2 取自他的博士论文，（a）图描述了鞍点同宿环通过分叉产生的稳定周期轨；（b）图描述了鞍焦点的同宿环。

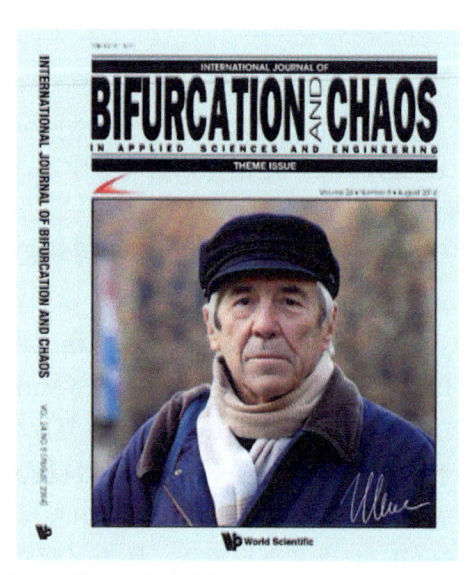

图 1　列昂尼德·希尔尼科夫纪念专刊（2014）

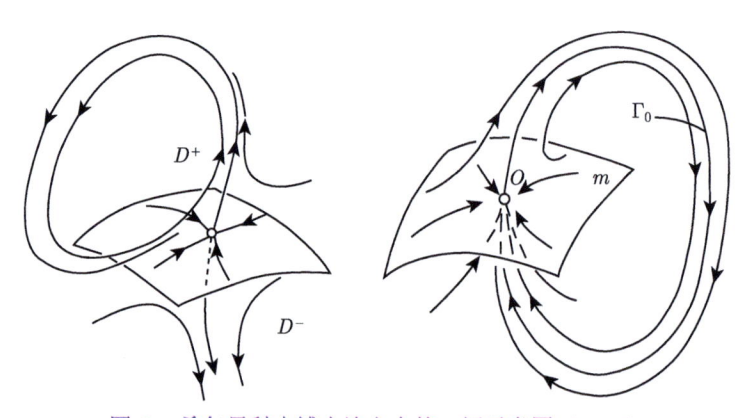

图 2　希尔尼科夫博士论文中的一幅示意图（1962）

很快，希尔尼科夫就被复杂优雅的混沌理论所吸引，尤其是斯蒂芬·斯梅尔（Stephen Smale）的马蹄理论和德米特里·阿诺索夫（Dmitri V. Anosov）的几

何流理论。1965—1967 年间，希尔尼科夫发表了几篇重要论文，对动力系统周期运动中鞍型同宿轨邻域中的轨线集及结构的庞加莱–伯克霍夫问题给出了完整的解答。这些结果为构建混沌吸引子提供了基本思路，他称之为螺旋混沌（spiral chaos）。随后，他建立了一套完整严格的标准，用以判定三维自治系统中鞍焦点同宿轨自相交意味着有无穷多个斯梅尔马蹄存在从而证明系统是混沌的。这个理论是局部的，可以用鞍焦点上的雅可比矩阵特征根来判别，它成为了今天工程技术和应用科学家们最喜爱的分析工具之一。希尔尼科夫判据后来被推广到异宿轨情形。异宿轨情形的希尔尼科夫判据说：假定一个三维自治系统具有两个不同的鞍焦点并且存在一条连接它们的异宿轨线，如图 3（a）所示。再假定这两个鞍焦点上的雅可比矩阵特征根分别为 $\alpha_1, \beta_1 \pm i\omega_1$ 和 $\alpha_2, \beta_2 \pm i\omega_2$，满足 $|\alpha_1| > |\beta_1| > 0$，$|\alpha_2| > |\beta_2| > 0$ 和 $\beta_1\beta_2 > 0$ 或 $\omega_1\omega_2 > 0$，则该系统具有无穷多个斯梅尔马蹄，从而在这个意义上系统是混沌的（如图 3（a）所示）。

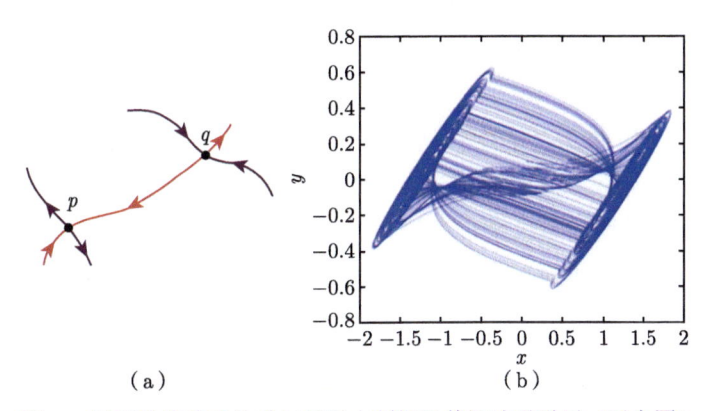

图 3 异宿轨线情形的希尔尼科夫判据及其混沌吸引子（示意图）

值得一提的还有希尔尼科夫发展的 cross-mapping 方法，给出鞍点邻域非线性解的渐近公式，成为研究同宿轨分叉问题的有效工具。此外，希尔尼科夫特别详细地研究了洛伦茨（Edward N. Lorenz）系统的同宿轨和异宿轨分叉现象。今天周知的 Afraimovich Bykov Shilnikov 理论为分析洛伦茨吸引子的结构和演化提供了非常有效的解析方法。

希尔尼科夫和他的学生团队开辟了动力系统全局分叉分析的新方向。他们把全局分叉归结为三类：经典的莫尔斯–斯梅尔（Morse-Smale）类，具有复杂动力学行为的莫尔斯–斯梅尔类，以及具有复杂动力学行为的全局分叉类。在 1969 年

灿烂群星：我心中的杰出科学家

的一篇重要论文中，他给出了从莫尔斯–斯梅尔类转化为具有复杂动力学行为的鞍–鞍型不动点花束（bouquet）同宿环分叉的第一个具体例子。希尔尼科夫还提出了 quasi-attractor 的概念，就是同时含有稳定长周期轨线和双曲型点集的吸引子。希尔尼科夫后来还研究了无穷维非自治系统的动力学理论。

1982 年起，希尔尼科夫继莱昂托维奇和安德罗诺夫之后担任了应用数学与控制论研究所和微分方程系主任。在他的组织和带领下，特别是通过他长期开展每周两小时的研究讨论班，整个学术团队在几何曲面流和叶片（foliation）理论、A-同胚二维吸引子、代数曲线、高维莫尔斯–斯梅尔系统、可积系统、局部和全局分叉分析、复杂一维映射以及场论等多个领域做出了一系列一流成果，令世界瞩目。他留下了一个著名的希尔尼科夫学校（Shilnikov School）学术研究基地。

希尔尼科夫还注重把他们的动力系统理论应用到物理学、生物学、湍流和水力学以及气象学等不同领域中。特别是，因为他所在的大学是无线电收音机（radio）发明家之一亚历山大·波波夫（Aleksandr A. Popov）的母校，希尔尼科夫十分关注动力系统理论在无线电方面的应用研究，特别是对其中螺旋混沌（spatial chaos）的分叉分析。

希尔尼科夫后期著名工作包括有趣的"希尼尔科夫蓝天灾变"（Shilnikov blue-sky catastrophe）。粗略地说，余维-1 的分叉可以按系统轨道的周期和长度分类为：有限周期和零长度、有限周期和有限长度、无穷周期和有限长度、无穷周期和无限长度等四种，其中最后一种经由灾变过程最终"消失在蓝天里"。

图 4　（a）希尔尼科夫和夫人 Ludmila Ivanovna；（b）夏日钓鱼

在上述研究领域里，希尔尼科夫一生发表了 160 多篇论文和几本专著。他是下诺夫哥罗德数学学会第一任主席，获得过俄罗斯科学院李雅普诺夫奖章（1998）、乌克兰科学院拉夫连季耶夫（Mikhail A. Lavrentiev）奖章（2005）以及德国洪堡教授（2002）等荣誉。

希尔尼科夫有一个亲和的家庭。数学之外，他喜欢历史特别是科学史，着迷看足球比赛，并喜欢夏天闲时钓鱼。

【二】

2009 年 12 月 17 日，俄罗斯数学家们为希尔尼科夫举办了一个庆祝他 75 周岁生日的小型学术会议。这次会议留下了希尔尼科夫和他一些同事、学生和朋友们的珍贵照片。其中，我回顾了令人动容的一幅：他和好朋友乌克兰数学家亚历山大·沙可夫斯基的合照（图 5）。今天，在希尔尼科夫逝世 11 周年和 2022 年结束之际，我谨以此照片沉痛悼念两位友好的数学家前辈朋友，希望他俩在天堂回望自己祖国的时候能够早日得到安慰。

图 5　希尔尼科夫和沙可夫斯基（2009）

（本文首发表于"集智"微信公众号 2022 年 12 月 26 日）

15 你知道泰勒级数，但你了解泰勒吗？

是选择而不是运气决定我们的命运

——布鲁克·泰勒

如果你学过微积分，你一定知道泰勒级数（Taylor series），或称为泰勒展开式（Taylor expansion）。

今天公认，微积分是由英国数学家艾萨克·牛顿爵士（Sir Isaac Newton，1643—1727）和德国数学家戈特弗里德·莱布尼茨共同创立的。比较细致的记录说，牛顿在 1669 年曾把一篇题为《分析学》的短文送给了他的老师巴罗（Isaac Barrow，1630—1677）。随后，他于 1671 年写了《流数术和无穷级数》手稿，不过该书直到 1736 年才出版。其间，莱布尼茨在 1684 年发表了一篇主题为《一种求极大极小和切线的新方法》的文章，已使用了一些现代微分符号和基本微分法则。接着，他在 1686 年又发表了一篇积分学论文。因此，微积分学发明的归属权一直都有争论，但本文不打算参与其中。

有了微分概念及其表达和计算法则之后，布鲁克·泰勒（Brook Taylor，1685 年 8 月 18 日—1731 年 11 月 29 日）出场了，他是本文的主角。

【一】

布鲁克·泰勒于 1685 年 8 月 18 日出生在英国米德尔塞克斯（Middlesex）的埃德蒙顿（Edmonton），是约翰·泰勒（John Taylor，1665—1729) 的长子。泰勒的母亲奥利维亚（Olivia）是达勒姆（Durham）约翰·坦普斯特爵士（Sir John Tempest）的女儿。当年泰勒家境殷实，父亲喜好音乐和艺术，让他得到无形熏陶。泰勒自小就没上过正规学校，一直在家里接受父母教育，学习英语、文学和数学。1701 年 4 月，他被剑桥大学圣约翰学院（St. John's College）作为一名自费生录取。泰勒于 1709 年毕业获得法学学士学位（LL.B.），接下来 1714 年获得法学博士学位（LL.D.）。

15/你知道泰勒级数，但你了解泰勒吗？

图 1　布鲁克·泰勒肖像

在剑桥，他得到伦敦格瑞萨姆学院（Gresham College）的天文学教授约翰·马钦（John Machin，1680—1751）和牛津大学的天文学萨维尔（Savilian）讲座教授约翰·基尔（John Keill，1885—1900）的指导，学了很多很好的数学知识。1712年，他写了一封信给马钦，给出了一个与约翰内斯·开普勒（Johannes Kepler，1571—1630）行星运动第二定律相关问题的解。1714年，他在《英国皇家学会哲学汇刊》（*Philosophical Transactions of the Royal Society*）第 18 期发表了他在 1708 年就获得的一个物体振荡中心问题的解。由于手稿在前而发表在后，这个成果导致了与瑞士数学家约翰·伯努利（Johann I. Bernoulli，1667—1748）关于优先权的争议，但此事并不大，后来不了了之。

泰勒先后在《英国皇家学会哲学汇刊》的第 17 至 32 期发表过 13 篇论文，其中有关于毛细现象、温度计和磁实验相关数学问题的研究结果。

1712 年 4 月，泰勒被选为英国皇家学会会士（Fellow）。同年，他被学会委派进入裁决牛顿和莱布尼茨微积分发明权案子的委员会。之后，他于 1714 年 1 月被选为皇家学会秘书长，任职至 1718 年 10 月。

灿烂群星：我心中的杰出科学家

这段时期，泰勒曾多次访问法国。特别是，他与法国数学家皮埃尔·德·蒙莫特（Pierre R. de Montmort，1678—1719）建立了科学通信，讨论无穷级数和德·蒙莫特本人的概率论研究。

图 2　泰勒著《正向和反向增量算法》（1715）

1715 年，他发表了历史上第一篇关于有限差分法的详细论文《正向和反向增量算法》（"Methodus Incrementorum Directa et Inversa"）并以小册子的形式出版。这部奠基性的论著建立了今天周知的"泰勒级数"，即把实单变量光滑函数作无穷级数展开的第一个一般表达式，也称为"泰勒展开公式"。

用今天的话来说，一个实单变量光滑函数的泰勒级数是无穷多个单项的总和，其中各项以该函数在同一个实数点处的不同阶导数来表示。泰勒级数的前有限项组成一个有限次多项式，称为"泰勒多项式"。这个泰勒多项式是原函数的近似，它通常随着项数的增加而变得更精确地接近原函数。泰勒在这本小册子中建立的"泰勒定理"给出了对使用此类近似而引入的误差的定量估计。不过，当时泰勒的证明并没有考虑级数的收敛性问题，因而后来被认为是不够严谨的。其收敛性条件是后来法国数学家奥古斯丁–路易斯·柯西给出的。此外，如果在原点展开泰勒级数的话，它就是苏格兰数学家科林·麦克劳林（Colin Maclaurin，1698—1746）建议的公式，简单好用。

泰勒级数公式的建立并非无源之水、无本之木，它本质上是从苏格兰数学家

15/你知道泰勒级数，但你了解泰勒吗？

和天文学家詹姆斯·格里高利（James Gregory，1638—1675）和牛顿的插值公式推广而来。当年，实际上无穷级数已经在数学界被谈论和使用，特别是约翰·伯努利在 1694 年就已经使用无穷级数的积分。尽管泰勒本人也提及他的无穷展开公式有历史背景和缘由，但他的确是独立地推出展开公式，并且是第一个明确地以一般形式来表述它的人。虽然泰勒书中的命题 XI 和定理 IV 直接等价于约翰·伯努利的积分公式，但是泰勒当时的推导与约翰·伯努利不同之处在于他处理分部积分的过程和技巧。因此，两人有冲突在所难免。当年他们在杂志上辩论时甚至会偶尔使用激烈的措辞。有一次，约翰·伯努利在一封私人信件中提议用更绅士的方式继续进行辩论，但泰勒回复说对方的意思听起来就很尖锐并且"表现出有一种愤慨"，于是不予理会。当然，泰勒不是每次辩论都能赢的。不过，无论如何，历史还是把这个级数展开公式判给了泰勒。据说，"泰勒级数"这个现在固定了的称谓是瑞士数学家西蒙·拉惠利尔（Simon L'Huilier，1750—1840）于 1786 年首先使用的。

其实当年在很长一段时间里没有人注意到泰勒级数有什么好处和用处。直到 1772 年法国数学家约瑟夫–路易斯·拉格朗日（Joseph-Louis Lagrange，1736—1813）指出它的重要性，甚至视之为《导数计算的基础》（le principal fondement du calcul différentiel）之后，泰勒级数展开公式才获得了广泛的关注。

顺便提及，泰勒在上述小册子中还讨论了微分方程奇异解的识别与确定，变量变换问题，以及将函数的导数与其反函数的导数相关联的公式。此外，泰勒还谈及微积分对一些物理问题之应用，其中对弦横向振动的研究是开创性的，他获得了第一个表示弦振动的公式。他还讨论了悬链线振荡的形式及其中心的确定。此外，他第一次建立了光束在穿越异质介质路径时的微分方程。

【二】

来自父亲的教育和影响，让泰勒从小具有音乐和绘画的爱好和天分。在剑桥大学读书时，泰勒留下了一份没有发表的手稿《论音乐》（On musick）。

1715 年，他出版了《线性透视》（*Linear Perspective*）并于 1719 年再版了《线性透视新原理》（*New Principles of Linear Perspective*）这两本关于透视绘图原理的数学书。书中一些插画现在被珍藏在大英博物馆里。

但是泰勒的写作风格非常简要而且不甚清晰，以至约翰·伯努利批评他的书"对所有人来说都是深奥的，对艺术家来说是难以理解的"。后来，英国画家和作

灿烂群星：我心中的杰出科学家

家约书亚·柯比（Joshua Kirby，1716—1774）以及雕刻师和制图员丹尼尔·富尼耶（Daniel Fournier，1711—1766）对泰勒的两本书加以详细注释，才让它们变得易读易懂。

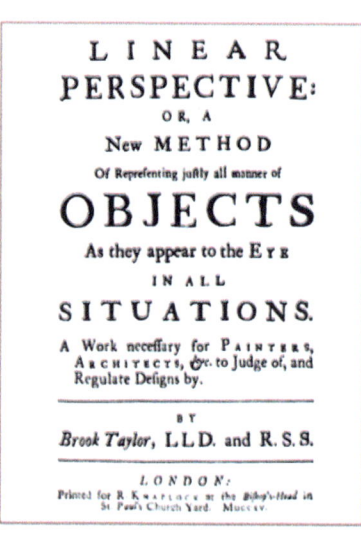

图 3　泰勒著《线性透视》（1715）

在这两本书中，泰勒以一系列定理和证明的形式严谨地发展了他的透视数学理论。他在这一领域里最著名的成果是对所有直线和平面的消失点的定义和使用，以及他对透视反问题的理论和实践的发展。这些后来成为了法国–瑞士物理、天文和哲学家约翰·兰伯特（Johann H. Lambert，1728—1777）相关研究工作的基础，并影响了投影几何学和摄影测量学后来的发展。泰勒还提出了将无限远处的交点与平行线联系起来的方法，直接从透视中构造出原来的几何对象。

图 4　泰勒的《线性透视》书中部分插画（大英博物馆）

15/你知道泰勒级数，但你了解泰勒吗？

1715 年之后，泰勒的研究逐渐转向了哲学和宗教。人们后来在他遗物中发现了他当年从德国 Aachen 回到英国后写的手稿《关于犹太教献祭》(*On the Jewish Sacrifices*)和《关于食血的合法性》(*On the Lawfulness of Eating Blood*)。

【三】

泰勒在 1721 年 36 岁时和 Brydges 结了婚。因为父亲不赞成那门婚事，父子两人从此不和。两年后即 1723 年，他妻子因产褥热病逝，没有留下后代。随后他与父亲和解，并且其后两年一直住在父母家里。1725 年他再婚，可是妻子 Sabetta 在 1730 年也因难产去世，不过幸运地留下了一个女儿 Elizabeth。从此，泰勒身心交瘁，于 1731 年 12 月 29 日在伦敦 Somerset House 辞世，时年 46 岁。他被安葬在 St. Ann 教堂坟场。

泰勒逝世之后，1935 年国际天文学联合会（International Astronomical Union）把月球上的 5889 号陨石坑命名为"泰勒坑"。

1793 年，泰勒的外孙威廉·杨爵士（Sir William Young，1749—1815）整理出版了一部泰勒遗作集，名为《哲学观》(*Contemplatio Philosophica*)，内有他一份数学手稿《论对数》(*A Treatise on Logarithms*)以及多篇哲学和宗教文章。

图 5　泰勒遗作集《哲学观》（1793）

（本文首发表于"好玩的数学"微信公众号 2023 年 1 月 31 日）

141

16 维托里斯——最长寿的数学家

百岁长寿的数学家并不多见，大家熟识的两位中国人是 108 岁的浙江大学朱良璧教授（1913 年 11 月—2021 年 11 月 20 日）和 101 岁的复旦大学苏步青教授（1902 年 9 月 23 日—2003 年 3 月 17 日）。

朱良璧曾在国际期刊《数学年刊》（*Annals of Mathematics*）发表过一篇论文，是迄今为止唯一的一位在此刊物上发表过论文的中国女数学家。

苏步青是中国科学院院士，曾任复旦大学校长，主要从事微分几何学和计算几何学方面的研究，是中国微分几何学派的创始人。

在世界范围内不难数出十来个年龄相仿的高龄数学家，而其中最长寿者应数奥地利的拓扑学家利奥波德·维托里斯（Leopold Vietoris，1891 年 6 月 4 日—2002 年 4 月 9 日），他辞世时按年头算已经 111 岁了。他是地球上为数不多的经历过三个世纪、两次世界大战的人。

图 1　维托里斯（100 岁照片）

16 / 维托里斯——最长寿的数学家

【一】

维托里斯于 1891 年 6 月 4 日出生在奥地利的巴特拉德克斯堡（Bad Radkersburg）。

他的父亲雨果·维托里斯（Hugo Vietoris）是铁路工程师，母亲名叫安娜·迪勒（Anna Diller）。雨果曾在维也纳政府中任城市规划主管并参与过多项桥梁建设，是个举足轻重的人物。他非常希望儿子长大后也能成为一名工程师。

维托里斯在维也纳读完小学，之后在梅尔克（Melk）的一间天主教本笃会学校就读中学，在那里接受了良好的数学教育。1911 年，他遵循父亲的意愿，进入了维也纳技术大学（Technische Universität Wien），目标是要成为一个工程师。然而，出于兴趣他很快就决定了要当个数学家，并开始努力学习数学和画法几何。在技术大学初期，他也到维也纳大学（Universität Wien）修课。在那里，他被数学家赫尔曼·罗特（Hermann Rothe）的高等数学课、埃米尔·穆勒（Emil Müller）的几何学课以及西奥多·施密德（Theodor Schmid）的射影几何学课深深吸引。维托里斯从罗特（Rothe）课程里学到了流形的概念，但那时他特别喜欢的是射影几何学。1912 年，维托里斯听了著名数学家威廉·格罗斯（Wilhelm Gross）关于拓扑学的演讲。格罗斯（Gross）描述了他对弗雷德里克·里斯（Frigyes Riesz）公理系统进行扩展的尝试，将数学连续统的概念定义为具有累积点的抽象集合。该新颖思想让维托里斯产生了使用拓扑学方法去建立流形几何的奇想。于是他请教了著名数学家古斯塔夫·冯·埃舍里希（Gustav R. von Escherich）及威廉·维廷格（Wilhelm Wirtinger）并和他们一起讨论其可能性。

1914 年，奥匈帝国对塞尔维亚宣战，第一次世界大战爆发。维托里斯随即自愿参军到了前线。不幸的是，一个月后他就受了重伤。1915 年，意大利加入了战争并向奥匈帝国宣战。维托里斯康复后，被派往意大利前线。当时奥地利人控制了山脉，维托里斯平时喜欢爬山，于是被派去当军队的登山向导。尽管当时战争条件非常艰苦，维托里斯仍然继续思考他的数学问题，并在 1916 年取得了一些突破性的进展。他在战场上投稿，发表了平生第一篇论文《第二类四阶空间曲线的一种特殊生成方法》。因此，他得以在春季学期回到维也纳继续修课。1918 年初，他的研究取得了更大的进展，并且有机会阅读了数学家菲利克斯·豪斯多夫（Felix Hausdorff）在 1914 年出版的名著《集合论基础》。之后，维托里斯又归队参战。

灿烂群星：我心中的杰出科学家

图 2　年轻时的维托里斯

　　1918 年 10 月，奥匈帝国战败，维托里斯被意大利人俘虏并囚禁，直到 1919 年 8 月才重获自由。在监狱的 9 个月里，维托里斯的身体得到了很好的治疗。更重要的是，在狱中他完成了博士论文的写作。他被释放返回维也纳后，于 1919 年 12 月向维也纳大学提交了以连通集（connected sets）为主要内容、题为《稳定量化》（"Stetige Mengen"）的论文并于 1920 年 7 月获得了数学博士学位。他的两位联合导师是古斯塔夫·冯·埃舍里希和威廉·维廷格，就是之前和他一起讨论用拓扑学方法建立流形几何的两位教授。维托里斯的博士论文于 1921 年发表在《数学和物理月刊》（*Monatshefte für Mathematik und Physik*）第 31 卷，被后人认为是他最重要的数学理论贡献之一。

　　维托里斯在 1919 年 10 月获得了数学和几何的教师资格。然而，他在高中教书不久就收到了导师 Gustav von Escherich 寄来的明信片，祝贺他完成了出色的毕业论文，并为他推荐了格拉茨工业大学（Technische Universität Graz）助理教授的职位。维托里斯接受了教职，在那里成为罗兰·魏茨伯克（Roland Weitzenböck）教授的助手，后者研究数论和不变量理论。1922 年，维托里斯转回到维也纳大学当助教。在那里，他写了好几篇论文，其中关于二次域的一篇是作为申请永久职位而提交的，得到了著名数学家汉斯·哈恩（Hans Hahn）的推荐。1927 年，他应聘副教授到了因斯布鲁克大学（Universität Innsbruck）。翌年，他又应聘回到了维也纳大学，成为数学学院的正教授。1930 年，他折回因斯布鲁克大学出任数学教席正教授，在那里工作至 1960 年 69 岁时退休。

16 / 维托里斯——最长寿的数学家

20 世纪 20 年代是拓扑学发展的黄金时期。维也纳产生了一批拓扑学家，包括汉斯·哈恩（Hans Hahn）、卡尔·门格尔（Karl Menger）、卡尔·雷德迈斯特（Karl Reidemeister）以及后来的维托尔德·胡列维奇（Witold Hurewicz）和乔治·诺贝林（Georg Nöbeling）。在一个新学科萌发时期，许多新思想会几乎同时间在不同地方独立地出现。维托里斯是一个极其谦虚的人，从不参与优先权的争辩。尽管如此，他被公认为第一个引入"滤子"（filter）概念的人（他称之为"wreaths"）并且是最早定义"紧空间"的人之一（他称之为"lückenlos"），而紧性是滤子序列收敛的条件。他还引入了"正则性"（regularity）概念并首先证明了紧空间是规范（normal）的。

1925 年，维托里斯获得洛克菲勒奖金，到荷兰阿姆斯特丹作了三个学期的学术访问。在那里，他加入了由著名数学家 L. E. J. Brouwer 组织的代数学讨论班，其他参与者还有帕维尔·亚力山德罗夫（Pavel S. Aleksandrov）、卡尔·门格尔（Karl Menger）、大卫·冯·但泽（David van Dantzig）、维托尔德·胡列维奇（Witold Hurewicz）等数学家。受该研讨会代数学思想的影响，维托里斯开始研究代数拓扑学。他回到维也纳大学之后立即开课讲授同调群和上同调群理论，研究拓扑空间的各种代数不变量。课程里，维托里斯介绍了几个拓扑学猜想，并提供了一些可能的证明思路。一位前来听课的同事瓦尔特·迈耶（Walther Mayer）根据他的建议证明了其中一个猜想，维托里斯随即对证明做了最后的完善，最后两人于 1930 年建立了代数拓扑学里著名的迈耶–维托里斯正合列（Mayer-Vietoris sequence）理论，把拓扑空间上同调群转化到拓扑子空间中并为这些群的计算提供了一个重要方法。

说起来这位迈耶也是个有故事的人物。他和维托里斯一样，是第一次世界大战退伍军人。但当年作为犹太人他很难在大学里找到教职，只好经营一间小咖啡店借以谋生。1926 年，他得到爱因斯坦的推荐被维也纳大学聘为数学讲师，从而有机会旁听了维托里斯的拓扑学课程。1930 年，迈耶出版了《黎曼几何》一书。后来，迈耶成为爱因斯坦在柏林和普林斯顿的助手和合作者，得到一个"爱因斯坦的计算器"（Einstein's calculator）绰号。1933 年，爱因斯坦在筹划迁居美国时，需要在普林斯顿高等研究院和加州理工学院之间作出选择。当时普林斯顿高等研究院答应同时给迈耶提供一个永久职位，而加州理工学院的经费则不足以雇请他，于是爱因斯坦选择了普林斯顿高等研究学院。爱因斯坦在给加州理工学院院长的答谢信中说，迈耶对他来说是如此重要以致他必须放弃所有别的考虑。迈

灿烂群星：我心中的杰出科学家

耶跟随爱因斯坦加入了普林斯顿高等研究院后工作到 1948 年去世。不过，迈耶在后期回到了他自己喜爱的纯数学研究，没有在统一场论的研究中继续充当爱因斯坦的"计算器"。

1938 年 3 月，德国开始吞并奥地利，随后在 9 月份入侵波兰。于是奥地利对德国宣战，全国陷入战争状态。在第二次世界大战中，维托里斯再次自愿参军。但这时他已经 48 岁了。他被送往波兰战场，在那里他又一次受伤。不过，他依然大难不死，继续在军队服役到 1941 年。难能可贵的是，即使在战争期间，他仍然不时有文章发表。之后，他退伍并回到因斯布鲁克大学重操旧业。这时他不再关注代数拓扑学，转向了概率统计和实分析方面的研究。

维托里斯一生发表了约 80 篇数学论文，其中只有一篇有共同作者。此外，他约半数论文是在 60 岁之后发表的，其中不乏战时积压下来的手稿。他奠定了一般拓扑学的基础，参与了代数拓扑学的创建。在这个领域里，好几个数学概念和定理以他的名字命名，诸如维托里斯拓扑（Vietoris topology）、维托里斯同调（Vietoris homology）、迈耶–维托里斯正合列（Mayer–Vietoris sequence）、维托里斯–里普斯复形（Vietoris–Rips complex）以及维托里斯–贝格映射定理（Vietoris-Begle mapping theorem）。他 103 岁时发表了最后一篇论文，是"论某些三角级数和的符号"系列文章的第三篇。为此，维托里斯也被学界称为"数学的玛土撒拉"。玛土撒拉（Methuselah）是《希伯来圣经》记载中亚当的第七代孙，是世界上最长寿的人，据说他活了 969 年。

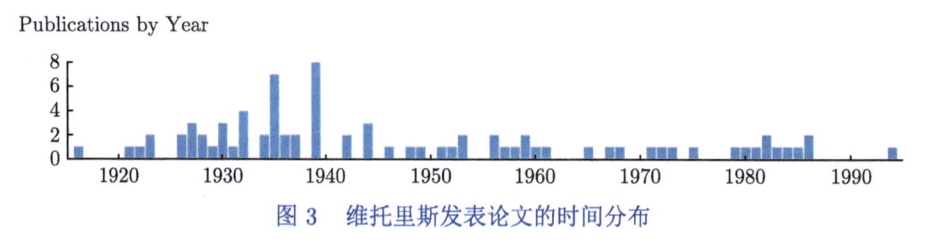

图 3　维托里斯发表论文的时间分布

顺便提及，近年来高阶复杂网络和拓扑数据分析的发展开始用到了同调和持续同调等理论和方法。维托里斯对同调论有诸多贡献，迈耶–维托里斯正合列只是其中最著名的一项。他的另外一个重要贡献，维托里斯–里普斯复形，在被数学界遗忘几十年之后又重新获得了极大关注。当年维托里斯等人建立的同调论是单纯同调论，研究单纯复形即由点、线、面、体等最基本的单纯形按一定规则组成的复杂网络图形。从单纯复形出发，可以引入单纯同调群。维托里斯在 1927 年定义的"维托里斯同调"试图把单纯复形扩充到更广泛的空间。维托里斯同调是对于度量空间来构造的,而拓扑结构并不依赖于度量。因此,以度量来构造的"维托里斯–里普斯复形"有好处也有缺点,主要优点是使用度量便于计算。

维托里斯是一位思想纯粹的学者。他在 1947 年写给 L. E. J. Brouwer 的一封信中说道:"作为院长,我被行政事务压得喘不过气来,以致我经常不得不去给一些准备并不充分的讲座,更没有时间进行科学研究。幸运的是,这个学期很快就要结束了,我希望回去当一名科学家,而不是一个官僚。"

图 4　维托里斯作学术演讲

维托里斯因其毕生的数学贡献多次受到表彰,主要荣誉包括:

1935 年,当选为奥地利科学院通讯院士,1960 年成为院士;

1965 年,当选为奥地利数学会会士;

1984 年,获维也纳大学荣誉博士学位;1884 年获因斯布鲁克大学荣誉博士学位;

1973 年,获奥地利科学与艺术学院荣誉十字勋章;

1981 年,获奥地利共和国服务金奖和奥地利数学会金质奖章;

1982 年,获因斯布鲁克市功绩勋章;

1992 年,当选为德国数学会会士。

【二】

维托里斯后半生定居在因斯布鲁克的原因之一是那地方临近阿尔卑斯山。他太喜欢爬山和滑雪了。在那里,他加入了当地由冰川学家组织的登山体校。在数不

灿烂群星：我心中的杰出科学家

清多少次的科学探索高山远足中，他总是扮演一个"冰川仆人"（Gletscherknecht）的角色，携带重型仪器进行地质测量和设置科学实验。他对岩石冰川特别感兴趣，还发表过关于 Hochebenkar 山区冰石块流和滑雪板弹性物理学的文章，以及"为登山者服务的几何学"的指引。他甚至拥有使用航空照片来绘制地图的专利号（1924 年，100832），描述了一种对航空照片作差分校正以生成正射影像的方法。为此，有人还把他称为"正射影像之父"。他长期在冰山上滑雪，直到 93 岁时因身体不适在医生强迫性建议下才停止下来。

图 5　维托里斯和妻子玛丽娅

图 6　维托里斯传记文集

16/维托里斯——最长寿的数学家

在个人生活方面，除了登山之外维托里斯喜欢音乐并有虔诚的宗教信仰。在家庭生活方面，维托里斯于 1927 年和克拉拉·冯·赖兴费尔斯（Klara von Reichenfels，1904—1935）结婚，两人有 6 个女儿。克拉拉在 1935 年最后一个孩子出生时去世。次年，维托里斯娶了她的姐姐、当年失婚独处的玛丽娅（Maria von Reichenfels，1901—2002）。2002 年 4 月 9 日，在时满 100 岁的妻子玛丽娅去世几周之后，维托里斯也在家中平静辞世，享年 111 岁。

（本文首发表于 2022 年 11 月 8 日）

17 第一位中国籍数学女博士——徐瑞云

许多人都不知道第一位中国籍数学女博士是谁。

徐瑞云。

这名字说出来了，估计还会有很多人摇头——哎，连自己的国宝都不知道。

图1 徐瑞云

徐瑞云1915年6月15日出生于上海，祖籍浙江慈溪。父亲徐嘉礼是从事针织袜业的实业家，母亲是个虔诚佛教徒。

徐瑞云1927年2月考入上海公立务本女子中学，1932年9月毕业后考进国立浙江大学数学系，受教于数学家朱叔麟、钱宝琮、陈建功和苏步青。1936年，她以优异成绩毕业，之后留校任教。1937年2月，徐瑞云与同校生物学系助教江希明结婚。1937年5月，夫妻两人同时获得奖学金留学德国慕尼黑大学。

在慕尼黑大学，江希明到了动物研究所，研读动物生理学。徐瑞云则到了数学系，在数学家康斯坦丁·卡拉西奥多里（Constantin Caratheodory，1873—1950）的指导下研究函数论，专攻三角级数论。

17/第一位中国籍数学女博士——徐瑞云

图 2　徐瑞云和江希明（德国，1937）

这位导师卡拉西奥多里是谁呢？凡是学过高等微积分的人没有不知道他名字的。他是希腊裔德国人，1873 年 9 月 13 日生于柏林，1904 年在哥廷根大学师从著名数学家闵可夫斯基（Hermann Minkowski，1864—1909）取得博士学位。卡拉西奥多里在数学上的贡献是多方面的。他发展了变分法及其与偏微分方程的关系并应用于解决拉格朗日问题。他在函数论方面多有建树，研究了函数值分布并发展了边界对应理论。他把经典测度论进行了公理化，其中的测度扩张理论被写进了大学数学分析教科书中，为理工科学生所熟识。此外，他对热力学公理化和狭义相对论都有出色的贡献。

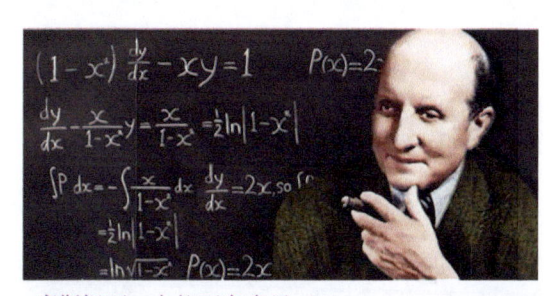

图 3　康斯坦丁·卡拉西奥多里（Constantin Caratheodory）

1940 年，江希明完成学业，获理科博士学位。同年，徐瑞云以论文《关于勒贝格分解中奇异函数的傅里叶展开》获数学博士学位，成为卡拉西奥多里的关门弟子。次年，该论文发表在德国《数学时报》上。

1941 年 4 月，徐瑞云夫妇归国，回到了浙江大学，分别在生物系和数学系任

灿烂群星：我心中的杰出科学家

教，均被聘为副教授。在当年抗战艰苦条件下，数学系教授陈建功和苏步青一直没有中断函数论和微分几何两个数学研讨班，徐瑞云也从不间断地参与协助。她当时带出有才华的学生包括曹锡华、叶彦谦、金福临、越民义、孙以丰、杨宗道。1946 年，31 岁的徐瑞云被提升为正教授。

图 4　20 世纪 40 年代的浙江大学数学系（前排右 4 为徐瑞云）

1952 年全国院校调整，徐瑞云被任为浙江大学数学教研组组长。1953 年，她被调到浙江师范学院任数学系主任。1958 年，浙江师范学院合并进新成立的杭州大学，她继续留任数学系主任。20 世纪 50 年代，后来的三位中国科学院院士石钟慈、王元和胡和生，以及函数论专家王斯雷，都得到过徐瑞云的授课指导。

图 5　1953 年浙江师范学院数学系女子师生合照（正中为徐瑞云）

江希明于 1956 年加盟浙江师范学院任生物系主任，后晋升为副院长，于 1958 年出任杭州大学副校长。

17 / 第一位中国籍数学女博士——徐瑞云

徐瑞云毕生从事分析数学的教学和研究。她长期任课,开设过近世代数、数学分析、复变函数、实变函数等课程。她非常重视基础数学的教学,积极采用优秀的苏联教材如斯米尔诺夫《高等数学教程》和普里瓦洛夫《复变函数引论》。她同时十分重视教材建设,亲自编写过多本讲义,还翻译出版了苏联那汤松《实变函数论》。20 世纪 60 年代,她与王斯雷一起翻译出版了英国哈代与罗戈津斯基合著的《富里埃级数》[①]。

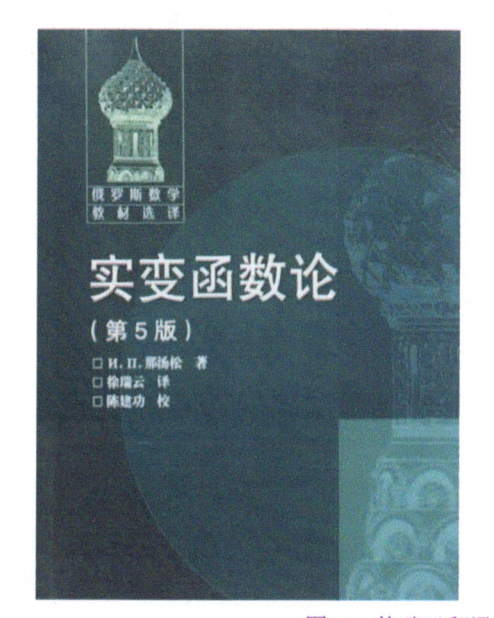

图 6　徐瑞云翻译的两本经典教材

在 20 世纪 50—60 年代,徐瑞云经常邀请国内外专家来校讲学,包括陈建功、苏步青、华罗庚,以及匈牙利和民主德国的一些知名数学家。此外,她还多次聘请兄弟院校的教授来系授课。其间,徐瑞云担任过浙江省数学会理事长以及浙江省科学技术协会第一、二届委员会委员等职,还被选为浙江省人民代表大会代表。

1958 年杭州大学成立时,陈建功被聘为副校长。徐瑞云积极宣传陈建功的治学思想,并协助陈建功在数学系开展学术研究和举办论文研讨会。徐瑞云特别擅长三角级数论,时有学术论文在国内外发表。1964 年 9 月,中国数学会在上海召

---

① 富里埃今译为傅里叶。

灿烂群星：我心中的杰出科学家

开全国函数论会议，徐瑞云担任领导小组成员。

可是，接踵而来的"文化大革命"并没有放过温文尔雅、兢兢业业的数学家徐瑞云。十分不幸的是，1969 年 1 月她选择了辞世，终年不到 54 岁。

1998 年，杭州大学合并到了浙江大学。2015 年 6 月，浙江大学数学科学学院在徐瑞云诞辰 100 周年之际举办了一次纪念座谈会。与会者包括中国科学院院士石钟慈、原杭州大学校长薛艳庄和副校长谢庭藩，以及徐瑞云的许多生前好友。王元和胡和生两位院士因身体缘故没能出席，但都特地送上了纪念文章作书面发言。会前三天，徐瑞云的养女、数学博士徐毓华专程从美国缅因州立大学来到杭州，向浙江大学数学科学学院中的数学系的年轻学子们介绍了这位前系主任的感人生平事迹。

图 7　徐瑞云诞辰 100 周年纪念会通知（2015）

中国数学史将永远铭刻着这个第一位中国籍数学女博士的名字——徐瑞云。

（本文首发表于"华院计算"微信公众号 2021 年 3 月 8 日）

第二篇
物理学家

18

约翰·巴丁——只有他，两次获诺贝尔物理学奖

约翰·巴丁（John Bardeen，1908年5月23日—1991年1月30日）先后于1956年和1972年获诺贝尔物理学奖，是历史上迄今为止唯一的一位两次获诺贝尔物理学奖的科学家。

诺贝尔物理学奖自1901年起到2021年止共颁发了116项，获奖者共222人次，其中巴丁获得过两次，所以总共有221人获得过该奖。再细分一下，116次颁奖中，47次只有一位获奖人，32次有两位获奖人，37次有三位获奖人。遗憾的是，女性诺贝尔物理学奖得主只有4位：玛丽·居里（1903年）、玛丽娅·格佩特–梅耶（1963年）、唐娜·斯特里克兰（2018年）、安德里亚·盖兹（2020年）。

图1　巴丁和他的签名

灿烂群星：我心中的杰出科学家

【一】

巴丁出生于美国威斯康星州的麦迪逊（Madison）市。他的父亲查理斯（Charles R. Bardeen，1871—1935）是威斯康星大学医学院的创始人和第一任院长，任职解剖学教授。他的母亲奥尔西娅（Althea Harmer Bardeen，1873—1920）从事室内设计和装饰业务。家中五个兄弟姐妹里，约翰·巴丁排行第二。

图2　巴丁全家（最右侧为约翰）

巴丁9岁时从小学三年班跳级进入麦迪逊公立中学初中一年班，第二年转学到了威斯康星大学附属中学。不久，他荣获麦迪逊市中学生数学竞赛第一名。巴丁12岁时母亲因癌症去世。失去母爱的小巴丁性格变得忧郁孤独，长期情绪低落，学习成绩全面下降，法语甚至不及格。巴丁浑浑噩噩地过了三年之后，和哥哥同时高中毕业。

1923年，15岁的巴丁进入了威斯康星大学电机工程系，同时还修读数学和物理。在那里，他1928年获物理学士学位，翌年获物理硕士学位。

1928年对巴丁来说，是他后来毕生物理学研究的起点。那一年，许多著名物理学家相继来到威斯康星大学进行学术访问，包括约翰·范·弗莱克（John H. Van Vleck，1899—1980）、彼得·德拜（Peter J. W. Debye，1884—1966）、保罗·狄拉克（Paul A. M. Dirac，1902—1984）、阿诺德·索末菲（Arnold J. W. Sommerfeld，1868—1951）、维尔纳·海森伯（Werner K. Heisenberg，1901—1976），其中不乏诺贝尔物理学奖得主。他们的各种学术前沿报告极大地鼓舞了巴丁，促成他立志向物理学方向发展。

巴丁毕业后留在大学做了一年的天线设计研究。上述几位物理学家的报告令他特别向往欧洲。他于是申请了剑桥大学博士奖学金，可惜没有成功。

1930 年，美国经济开始进入大萧条时期。巴丁在位于匹兹堡的海湾研究实验室找到了一份工作，从事地球物理和海底探油技术的研发。不久后，他就发明了一种利用电磁场来勘探石油的新技术，但该公司保密使用了三十多年后才对外公布。

1933 年，巴丁离开了海湾研究实验室，来到普林斯顿大学。巴丁希望能够跟从刚从欧洲来到普林斯顿高等研究院不久的爱因斯坦攻读博士学位。可是爱因斯坦无意接收研究生，于是他跟随匈牙利裔物理学家尤金·维格纳（Eugene P. Wigner，1902—1995），攻读理论物理。维格纳是一位优秀的物理学家，在诸多领域特别是原子核和基本粒子的理论研究方面有卓越贡献。1963 年，维格纳因在原子核壳层模型方面的杰出成果获诺贝尔物理学奖。在普林斯顿，巴丁得到了维格纳以及后来成为美国国家科学院院士的弗雷德里克·塞茨（Frederick Seitz，1911—2008）的联合指导。

1935 年春，即将毕业的巴丁获得了哈佛大学研究院提供的三年资助前往哈佛大学访学。在哈佛，他采用维格纳–塞茨计算方法，得出了碱金属的内聚能和导电率与体积的关系公式。他的计算结果与后来的诺贝尔物理学奖得主珀西·布里奇曼（Percy W. Bridgman，1882—1961）用高压实验所得结果相符合。在哈佛，巴丁还与麻省理工学院后来的美国国家科学院院士约翰·斯莱特（John C. Slater，1900—1976）及其领导的固体物理研究小组建立合作，开始超导电性能材料的理论和实验研究。

1936 年，还在哈佛访学的巴丁获得了普林斯顿大学数学物理学博士学位。在博士论文中，他推导出金属电子功能函数，用来计算一个电子从晶体内部溢出到晶体表面所需要的能量。

1938 年，巴丁在离开哈佛大学之前和剑桥市一所女子学校的生物学教师简·麦克斯韦（Jane Maxwell，1907—1997）结了婚。两人后来育有两子一女。

【二】

1941 年后，巴丁到了海军军械实验室工作，至 1945 年战争结束。在那里，他先后参加了船体去磁、水下扫雷、水雷设计、鱼雷设计等方面的研究。

灿烂群星：我心中的杰出科学家

图 3　简和巴丁合照（1938）　　图 4　巴丁与简结婚 50 周年纪念照

1945 年，巴丁加入了贝尔实验室（Bell Laboratory）的物理部。1947 年底，巴丁和沃尔特·布拉顿（Walter H. Brattain，1902—1987）合作发明了点接触型晶体管。在此基础上，实验室物理部主任威廉·肖克利（William Shockley，1910—1989）于 1951 年发明了结型晶体管。众所周知，晶体管的出现大大地改变了我们的世界，被誉为 20 世纪最伟大的发明。为此，三人共同分享了 1956 年的诺贝尔物理学奖。顺便提及，布拉顿是在中国厦门出生的，当年他父母在厦门一个小书院当外教。到布拉顿一岁时，他们全家返回了美国。

其实这三位诺贝尔物理学奖得主在获奖前早已因诸多内部矛盾而分道扬镳了。一般人认为主要问题在肖克利，因为他作为物理部主任对另外两位同事时有欺压行为。1951 年，巴丁到了伊利诺伊大学（UIUC）物理学系和电机工程学系任职教授，布拉顿留在贝尔实验室但转到了另一个部门，而肖克利后来去了硅谷创办了一个晶体管实验室。

巴丁在伊利诺伊大学工作直至退休。在那里，他开展了低温超导理论和实验的长期深入研究。超导现象自 1911 年发现之后半个世纪内的研究没有什么进展。巴丁根据超导电同位素效应提出过一种超导电理论，但它很快就被实验证明是错的。于是巴丁意识到自己的场论基础不够。怎么办呢？巴丁明白，一个人不可能什么都懂，但可以找合作者补救。据李政道回忆，1953 年夏天，巴丁因为对李政道几篇极化子的文章很感兴趣，希望李政道能介绍一位年轻的粒子物理和场论方面的专家来和他合作，共同研究超导物理问题。李政道正好知道在哥伦比亚大学的同事有一位天赋极高的研究生利昂·库珀（Leon N. Cooper，1930—2024）毕业后正在普林斯顿高等研究院做博士后研究，便把他推荐给巴丁。但库珀十分犹豫，说自己不懂超导物理。不过巴丁说，你懂场论就已经足够了。

图 5　肖克利（前）、巴丁（中）和布拉顿（右）在贝尔实验室

1957 年初，有一个国际凝聚态物理和统计力学大会在新泽西州的史蒂文斯（Stevens）学院召开。巴丁派了他的博士生约翰·施里弗（John R. Schrieffer，1931—2019）去参加会议。在那里，施里弗听了李政道的讲演，大受启发，在会后回家的火车上想明白了一些关键的技术问题。他一到学校，马上就找巴丁和库珀报告了他的新想法。一周之后，师徒三人便正式公布了他们的合作研究成果，成功地解释了低温条件下金属超导电的现象。这就是后来以他们三人命名的"BCS 理论"。因此，师徒三人共同分享了 1972 年的诺贝尔物理学奖。巴丁成为了迄今为止唯一的一位两度获得诺贝尔物理学奖的科学家。

1978 年，巴丁离开了伊利诺伊大学电机工程和物理学的教学工作，退为荣休教授。

接下来的 20 世纪 80 年代，巴丁主要对电荷密度波的新量子力学理论感兴趣。他认为，电荷密度波可以解释为与超导性相同的宏观量子现象。巴丁人生最后十年致力于这项研究。

1991 年 1 月 30 日，巴丁因心脏衰竭在波士顿一家医院里辞世，享年 83 岁。

灿烂群星：我心中的杰出科学家

他被安葬在家乡威斯康星州麦迪逊市郊的 Forest Hill 公墓。1997 年，巴丁的夫人简去世后和他合葬在一起。

图 6　施里弗（左）、巴丁（中）和库珀（右）在 UIUC

图 7　巴丁夫妇墓碑

【三】

巴丁一生的主要荣誉和奖项包括：

1952 年，获富兰克林研究所颁发的 Stuart Ballantine 奖。

1954 年，获选为美国国家科学院院士。

1959 年，获选为美国艺术与科学院院士。

1959—1962 年，任美国总统科学顾问委员会委员。

1962 年，获国际纯粹与应用物理联合会颁发的低温物理弗里兹·伦敦纪念奖（Fritz London Memorial Prize）。

1963—1972 年成为国际纯粹与应用物理联合会成员，并于 1969—1972 年出任主席。

1965 年，获美国国家科学奖章。

1968—1969 年，出任美国物理学会主席。

1971 年，获 IEEE 荣誉勋章（Medal of Honor）。

1972 年，获选为美国国家工程院院士。

1973 年，获选为英国皇家学会外籍院士。

1975 年，获富兰克林研究所颁发 Franklin 奖。

1977 年，获美国总统卡特颁发总统自由勋章（Presidential Medal of Freedom）。

1981—1982 年，任白宫科学委员会委员。

1987 年，获美国成就科学院（American Academy of Achievement）颁发金质奖牌。

1988 年，获苏联科学院颁发罗蒙诺索夫金质奖章。

1990 年，获美国总统老布什颁发 Third Century Award，并被评选为 20 世纪最有影响的 100 个美国人之一。

【四】

巴丁虽然是个理论物理专业的学者，但他一生都关注实际应用。他担任过不少工业、企业和政府机构的咨询顾问，与工业界和政府部门保持长期的接触和联系。

巴丁与施乐（Xerox）复印机公司有长期密切的合作。从 1949 年开始，巴丁就在那里开始感光材料优化的研究。1952 年起他担任该公司技术顾问，1961 年进入公司董事会，1970 年加入其技术指导委员会。在许多年里，巴丁一直是施乐公司的重要成员。

从 1954 年开始，巴丁还在相当长的一段时期内担任通用电气（General Electronic）公司的技术顾问。此外，巴丁还在新组建的科技企业和公司，特别是他学生创办的小公司里担任顾问，支持他们的创业并提供技术指导。其中一个特别成功的例子是 1975 年组建、后来发展得非常成功的 Supertex 公司，起步时巴丁便担任公司董事会成员，在那里合作许多年，指导高压集成电路的研发。

巴丁还与日本索尼（Sony）公司有长期的联络和合作。1953 年，巴丁认识了索尼公司的第一任实验室主任鸠山一郎和后来的继承者菊池武夫。1968 年伊利诺伊大学庆祝巴丁 60 周岁生日之时，鸠山一郎专程从日本飞去参加庆典。1989 年，菊池武夫专程到访伊利诺伊大学，代表公司捐款设立了"索尼–巴丁讲座教授"冠名席位，以表彰巴丁对电子工业的贡献。

【五】

两届诺贝尔物理学奖得主巴丁并不是那种锋芒毕露甚至"盛势凌人"的学术霸王。恰恰相反，他既没有骄横的气势也没有怪异的个性。他的朋友和学生都说他是个表里如一的普通人。事实上，巴丁一向以"为人低调"出名。他的学生们引进了一个"巴丁数"（Bardeen number），即一个人的成就除以他自我吹嘘的程度，作为一个人的谦虚指标。学生们认为，巴丁的这个数远远大于 1，而很多学者的这个数都小于 1。一个故事说，当人们祝贺巴丁荣膺两次诺贝尔奖时，他总是笑着解释：两次诺贝尔奖都是三个人分享的，所以我实际上只获得了三分之二个奖。

回顾巴丁的一生，他在学校、工业界和军队实验室都有长期的工作经验，又经历了美国经济大萧条和第二次世界大战。巴丁丰富而曲折的阅历加上聪明又用功的品格，造就了他这样一个科学奇才。

因为是名人，尤其是大名人，坊间自有不少传说。这里只说两件比较靠谱的轶事。

1957 年 3 月，巴丁和他的博士后库珀及博士生施里弗计划到费城参加美国物理学会主办的一个国际学术会议，去报告他们师徒三人建立的关于金属超导物理的"BCS 理论"。但是，巴丁临时决定不参加会议了，让两位学生去做报告。巴丁是想让后辈们在学术界获得同行的公认。多年之后，巴丁以诺贝尔奖得主的资格提名库珀和施里弗两人为诺贝尔奖候选人。他的本意是让学生们也能获得和自己同等的奖励。出乎意料的是，诺贝尔奖评选委员会让他们师徒三人一起登上了 1972 年诺贝尔物理学奖的领奖台。

巴丁随即把刚获得的诺贝尔物理学奖奖金全部捐献给了由国际纯粹与应用物

理联合会负责颁发的弗里兹·伦敦纪念奖基金，以纪念这位曾经对超导研究做出过杰出贡献的物理学家并奖励优秀的后来人。

1991年起，伊利诺伊大学（UIUC）物理学系设立了"约翰·巴丁奖"（John Bardeen Prize），每年由超导材料与机理国际会议负责颁发，奖励"为超导原理提供重要理论并导致可验证的预测"的杰出科学家。

图8 "约翰·巴丁奖"的奖牌

【六】

巴丁先后两次来访中国。1975年9月4日，巴丁随美国固体物理学家十二人的代表团第一次到访北京。代表团中除了巴丁，还有两位诺贝尔物理学奖得主，就是他的前博士生施里弗和发现超导体隧道效应的1973年诺贝尔物理学奖得主伊瓦尔·贾埃弗（Ivar Giaever, 1929—）。代表团在北京参观了中国科学院物理所、半导体所、生物物理所，北京大学、清华大学，以及半导体设备厂。之后，代表团到过西安、南京、无锡和上海，参观访问了西安交大、南京大学、无锡农村和工厂、复旦大学、上海机械厂等地方。该行程于9月15日结束。

巴丁第二次访问中国，是应教育部和北京大学校长周培源的邀请前来讲学。1980年4月30日，巴丁偕同妻子到达北京。副总理方毅在人民大会堂会见了巴丁夫妇。巴丁的学术交流活动主要在北京大学进行。5月中，他夫妇俩又到了西安、南京和上海参观访问。巴丁先后作了十二场有关超导物理发展与近况的学术报告和公众演讲，广受欢迎。讲学期间，巴丁再次访问了中国科学院物理所。在那里，他回答一个中国朋友的提问时半开玩笑地说："你要想得到诺贝尔奖的话，应该具备三个条件：第一，努力；第二，机遇；第三，合作精神。"

灿烂群星：我心中的杰出科学家

图 9　纪念巴丁的明信片

（本文首发表于 2022 年 6 月 11 日）

19 吉布斯，他在艰难的攀登中自得其乐

1997年，杨振宁为《二十一世纪》杂志写了一篇题为《美与物理学》的专论，开篇就说：

十九世纪物理学的三项最高成就是热力学、电磁学与统计力学。

其中统计力学奠基于麦克斯韦（J. Maxwell，1831—1879）、玻尔兹曼（L. Boltzmann，1844—1905）与吉布斯（W. Gibbs，1839—1903）的工作。

大家可能比较熟识麦克斯韦和玻尔兹曼。那么吉布斯是谁呢？——他也是个物理学家，爱因斯坦称之为"美国历史上最杰出的英才"。

图 1　吉布斯

吉布斯的全名是约西亚·威拉德·吉布斯（Josiah Willard Gibbs），1839年2月11日出生于美国康涅狄格（Connecticut）州纽黑文（New Haven）市，即1701年建校的耶鲁大学所在地。吉布斯在家排行第四，有三个姐姐和一个妹妹。父亲是个语言学家，在耶鲁大学神学院当教授，祖父出任过哈佛大学代理校长。母亲

灿烂群星：我心中的杰出科学家

出身书香门第，其父是普林斯顿大学化学教授，祖父是数学和自然哲学教授，曾祖父为新泽西学院（普林斯顿大学前身）首任校长。

吉布斯童年体弱多病，因而经常缺课。幸有母亲悉心家教，让他 15 岁时进入了耶鲁大学就读。在大学里，他因拉丁语和数学成绩特别优异多次获奖。1863年，他完成了学位论文《论直齿轮轮齿的样式》，成为美国第一个工程学博士，也是美国本土第五位博士。毕业后他留校当助教，前两年讲授拉丁语，第三年讲授物理。其间，他由数学和天文学家休伯特·牛顿（Hubert A. Newton）辅导。导师是流星体研究的权威，对这位学生后来的学术发展有极大影响，而且师生成为毕生挚友。1866 年，吉布斯在康涅狄格学院（Connecticut Academy）学会上作了一次题为《长度单位的确切量度》的演讲，提出一个机械领域中计量单位系统合理化方案。同年，他申请了一项火车制动技术的专利，让火车从此不需专配制动人员。1866—1869 年间，吉布斯辞职游学，在巴黎、柏林、海德堡各住了一年。那是他一生中唯一离开家乡的日子。三年访学期间，他接触了不少著名学者。在巴黎，他听了数学家约瑟夫·刘维尔（Joseph Liouville）在索邦学院以及米歇尔·沙勒（Michel Chasles）在法兰西公学院做的学术讲座。在柏林，他听了数学家卡尔·魏尔斯特拉斯（Karl Weierstrass）和利奥波德·克罗内克（Leopold Kronecker）以及化学家海因里希·马格努斯（Heinrich G. Magnus）的讲课。在海德堡大学，他见习了物理学家古斯塔夫·基尔霍夫（Gustav Kirchhoff）和赫尔曼·冯·亥姆霍兹（Hermann von Helmholtz）的科研工作。这次访学启动了他后来一发而不可收的科学研究。

当吉布斯 1869 年重回耶鲁时，大学已无职缺，让他去给工科学生讲授法语。教学之余，他尝试设计一种新型的蒸汽机调速器，那是他在机械工程领域最后的一项技术研究。到 1871 年，他勉强获得了一个数学物理教职。但是，因为没有论文，他很快就被学校辞退。此后近十年时间里，他没有工资收入，靠父母留下的积蓄维持生活，一直住在妹妹家的小房子里。然而，正是在这无职无薪、穷困潦倒的十年里，毫无负担羁绊的吉布斯开辟了自己后来的辉煌历史。

1873 年，34 岁的吉布斯开始发表学术论文。他在小杂志《康涅狄格学院学报》（*Transactions of the Connecticut Academy*）上刊登了两篇文章，论述了如何利用几何方法表示热力学的量。出师无名的他，这项研究得到了麦克斯韦的高度评价。麦克斯韦在 1875 年修订的《热学》一书中用了整整一章的篇幅来介绍吉布斯的工作。他在伦敦化学学会做的一次演讲中，描述了吉布斯几何方法的用

19/吉布斯，他在艰难的攀登中自得其乐

途，后来在为《大英百科全书》撰写的有关图解法的章节中还提及吉布斯的这项工作。然而，麦克斯韦 1879 年英年早逝，他与吉布斯之间可能的合作戛然而止。随后一个笑谈传遍了耶鲁："只有一个活着的人能够理解吉布斯的论文，那就是麦克斯韦，可是他已经去世。"不过，麦克斯韦生前亲手做了两个表达吉布斯几何方法的石膏模型，并将其中一个寄给了吉布斯。这个模型如今仍然陈列在耶鲁大学的物理系内。

图 2　麦克斯韦亲手做的吉布斯几何模型

吉布斯随即把他的热力学分析方法拓展到复相系统，并考虑到多种实际应用。他在题为《关于多相物质平衡》的两册专著中总结了这一工作。该书由康涅狄格学院（Connecticut Academy）先后于 1875 年和 1878 年出版，标志着化学平衡理论的诞生。书中，吉布斯以热力学奠基人鲁道夫·克劳修斯（Rudolf Clausius）关于热力学第一和第二定律的名言开篇："整个世界的能量是守恒的。整个世界的熵趋向于一个最大值。"这部著作被后人称为"热力学的《自然哲学的数学原理》"。可是，当时整个美国科学界并不重视基础理论研究，吉布斯的研究成果在自己的国家里没有引起回响。幸而这部专著受到了欧洲学界的欢迎，被翻译成德文和法文出版，成为现代"物理化学"学科的基石。

1880 年，新建的约翰·霍普金斯大学以三千美元年薪的待遇邀请吉布斯前往工作。作为回应，耶鲁大学决定给他年薪两千美元，问他是否愿意留下来？没想到吉布斯默然接受，留在了耶鲁。吉布斯关注的不是工资，因为他已经贫苦惯了。他的兴趣在令他着迷的科学研究上，而耶鲁可以给他提供更好的学术交流条件和工作环境。

在 1880—1884 年间，为了适应物理学家计算和分析的需求，吉布斯将赫尔

灿烂群星：我心中的杰出科学家

曼·格拉斯曼（Hermann Grassmann）的外代数发展为向量微积分。他分别定义了两个向量的数量积和向量积，还引入了并矢张量的概念。这时，英国的数学家和工程师奥利弗·赫维赛德（Oliver Heaviside）也在独立进行类似的研究。吉布斯一直尝试去让物理学家们认识到向量分析相对于由数学家威廉·哈密顿（William R. Hamilton）引入的四元数分析更为优越。这引起了他和物理学家彼得·泰特（Peter G. Tait）等在《自然》杂志上的一场关于数学标记方法及其物理本质问题的大论战。吉布斯有关向量分析的讲义《向量分析要素》起初并没有公开发行，仅在 1881 年和 1884 年授课时为学生作了少量的印刷。但这份讲义被后人认为是现代向量分析的开端。此外，在数学领域，他还发现了一个今天广为人知的傅里叶级数的"吉布斯现象"。

在这段时期，吉布斯也曾在物理光学领域付出过一番心血。但当他发觉该领域的深入研究必须了解物质的微观结构时，他毅然转向了热力学。后来，当他意识到麦克斯韦提出的电磁学理论有极大的发展空间而且无须涉及物质的微观结构时，他又重新回到了物理光学。在 1882—1889 年间，他写了五篇有关物理光学的论文，运用麦克斯韦的电磁学理论研究了双折射、色散及其他一些光学现象，并批驳了当时有关光的机械波理论。

吉布斯首创了"统计力学"这一术语，并引入了用以描述物理系统的一些关键概念及它们相应的数学表述，特别是 1873 年引入的吉布斯能、1876 年引入的化学势、1902 年引入的系综（ensemble）。诺贝尔物理学奖得主朗道（Lev D. Landau）评论吉布斯时，说他"对统计力学给出了适用于任何宏观物体的最彻底、最完整的形式"。吉布斯还运用支配体系性质的统计原理阐明了他独辟蹊径导出的热力学方程，并通过多粒子系统的统计性质对热力学的唯象理论给出了完美的解释。1902 年，他把这项工作写入了对后世极具影响的教科书《统计力学的基本原理》。

除了向量分析和统计力学，不少以吉布斯命名的专业术语从不同角度折射出他的学术成就和科学贡献：吉布斯熵、吉布斯能、吉布斯相律、吉布斯悖论、吉布斯现象、吉布斯–亥姆霍兹方程、吉布斯–杜安方程、吉布斯取样法、吉布斯测度、吉布斯态、吉布斯–汤姆孙效应、吉布斯等温面、吉布斯–唐南效应、吉布斯–马伦哥尼效应、吉布斯引理、吉布斯不等式，等等。

学术界对这位成果累累的科学家给予了充分公允的肯定和名副其实的奖励。

1879 年，吉布斯被选为美国国家科学院院士。1880 年，他因化学热力学的卓越工作获得由美国文理科学院颁发的拉姆福德（Rumford）奖，并获普林斯顿大

19 / 吉布斯，他在艰难的攀登中自得其乐

学和威廉斯学院（Williams College）颁授荣誉博士学位。1892 年，他被选为伦敦数学学会荣誉会士。1897 年，他获选为英国皇家学会外籍院士、普鲁士科学院院士和法国科学院院士，并获得埃尔朗根–纽伦堡（Erlangen-Nuremberg）大学以及奥斯陆（Oslo）大学的荣誉博士学位。1901 年，英国皇家学会又给他颁发了当时被认为是自然科学界最崇高荣誉的科普利（Copley）奖章。之前，例如 1838 年的 Copley 奖章由高斯和法拉第分享。

1903 年 4 月 28 日，吉布斯因急性肠梗在纽黑文（New Haven）去世，享年 64 岁，遗体被安葬在树林街（Grove Street）公墓。

图 3　《统计力学的基本原理》，中国科学技术大学出版社（2016）

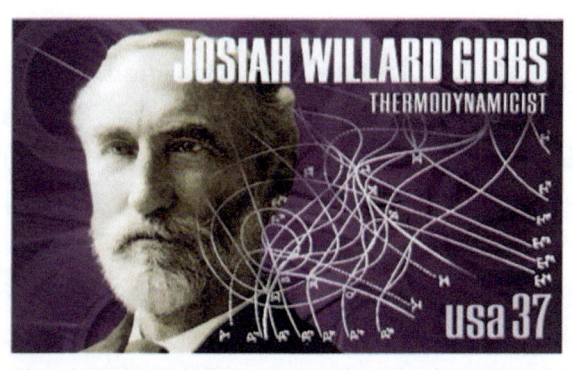

图 4　美国邮政总署在 2005 年发行的吉布斯纪念邮票

灿烂群星：我心中的杰出科学家

1910 年，美国化学学会设立了吉布斯奖，表彰对理论和应用化学做出杰出贡献的学者。1923 年，美国数学学会设立了吉布斯讲座，"以向公众展示某些数学思想及其应用"。1945 年，耶鲁大学设立了吉布斯理论化学教授席位，Rutgers 大学也设立了吉布斯热力学教授席位。吉布斯于 1950 年被选入美国伟人名人堂。海洋考察船"吉布斯号"在 1958—1971 年间为美国海军服役。1964 年，月球一个陨石坑被命名为吉布斯石坑。

也许更有价值和更有意思的，是来自他的学生们的评价。

吉布斯一生笃信基督教。他终生未娶，乐于独处。他近乎孤僻的性格以及对工作过度沉迷的作风常常令学生们敬而莫近。他的得意门生埃德温·威尔逊（Edwin Bidwell Wilson）回忆说："除了在课堂上，我们很少能看到吉布斯。在下午的工作完成后，他会从位于旧 Sloane 实验室的办公室到他家的大街上散步，作为工作与晚餐之间的活动。在那段时间里，我们才会偶尔遇到他。"威尔逊还说："吉布斯不会花心思宣传自己，也不会刻意地去传播科学。他不是那种把科研作为时尚而前来殿堂的学者……吉布斯并不是一个背离社会习俗的人，但也不会刻意地去引人注意。他是个慈祥庄重的绅士。"

吉布斯的另一个学生林德·惠勒（Lynde Wheeler）描述过晚年的吉布斯："他的衣着总是整洁得体。在街上，他常会戴一顶毡帽，但从来不会展现出那种有时被认为是天才们与生俱来的怪异举止……他为人诚恳而又不会过分热情，显示出他天性中的那份质朴与真诚。"

吉布斯还有一位非常出色的学生，就是无线电技术的先驱者李·德富雷斯特（Lee De Forest）。这位成功的学生被誉为"无线电之父"、"电视始祖"和"电子管之父"（真空三极管的发明者）。德富雷斯特坦言，他寻求电磁波和电磁振荡理论突破的思想来自于导师。

吉布斯的学生亨利·巴姆斯特德（Henry Bumstead）在《美国科学杂志》刊登讣告时评说："他举止不事张扬，性情和蔼，与人为善，从不急躁恼怒，毫无个人野心和权力欲望。他一直朝着成为一名无私的基督教徒绅士的理想而努力。在了解他的人们的心目中，他美好而又尊贵的人格绝不逊色于他科学事业上的伟大成就。"

尽管吉布斯自己的学生不多，却有不少其他领域的著名学者与他有过师生之谊。1891 年，吉布斯审评了后来成为美国第一位数理经济学家的欧文·费雪（Irving Fisher）的博士论文。吉布斯去世后，心存感激的费雪资助了其全部著作的出版。

19/吉布斯，他在艰难的攀登中自得其乐

在学生们的怀念和回忆中，他们特别喜欢导师经常课余带他们去爬山。吉布斯认为登山者与物理学家有许多很相似的特质：他们都耐得住孤单的旅程，总是向最高峰挑战，仔细地规划行进路径，并在艰难的攀登中自得其乐。

图 5 吉布斯青铜纪念像（耶鲁大学吉布斯实验室入口处）

（本文首发表于 2020 年 2 月 17 日）

20 科学巨匠亥姆霍兹

德国物理学家赫尔曼·冯·亥姆霍兹（Hermann von Helmholtz，1821年8月31日—1894年9月8日）是19世纪科学界灿烂群星中特别光彩夺目的一颗。

亥姆霍兹知识渊博，一生中涉猎过许多不同领域并作出了重要贡献，其中包括医学、生理学、化学、数学、哲学，特别是物理学。事实上，他还被誉为"最后一位博学家"（"The last polymath"，Nature，13 Sept.，2018）。

在物理学领域里，大家耳熟能详的有亥姆霍兹电磁场定理、亥姆霍兹波动方程、亥姆霍兹涡量方程、吉布斯–亥姆霍兹方程、亥姆霍兹–克希霍夫方程、亥姆霍兹函数、亥姆霍兹自由能、亥霍姆兹线圈、亥姆霍兹共鸣器、亥姆霍兹双电层、杨–亥姆霍兹三色学说、亥姆霍兹–克特勒公式、亥姆霍兹分解。以亥姆霍兹为主要创始人和领导者的柏林热物理学派对量子力学的诞生功不可没。他自己无缘诺贝尔奖，但门下的学生却出了好几位得主，包括发明彩色照相术的李普曼（Gabriel Lippmann）、以测量光速而著名的迈克耳孙（Albert Michelson）、将电磁波带给世界的赫兹（Heinrich Hertz）、建立能量量子化理论的普朗克（Max Planck）以及发现热辐射和位移定律的维恩（Wilhelm Wien）。他在物理学界的知名学生还有罗兰（Henry Rowland）、戈尔德施泰因（Eugen Goldstein）、凯泽尔（Heinrich Kayser）。

1821年，亥姆霍兹出生于德国波茨坦（Potsdam）。他父亲是中学教师，母亲是军人的女儿。在家里亥姆霍兹是老大，另有两个妹妹和一个弟弟。他从小体弱多病，因而常常在屋里接受家庭教育。在小学和初中读书时，亥姆霍兹的记忆力表现甚差，文史课程的内容听后即忘，但是他对数学和物理特别是光学尤有兴趣。他的智力是在中学后期才发展起来的。到1838年中学毕业时，他的各科成绩都很优秀。

亥姆霍兹随后进入Friedrich-Wilhelms医学院学习。他得到了政府资助，条件是毕业后要为军队医院服务八年。在医学院专业学习之余，他喜好音乐，常常参加演奏莫扎特和贝多芬等人的名曲。他思考哲学，研究休谟、康德、歌德、拜伦等人的著作。他也爱好文学，阅读了很多希腊文学作品。数学方面，他自学了欧拉（Euler）、丹尼尔·伯努利（Daniel Bernoulli）、达朗贝尔（d'Alembert）、拉格朗日（Lagrange）等名家的数学力学著作。

图1　亥姆霍兹

1842年11月，亥姆霍兹以题为《无脊椎动物神经系统的结构》的论文获得了博士学位。他论文中关于神经细胞的中枢特性的分析以及神经纤维发源于神经节细胞的发现，成为后来生理学、病理学和神经组织学的理论基础，是对微观解剖学的重要贡献。读书期间，导师缪勒（Johannes Müller）的科学哲学观念对亥姆霍兹后来摆脱关于科学的形而上学观点而注重于科学的经验主义有很大的影响。

1843年亥姆霍兹从医学院毕业后，遵约在波茨坦部队服役，担任助理军医。同年，他发表了题为《论发酵和腐烂的本质》的论文，报告了他在缪勒实验室取得的详尽实验结果，批判了时下流行的生物"活力"论，对发酵和腐烂给予了科学解释。1845年，他又发表论文用实验结果驳斥了流行的"热质"说。

亥姆霍兹在这几年间做了非常重要的能量守恒理论研究工作，同时进行了大量科学实验，证实了他的一些基本思想并通过公式化形成严谨的理论。能量守恒的第一篇科学论文是由冯·迈耶（Julius von Mayer）在1842年发表的，当时并没有引起任何注意。次年，焦耳在一个学术会议上报告并展示了位能与热能的转

灿烂群星：我心中的杰出科学家

换实验，可惜也没有听到任何反响。1847 年 7 月 23 日，亥姆霍兹在柏林物理学会上作了题为《论力之守恒》的演讲，对能量守恒定律的普适性做了第一次最充分明确的阐述。会议之后，亥姆霍兹把论文寄给了当时以流体动力学中的"马格努斯效应"出名的实验科学家马格努斯（Heinrich Magnus），希望能在德国的《物理年鉴》上发表。但马格努斯认为该论文过多地使用数学方法把理论与实验物理结合起来，不算上乘之作。于是，作为编委的他在写给主编波根多夫（Johann Poggendorff）的介绍信上并没有表示特别的推荐。波根多夫也认为，尽管论文结论看来重要，但实验结果不够充分，决定拒稿，建议作者可以考虑将论文以单行本印刷方式出版。年轻人亥姆霍兹当时很泄气。后来，在他的师兄、生理学家杜布瓦–雷蒙（Emil du Bois-Reymond）的支持和鼓励下，亥姆霍兹的第一本小册子《论力之守恒》在当年正式出版。他的理论在科学界引起了回响，让能量守恒原理得到了公认。今天，该书已经成为经典，其中文译本名为《能之不灭》，由商务（万有文库本）印刷，书后还附有作者 1881 年写的补遗。

他在论文和著作中解释了当年大家热衷的"永动机"并不可能实现。他写道："鉴于前人所有试验的失败，人们不会再询问'我如何能够利用各种自然力之间已知和未知的关系来创造一种永恒的运动'，而将会试问'既然永恒的运动是不可能的，在各种自然力之间应该存在着什么样的联系？'"

那次成功的演讲和书的正式出版让 26 岁的亥姆霍兹声名鹊起。他也因此得以提前退役，于 1849 年初到了哥尼斯堡（Königsberg）大学任职生理学副教授。同年 8 月，他与一位物理学家的女儿奥尔加（Olga von Velten）结了婚。

在哥尼斯堡大学任教期间，亥姆霍兹测量了神经刺激的传播速度，成为第一位把物理方法运用到神经传导速度测量的人。1851 年，他发明了今天还在使用的检眼镜，并解释了其中的光学和数学原理。其间，他还发表了生理力学和生理光学方面的重要研究成果。

1855 年，他转到波恩（Bonn）大学任解剖学和生理学教授。在那里，他出版了《生理学手册》第一卷，并开始了流体力学中涡流的研究。

1857 年，他又转到了海德堡（Heidelberg）大学，任生理学教授。他利用后来称为亥姆霍兹共鸣器的仪器分离并加强声音的谐波。1863 年，他出版了影响深远的巨著《音调的生理基础》。

1871 年，他到了柏林大学任职物理学教授。从此，他的研究方向完全转向了物理学。

图 2　亥姆霍兹纪念邮票

亥姆霍兹在物理学的多个方面成果累累。

在电磁学研究方面，亥姆霍兹用实验测量出电磁感应的传播速度为 314000km/s。他由法拉第电解定律推导出电是粒子的结论。1847 年，他发现了莱顿瓶的放电特性，并指出楞茨定律是电磁现象符合能量守恒与转换定律的极好例子。1849 年 3 月，他在柏林物理学会上作了《正切电流计构造原理》的报告。之后，他在神经脉冲传速实验中研究了感生电流的本质及其持续时间。1853 年，他在《论电流在物质导体中的分布定律及其在生物电实验中的应用》一文中综述了自己在数学物理和心理学交叉领域的研究成果。他的师兄杜布瓦-雷蒙认为这篇论文科学思想之丰富前所未见。1870 年，他又发表了题为《电动力学理论》的论文，开始了电动力学的研究。当年创建电磁理论的主要竞争者是韦伯（Wilhelm Weber）、诺伊曼（Franz Ernst Neumann）和麦克斯韦（James Clerk Maxwell）。亥姆霍兹通过实验检验了这些电磁理论，结论倾向于麦克斯韦。他还得出了自己的一个基本波动方程，即亥姆霍兹方程。1870 年，在诺伊曼理论的基础上，亥姆霍兹得到了两个电流元相互作用势的一般表达式。在不同情况下，这个势分别与韦伯理论、亥姆霍兹-诺伊曼理论和麦克斯韦理论相符合。电磁波的存在最终由赫兹通过实验得到了证实。这一切为麦克斯韦的电磁理论在欧洲以至世界的传播铺筑了平坦的道路。1893 年，亥姆霍兹在芝加哥召开的第四届国际电气工程师大会上主持制定了欧姆、安培和伏特这三个基本电磁学单位。

在热力学和流体动力学研究方面，亥姆霍兹在 1857 年发表了论文《论描述涡旋运动的流体动力学方程之积分》，为后来研究流体无旋运动和有旋运动而建立的亥姆霍兹第一、第二和第三定理奠定了理论基础。1858 年，他从理论上研究了流体间断面问题，讨论了无重力影响下板缝喷射流的形状。他随后进行了一系列

灿烂群星：我心中的杰出科学家

关于流体内摩擦的理论和实验研究，得出的公式与电磁学中描述两电流元相互作用的 Biot-Savart 定律完全一致。他在 1882 年发表的论文《化学过程的热力学》中，把化学反应里的束缚能和自由能区别开来，指出前者只能转化为热，而后者却可转化为其他形式，从而有了亥姆霍兹自由能的概念。他从 Clausius-Clapeyron 方程出发，导出了后来著名的吉布斯–亥姆霍兹方程。他还研究过大海涡流和海浪形成的机理，也发表过冰物理和大气物理方面的科学论文。

作为能量守恒与转化定律的延伸，亥姆霍兹对力学中关于最小作用量原理的研究尤为深入。他在 1886 年发表了题为《论最小作用量原理的物理意义》的论文，1887 年发表了《最小作用量原理发展史》的论文，1892 年发表了《电动力学中的最小作用量原理》的论文，先后论证了韦伯、诺伊曼、麦克斯韦等人提出的带电体间的相互作用的假设在计算形式上都与最小作用量原理相对应。亥姆霍兹在余生中为探寻以最小作用量作为统一原理的研究作了不懈的努力。虽然他的结局与爱因斯坦的统一场论别无二致，他们的思想都深刻地影响了现代物理学的发展。

在生理光学方面，感觉实验心理学是亥姆霍兹作出了重大贡献的一个领域。他的实验结果表明：心理过程可以通过实验来研究，作为心灵代表的神经系统可以成为实验控制的对象。亥姆霍兹在 1856—1866 年编辑出版了《生理光学手册》，把当时的物理学、生理学以及哲学的研究成果和一般原理汇集一体，加上自己的发现和阐释，对视知觉作了系统的论述。该手册至今仍是生理光学和心理生理学的重要参考书。在大量生理光学实验的基础上，亥姆霍兹进一步发展了托马斯·杨（Thomas Young）于 1807 年提出的色视觉见解，认为红、绿、蓝这三种基本色可以通过各种比例互相混合从而生成各种不同的色。这些研究成果后来成为著名的杨–亥姆霍兹三色理论。

在生理声学方面，他在编写《生理光学手册》的同时，也开始了生理声学的研究，其成果汇集于 1863 年出版的《声学》一书中。该书至今仍是听觉实验心理学的经典。他还以实验确定了人耳可以听到的最高音和最低音以及介乎两者之间的可辨音调级数。他最重要的实验成果之一是关于构成音色的特殊差异因素的发现，即每种乐器发出的不仅是一定的基音，而且还有比基音频率更高的泛音，基音与泛音之间的拍子及泛音与泛音之间的拍子都会影响混音的和谐程度。这一发现使他成为给出谐音以物理解释的第一人。他还用后来以他命名的共鸣器证实，可以通过变换泛音强度的办法人为地产生各种乐器的声音。他还被认为是提琴声学研究的创始人之一。他的《论音调的感觉》一书以及关于音调实验的设备对后来贝尔（Alexander Bell）发明电话起过启迪作用。

在数学方面，他研究了黎曼几何、黎曼度量和数学物理中的退化波动方程等问题。他提出的有关黎曼度量的理论和偏微分方程在许多科学领域中都有重要的应用。1859年，亥姆霍兹在提交给德国最具权威的巴伐利亚（Bavaria）科学院的论文《空气在开孔管中的运动理论》中，首次给出了波动方程（即亥姆霍兹方程）的一般解。此后，数学物理学家基尔霍夫（Gustav Kirchhoff）在亥姆霍兹解的基础上，得出了波动方程初值问题的解，由此阐明了声学的惠更斯（Huygens）原理。这一研究和他关于流体的涡旋运动的研究代表了亥姆霍兹最出色的数学成就。他常常以自己能解决"这些令欧拉以来的大数学家们感到困惑的数学问题"而感到自豪。

亥姆霍兹关于几何学的研究由生理光学中的空间直观形式驱动，让他对人们关于空间普通直觉的起源及原理进行了探讨。他认为欧氏几何的公理系统并不是先验的，而是经验的产物。1868年起，他先后发表了多篇论文，力证数学的经验性。其论文《论几何的一些事实基础》最为著名，令当时的科学界和数学界叹为观止。这篇论文和黎曼（Bernhard Riemann）1854年发表的论文《论作为几何学基础的假设》一起，被称为19世纪下半叶数学哲学概念发展中的划时代作品。特别是，亥姆霍兹在他这篇论文中引出了半个世纪之后由女数学家埃米·诺特（Emmy Noether）证明的一条著名定理，确立了物理守恒定律和动力学定律之间的对称性，其结果对现代物理学有着极为重要的意义。他长期潜心数学研究，曾独立地得到黎曼几何学中的一些结论。数学家克罗内克（Leopold Kronecker）在给亥姆霍兹的一封信中写道："您合情合理的实际经验以及对有趣问题所形成的结论将给予数学以新的方向和激励。……而那些片面和自我的数学思维只会把人们引向荒芜之地。"

亥姆霍兹非凡的科学才能和巨大的学术贡献让他矗立在近代科学家的殿堂里，熠熠生辉。

由于工作在医学、生理学和物理学的交叉领域和深受导师缪勒的影响，特别是他对德国古典哲学的毕生关注，亥姆霍兹的哲学思想非常丰富。但这位哲人在生活里，又是一个谦虚诚实、正直善良的凡人。他的学生普朗克说过："我知道亥姆霍兹也是一个普通人。我敬佩他的为人并不亚于敬佩他是一位科学家。由于他具有诚实的信念和谦虚的人品，他成了科学高尚和正直的化身。他的这些品格深

灿烂群星：我心中的杰出科学家

深地感动着我。每当我们谈话时，他总是用平静、锐利、打动人心和慈祥的目光看着我。我可以完全信赖他。事实告诉我，他是一位公正而又宽容的裁判。他的一句称许，更不用说是赞扬，都会使我像赢得了世界赛胜利那样的快乐。"

图 3　亥姆霍兹塑像（柏林洪堡大学主楼前）

亥姆霍兹以其杰出才能和高贵品格获得学生、同事和朋友的爱戴，成为大众的良师益友，也赢得政府的尊敬和重用。他在 1862 年被任命为海德堡大学副校长，1877 年被任命为柏林大学校长，1887 被任命为国家科学技术局主席，1888 年被委任为帝国物理技术研究所的第一任所长。荣誉方面，他在 1860 年被遴选为英国伦敦皇家学会院士，并荣获该学会 1873 年度科普利（Copley）奖章。此外，他在 1870 年被选为普鲁士科学学会会士。

说起来没有一个人可以全无挫折地度过一生，亥姆霍兹也一样。1859 年，38 岁的亥姆霍兹受到了双重打击：父亲辞世，爱妻病亡。两年后，他再婚作家安娜（Anna von Mohl，1834—1899）。1893 年 8 月，他主持了在芝加哥举行的第四届国际电气工程师大会。在返回欧洲的船上，他不小心从甲板上跌倒，头部受了重伤。接下来他一直受着伤痛的折磨，到次年 9 月 8 日终因脑出血在夏洛滕堡（Charlottenburg）逝世，享年 73 岁。

12 月 14 日，亥姆霍兹追悼大会在柏林隆重举行。德意志国王与王后、亥姆霍兹家人及各界名人参加了葬礼。随后，国王拨款一万马克并亲自选定在柏林洪堡大学主楼前侧建造了亥姆霍兹纪念馆。1899 年 6 月 6 日纪念馆揭幕那天，王后、王储及王子，以及亥姆霍兹家人和柏林科学艺术界名流一起参加了揭幕仪式。

并非所有的名人都有逸事留给后人闲聊。如果说我还有关于亥姆霍兹后来的故事，那就是 2019 年 9 月 23—26 日我在德国柏林洪堡大学参加了第 16 届国际复杂系统与网络学术会议（International Workshop on Complex Systems and Networks），会后和矗立在柏林洪堡大学主楼前的亥姆霍兹塑像拍了一幅合照，心满意足地当了一回科学家追星族。

图 4　柏林洪堡大学（2019 年 9 月 27 日）

附录：德国亥姆霍兹国家研究中心联合会简介

德国亥姆霍兹国家研究中心联合会（Helmholtz Association of German Research Centers，简称亥姆霍兹联合会）是德国乃至欧洲最大的科学研究机构，有 19 个独立的自然科学、工程学、生物学和医学研究中心，3 万多名雇员，年度经费总额 34 亿欧元。亥姆霍兹联合会着眼于德国中长期科技发展目标，集中在六个研究领域（能源、地球与环境、生命科学、物质结构、航空航天和交通、关键技术），依托重大基础研究设施，开展前瞻性的跨学科综合研究，旨在解决社会持续发展中的重大问题。

亥姆霍兹联合会共建立有 100 多个非实体科学研究所，其中包括来自德国的 60 多所大学的 300 多个合作单位，每年资助近百个青年科学家小组和大批的博士学位研究项目（达 4000 多项），以及各种水平和层次的访问科学家（达 5000 多人次）。

亥姆霍兹联合会正在建立全球最大的信息技术安全研究中心"德国信息技术安全、隐私及责任中心"（在原有的"萨尔布吕肯信息技术安全、隐私和责任中心"（CISPA）基础上扩建而成）。按计划，到 2026 年该中心将有来自全球约八百名专家从事网络安全研究工作，届时该中心每年的科研经费预算可达五千万欧元。

德国亥姆霍兹联合会与中国全国博士后管委会在 2017 年签署了"中德博士后交流项目"合作协议，每年共同遴选和资助 50 名以内的中国优秀青年学者到亥姆霍兹联合会下属的研究中心从事为期两年的博士后研究。对于入选的每位博士后，全国博士后管委会提供 30 万元人民币的一次性资助，同时亥姆霍兹联合会提供每人每月 1500 欧元的免税奖学金，用来支付日常生活、健康保险及学术交流的费用。

（本文首发表于《数学文化》2022 年第 13 卷第 2 期）

21 焦耳,一个没有学历和文凭的杰出物理学家

焦耳(Joule,简称焦,英文缩写为 J)是国际标准中热和功的单位:在经典力学里,1 焦耳等于 1 牛顿作用力经过 1 米距离所消耗的能量(或所做的功);在电磁学里,1 焦耳等于 1 安培电流通过 1 欧姆电阻在 1 秒时间内所消耗的能量。这个基本单位的设定用以纪念英国物理学家詹姆斯·焦耳(James Prescott Joule,1818 年 12 月 24 日—1889 年 10 月 11 日)。

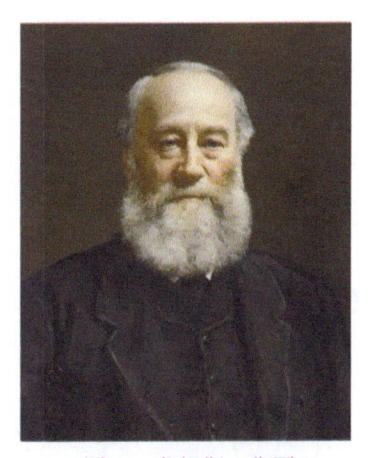

图 1 詹姆斯·焦耳

【一】著名的实验物理学家

今天,焦耳这个名字家喻户晓,上过中学物理课的人都听说过他。可是,除了他的名字用作物理单位之外,许多人对焦耳本人的经历和成就所知不多。事实上,焦耳是一位没有受过正规教育的"民间科学家",但他在科学界被认为是"19 世纪最杰出的实验物理学家之一"。

灿烂群星：我心中的杰出科学家

- 焦耳三十而立，32 岁时成为英国皇家学会（Royal Society）院士。
- 焦耳 34 岁时荣获皇家勋章（Royal Medal）。该奖章每年颁给两位分别作出"最重要自然知识贡献"和"应用科学杰出贡献"的个人。
- 焦耳 39 岁时获颁爱尔兰都柏林三一学院荣誉博士学位，42 岁荣膺牛津大学荣誉博士学位并当选为曼彻斯特文学与哲学学会（Manchester Literary and Philosophical Society）主席。
- 焦耳 52 岁时荣获英国皇家学会的科普利（Copley）奖章，那是世界上最古老最著名的科学奖，始于 1731 年，历史上获奖者包括富兰克林、哈密顿、高斯、法拉第，以及焦耳之后的亥姆霍兹、吉布斯、门捷列夫、卢瑟福、爱因斯坦、普朗克、波恩、哈代、狄拉克、霍金、罗伯特·梅、希格斯等名人。
- 焦耳 53 岁时荣获爱丁堡大学荣誉博士学位并出任英国科学促进会（British Association for the Advancement of Science）主席。
- 焦耳 62 岁时荣获英国皇家艺术学会颁发 Albert 奖章。
- 焦耳 71 岁时去世。伦敦西敏寺（Westminster Abbey）为他举行了悼念仪式并安放了一个铭牌。在他去世之前，西敏寺内就陈列着牛顿、法拉第、达尔文、托马斯·杨等科学家的墓碑或铭牌。焦耳的一座塑像被安置在曼彻斯特市政厅内他的启蒙导师约翰·道尔顿（John Dalton，1766—1844）铜像对面，另一座矗立在他家乡曼彻斯特城郊的沃辛顿（Worthington）公园内。

【二】一个没有学历的年轻人

焦耳于 1818 年圣诞节前夜出生在曼彻斯特城郊的 Salford。他父亲经营一家啤酒厂。焦耳 5 岁时被发现脊椎侧弯，随后几年多次在医院进行矫正，但最终因失败而放弃，让他终生不能笔直站立。

焦耳在小学读书时因身体缺陷常被同学嘲笑，并因喜欢在课本上涂鸦屡被老师批评。父亲无奈，只好让焦耳休学，留在家里由阿姨管教，直到他 15 岁为止。平时，焦耳喜欢躺在床上看书。有一次，焦耳对父亲说："书本是我最好的旅游去处。"这让父亲想起了被称为"旅游教师"的约翰·道尔顿（John Dalton，1766—1844）。道尔顿经常上课时带学生们去郊游，在野外指导学生观察、试验、计算和讨论。父亲把焦耳送进了道尔顿主办的私校就读，并请道尔顿当他的监护人。

21 / 焦耳，一个没有学历和文凭的杰出物理学家

图 2　焦耳铜像（沃辛顿（Worthington）公园，曼彻斯特城郊）

在学校里，道尔顿主要讲授初等物理、化学和数学。他本人后来成为著名的物理学家和化学家，56 岁时成为皇家学会院士，因为第一个提出"物质由原子组成"的学说而闻名于世，今天原子量的单位便以他命名。道尔顿是贵格会教徒，天性谦恭，不爱张扬，终生未婚。不幸的是，他 73 岁那年卒中失语，78 岁去世时遗体在曼彻斯特市政厅门前停放了四日，先后有四万多人前往悼念。

焦耳后来写道："道尔顿要求学生首先学习三角几何，并练习解算数学题，因为他认为'解数学题是训练学生专心做事的最好方法，而专心致志是科学家最基本的素养'。如果学生不明白上课所教的内容，他会给学生发放非常清晰的讲义。不过，他强调讲义是用来引导学生的，并不能取代学生自己的探索。"焦耳还回忆说："正是从他的教导中，我第一次产生了通过原创性研究来增加我的知识的愿望。"

在道尔顿的指导和影响之下，焦耳逐渐走上了科学实验的道路。那时候学校没有实验室，他自己在家中的地窖里做实验。他早期的大多数实验基于电学。他在地窖里放满电池、电磁铁、马达、发电机和检流计，其中大部分是自己动手制作的。也许是由于少年失学的缘故，动手做实验比读书对他来说更具吸引力。焦耳最终没有完成正式的学历，更谈不上取得什么学位。

灿烂群星：我心中的杰出科学家

【三】热和电的焦耳定律

"热"是什么呢？这曾经是个千古难题。18世纪末，虽然工程师詹姆斯·瓦特（James Watt, 1736—1819）制造了工业用蒸汽机，但是人们对其中的热能传递和转换机理并不清楚。当年，为了解释热的物理本质，"热质"理论（caloric theory）非常流行，包括被称为"热力学之父"的法国物理学家萨迪·卡诺（Nicolas L. Sadi Carnot, 1796—1832），都说热是一种没有质量的气体，物体吸收热质后温度就会升高，而且热质可以穿过固体或液体的孔隙从高温处流到低温处。

受到道尔顿"原子论"的启发，焦耳倾向于认为热是原子的运动，热传导就是原子运动的"能量"从一个物体转移到另一个物体上去。但这想法需要有极为精确的实验加以证明。焦耳一系列的实验担负起了这一艰难的重任。

1838年，焦耳20岁。他设计了一个实验，将一个小线圈绕在铁芯上，用电流计测量感生电流，然后把线圈放入容器内的水中，再测量出水温，最后计算出热量。因为没有外界电源供电，水温的升高只能是电能转化为热的结果。这样产生出来的热，后人称为"焦耳热"。同年，焦耳在《电学年鉴》（*Annals of Electricity*）上发表了他第一篇学术论文"On Electro-Magnetic Forces"，宣称"我的目标是，首先发现正确的原理，然后指出它们在应用上的发展"，并报告了他发现电流可以做功的现象。

1840年，22岁的焦耳在爱尔兰科克（Cork）市召开的英国科学促进会的会议上报告了上述实验结果，但在座的科学家们毫无兴趣。当时很多人对这全新发现的来龙去脉一无所知，还有一些人对焦耳的测量精确性存有怀疑，更有一个可能的原因是他们对这位没有学历的业余科学家并无太大的信心。

同年，焦耳把实验报告写成论文"On the Production of Heat by Voltaic Electricity"，详细描述了他的实验结果，投到《皇家学会学报》（*Philosophical Transactions of the Royal Society*），但被退稿。于是他改投到《皇家学会会讯》（*Royal Society Proceedings*），再遭拒绝。最后，焦耳把稿件投去《哲学杂志》（*Philosophical Magazine*）。这次，杂志同意审稿了。可是，审稿人要求他多做很多实验以验证其结果的正确性。年少气盛的焦耳不高兴了，反过来拒绝了杂志。他回信说："任何的机械能量释出，最后都将转换为热量。能量不灭的法则获得上帝的许可证。这是大自然最重要的法则之一。"这其实是科学史上著名的"能量守恒定律"（law of conservation of energy）的第一次呐喊。结果不言而喻，焦耳又被退稿了。

21/焦耳，一个没有学历和文凭的杰出物理学家

焦耳据理力争。终于，次年焦耳在《哲学杂志》上发表了这篇论文，报告了他的实验结果："电流在导线中所产生的热量，等于电阻乘以电流的平方"，这就是后来著名的"焦耳定律"（Joule's law）。四年后，俄国物理学家海因里希·楞次（Heinrich F. E. Lenz, 1804—1865）发表了独立的实验结果，从旁证实了焦耳的这个电热效应。该定律后来也称为"焦耳–楞次定律"。

【四】热力学第一定律和热功当量

那些年，没有学位的焦耳四处碰壁，很不得意。不知什么缘故让他鼓起勇气，将自己的研究报告寄给了学术泰斗迈克尔·法拉第（Michael Faraday, 1791—1867）。1843年3月24日，慧眼识真金的法拉第回信了，高度地评价了焦耳的工作，说："我已收到你寄来的文章，并且立刻就阅读了。感谢你对我们所衷心热爱的科学有这么美好的贡献。何等的欣慰啊，我能够在一息尚存之际看到你为电学做出的这一步跨越。我已看到你未来的辉煌！我知道在这领域里仍有许多朦胧不清之处，但你的文章却如曙光破晓。我不得不说，你在自然科学的这个领域做出了非常重要的贡献。"

于是，焦耳关于能量转换和守恒的研究论文被《皇家学会学报》接收发表。科学界从此知道，圈子里来了一位二十多岁的新星，他建立了热力学第一定律也就是能量守恒定律，证明了电和热之间的能量转化满足总量守恒关系，那是自然界中的一个普适的基本规律。

接下来，焦耳还试图弄清楚机械能和热的定量关系。1842年，德国医生、化学家和物理学家罗伯特·冯·迈耶（Julius Robert von Mayer, 1814—1878）在《化学与药学年鉴》（*Annalen der Chemie und Pharmacie*）发表了一篇论文，指出单位机械功所产生的热量是一个常数，不过他没能给出这个常数的数值。1843年，焦耳在不知道上述德文文章的情形下，在家中的地窖里独立地做了一个成功的压缩气体加热的实验，以及一个十分精确的机械运动生成热的实验，其装置如图3所示。在这个实验中，他让钢锤自由落下，驱动中间的转轴从而带动容器中水里的旋桨转动。他通过测量水温的升高来测得旋桨与水摩擦而产生的热量。然后，他把温度的改变与水的比热相乘，便得到一个数值。反复实验之后，焦耳发现"无论在何处消耗机械力，都会获得精确相同的热量"。由此他确定了：单位机械做功所产生的热量是个常数，他称之为"热功当量"（mechanical equivalent of heat）。他还精确地测出了这个常数，用今天的单位来说约为4.184焦/卡。虽然

灿烂群星：我心中的杰出科学家

后人发现法国物理学家萨迪·卡诺的"热质"学说经量化之后非常接近这个热功当量，但卡诺毕竟没有走出这最后一步。1847 年，德国著名物理学家赫尔曼·冯·亥姆霍兹（Hermann von Helmholtz，1821—1894）明确地宣称，这个热功当量的发现同时归功于冯·迈耶和焦耳。

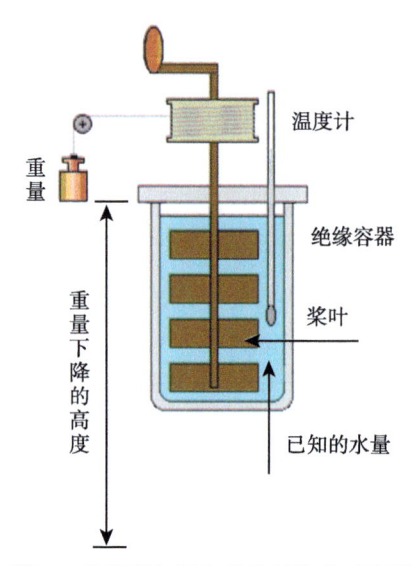

图 3　焦耳的机械和热能转换实验装置

为了支持声名鹊起的儿子继续他的科学研究，焦耳的父亲为他在自家经营的啤酒厂里盖起了一间实验室，并提供所有的实验费用。随之而来的是一些年轻的科学家，他们也利用这间实验室做研究，并和焦耳一起进行热力学与流体力学的各种实验，包括后来著名的数学家和物理学家乔治·斯托克斯（George G. Stokes，1819—1903）。

可是科研并不总是一帆风顺，特别是触及到社会利益的时候便会遇到各种阻力。1843 年，焦耳以当时工业市场最好的产品"可尼斯蒸汽引擎"（Cornish Stream Engines）为例，通过计算指出它百分之九十本来可以用作机械功的能量都以散热的形式浪费掉了。因为这篇报告，他招致工业界商人的猛烈攻击，甚至多年之后还有人讥讽他只会用别人的引擎去做实验而自己却无法制造出更高效的引擎。焦耳对这一切指责都不予理睬。当年他更关注的是"能源枯竭"的长远危机，并积极建议英国政府去寻找新能源。

1847 年，时为格拉斯哥大学（University of Glasgow）物理学教授的开尔文

(William Thomson Kelvin，1824—1907），关注到了这位 29 岁年轻人的重要科学实验并表示了支持。他和焦耳后来成为终身合作伙伴，两人理论和实验相结合，联名发表了多篇学术论文。特别是，他们发现了著名的"焦耳–汤姆孙效应"（Joule-Thomson effect），描述气体膨胀和温度变化的关系。不过那些都是后话了。

【五】学术人生的一段坦途

1847 年，圣安德鲁斯大学（University of St. Andrews）自然哲学系招募系主任，学校认定焦耳为最佳人选。焦耳婉言推却了，理由是："我要结婚了。我将无法承接学校那些无休止的繁杂事务。"不过他那不是遁词。8 月 18 日，焦耳与阿梅莉亚·格兰姆斯（Amelia Grimes）女士结了婚。据说新郎带上一支高灵敏度温度计和新娘去法国阿尔卑斯山下的萨朗什（Sallanches）度蜜月。在那山区里，新郎好几天都跑去测定 800 多英尺①高的阿尔佩纳兹（Cascade de l'Arpenaz）瀑布上下方的水温进而计算瀑布水流落差带来的能量改变，让新婚妻子静坐在草地或马车上等待他归来。

同年，焦耳成功地进行了一系列精确的电解和燃烧实验，并作出结论说："电、磁、光、声波、化学反应，都是不同形态的能量。因此，根据能量的理论，可以把物理世界以更简单的形式表达出来。"当年，那是超时代的观念。事实上，直到 20 年之后，物理和热力学家彼得·泰特（Peter G. Tait，1831—1901）才在论著里明确地以"能量"的观点去描述各种物理现象。

焦耳还通过热的研究去探索宇宙的奥秘。当年他计算了陨石在大气摩擦中产生的热，发现地球大气层的厚度刚好能提供足够的摩擦阻力，将大部分的陨石化成灰尘，保护了地球上的自然环境和生命。他写道："在大自然里，机械、化学和生物能量在时空中不断互相影响和转化，让宇宙维持着某种秩序，并且在清楚明确地、实实在在地运行。不管其间有多么复杂的能量变化，宇宙依然是稳定和谐的。"

1848 年，焦耳在实验中第一次精确地测量出气体分子的运动速度。同年，他被 1757 年建立的欧洲最杰出的学术团体都是皇家科学会（Turin's Royal Academy of Science）接纳为会员。这个科学会的会员包括一些著名科学家如意大利化学家阿梅代奥·阿伏伽德罗（Amedeo Avogadro，1776—1856）、法国数学家约瑟夫·拉格朗日（Joseph-Louis Lagrange，1736—1813）、英国物理学家法拉第和天文学家威廉·赫歇尔（William Herschel，1738—1822）。

---

① 1 英尺 ≈ 0.3048 米。

灿烂群星：我心中的杰出科学家

1849 年，焦耳在牛津向英国皇家学会做了题为 "On the Mechanical Equivalent of Heat" 的报告。虽然当时不少听众持有怀疑态度，但他的成果最后获得了肯定，让他在《皇家学会会刊》发表了关于"热功当量"的研究论文。这项重大贡献和热力学第一定律一起，让焦耳成为热力学（thermodynamics）的奠基人之一。

1850 年，32 岁的焦耳被遴选为英国皇家学会院士。

1852 年，焦耳与开尔文联名发表后来被称为"焦耳–汤姆孙效应"的论文，成为冷冻工业发展的基石。为此，英皇给焦耳颁授了皇家勋章（Royal Medal）。

【六】艰难曲折的一段人生

1852—1855 年是焦耳人生中最艰难的一段时光。首先，他父亲中风病重，家庭啤酒厂的生意一落千丈，焦耳的实验室只好关闭。随后，他夫人在生第三个小孩时因难产失血过多而去世。接下来，英国卷入了克里米亚战争（Crimea War），这让焦耳放下科研，参加了战地救死扶伤的服务工作。

1856 年之后，焦耳重新回到了他热爱的物理实验研究。1860 年，他因杰出研究成绩和声望当选为曼彻斯特文学与哲学学会主席。当年，"土木工程学之父"约翰·斯密顿（John Smeaton，1724—1792）和道尔顿都是这个学会的会员。这个学会正式成立于 1781 年，是英国最古老的学术团体之一。其实这个民间学术团体从 15 世纪初起就存在了，由一批 Collegiate Church 基督徒以定期聚会的方式组织读书会开始。1427 年，他们还建立了英国最早的图书馆。该学会一直是曼彻斯特教会社区教育的中心。他们开设各种科普讲座，还请焦耳主持了圣安娜教会（St. Anna Church）科学讲座系列。焦耳第一次演讲的题目是《人类居住的世界》（"The Plurality of Inhabited Worlds"）。他说："也许科学家无法证明其他星球有没有生命的存在，但是科学家能够证明，其他星球有没有适合生命存在的环境：温度、空气、水、重力。即使有适合生命生存的环境，也不一定就会有高等生命存在。但是，有高等生命存在的地方，则必须要有可以学习的场所。而这场所必须建立在一个大家能够和平相处的社区环境里。"

1870 年之后，焦耳很少发表新的实验研究报告了。不过他的科研工作并没停止。他重新检查并审核了自己年轻时所做的大部分研究结果。为了测量得更准确，焦耳还研究精密仪器的制造，并指出"精密仪器是提升科学教育和知识必需的工具"。

1872年，焦耳向政府建议成立国家级别的"科学委员会"（Board of Science），负责提供资助教师与民间团体的经费；从事科学研究；支持国家对天文、地理、水文、气候的长期观测；成立国家科学史馆，以保存重要的仪器与研究报告；在大学设立国家级的实验室；等等。焦耳认为："当科学研究向前进步时，经济发展自然会跟上。"

【七】罹病的晚年和后话

1873年起，伴随着经常性鼻出血的疾病严重地干扰了焦耳的科学研究甚至日常生活。焦耳常常会带儿子 Benjamin 和女儿 Alice 到海边去度假。他后来回忆说："当科学研究成为我沉重的负载时，我格外需要保留与孩子们在宁静海滩上独处的时间。我自己也可以欣赏海鸥的飞翔。它们的翅膀真是优美的生物引擎，竟然有如此之高的能量使用效率！"焦耳还去观察海藻。他说："低等生物对于高等生物有这么多有益的贡献，可是生物学家却大笔一挥，将它们判定为'低等'。"曾经有年轻人问他对达尔文（Charles Darwin，1809—1882）的进化论有何看法。焦耳回答道："达尔文只是对地球上生命的演变过程提出一种理论加以说明。不幸的是，许多人却把他的理论视为生物学的终极理论。达尔文并没有用进化论去解释生命的起源，大家却把进化论扭曲成生命发端的理论。"

1878年，维多利亚女王为多病的焦耳提供了200英镑的慰问金。苦于疾病的折磨，这一年60岁的焦耳发表了他人生最后的一篇学术论文。

1889年10月11日，焦耳在家中病逝，享年71岁。

临终前，焦耳留下了一张纸条，上面写道："我已感到科学逐渐走向一个危机——科学的误用。特别是，把科学用在战争武器的研发上。这将导致人类文明的灭亡。我深感难过的是，有些科学家认为研发毁灭性的武器是为了恫吓对方从而终止战争。这种看法是没有道理的，因为战争的本质是残忍与毁灭。研发武器的科学家无法成为战争的决策者，因而他们最终会成为好战政治家的工具。科学的误用就是偏离了正确的目标，结果强者越强，弱者越弱。我的论点并非贬低以科学研发来保卫国家的价值，而是批判靠科学去挑起争端。"末了，焦耳写道："我的学生们啊！你们有些人也许会自认为能够了解历史上的每一个大小事件，或者能够讲出世界上的每一种方言，或者能够准确地叙述每一种形而上的观念，或者能够解出所有科学与工程的复杂难题。但是，如果没有爱，你们将不知道如何把所学到的这一切放在正确的位置上。"

灿烂群星：我心中的杰出科学家

焦耳被埋葬在曼彻斯特城郊的布鲁克兰兹（Brooklands）墓地。在他的墓碑上刻有数字"772.55"，那是他 1843 年测量中得到的热功当量值。焦耳毕生是个虔诚的基督教徒，他曾在一篇论文中写道："显然，熟悉自然法则并不亚于熟悉它所表达的上帝的原意。"在他的墓碑上镌刻着《约翰福音》的一段话："趁着白日，我们必须去做那差我来者的工；黑夜将临，就没有人能做工了。"在伦敦西敏寺内，人们为他举行了悼念仪式并设立了一个纪念碑牌，放置在牛顿、赫歇尔、达尔文等科学家的墓附近。

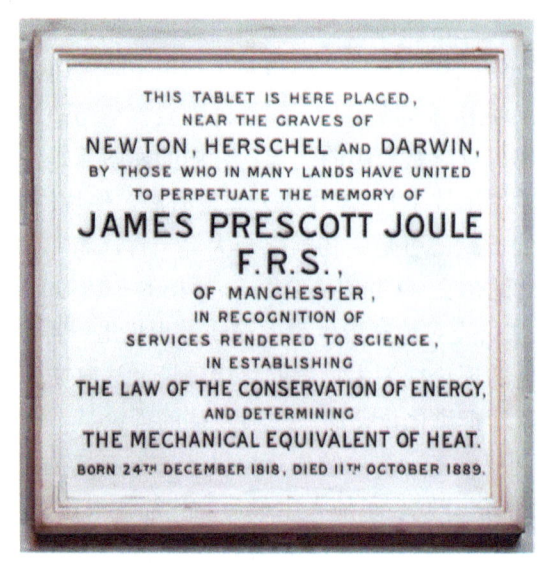

图 4　西敏寺内焦耳的纪念碑牌

除了宝贵的科学遗产，焦耳还留下了一句警世恒言："对自然及其规律的研究是一项基本而神圣的任务，它对年轻一代的教育是非常重要甚至是必不可少的。"

（本文首发表于 2021 年 10 月 24 日）

22 开尔文，一个说自己失败的成功科学家

许多理工科学者和学生都知道"一位智者"和"两朵乌云"的故事。

这两个故事分别发生在 19 世纪和 20 世纪之初。

由伽利略（Galileo Galilei，1564—1642）和牛顿（Sir Isaac Newton，1643—1727）等科学家于 17 世纪创立的经典物理学，经过了 18 世纪的充实和拓展，到 19 世纪初趋于成熟并逐步形成了一个包括力、热、声、光、电、磁等学科的完整理论体系。尤其是作为经典物理学三大支柱的经典力学、经典电动力学、经典热力学和统计力学渐臻完善。这些丰硕成果让当年的物理学家和数学家们感叹不已。

1814 年，数学家拉普拉斯（Pierre-Simon Laplace，1749—1827）在他的名著《关于概率的哲学论述》（*Essai philosophique sur les probabilités*）中谈及"一位智者"：

> "我们可以将当前的宇宙状态视为过去留下的结果和未来发生的原因。一位智者在某个时刻便会知道使自然运动的所有力以及组成自然的所有物体的所有位置。如果该智者有足够的睿智将这些数据加以分析，他就可以把宇宙中最大物体和最小原子的运动全部包含在一个公式中。对于这位智者来说，没有什么是不确定的：就像过去一样，未来也将呈现在他的眼前。"

拉普拉斯的这个段话被后人笑为"妄谈"（demon），因为他的预言被后来发展起来的热力学、量子力学以及混沌理论彻底地否定了。

时间不知不觉过了将近一个世纪。1900 年 4 月 27 日，物理学家开尔文勋爵（Lord Kelvin）威廉·汤姆孙（William Thomson，1824—1907）在英国皇家学会题为《遮盖热和光的动力学理论的 19 世纪乌云》演讲中说：

> "把热和光解释为运动形态的动力学理论是如此之清晰美丽，最近却被两朵乌云笼罩着。第一朵由菲涅耳（Augustin-Jean Fresnel）和托

灿烂群星：我心中的杰出科学家

马斯·杨关于光的波动理论引出，问题是地球如何在本质上是光以太这样的弹性固体中穿行？第二朵则是关于能量均分的波尔兹曼–麦克斯韦（Boltzmann-Maxwell）学说。"

开尔文指的是当时经典物理学无法解释的两个实验：以太漂移实验和热辐射实验。第一个实验是 1887 年由迈克耳孙（Albert Michelson）和莫雷（Edward Morley）在美国用干涉仪测量互相垂直的两束光时，发现光速在不同惯性系和不同方向上都是相同的。他们作出了"以太漂移速度为零"的结论，由此否认了绝对静止参考坐标和以太的存在。这里的以太（aether）是亚里士多德（Aristotle）、牛顿、麦克斯韦等一批哲人科学家信奉的光、电、磁甚至机械运动的共同载体。第二个实验是基尔霍夫（Gustav Kirchhoff）和普朗克（Max Planck）等总结出来的定律：温度在绝对零度以上的任何物体都会有热辐射，为此它需要从外界吸收辐射的能量。这两个实验结果与当时经典物理学中相关的理论和公式都不相符合。

可是到了 20 世纪开尔文去世后，这两朵乌云不但没有转化为两场黑雨，反而拱出了两个艳阳：前者引出了相对论，后者催生了量子力学。

当然，对这两位科学巨匠的话，后人有不同的诠释。与许多人从负面去理解这两位先哲言论的视角相反，有一些学者从正面来理解他们，认为他们只是表达了对所论议题的疑惑和担忧。理由是，开尔文在波动和涡流理论方面作出过许多贡献，并试图把电、磁和光的完整理论在牛顿经典力学的构架上建造起来，因此他热心于以太理论并把假想的以太当作一种实际存在的物质加以研究。由此推知，他只是对"以太漂移速度为零"的实验引出的结论忧心忡忡。此外，开尔文在此演说之前曾经说过，"实际上不存在玻尔兹曼–麦克斯韦学说与气体比热真实情况相符的可能性"以及"达到所期望的 [能量均分] 结果的最简单途径就是否定这一结论"。

今天我们不去参与那场辩论，只回顾一下当年看到两朵乌云的开尔文勋爵和他的轶事。

开尔文勋爵的原名是威廉·汤姆孙（William Thomson）。他 42 岁时获皇室册封爵士、68 岁时获英女皇亲自敕封为"第一代开尔文男爵"（First Baron Kelvin）即开尔文勋爵（Lord Kelvin），其中"开尔文"取自他工作和生活的格拉斯哥（Glasgow）城中河流和丛林的名字（Kelvin River，Kelvin Grove）。这次晋封让他成为英国历史上第一位进入上议院的自然科学家。

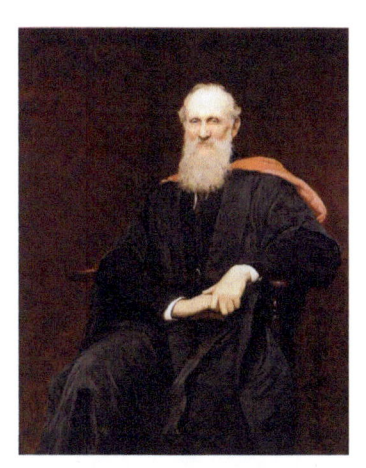

22/开尔文，一个说自己失败的成功科学家

图 1　开尔文勋爵

图 2　开尔文勋爵的原名是威廉·汤姆孙

1824 年 6 月 26 日，开尔文出生在爱尔兰北部的 Belfast 镇。1832 年，父亲詹姆斯（James Thomson）应聘到苏格兰的格拉斯哥大学（University of Glasgow）担任数学教授，全家随之移民苏格兰。

1834 年，10 岁的开尔文成为格拉斯哥大学最年轻的大学生。有趣的是，好学的他 75 岁退休后又再注册成为该校年纪最大的（物理学）研究生，不过那是后话。

1839 年，在格拉斯哥大学一门天文学课程中，开尔文以题为 "Essay on the Figure of the Earth" 的文章获一等奖。同年，开尔文阅读了爱丁堡大学（University of Edinburgh）数学教授凯兰（Philip Kelland）的书《热学的解析理论》，但不认同作者关于傅里叶级数在跳变边界上有不稳定性因此它不可能被用于求解描述热流的偏微分方程的观点。开尔文严格地证明了相反的结论，从而发表了第一篇论文。这篇由 15 岁大学生拟写的学术论文，后来开辟了经典连续介质物理学的新领域。

1841 年，他转学到了剑桥大学。接下来三年里，他在《剑桥哲学学会会刊》上发表了 3 篇关于热和电的数学分析论文。

1845 年初，开尔文阅读了数学家墨菲（Robert Murphy）在《剑桥哲学学会会刊》上的一篇论文，并注意到文献中引用了格林（George Green）的重要文章 "An essay on the Application of Mathematical Analysis to the Theories of Electricity and Magnetism"，随后从体育教练霍普金斯（William Hopkins）手中借得了格

灿烂群星：我心中的杰出科学家

林这篇论文的传本。适逢开尔文赴法国访学，他在巴黎向数学家刘维尔（Joseph Liouville）和斯图姆（Charles-Francois Sturm）推介了格林的论文。格林这篇72页的论文最后于1850年由德国数学家克雷尔（August Leopold Crelle）在他创办和主编的《纯粹数学与应用数学杂志》上分三期（1850年、1852年、1854年）正式发表，开尔文为之撰写了介绍格林生平与工作的导言，尽管那时格林已经辞世十多年了。傅里叶和格林的工作让开尔文把固体中的热流和导体中的电流联系起来，发展了自己的创新理论和研究。

1845年，开尔文以优等生兰格勒（Wrangler）的称号毕业，并赢得了史密斯（Smith）奖。该奖项是对原创性研究的嘉许，数学家斯托克斯（George Stokes）1841年从剑桥毕业时也获得过这个奖。其时，开尔文最重要的工作是后来很有影响的论文"On the Mathematical Theory of Electricity in Equilibrium"。这一年，他有幸结识了法拉第。法拉第把自己用来显示和解释光电关系的一块特制玻璃片送给他作为礼物。

1846年，22岁的开尔文带着二十多篇已发表的高水平论文受聘于格拉斯哥大学，成为物理学教授。

1847年，开尔文发表了著名论文"On an Absolute Thermometric Scale Founded on Carnot's Theory of the Motive Power of Heat, and Calculated from Regnault's Observations"，报告了他第一次发现的温度下限，进而定义了绝对零度并引进了热力学温标。这个绝对温标也称为开尔文温标，单位为"开尔文"（Kelvin, K）。每变化1 K相当于变化1℃，但彼此计算起点不同，而0K = −273.15℃。他还把Thermodynamics（热力学）这一术语引进了物理学词典和教科书。

1851—1854年间，开尔文解释并论证了热力学中的两条重要定律：焦耳（James Joule）的热平衡定律以及卡诺（Carnot）和克劳修斯（Clausius）的热转换定律。他将第一和第二热力学定律公式化，从而建立了现代热力学的理论基础。他后来被誉为"现代热力学之父"（以区别于"热力学之父"尼古拉·卡诺（Nicolas Carnot，1796—1832））。其间，开尔文从理论上预言了一种温差电效应，就是当电流在温度不均匀的导体上通过时导体吸收热量的效应，即著名的"汤姆孙效应"。他还和焦耳合作，研究了气体通过多孔塞膨胀后温度改变的现象，后来成为工业上制造液态空气的重要依据，即熟知的"焦耳-汤姆孙效应"或"开尔文-焦耳效应"。

1851年，27岁的开尔文当选为英国皇家学会院士和瑞典皇家科学院外籍

22/开尔文，一个说自己失败的成功科学家

院士。

开尔文在电学的数学分析方面有重要贡献。1849 年，他推导出了两个带电球体之间吸引力的解析解，成果于 1853 年发表在 *Philosophical Magazine* 上。该杂志 1798 年创刊，是最早的科学期刊之一，当年法拉第、焦耳、麦克斯韦等物理学家都在那里发表过奠基性的论文。这段时间里，开尔文还研究了静电和静磁的测量方法及基础理论，探讨了莱顿瓶（Leyden Jar）放电振荡现象，并引进了计算电磁场的镜像法。他还研究过蓄电池、交流电机和电报机等工程问题，以及大气电学等现象，并在《自然》杂志上发表过相关论文。开尔文在电工仪器上的主要贡献还有电磁量单位的建立和各种精密测量仪器的设计，包括绝对静电计、开尔文电桥、镜式检流计等。

1856 年，开尔文获皇家学会颁发皇家奖章（Royal Medal），该奖章每年颁授给英国两位分别作出"最重要的自然知识贡献"和"应用科学杰出贡献"的个人。

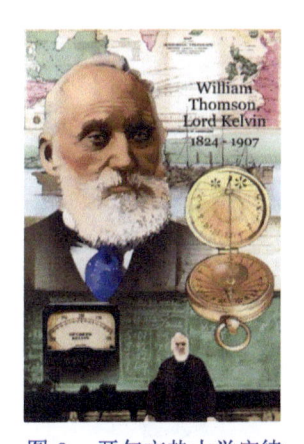

图 3　开尔文热力学定律　　　　图 4　工程师开尔文

开尔文还是一位出色的工程师。他最有名的一项工作是研究并成功铺设了用于有线电报的越洋海底电缆。1851 年世界上有了第一条海底电缆，由大西洋电报公司电气总工程师 Edward Whitehouse 指挥建造，装设在英国与法国之间海峡深水底下。可是，电缆太长，信号衰减十分严重以致不可使用。1855 年，开尔文研究了电缆中的信号传播，得出了信号传播速度减慢与电缆长度平方成正比的定律。1856 年，大西洋电报公司筹划装设横跨大西洋的海底电缆，任命开尔文为公司董事和工程顾问。1857 年 8 月，开尔文登上了 Agamemnon 号电缆敷设船出海远航。可是，他们航行了约 380 英里后电缆便被拉断，告败而归。不过，作为科学

灿烂群星：我心中的杰出科学家

家的开尔文后来在《工程师》（*Engineer*）杂志上发表了一篇论文，建立了一套海底电缆的应力理论。1865 年，他随 SS Great Eastern 号远洋船再次出海，铺设第二条电缆。然而尝试再遭失败，而且这次连电缆都沉没失踪了，费了许多周折到第二年才从深海里把它捞回来。开尔文及其团队没有气馁，经过不懈努力，最后成功地铺设了两大洲（爱尔兰和加拿大 Newfoundland）之间的海底电缆，让越洋有线电报通信成为现实。这期间，开尔文开发了一套完整的电报系统，能够每 3.5 秒钟发送一个字母。他还发明了虹吸记录仪，用来自动记录电报信号。开尔文又改进了航海用的罗盘和测量海底深度的仪器。在和海洋打交道的十多年期间，他还发明了潮汐分析器和潮汐预报器。多年之后，他又几次随船出海，甚至到过北大西洋中部的马德拉（Madeira）群岛以及巴西海岸。

1892 年，为表彰他在电缆工程和电报技术方面的卓越成就和科学贡献，维多利亚女王亲自加冕他为第一代开尔文男爵（First Baron Kelvin），即开尔文勋爵（Lord Kelvin）。

图 5　开尔文航海船罗盘　　　　图 6　开尔文勋爵的纹章

1860 年冬，有一天开尔文在冰上行走时不小心滑倒，导致腿部严重骨折，自此一生跛行。

1861 年，英国科学协会（British Science Association）根据开尔文的建议设立了一个电学标准委员会，为一些电学单位制定统一标准。多年以后，在 1893 年芝加哥召开的国际电学大会上，开尔文提出了采用伏特、安培、法拉和欧姆等作为电学的基本单位。这些提议被大会接受并通过，而且这些国际标准一直沿用至今。

1867年，开尔文和格拉斯哥大学的同事兰金（William Rankine）一起，把托马斯·杨引进的"能量"（energy）概念清楚地区分为"动能"和"势能"。开尔文又和格拉斯哥大学另一位同事泰特（Peter Tait）合著了第一本数学物理教科书《自然哲学教程》（*Treatise on Natural Philosophy*）。

1873—1878年、1886—1890年和1895—1907年期间，开尔文三次出任爱丁堡皇家学会会长。

1881年，开尔文被授予法国荣誉军团勋章（Légion d'honneur）。这一年，他用106个电灯泡把他在格拉斯哥的房子照得通明，无意中让它成为世界上第一间完全电灯照明的示范居屋。

1883年，开尔文荣获英国皇家学会的科普利奖章（Copley Medal）。这是世界上最古老最著名的科学奖，始于1731年，获奖者包括富兰克林、哈密顿、高斯、法拉第、亥姆霍兹、吉布斯、门捷列夫、卢瑟福、爱因斯坦、普朗克、波恩、哈代、狄拉克、霍金、罗伯特·梅、希格斯等名人。

1884年，开尔文被普鲁士授予功勋骑士勋章（Eisernes Kreuz）。同年，他和格拉斯哥设备商James White联手成立了一家公司开尔文和詹姆斯·怀特有限公司（Kelvin and James White Ltd.），主要生产和销售开尔文设计的航海罗盘。该产品是世界上第一个能精确地对准地球磁场北极的航海罗盘，称为开尔文罗盘。

1889年，他获得法国荣誉大军官勋章（Grand Officier）。

1890年，他获得比利时利奥波德勋章（Order of Leopold）。

1890—1894年，他出任英国皇家学会会长。

1893年，开尔文领导的一个国际委员会拟定了美国尼亚加拉瀑布（Niagara Waterfalls）发电站的设计。尽管他认为直流电系统更为优越，他依然赞同项目负责人、大西洋电报公司电气总工程师Edward Westinghouse的交流电系统计划并批准付诸实施，大获成功。

1902年，开尔文被任命为英国枢密院（Her Majesty's Most Honourable Privy Council）顾问，并成为皇家功绩勋章（Order of Merit）的第一批受勋者。同年，他荣获美国耶鲁大学荣誉法学博士学位。

1904年，他出任格拉斯哥大学校长。在任期间，他建立了英国第一个让学生使用的物理实验室。

1906年，他出任第一届国际电工委员会（International Electrotechnical Commission）主席。该组织是世界上最早的国际标准化机构，负责有关电子和电气工

灿烂群星：我心中的杰出科学家

程领域中的国际标准化工作。在他领导下，委员会制定了电学的多种基本单位和统一标准。

据统计，开尔文一生发表了 650 多篇科学论文并申请过 75 项技术专利。

1907 年 11 月，开尔文得了一场重感冒，随后健康状况急速恶化。12 月 17 日，他逝世于苏格兰 Ayrshire 郡的家中，享年 83 岁。

开尔文去世后被安置在伦敦西敏寺（Westminster Abbey）内的牛顿墓旁。纪念他的塑像矗立在格拉斯哥大墓地 Thomson 家族区域内，供后人景仰。为了纪念开尔文，他的头像被印在 Clydesdale 银行 1971 年发行的 £20 钞票上，后来又被印在 2015 年发行的 £100 钞票上。2011 年，苏格兰工程名人堂成立，他是第一批七名入选者之一。

图 7　开尔文纪念碑

1924 年 7 月 1 日，英国皇家学会在伦敦举行了开尔文 100 周年诞辰纪念会。英国电机学会会长、国家物理实验室董事长格莱兹布鲁克（Sir Richard Glazebrook）致辞，说："大家可以想想，没有开尔文的话，这个世界就没有'厘米–克–秒'单位系统、热力学第二定律的现代科学描述、交流电原理、有线电报、镜式检流计、开尔文罗盘、海洋水深探测仪等。"当然，致辞简短，他只提及了开尔文的几项贡献，而今天教科书里能找到的还有许多：绝对零度、汤姆孙效应、开尔文-焦耳效应、开尔文电桥、热电效应、磁阻效应、动能概念，虹吸记录仪、开尔文-沃格特（Voigt）模型、潮汐预测机、开尔文滴水起电机、开尔文波、开尔文变换、开尔文函数、开尔文-亥姆霍兹不稳定性、开尔文-亥姆霍兹机制、开尔文环流定理、开尔文-斯托克斯定理、开尔文方程等。

图 8　开尔文塑像

像许多敢于质疑和勇于创新的科学家一样，开尔文对新理论和新技术的认知过程也出现过差错。

1895 年，伦琴（Wilhelm Röntgen）宣布发现了 X-射线。但开尔文高度怀疑，甚至认为那是个恶作剧。1896 年 1 月 17 日，伦琴给他寄去一份回忆录、论文和 X-射线照片。开尔文毕竟是个科学家，他给伦琴回了信："不用说当我阅读到你的信息时有多么的惊讶和高兴。我只能说：衷心祝贺你的伟大发现。"同年 5 月，他还给自己的手做了 X-射线检查。

开尔文对实用航空的可能性一直持有否定态度。1896 年，他拒绝了加入航空科学学会的邀请，说："对于热气球以外的航空，我还没有像最小'微粒'那么大的一丁点信心，或者去期待我们听说的试验会有什么好的结果。"在 1902 年的一次报社访谈中，他说："热气球和飞机将永远不会在实用层面上成功。"1907 年开

灿烂群星：我心中的杰出科学家

尔文去世，自然不知道他当年说的"永远"并不永远。

开尔文是个虔诚的基督教徒，他认为宗教信仰是对他科学研究的动力和支持。从这一观念出发，他在耳顺之年后花了不少时间和精力去研究地球的年龄并与地质学家和生物学家长期争论。他认为引力收缩是天体的唯一能源，假如没有其他热源的话，地球从初始液态演化到今天这种状态的时间不会超过一亿年。然而，他去世后出现的放射性碳测年法彻底推翻了他的估算。1898 年，开尔文通过计算预测地球上只剩下四百多年的氧气供应了，颇为悲观。当然，那个时代人们尚未清楚光合作用和氧循环机理，后人不必去责怪他。

1896 年，在格拉斯哥大学庆贺他从教 50 周年的座谈会上，开尔文致辞说："如果要用一个词来代表我 55 年来坚持不懈地为科学发展所做出的最艰难的努力，这个词就是'失败'。今天我对电磁力或以太、对电与未知物之间的关系，以及对化学亲和性的了解，并不比我 50 年前第一次担任教授时尝试向我的自然科学专业学生传授的知识更多……伤感的部分原因是失败带来的。但是，在追求科学的过程中我们本来就需要付出努力。这会使科学家乐在其中而免于陷入完全的悲哀，甚至会令他在日常工作中感到颇为愉快。"

图 9　开尔文讲课

像许多科学家一样，开尔文常怀好奇之心。他曾经说过："如果你吹一个肥皂泡然后进行观察，那么你可以对它进行一生的研究并且能够从中得到一个又一个

22/开尔文，一个说自己失败的成功科学家

的物理定律。"

1887 年，他提出了一个似乎是很初等的空间填充几何问题：如果我们试图将三维空间剖分为许多个完全一样并具有指定体积的胞体，使得两两相邻胞体之间没有空隙并且彼此之间的接触总面积为最小，那么这些胞体应该是什么形状的呢？

在二维平面上，数学家们很早就推测到了答案，它们是像蜜蜂窝那样的正六边形模块。因此，该二维问题也称为蜂窝问题。但是，这个直观的答案只是一个猜想，直到 1999 年才由数学家托马斯·黑尔斯（Thomas C. Hales）给出数学证明。

开尔文在 1887 年 11 月 4 日猜测到了三维问题的一个可能答案，它们是由 14 个面组成的对称胞体，其中六个面是正四边形，八个面是正六边形。这个胞体被称为开尔文单元或开尔文胞体，那是最对称最优美的三维单元结构之一。但是，这个三维问题让数学家们费尽了脑筋而无从严格证明。因此，后来它被称为开尔文泡沫结构猜想或者开尔文问题。

(a) 开尔文胞体　　(b) 开尔文胞体阵列
图 10　开尔文胞体及其阵列

1993 年，物理学家 Denis Weaire 和他的学生 Robert Phelan 否定了开尔文猜想。他们构造了一种更复杂的新胞体，其结构对称性远不如开尔文胞体，但相邻接触面积却减少了 0.3%。2008 年北京奥运会比赛场馆国家游泳中心"水立方"的设计就采用了这种 Weaire-Phelan 泡沫图案。之后，尽管数学家们一直在努力，例如 2009 年，年轻物理学家 Ruggero Gabbrielli 提出了一种可能改进方案，但至今依然没有人知道最优解是什么样子的胞体或泡沫，更无从给出严格的数学证明。

我们可以猜测，如果开尔文沉睡五百年后醒来，他的第一句话会问：我的问题解决了没有？

灿烂群星：我心中的杰出科学家

图 11　2008 年北京奥运会比赛场馆国家游泳中心"水立方"

（本文首发表于 2021 年 5 月 7 日）

23 洛伦茨的蝴蝶效应和混沌故事

他不是文学家,却在不经意间留下了一个脍炙人口的新成语:蝴蝶效应。

他是麻省理工学院(MIT)气象系已故教授爱德华·诺顿·洛伦茨(Edward Norton Lorenz,1917 年 5 月 23 日—2008 年 4 月 16 日)。

图 1 爱德华·诺顿·洛伦茨

洛伦茨是一位气象学家,研究大气物理,曾孜孜不倦地去探索多年来被学术界认为"算不上是科学"("less than science")的"长期天气预报"。气象学家甚至普通人都知道,长期天气预报是不精确的:谁知道明年的今天这个地区的天气会怎么样呢?洛伦茨的伟大贡献之一,是以一个简单具体的物理学模型及其数学原理向世人示明:精确的长期天气预报的确是不可能的。

洛伦茨很早就注意到,虽然一年有四季,但准确地说气候和天气都没有严格的周期规律。在 20 世纪 50 年代,他尝试建立一个数学模型来描述大气层上下温差引起气流变化的动力学过程。在作了许多简化之后,他构建了一个 12 个变量的非常复杂的微分方程组。可是,在当年没有高速计算机辅助的条件下,谁都没有办法对之进行分析和计算。洛伦茨试图进一步简化这个数学模型,但直觉上认为需要保留偶数个方程才能准确地描述气流动态,多次尝试之后以失败而告终。

灿烂群星：我心中的杰出科学家

1961 年的一天，他和同在"MIT 一般环流研究项目"工作而后来成为"现代气候理论之父"的巴里·萨尔茨曼（Barry Saltzman）教授一起探讨了他的模型简化问题。那时萨尔茨曼正在研究非线性 Benard 对流，通过谱展开得到了 7 个变量的降阶非线性方程组。萨尔茨曼告诉洛伦茨，他得到了一些周期解，但也有不稳定的解。洛伦茨仔细观察了那些结果，发现 7 个变量中的 4 个周期解很快衰减从而变得不重要了，而其他 3 个则会保持长时间的非周期性变化。洛伦茨非常感激萨尔茨曼实验结果给他提供的启示，感觉到类似这样的 3 个变量方程组应该足以用来描述他所期望的气流运动的非周期性。果然，他将自己的模型作了相应的简化后，仅保留了 3 个变量，发现能够观察到非周期性动力学现象。

当年洛伦茨求解这 3 个变量的方程组用的是一台 Royal McBee LGP-30 计算机，放置在 MIT 第 24 号楼第五层。这台机器比书桌还大，重约 260 千克，可是速度极其缓慢，连今天的笔记本电脑都比它快上一百万倍。当年，计算机程序是由两位年轻女助手艾伦·费特（Ellen Fetter）和玛格丽特·哈密顿（Margaret Hamilton）负责编写的。艾伦和玛格丽特分别从 Mount Holyoke College 和 Earlham College 数学专业本科毕业，两人来到洛伦茨实验室工作后才开始学习编写计算机程序。不过她俩都很称职。特别值得一提的是那位哈密顿女士，聪明的她很快就成为一位编程能手。她离开 MIT 比较早，后来加盟美国国家宇航局（NASA），先后为登月飞船编写控制程序和为天空实验室（Skylab）编写操作软件，2003 年获 NASA 授予航天杰出贡献奖（Exceptional Space Act Award），2016 年荣膺美国总统自由勋章（Presidential Medal of Freedom），2017 年还被乐高（Lego）游戏产品选定为成功女士偶像人物。

图 2　Royal McBee LGP-30 计算机

23/洛伦茨的蝴蝶效应和混沌故事

现在回来继续说洛伦茨的故事。

故事发生的这一天是周五,洛伦茨如常来到了办公室,继续用他推导出来的简化数学方程组做天气预报仿真。他计划把昨天的仿真重复一遍,以保证计算结果准确无误。他知道那台蜗牛机器运算极慢,需要一个多小时才能完成计算,便踱进了学院旁边的小咖啡馆。喝完咖啡回到办公室后,他一看仿真结果大吃一惊,发现新画出来的曲线与昨天的记录大相径庭:两条曲线从相同的初始点出发,在起初几周时间点上的预报相互吻合得很好,但随后两者迅速分离,大约两个月后便变得毫不相关了。他反复检查了公式,两位女士也反复检查了程序,都没有发现任何错误。这让他百思莫解。

经过反复核查,在排除了计算机故障的可能性之后,他注意到了两次仿真试验过程之间的一个微小差异。当时的计算机运算精确度是保留小数点后 6 位数字的,因此他在第一次计算中输入了初始值 0.506127。但在第二次计算中,他图省事输入了 0.506,觉得这不到千分之一的"四舍五入"不会带来什么影响。现在他发现自己错了,这影响其实大得很。

历史上许多重大机遇都出现在这种毫不显眼的事情和毫不惊人的时刻:0.506 不够精确么?改为 0.506127 再算一遍就好了嘛,还来得及去多喝杯咖啡呢。然而,出色的科学家和普通的实验员之间的差别可能就在这个地方:洛伦茨觉得这不到千分之一的误差所带来的巨大影响从常理来说不可思议,此事必须有个数学解释。随后的几天里,他和两位程序员一起再次重复了两种不同初值的仿真,证实了他悟出的道理:由于该数学模型对初始条件具有高度敏感性,一个微小的初始误差随着反复迭代计算最终酿成巨大的结果差异,导致了模型未来行为的"不可预测性"!

洛伦茨把他的发现写成了论文《确定性的非周期流》,于 1963 年发表在《大气科学杂志》("Deterministic Nonperiodic Flow", Journal of the Atmospheric Sciences, 1963, 20: 130-141)。

洛伦茨当时觉得他发现的可能只是流体力学中湍流的一个新特征,投稿时把论文标题拟定为《确定性的湍流》。但杂志编辑对此颇有怀疑。于是他把"湍流"改成了"非周期流"。洛伦茨在论文中指出:"两个状态之间不被察觉的微小差别可能最后演化为巨大的不同……因此,如果在观察当前状态时有不管什么样的误差——在任何真实系统中这些误差是不可避免的——那么对于一个不太久远的未来瞬间状态做出任何可接受的预测都将是不可能的……非常长期的准确天气预报

灿烂群星：我心中的杰出科学家

看来并不存在。"当年洛伦茨估算，准确的天气预报最多在两周时间之内可以做到。事实上，今天在高速计算机和大数据支持下，这个时间段也达不到三周。

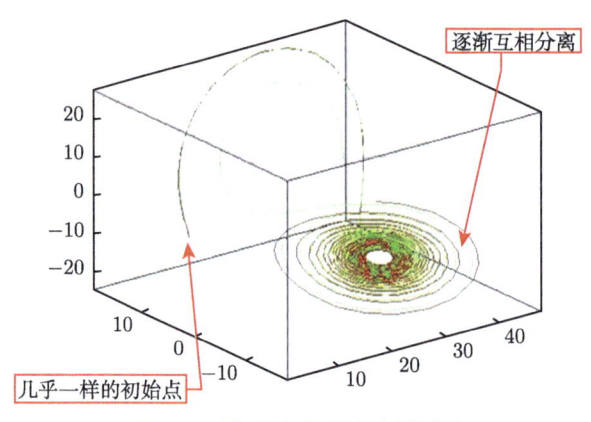

图 3 对初始条件的高度敏感性

在论文末尾，洛伦茨诚挚地感谢了巴里·萨尔茨曼和艾伦·费特。接下来，他在另一篇论文中也同样地致谢了玛格丽特·哈密顿。

在 1963 年这篇里程碑式的论文中，洛伦茨给出了刻画上述 3 个主要变量的非线性方程组，即今天著名的洛伦茨系统或洛伦茨方程：

$$\begin{cases} \dot{x} = a(y-x) \\ \dot{y} = cx - xz - y \\ \dot{z} = xy - bz \end{cases}$$

当参数 $a=10$，$b=8/3$，$c=28$ 时，洛伦茨方程的解在三维空间中的轨道呈现一个漂亮的双涡卷形状的"吸引子"（attractor）。

这个后来被称为"洛伦茨吸引子"的几何对象是空间中一些带稳定性的点的集合，具有某种动力学的吸引性，故称为吸引子。但这个点集并不直观可见。计算机画出来的可视图只是绕着吸引子运动的方程的解轨道，它处于一种不寻常的永不发散、永不休止并且是非严格周期的"混沌"（chaos）运动状态。其中，混沌轨道的不发散特征是由它的全局有界性决定的，而无休止的运动行为则把它区别于通常的骨牌效应。此外，解轨道的非严格周期性展现出它密集的近似周期性运动，但又不会严格地重复过去（用洛伦茨的原话来说，就是"solutions which never repeat their past history exactly"）。此外，这个微分方程组的解由初始条

23/**洛伦茨的蝴蝶效应和混沌故事**

件唯一决定,它是完全确定性的。从方程式可以看出,它没有诸如噪声或外来干扰的随机因素。但系统对初始状态值具有极高的敏感性,让它的解轨道在长时间之后的状态变得不可预测。人们把这种特性称为"确定性的随机"或"确定性的混沌"。由于混沌系统的解是确定性的,它可以用完全相同的初始条件来重演,但它又具有与不可复制的白噪声相同的各种随机特性,因此在工程应用中能派上一些特别用场。

图 4　洛伦茨吸引子

对非专业人士来说,大抵上可以这样直观地去理解混沌系统及其混沌特性。

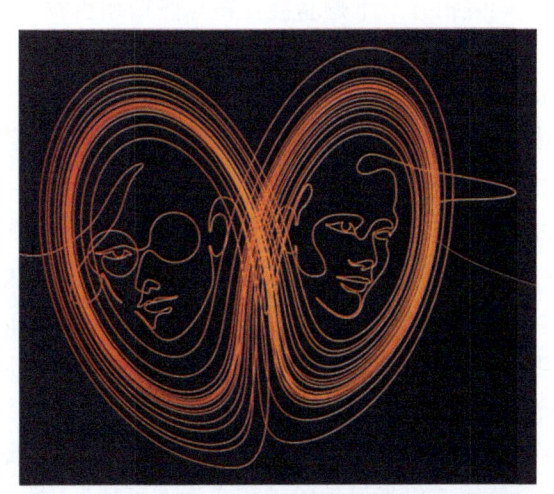

图 5　幕后英雄艾伦·费特和玛格丽特·哈密顿
(Artwork by Olena Shmahalo, *Quanta*, 20 May 2019)

灿烂群星：我心中的杰出科学家

这里回顾一下历史是蛮有趣的。洛伦茨的上述论文并没有使用混沌（chaos）一词。在科学文献中，chaos 一词最早由 MIT 的数学家诺伯特·维纳（Norbert Weiner）1938 年题为"The Homogeneous Chaos"的论文中开始使用，但那是完全不一样的数学概念。第一次正式用 chaos 来描述系统对初始条件极端敏感特性的，是已故数学家李天岩（1945—2020）和他的导师詹姆斯·约克（James A. Yorke，1941—）在 1975 年发表的题为"Period Three Implies Chaos"论文中的著名李–约克（Li-Yorke）定理。不过那是离散系统的混沌，是另一个论题了。

洛伦茨 1963 年这篇科学发现报告发表后，初时只有几个气象学家关注。美国科普畅销书作家詹姆斯·格雷克（James Gleick）1987 出版的名著《混沌学传奇》（*Chaos: Making a New Science*）中说："洛伦茨的这篇论文，在 20 世纪 60 年代杂志上每年会被引用一次。可是二十年后，它每年被引用的次数超过一百。"到 2025 年初，这篇文章已被引用近三万次。

顺便说说，洛伦茨系统属于所谓的耗散系统，其耗散量由流体黏度决定，缺失的能量则依靠热能补给。后来人们知道，许多别的耗散系统都可以产生混沌吸引子。此外，也有许多能量保守系统即哈密顿系统也可以产生不同类型的混沌，但那又是另一个论题了。

开始时，洛伦茨把他的发现比喻为"海鸥飞翔引起了暴风雨"。后来，他接受了一位气象学家朋友 Philip Merilees 的建议，在 1972 年把他的一篇论文取题为："在巴西的一只蝴蝶拍打一下翅膀会在得克萨斯州引发一场龙卷风吗？"于是，后来的科学文献、文学作品和人们日常生活里便有了一个新成语："蝴蝶效应"（"butterfly effect"）。洛伦茨在他 1993 年出版的科普著作《混沌的本质》（图 6）中还有另一种比喻："一个人在中国打个喷嚏也可能会让纽约的人们去铲雪。"

显然，混沌的本质就是对初始条件的高度敏感性。可是，很多事物对初始条件具有高度敏感性的这种观察或认知，其实古来有之。

远至孔子（公元前 551—前 479）的《礼记·经解》，其中《易》里就说过："君子慎始，差若毫厘，谬以千里。"古希腊哲学家亚里士多德（前 384—前 322）也说过："对真实性极小的初始偏离，往后会被成千倍地放大。"近代物理学家詹姆斯·麦克斯韦（James Clerk Maxwell）在 1873 年亦说过："系统初始状态的一个无穷小变化可能会引起该状态在有限时间内出现有限的偏差，这样的系统称为是不稳定的……并且会使得对将来事件的预测成为不可能"。数学家雅克·阿达马（Jacques Hadamard）在 1898 年也提到："初始条件中的误差或者不精确性可能

23/洛伦茨的蝴蝶效应和混沌故事

会使系统长时间的动力行为变得不可预测。"到 20 世纪初,通才数学家亨利·庞加莱(Jules Henri Poincaré,1854—1912)在 1908 年他的书《科学与方法》中写道:"初始条件的微小误差在最后结果中产生极大差别的情况可能发生……于是预测变为不可能,从而我们就看到了许多偶然现象。"但是,所有先贤们的思想、观念和知识都停留在或者说局限于哲学和数学的思辨上,没有展示一个具体的科学实例。洛伦茨的伟大贡献,是他为这种极端敏感性和后来的混沌理论提供了一个简单又精准的物理系统的数学模型。不过,严格的混沌数学理论并不归功于洛伦茨。

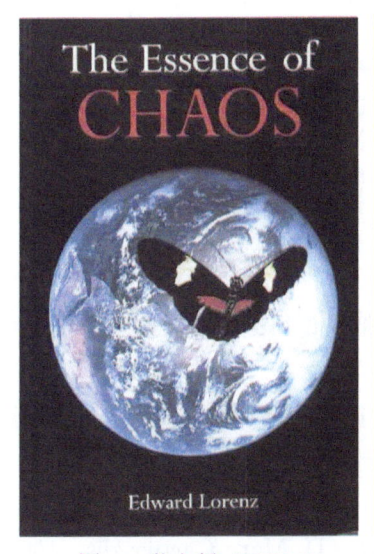

图6 英文版(UCL Press,USA,1993)和中译本(1997)

现代混沌数学理论的鼻祖,是刚才提到的那位通才数学家庞加莱。1887 年,瑞典国王奥斯卡二世(Oscar II)悬赏,征求太阳系稳定性问题的解答,期望解决天体力学中的三体甚至 N 体问题。国王组织了三位当时最有权威的数学家担任评委:魏尔斯特拉斯(Karl Weierstrass)、米塔–列夫勒(Magnus Mittag-Leffler)和埃尔米特(Charles Hermite)。在那次高端科学论文竞赛中,庞加莱以他对三体问题的研究成果获得了大奖。

得奖论文按规定要在瑞典皇家科学院数学学报(Acta Mathematica)上发表。其时学报有一位负责论文校对的 25 岁年轻人 Lars E. Phragmen,那时他是个数学爱好者,阅读庞加莱论文时发现有个地方老绕不过去,于是便去询问作者。庞

灿烂群星：我心中的杰出科学家

加莱在试图作出解释的过程中发现原文有错，连他自己也绕不过去。

在这种时候，诚实的数学家可能会选择放弃，不诚实的数学家可能会含糊其辞敷衍了事。而这位顶尖的数学家庞加莱呢，在重要错误面前，深思熟虑之后彻底地改变了原来沿用的传统定量分析方法，以全新的定性分析方法重新探讨了这个数学上极其艰深的问题。此举让庞加莱开启了 20 世纪动力系统定性理论，特别是混沌数学理论的先河，尽管该得奖论文拖延到 1890 年才问世（13 卷，1-270）。

图 7　庞加莱和斯梅尔

因为说到混沌的数学理论了，还得先把它说得更清楚一些，才能回去把洛伦茨的故事讲完。

庞加莱对三体问题动力学作了精辟的定性分析之后，时间一下子过了半个多世纪。其间，除了大数学家乔治·伯克霍夫（George D. Birkhoff, 1884—1944）和安德烈·柯尔莫哥洛夫（Andrey N. Kolmogorov, 1903—1987）的贡献之外，还有非常重要但并不广为人知的玛丽·卡特赖特（D. Mary Cartwright, 1900—1998）和约翰·李特尔伍德（John E. Littlewood, 1885—1977），1945 年间两人合作发展了无线电工程问题诱导出来的范·德·波尔（van der Pol）振子的"奇异吸引子"（strange attractor）的数学理论。十二年后，1957 年斯蒂芬·斯梅尔（Stephen Smale, 1930—）从密歇根大学数学博士毕业，在普林斯顿高等研究院（IAS）访问了一段时间之后，在美国国家自然科学基金支持下于 1959 年底来到了巴西里约热内卢著名的纯粹和应用数学研究院（IMPA）做博士后研究。这段时间他经常到沙滩去晒太阳，觉得沙滩的喧闹丝毫不会影响他深入思考各种数学问题。

年轻的斯梅尔在一篇自己感到自豪的文章中提及了他的一个猜想："混沌不存在！"（"Chaos doesn't exist!"）但是，他很快就接到 MIT 的数学家诺曼·莱文森（Norman Levinson, 1912—1975）的来信，给他举了一个反例，同时向他介绍了卡特赖特–李特尔伍德的研究成果。后来，斯梅尔在 1998 年为《数学信使》(*Mathematical Intelligencer*) 写的一篇题为《在里约热内卢海滩上发现马蹄》的文章中回忆道："[当时] 我夜以继日地工作，试图解决这个挑战……我最后说服了自己，莱文森是对的而我的猜想是错了。混沌已经隐含在卡特赖特–李特尔伍德的分析之中！现在谜团已经解开，是我作出了错误的猜测。但是在这个学习的过程中，我发现了马蹄！"——好一个庞加莱式的数学家！

斯梅尔的"马蹄"理论可以用下面的示意图作一个简单解释。想象一个映射 f 把左上角的椭圆状面积投影到左下角的马蹄形面积去。它可以通过右面的压缩、拉伸和折叠三步操作而合成。然后，把马蹄放到左上角去取代椭圆的位置，再次用映射 f 投影到左下角去，这也可以通过同样的压缩、拉伸和折叠三步操作而完成。至此，做完了二次迭代，f^2。然后，再重复同样的步骤，直到完成 n 次迭代，f^n。理论上，$n \to \infty$，便可以得到密密麻麻无穷多个点，是前面所有大大小小马蹄的交点集合，称为康托尔（Cantor）集。容易看出，开始时在椭圆上相距很远的两个点，通过多次映射（反复压缩、拉伸和折叠）之后，会被转移到非常接近的相邻位置上。现在，如果从任意两个无论怎样接近的不同点出发，进行逆映射 f^{-n}，便会发现当 n 越来越大时，两条迭代轨道就会分离得越来越远，即开始时极小的差别会导致后来极大的差别。直观地说，f^n 把开始离得很远的两个点映射到康托尔集里非常接近的相邻位置上，而 f^{-n} 则完成相反的工作。这个 f 称为斯梅尔马蹄映射。斯梅尔的马蹄理论用清晰具体的数学方式来表达并严格证明了混沌的最基本属性：对初始条件的极端敏感性。

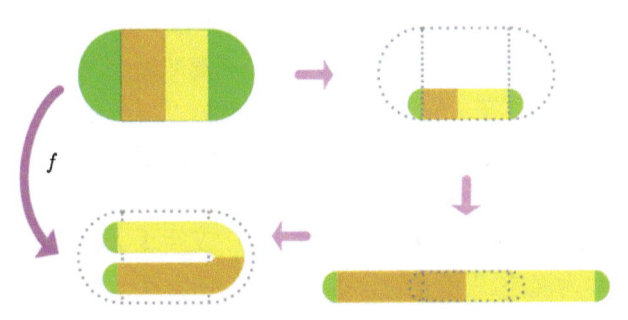

图 8　斯梅尔马蹄映射示意图

斯梅尔是非常有个性的数学家。1968 年，约翰逊总统的科学顾问 Donald Hornig 在《科学》(*Science*) 杂志刊文批评斯梅尔，说他领着国家自然科学基

灿烂群星：我心中的杰出科学家

金去巴西沙滩晒太阳："数学家们一本正经地提出要纳税人认同数学创造应该由公款资助到里约热内卢去躺沙滩……"多年以后，斯梅尔在上面提及的 1998 年文章《在里约热内卢海滩上发现马蹄》中对 Donald Hornig 作出了公开的反驳，说自己在里约热内卢沙滩上所作的数学创造"正是马蹄理论和高维 [所有高于 4 维] 庞加莱猜想的证明"，其中后面一项成就让斯梅尔荣膺 1966 年菲尔兹奖。

图 9　科普混沌的中文书《中央之帝为浑沌》

继续回顾历史，还有很多故事。前面说到，在数学文献中第一次正式用 chaos 来描述系统对初始条件极端敏感特性的，是 1975 年的李–约克（Li-Yorke）定理。而最早把英文 chaos 翻译为中文"混沌"的，是北京大学荣休教授朱照宣先生（1930—2002）。这一名称引来许多有趣的中国神话故事。已故郝柏林院士（1934—2018）在他英文版《混沌》扉页以及《湍鉴——混沌理论与整体性科学导引》一书前言中，都引用过《庄子·应帝王》中的一句话，"南海之帝为儵，北海之帝为忽，中央之帝为浑沌"。其中，儵和忽后来变为成语"儵忽之间"，而古时的"浑沌"就是今天的"混沌"。中国道教始祖老子（约公元前 571—前 471）留下《太上老君八十一化图》，其中第二化曰："空洞之中，又生太无，太无之内生玄元始三气，三气相合，称为混沌。"就是说，古人心中的宇宙从无到有，由某种混沌状态开始。

即使以今天的科学观来看太阳系、银河系以至整个宇宙，都可以把它们看作是混沌系统。首先，这些系统长期在如常运行，既不发散也不休止。其次，在天文时空尺度下，并没有严格周期运动的天体。要计算周期就得使用时间。我们今天使

23/洛伦茨的蝴蝶效应和混沌故事

用的历法，俗称阳历，是天主教皇格里哥利 13 世（Gregorius XIII，1502—1585）在公元 1582 年设定的。在这个年历里，二月份只有 28 天，从而每年有 365.2425 天，但每四个世纪再加入一个闰年即增多 1 天的话历法会更准确，可是这样一来平均每年就有了 365.24242424 天，因为这个做法让每年多出了 26 秒。不过，如果每隔 128 年再扣掉一个闰年，则每年有 365.242190419 天，400 年将相差不到 3 个小时。目前没有比这个更精确的历法了。可是，它还不是数学意义下的严格周期。国际度量衡总局（International Bureau of Weights and Measures）使用国际原子时间（International Atomic Time），规定每年的 1 月 1 日或 7 月 1 日对时间作出微调，每次增加或者减少原子钟定义的 1 秒。这样一来，尽管年有四季，冬去春来，人类实际上永远无法让"一年时间"严格周期化。因此，按前面对"混沌"的通俗理解，所有的天体在天文时空尺度下都是混沌系统——看来在宇宙完全坍塌之前大概就是这样。

图 10　混沌的太阳系

现在再回来，继续说洛伦茨的故事。

许多科学家有一种共识，20 世纪科学史上三件最重大的事件是相对论、量子论和混沌论。相对论界定了牛顿力学有效的最大时空界限，就是当物体运动接近光速以及在十亿光年的大尺度宇宙空间里，牛顿力学不再适用；量子力学则界定了牛顿力学有效的最小时空界限，就是在微观世界里牛顿力学不再适用；而混沌论则打消了确定性意味着一切均可预测的信念。

在经典物理学中，著名数学家皮埃尔–西蒙·拉普拉斯（Pierre-Simon Laplace，1749—1827）代表了他那个时代绝大部分人的科学观，认为如果一个确定性的系统有确定的初始状态，那么这个系统在未来所有时刻的状态都已经被完全确定了并且可以通过精确无误的计算而获得。他说："我们可以认为宇宙的现在是由它的

215

灿烂群星：我心中的杰出科学家

过去来决定的；现在也是决定未来的原因。如果有一位智者在某一时刻获知了自然界一切物体的位置和相互作用力，并且他具有超常的数据分析能力，那么他就可以把宇宙这个最庞大的物体直至到原子这个最细微的颗粒全都囊括到一个公式中去。对于这位智者来说，没有什么东西是不确定的——宇宙的未来会像它的过去一样完全呈现在他的眼前。"洛伦茨让拉普拉斯这段名言变成了"妄语"（demon）。

洛伦茨的非凡科学发现让他在 1991 年荣获被誉为"日本诺贝尔奖"的京都奖（Kyoto Prize），"奖励他发现了'确定性混沌'这一杰出科学贡献，它是深刻地影响了广泛基础科学领域的一条原理，揭示了牛顿以来人类对自然认知的又一次翻天覆地的变化"。该奖励给洛伦茨颁发了一幅奖状、一个 20K 金奖章，以及五千万日元（折合人民币三百多万元）的奖金。历史上，第一次京都奖在 1984 年颁发，获奖者是洛伦茨在 MIT 的校友、数学家克劳德·香农（Claude E. Shannon），奖励他在信息论方面的奠基性贡献。

图 11　京都奖颁奖典礼

洛伦茨一生获得过不少荣誉和奖励。他于 1969 年获美国气象学会 Carl-Gustaf Rossby 研究奖，1973 年获英国皇家气象学会 Symons 金质奖章，1975 年当选为美国国家科学院院士，1981 年当选为挪威科学与文学院外籍院士，1983 获瑞典科学院 Crafoord 奖，1984 年获英国气象学院授予荣誉院士，1989 年获美国富兰克

23/洛伦茨的蝴蝶效应和混沌故事

福研究院颁发 Elliott Cresson 奖章。此后,洛伦茨于 2000 年获世界气象组织授予国际气象组织奖,2004 年获俄罗斯国家科学院授予罗蒙洛索夫金质奖章,并获荷兰艺术与科学院于 1888 年设立、十年颁发一次的 Buys Ballot 奖章。洛伦茨生前最后一次演讲是 2008 年初在意大利罗马接受 Tomassoni 奖时的领奖演说,题目依然是"蝴蝶效应"("The Butterfly Effect")。

洛伦茨是个传统科学家。他一生发表了 61 篇论文,任职后至离世平均每年发表 1 篇,其中 58 篇是他自己一个人写的,另外 3 篇分别和一位同事合作,但没有他的导师。记录表明,他 33 岁时发表第一篇论文,在 50 岁以前仅发表了 18 篇,而 60 岁以后却发表了 31 篇。他的发文高峰期在 45—75 岁之间。他人生最后一篇论文也是自己写的,去世后于 2008 年 8 月由 Physica D 杂志刊登出来,题为"Compound Windows of the Hénon Map"(237:1689-1704)。

图 12　洛伦茨晚年还经常做学术演讲

洛伦茨为自然科学和社会科学创下了一个不朽的奇迹,然而他的生平却相对简单。洛伦茨于 1917 年 5 月 23 日出生在康涅狄格(Connecticut)州的 West Hartford。他父亲 Edward Henry Lorenz(1882—1956)是 MIT 机械工程毕业生,母亲 Grace Peloubet Norton(1887—1943)从他年少开始一直鼓励和引导他和高手下棋并做博弈游戏,十分注重他的智力发展。他的外祖父 Lewis M. Norton 是 MIT 教授,也是开设化工课程第一人。洛伦茨 1938 年从 Dartmouth College 获得数学学士学位,1940 年从哈佛大学获得数学硕士学位,1941 年独自在美国科学

灿烂群星：我心中的杰出科学家

院院刊（PNAS）发表了第一篇论文"A Generalization of the Dirac Equations"。他接下来到了部队服役，第二次世界大战期间在空军气象站当天气预报员。这期间，1943 年他在 MIT 完成了气象硕士学位，战后 1948 年在 MIT 取得了气象博士学位。他的博士导师 James Murdoch Austin（1915—2000）是新西兰人，美国科学与艺术科学院院士，曾获得过总统颁发的自由勋章。洛伦茨的博士论文题为《应用水力学和热力学方程研究大气模型的新方法》。他毕业后留校在气象系任教，1962 年晋升为正教授，1977—1981 年间任系主任，1987 年荣休，2008 年 4 月 16 日因患癌症在家中离世，享年 91 岁。他夫人 Jane Loban 于 2001 年去世。他们有三个孩子：女儿 Nancy 和 Cheryl，儿子 Edward。

洛伦茨是个温文尔雅的谦谦君子。朋友们都说他"modest and soft-spoken"。他喜欢野外跋涉和高山滑雪，还常常在学术会议之后去附近的山林远足。他去世时，女儿 Cheryl 对亲友说："他两周半前还去爬山，一周前还和同事一起完成了一篇论文。"

图 13　洛伦茨在 Mt Battie 爬山

2011 年，MIT 成立了洛伦茨学术研究中心，秉承洛伦茨的意愿，"追求对气象学基本原理的认知"。研究中心的筹建者曾引述洛伦茨在 2005 年写下的一段话："人们经常都会看到，纯粹理论研究的一点点成果，也许在很长时间之后，会导致连做该纯理论研究的科学家都始料不及的实际应用。"

图 14　MIT 洛伦茨学术研究中心

（本文首发表于 2020 年 10 月 14 日）

24 罗伯特·梅和离散混沌故事

罗伯特·梅（Robert McCredie May，1936 年 1 月 8 日—2020 年 4 月 28 日）无疑是传奇式人物中的传奇。

图 1　罗伯特·梅

罗伯特，昵称 Bob，因老年痴呆症并发肺炎于 2020 年 4 月 28 日在英国牛津的一个养老院离世，享年 84 岁。

9 月 24 日，《美国生态学会会刊》（*Bulletin of the Ecological Society of America*）在线发表了普林斯顿大学几位生态学家的纪念文章，开篇赞评便说："如果能够拥有一个精彩的职业人生，我们绝大多数人都会感到无比荣幸，而 Bob 至少有五个。"

虽然这句话意指罗伯特·梅的科学人生经历了至少五个辉煌的阶段，他确实也是一位成绩卓越、五位一体的学者：理论物理学家、应用数学家、数学生态学家、数值传染病学家和复杂性科学家。他是英国最有影响的科学家之一，在生物多样性、群体动力学和流行病学方面都做出了奠基性的贡献，成就斐然。

谈到学术成就，不知从什么时候开始大家习惯了用一把可以计量的尺子去量度一下：发几篇 SNC[①] 了？戴几顶帽子了？得多少个大奖了？当然，这些对于罗伯特·梅来说完全不是一个问题。

记录表明，学者罗伯特·梅一生发了 224 篇 "*Nature*" 和 59 篇 "*Science*"，其中有许多科学论文也有不少学术评论。他的 h 指数为 177，还在增长中的引用总数超过 166000。

记录也表明，名冠爵士和牛津男爵的罗伯特·梅是英国政府前首席科学顾问（1995—2000）、英国皇家学会院士和前主席（2000—2005）、英国皇家工程院、美国科学院、澳大利亚科学院、欧洲科学院（Academia Europaea）等多个国家和地区科学院院士，并且荣膺普林斯顿、耶鲁、悉尼、ETH、牛津、哈佛等多所名校的荣誉博士学位。他还曾任 1913 年成立的英国生态学会主席（1992—1993）、普林斯顿大学学术委员会主席（1977—1988）以及圣塔菲研究所科学委员会主席，等等。

记录还表明，科学家罗伯特·梅获奖无数。代表性的有英国皇家学会科普利奖章（Copley Medal）（2007）、日本蓝行星奖（Blue Planet Prize）（2001）、瑞士-意大利巴尔赞奖（Balzan Prize）（1998）、瑞典皇家科学院克拉福德奖（Crafoord Prize）（1996）、美国生态学会麦克阿瑟奖（MacArthur Prize）（1984）等重大奖项。其中英国皇家学会科普利奖章（Copley Medal）是世界上最古老最著名的科学奖，始于 1731 年，获奖者包括众所周知的富兰克林、哈密顿、高斯、法拉第、亥姆霍兹、吉布斯、门捷列夫、卢瑟福、爱因斯坦、普朗克、波恩、哈代、狄拉克、霍金、希格斯等等。而瑞典皇家科学院的克拉福德奖（Crafoord Prize）在 1983 年授予混沌学先驱爱德华·洛伦茨（Edward N. Lorenz）。

其实罗伯特·梅在学术界里更广为人知的是他的科学贡献：他和 Roy M. Anderson 合著、在 1992 年由牛津大学出版社出版的 700 多页的专著 *Infectious Diseases of Humans: Dynamics and Control* 被称为传染病数学模型和分析的圣经，至今获得 37,000 多次引用，其中引进并研究了今天熟知的传播因子即再生数，用以界定疾病传播的收敛和发散的速度，并且建立了早期的 HIV 传染病传播数学模型。他自己写的一本著作 *Stability and Complexity in Model Ecosystems* 在 1973 年由普林斯顿大学出版社出版后 2001 年再版，至今获得 9000 多次引用。他关于动物捕食模型的梅–维格纳（May-Wigner）稳定性定理在该研究领域中特别有名。而他毕生备受关注的论文则是 1976 年在《自然》上发表的题为 "Simple mathematical models with very complicated dynamics" 的论文（*Nature*，1976，261：

---

① SNC 是 *Science*（《科学》）+ *Nature*（《自然》）+ *Cell*（《细胞》）三份刊物的简称。

459-467），至今被引 8700 多次。这是一篇里程碑式的论文，背后有许多故事。

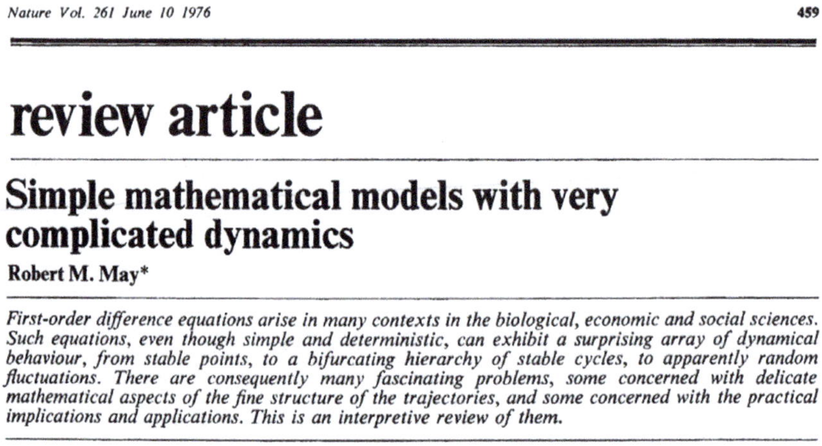

> Nature Vol. 261 June 10 1976
>
> ## review article
>
> ### Simple mathematical models with very complicated dynamics
>
> Robert M. May*
>
> *First-order difference equations arise in many contexts in the biological, economic and social sciences. Such equations, even though simple and deterministic, can exhibit a surprising array of dynamical behaviour, from stable points, to a bifurcating hierarchy of stable cycles, to apparently random fluctuations. There are consequently many fascinating problems, some concerned with delicate mathematical aspects of the fine structure of the trajectories, and some concerned with the practical implications and applications. This is an interpretive review of them.*

图 2 罗伯特·梅引进逻辑斯谛（Logistic）映射的里程碑论文

罗伯特·梅自称是个"r-选择型科学家"，喜欢做"简单优雅而又重要的研究"。这里"r-选择型"是生态学里的行话，指受自身生物潜能（最大生殖能力，r）支配的物种。

20 世纪 70 年代，罗伯特·梅在普林斯顿大学任职生态和动物学教授。他孜孜不倦地研究生态系统中的动物捕食模型以及物种生存竞争和演化问题。他注意到了比利时数学家 Pierre Verhulst 在 1845—1847 年期间建立的描述人口数目变化的连续时间 Logistic 方程。这里的单词 Logistic 来自法文 logistique，描述部队的后勤供需及宿营管理。罗伯特·梅把它离散化，获得了"Logistic 映射"，即从第 k 步到第 $k+1$ 步的迭代公式如下：

$$x(k+1) = \lambda x(k)[1-x(k)], \quad k = 0,1,2,\cdots$$

式中，$x(k)$ 为离散实数变量，表示第 k 年的动物个体数量（标准化后取值在 0 和 1 之间），初始值 $x(0) \in (0,1)$，实参数 $\lambda \in (0,4)$ 代表生死变化率。这个数学公式的意思不难理解：当个体数量少（即 $x(k)$ 小）的时候，下一年的数量增长大体上是个常数；当个体数量增加（即 $x(k)$ 变大）时，外界资源比如食物不够了，个体的数量便会减少。

由于这个函数曲线在定义区间上是一条抛物线，只有一个峰值，故此也称为"单峰函数"。罗伯特·梅用它来描述一般生物、经济或社会的演化，例如动物或昆虫的捕食和繁衍。后人则把它类比于"人口"数量的涨落,称之为"虫口"模型。

这个数学映射非常神奇有趣。虽然数学公式看上去很简单,但是它描述的动力学行为却异常复杂。

首先,这个迭代公式的运算过程可以理解如下:从任意一个初始值 $x(0) \in (0,1)$ 开始,代入右边便得到左边的值 $x(1)$。然后把这个 $x(1)$ 代入右边便得到左边的值 $x(2)$。如此周而复始,可不断地计算下去。

容易看出,当 $\lambda = 2$ 时,如果 $x(0) = 0.5$ 则所有后面的 $x(k) \equiv 0.5, k = 1, 2, 3, \cdots$。也就是说,我们获得了一个无穷序列 $\{0.5, 0.5, 0.5, \cdots\}$ 的解,称为周期为 1 的周期解。

然后,作为简单粗略的解释,当 $\lambda = 3.3$ 时,如果从 $x(0) = 0.479$ 开始,每一步计算都作四舍五入只保留三位小数,则有

$$x(1) = 3.3 \times 0.479(1 - 0.479) = 0.824$$

$$x(2) = 3.3 \times 0.824(1 - 0.824) = 0.479$$

$$x(3) = 3.3 \times 0.479(1 - 0.479) = 0.824$$

$$x(4) = 3.3 \times 0.824(1 - 0.824) = 0.479$$

$$x(5) = 3.3 \times 0.479(1 - 0.479) = 0.824$$

$$x(6) = 3.3 \times 0.824(1 - 0.824) = 0.479$$

······

由此我们获得了一个无穷序列 $\{0.479, 0.824, 0.479, 0.824, \cdots\}$,是周期为 2 的周期解。

现在,我们一方面可以把这两个周期 1 和周期 2 的解在图纸上分别打上一个点和两个点,另一方面可以继续把所有不同参数值 $\lambda \in (0, 4)$ 和所有对应不同初始值 $x(0) \in (0, 1)$ 都算一遍,并把得到的解序列分别在同一张图上打上对应的点,便会得到图 3 所示的曲线。

上面的 Logistic 映射公式很简单,连微积分都用不上,中学生都看得明白。但是,由它计算出来这幅图 3 就不简单了,特别是在参数 λ 取值接近 4 的时候。具体地说:

灿烂群星：我心中的杰出科学家

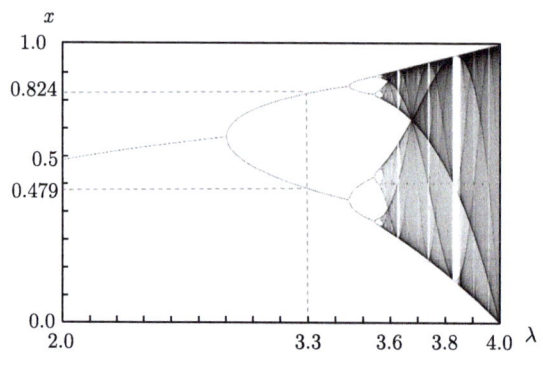

图 3　Logistic 映射的计算结果曲线（称为分叉图）

- 当 λ 由很小的正值（比如 0.1）变到 1 时，曲线很快地趋向于 0（是一个稳定值）。
- 当 λ 继续增大时，曲线慢慢上升，逐次到达一个接着一个的稳定值（曲线上一个个非零点，均为周期 1 的解）。
- 当 λ 继续增大时，曲线开始出现分叉，每次有 2 个稳定值（曲线上两个点，对应一个周期 2 的解），比如上面计算 $\lambda = 3.3$ 的时候。
- 当 λ 继续增大时，曲线相继出现 4 个、8 个、16 个、32 个……稳定值（不同周期的周期解），这个过程称为"倍周期分叉"。
- 当 λ 继续增大到接近 4 时，系统进入"混沌状态"，这时曲线上密密麻麻的点的全体组成了一个周期很长的解。
- 之后，如果 λ 再继续增大，到超过 4 时，复杂的曲线就突然"坍塌"而发散，变得简单无趣了。

这个过程以及图 3 所示的曲线，都出乎意料的复杂吧？

不过，聪明的你马上注意到了：周期总在两倍成对地出现，好像这 Logistic 映射只有偶数周期的周期解吧？

不是的。看到图 3 曲线右侧有一些"窗口"了吗？例如 $\lambda = 3.828$ 对上的地方有一个比较宽的窗口，那里只有 3 个点，对应着周期 3 的解。再往左看，$\lambda = 3.738$ 对应着周期 5 的解，$\lambda \approx 3.702$ 对应着周期 7 的解，等等。这 Logistic 映射不但有偶数的周期解，还有多种不同奇数的周期解，只不过它们不像偶数分叉过程那么有序而已。

事实上这神奇的映射还有不少其他有趣的特性呢。

如果把对应 2, 4, 8, 16 等分叉点的参数 λ 值记为 $\alpha_1, \alpha_2, \alpha_3$ 等等,那么 $\alpha_n - \alpha_{n-1}$ 就是它们两两之间的距离。考虑比值

$$\delta_n = \frac{\alpha_{n-1} - \alpha_{n-2}}{\alpha_n - \alpha_{n-1}}, \quad n = 1, 2, 3, \cdots$$

你会发现,当 $n \to \infty$ 时,$\delta_n \to 4.6692\cdots$。这个极限数字叫费根鲍姆常数,由费根鲍姆(Mitchell Feigenbaum,1944—2019)在 1975 年用简单的 HP-65 计算器算出。费根鲍姆还通过高阶微分运算发现了关于分叉高度差之比的极限,即费根鲍姆第二常数 $2.5029\cdots$。不过更值得一提的是,费根鲍姆常数对同类型的映射如 $x(k+1) = \mu - x^2(k)$ 都是成立的,也就是说它具有一定的普适性。

图 4 费根鲍姆(1944—2019)

1976 年,罗伯特·梅在《自然》上发表的题为 "Simple Mathematical Models with Very Complicated Dynamics" 的论文,详尽地介绍和分析了这个简单神奇的 Logistic 映射。今天,这篇论文已被视为离散混沌理论的开山之作,而 Logistic 映射就是离散混沌系统的第一个和最重要的一个代表性例子。

不过,离散混沌的精彩故事还得从 1973 年的马里兰大学讲起。

马里兰大学在 1949 年成立了一个流体动力学与应用数学研究所,1976 年后改名为物理科学与技术研究所。1972 年,该研究所气象组的 A. Feller 教授将爱德华·洛伦茨在气象学期刊上发表的关于气象预测模型的 4 篇文章推荐给数学系的詹姆斯·约克(James A. Yorke),说这些文章太理论和数学化了,他们看不

灿烂群星：我心中的杰出科学家

懂，但也许数学教授们会感兴趣。这几篇文章中，最关键的是洛伦茨发现第一个具体混沌系统的论文"Deterministic Nonperiodic Flow"（*Journal of Atmospheric Sciences*，1963，20：130-141）。

图 5　洛伦茨

1973 年 4 月的一天下午，约克一位得意门生李天岩（Tien-Yien Li）来到了他的办公室。约克兴奋地说："我有个好想法要告诉你！"李天岩当时是他的博士生，1968 年从台湾新竹清华大学数学系毕业后服了一年兵役，然后来到了约克门下，做微分方程研究。虽然是学生，李天岩只比导师小四岁，因此两人亦师亦友。像平常那样，李天岩半开玩笑地问："你这个新想法足以往《美国数学月刊》（*American Mathematical Monthly*）投篇文章么？"大家都知道，《美国数学月刊》是创办于 1894 年的老杂志，很有名气，但只是数学科普类型的月刊，通常不发表高深数学论文。约克笑了笑，说他真有个新想法，源于洛伦茨的 4 篇文章。李天岩听完那个想法之后，感慨地说："这样的结果确实非常适合那个月刊！"因为他预感到了，如果能够把结果证明出来的话，其描述并不需要涉及高深的数学语言，大学生研究生应能看得懂。

大约两个星期之后，李天岩向导师作了汇报：证明完成了！约克的想法是对的：一个从区间到区间的连续映射如果有周期 3 的解的话，它就是"混沌"的。具体一点的通俗表述就是：考虑一个连续映射 $f:[0,1] \to [0,1]$。那么，

（1）存在一个点 $a \in (0,1)$，使得映射 f 在其上满足：$f^3(a) \leqslant a < f(a) < f^2(a)$ 或者 $f^3(a) \geqslant a > f(a) > f^2(a)$。这里 f^m 是映射 f 的 m 次迭代。特别地，当 $f^3(a) = a$ 时，映射 f 有周期 3 的解。由此可以推出，对任何一个正整数 n，映

射 f 都有周期 n 的解。

（2）存在区间 [0,1] 中一个不可数的点集，使得映射 f 从其中任何一个点出发的迭代结果数列既不是周期的，又不趋向于任何一个周期解，最终的走向是不可预测的"混乱"。由此可以推出，映射 f 对初始条件具有高度的敏感性。

映射 f 在上述意义下是"混沌"的。

可能李天岩一直把月刊放在心里，他证明上述定理过程中尽量避免把推理写得晦涩难懂，所用到的只是初等微积分里的连续函数的介值定理。

他们把文章的严格证明写好后，竟然破天荒地正式引进了一个"并不数学"的名称 chaos（混沌），因为映射 f 是完全确定性的，但迭代结果却是不可预测的"混乱"。有趣的是，两位作者还真按照原来开玩笑时说的那样，把文章投到月刊去了。当时文稿的参考文献只列有洛伦茨的那 4 篇文章。

可是没过多久，稿件被月刊退回来了，说文章的学术研究味道还是太重了，不适合他们的读者群。那时两位作者也漫不经心，尚未感觉出他们这篇文章有什么伟大意义。于是李天岩把稿件往办公桌上一丢，就让它在那里躺了将近一年时间，两人都不再过问。

1974 年是马里兰大学数学系的生物数学"特殊年"，这期间他们每周都请生物数学这个领域中一位最杰出的学者来系里演讲。在 5 月份的第一周，他们从普林斯顿大学生态和动物系请来了罗伯特·梅，请他每天给一个讲座。最后一天是周五，上午演讲时罗伯特·梅介绍了他发现的 Logistic 映射，即虫口模型，也就是那幅有趣的图 3。当时罗伯特·梅有把握的只是图中左边对应着较小数值 λ 那部分比较规则的曲线所表达的生物含义。至于当参数 λ 接近 4 时图形表现出来"乱七八糟"的行为，他也解释不清楚，说也许只是计算误差所造成。

下午课程结束，约克便把客人送到飞机场。其间，约克把与李天岩合写的手稿送给他看。罗伯特·梅过目后非常兴奋，认定这个数学定理完全解释了他的疑问。约克从飞机场折回学校后就去找李天岩，催促他说："我们应该马上改写这篇文章。"

文章在两周内就改写好了，引用了罗伯特·梅的工作，从 Logistic 映射谈起，并补充了一些相关文献。两位数学家不改初衷，把文章重投《美国数学月刊》。

三个月后，月刊通知他们，文章现在可以接收了。这篇"数学科普"文章不但有洛伦茨的气象系统，还有罗伯特·梅的 Logistic 映射，更有一条漂亮的数学定理，最后于 1975 年 12 月面世（T.-Y. Li, J. A. Yorke, "Period Three Implies

灿烂群星：我心中的杰出科学家

Chaos", *American Mathematical Monthly*, 1975, 82: 985-992)。该文至今被引用 5000 多次。后来罗伯特·梅回忆说, 其实他在看到李–约克手稿之前, 并不知道洛伦茨和他的系统。

普林斯顿高等研究院已故理论物理学家弗里曼·戴森（Freeman Dyson, 1923—2020）在他于 2009 年初由《美国数学会会刊》（*Notices of the American Mathematical Society*）发表的、在"爱因斯坦讲座"上演讲过的文章《鸟与蛙》("Birds and Frogs")中说："在混沌学的领域中, 我知道的只有一条严格证明了的定理, 那是由李天岩和詹姆斯·约克在 1975 年发表的一篇短文《周期 3 意味着混沌》中所建立的。"他将李–约克的这篇论文誉为"数学文献中不朽的珍品之一"。

图 6　约克为庆祝李天岩（1945—2020）70 大寿专门定制了一瓶标有"混沌"商标的葡萄酒

但是, 李–约克定理的故事并没有就此结束。

翌年, 约克到苏联参加一个国际数学会议, 报告了李–约克定理。这期间, 一位略为年长的数学家友好地笑着对他说："你这'周期 3 意味着所有周期'的结果呀, 我十年前就发表过了, 而且其中的周期隐含规律我都说清楚了。"

啊?! 这着实让约克大吃了一惊。

这位老大哥是乌克兰数学家沙可夫斯基（Oleksandr M. Sharkovsky, 1936—2022）, 他的论文用俄文发表在一个不甚知名的乌克兰数学杂志上（"Co-Existence of Cycles of a Continuous Mapping of the Line into Itself", *Ukrainian Mathematical Journal*, 1964, 16: 61-71)。

图 7　沙可夫斯基（1936—2022）

沙可夫斯基定理说，让我们把所有的正整数 n 按如下的次序排列起来：

$3, 5, 7, 9, 11, 13, 15, 17, \cdots, (2n+1) \times 2^0, \cdots$

$3 \times 2, 5 \times 2, 7 \times 2, 9 \times 2, 11 \times 2, \cdots, (2n+1) \times 2^1, \cdots$

$3 \times 2^2, 5 \times 2^2, 7 \times 2^2, 9 \times 2^2, 11 \times 2^2, \cdots, (2n+1) \times 2^2, \cdots$

$3 \times 2^3, 5 \times 2^3, 7 \times 2^3, 9 \times 2^3, 11 \times 2^3, \cdots, (2n+1) \times 2^3, \cdots$

$\cdots\cdots\cdots\cdots$

$\cdots, 2^n, \cdots, 2^6, 2^5, 2^4, 2^3, 2^2, 2^1, 2^0$

那么，对于连续区间映射 $f:[0,1] \to [0,1]$，如果 f 有周期为 m 的解，即 $f^m(x)=x$ 但 $f^k(x) \neq x (0<k<m), x \in [0,1]$，并且在上面的次序中 n 排在 m 后面的话，则 f 一定有周期为 n 的解。

不过，沙可夫斯基定理是一个拓扑学而不是动力系统方面的结果。它基本上包括了李–约克定理中的第一部分，即如果该映射有周期为 3 的解，它就有所有正整数周期的解；但它完全没有涉及到李–约克定理中的第二部分，即该映射对初始条件的极端敏感性。而今天的混沌数学理论就是建立在这个最根本的敏感性条件之上，与"具有所有周期"这一特性关系不大。因此，今天科学界说的著名的"李–约克定理"（Li-Yorke Theorem），指的是它的第二部分。不过，尊重原文的历史性标题，也为了让读者容易记忆，习惯上大家还是保留原来的说法，即李–约

灿烂群星：我心中的杰出科学家

克定理是一个关于"周期 3 意味着混沌"的结果。

李天岩和约克这两位数学家始料未及，他们出于好奇心写出来的这篇科普杂志上发表的"小文章"，以半开玩笑的方式使用了"混沌"（chaos）一词，却为整个离散动力系统理论引进了一个全新的研究方向，建立了严格的离散混沌理论基础，并提供了一个关于对初始条件高度敏感性的关键数学判据。

后来，约克和"分形之父"本华·芒德布罗（"Father of fractals"，Benoit B. Mandelbrot，1924—2010）一道分享了 2003 年的十分著名的日本奖（Japan Prize）。

图 8　芒德布罗

像 Logistic 映射反复迭代后会有周期解那样，我们关于离散混沌的传奇故事从罗伯特·梅开始，回顾了许多历史和人物之后，最终还要回到起点，再说罗伯特·梅的人生。

罗伯特·梅于 1936 年 1 月 8 日出生于澳大利亚悉尼市，父亲是北爱尔兰裔的一位律师，母亲是苏格兰一位工程师的女儿。他七岁那年，父母离异。他的本科在悉尼大学修读化学工程和理论物理，1956 年获得理学学士学位，1959 年以 "Investigations Towards an Understanding of Superconductivity" 为毕业论文获得理论物理学博士学位，随后到哈佛大学当了两年博士后，其时担任冠名 Gordon MacKay 应用数学讲师。在哈佛期间，他和在纽约曼哈顿一个犹太家庭出生长大的 Judith Feiner 结了婚，两人养育有一女儿 Naomi Felicity。1962 年，他回到悉尼大学任教理论物理学，先后任职高级讲师、准教授（Reader，1964）、教授（Personal Chair，1969），至 1972 年。1973—1988 年间，他到了普林斯顿大学，接

24 / 罗伯特·梅和离散混沌故事

替去世的国际上最著名的理论生态学家罗伯特·麦克阿瑟（Robert MacArthur）的职位，成为冠名"Class of 1877"的生态和动物学教授。1988—1995 年间他转到了英国，在牛津大学和帝国理工学院任皇家学会研究教授。1995—2000 年间，他任职英国政府首席科学顾问和英国科学技术委员会主席，2000—2005 年间出任英国皇家学会主席，2005 年之后为牛津大学和帝国理工学院荣休教授。

罗伯特·梅是个关心公益事业的社会活动家。他的超凡演说能力得益于中学时期课外辩论活动受到的训练。他曾经是剑桥大学、英国国家历史博物馆、英国皇家植物园、世界野生动物基金（WWF）、气候变化委员会等政府及社会非营利组织和机构的董事会或委员会成员。他从 20 世纪 60 年代开始就关注人类环境保护，在任职英国政府首席科学顾问期间（1995—2000），他为政府首脑和决策机构制定了"英国关于向政府提供科学建议的原则"（UK Principles of Scientific Advice to Government），其中提出了三条基本原则：公开透明、广泛征求意见和重视不确定性，为应对全球气候变迁作了不少成功的有益建言。在 2008 年金融风暴时期，他研究了金融系统稳定性的数学理论并和英格兰银行一起设计了有效的调节政策以增加银行系统的稳定性。

图 9　罗伯特·梅在圣塔菲研究所图书馆

罗伯特·梅是一个认真严谨的科学家。1996 年，他公开要求停止把"搞笑诺贝尔奖"（Ig Nobel）发给英国人，认为这有损科学和研究的严肃性。

罗伯特·梅喜欢体育运动，特别是打乒乓球和网球。他还喜欢徒步行走——

> 灿烂群星：我心中的杰出科学家

从 1975 年起，40 年来他每年都组织同事们进行暑期步行活动。平时他自己还经常跑步，20 年间跑了共约 15000 公里。他甚至还是英国政府属下的体育学院（UK Sports Institute）的委员会成员。

罗伯特·梅还有一种进取型科学家的特质：要玩就要赢。他夫人 Judith 回忆说，Bob 在家常常和宠物狗 Perri 玩耍，"但每次他都要争取去赢"。

回顾罗伯特·梅的一生，你会发现：有些传奇科学家就是这么传奇。

（本文首发表于 2020 年 12 月 26 日）

25
迈特纳,她从来也没有失去自己的个性和人性

> 我爱物理,很难想象生活中没有了物理会怎样。
>
> ——莉泽·迈特纳

她是一位奥地利出生的核物理学家、德国历史上第一位物理学女正教授、奥地利科学院第一位女院士,名叫莉泽·迈特纳(Lise Meitner,1878 年 11 月 7 日—1968 年 10 月 27 日)。

图 1　莉泽·迈特纳(1878—1968)

众所周知,元素周期表中后来出现的一些元素都以纪念伟大科学家的方式命名。例如第 96 号元素锔(Curium,Cm)纪念居里夫妇(Curie),第 99 号元素锿(Einsteinium,Es)纪念爱因斯坦(Einstein),第 104 号元素𬬻(鑪,Rutherfordium,

灿烂群星：我心中的杰出科学家

Rf）纪念卢瑟福（Rutherford），等等。1994 年 5 月，国际纯粹与应用化学联合会把第 109 号元素命名为䥑（Meitnerium，Mt），以纪念这位物理学家迈特纳。

图 2　莉泽·迈特纳（生活照）

1878 年 11 月 7 日，莉泽出生在奥地利首都维也纳一位犹太律师家里，小名叫爱丽斯（Elise），在家里八个孩子中排行第三。由于当时的高等中学不接受女生入学，迈特纳在一个私立学校就读。1901 年她通过考试在维也纳科学院高级中学获得了毕业证书。同年，她进入维也纳大学，研读物理、数学和哲学。

大学后期，迈特纳在路德维希·玻尔兹曼（Ludwig Boltzmann）指导下研究放射性物理。1906 年，她以题为《不均匀物质中的热导》的博士论文毕业，成为维也纳第一位女博士，也是世界上第二位物理学女博士（第一位是柏林大学的 Elsa Neumann，1899 年）。接着，她在维也纳大学理论物理研究所工作了一年。1907 年，她来到当时的普鲁士帝国首都柏林，在柏林皇家威廉研究院（Kaiser Wilhelm Institute）研习。她的导师是马克斯·普朗克（Max Planck）和后来合作了三十多年的化学家奥托·哈恩（Otto Hahn，1879—1968）。哈恩是两位英国诺贝尔化学奖得主拉姆齐（William Ramsay）的博士生和卢瑟福（Ernest Rutherford）的博士后。他本人当时也因发现了几种放射性元素而声名鹊起。那个时代的普鲁士不允许女子进入大学接受高等教育和担任高等职务，迈特纳只能以"无薪助手"身份在哈恩的化学研究所实验室研习和工作。不管如何，迈特纳和哈恩合作得非常愉快。迈特纳说："哈恩和我年纪相仿，并且不拘小节。我察觉到，不管我需要知道什么，都可以尽量地去询问他。况且他在放射性领域声誉卓著，我相信他能够

25/迈特纳，她从来也没有失去自己的个性和人性

教我很多学问。"事实上，迈特纳参加工作后不久就开始与哈恩联名发表科学论文。记录表明，1908 年他们共同发表了 3 篇论文，接着 1909 年又一起发表了 6 篇，此后几年一直没有间断过。

图 3　哈恩和迈特纳在柏林皇家威廉研究院化学实验室工作

1912 年起，迈特纳同时兼任普朗克的助教，为学生改作业。迈特纳回忆说："他很亲切地接纳了我，不久后还邀请我到他家。第一次前往拜访时，他对我说：你已经是博士了，还希冀什么呢？我回答说，我希望能更正确地理解物理。但他只讲了些客气话，并没有继续深入话题。我自然认为他对女学生没有太高评价。不过在当时，人们大概也都是这么想的。"在普朗克那里，迈特纳依然无薪工作，直到 1913 年成为化学研究所的正式成员。普朗克是继玻尔兹曼之后对迈特纳产生最重要影响的物理学家，后来成为她的良师益友。

1914 年，第一次世界大战爆发。哈恩奔赴前线，参加了研究应对毒气武器的工作。迈特纳也加入了奥地利战地医院，当了一名 X 射线检测护士并负责照料伤兵。

1917 年战争即将结束时，迈特纳回到柏林并在皇家威廉研究院建立了物理系同时担任系主任至 1938 年。这期间，1922 年她获得了柏林大学教授的职位，1926 年成为杰出教授。她是德国第一位物理学女正教授。

1918 年战争结束后，哈恩重返实验室，继续与迈特纳合作。很快，他们一起发现了后来定为 91 号的放射性元素镤（Protactinium-231, Pa）。这元素最早在 1913 年由波兰美籍化学家法扬斯（Kasimir Fajans）和助手戈林（Oswald Göhring）发

235

灿烂群星：我心中的杰出科学家

现，但 Pa-231 是同族元素中寿命最长的同位素。这段时间里，迈特纳自己大量的研究是对于 α 射线和 β 射线的探索，揭示了放射性的本质以及对其他元素的影响。1924 年，普鲁士科学院授予迈特纳 Leibniz 奖章以表彰她的科学贡献。

1924 年至 1938 年期间，哈恩与两位助手迈特纳和斯特拉斯曼（Fritz Strassmann）成果累累，相继发现了好几种放射性蜕变元素。

可是，到了 1938 年，第二次世界大战中德国吞并了奥地利，让迈特纳变成了德国公民并因犹太人身份而生命受到威胁。她于是离开德国，经荷兰和丹麦来到了瑞典。经尼尔斯·玻尔（Niels Bohr）协助，迈特纳进入了瑞典科学院（Svenska Akademien）实验室，在那里工作至 1946 年。1947 年，迈特纳转到了瑞典皇家工学院，领导一个核物理学小组继续做实验研究。她后来成为瑞典公民。

在瑞典，迈特纳一直保持着与哈恩书信上的学术讨论和交流。1938 年夏天，哈恩在一封信里说他和斯特拉斯曼发现了一个原子核"破裂"现象，并猜测铀（Uranium-239，U）破裂后变成钡（Barium，Ba）和锝（Technetium，Tc），对此很想听听迈特纳的意见。经过半年多的试验研究，1939 年迈特纳和侄子奥托·弗里施（Otto Frisch）联名在《自然》杂志发表了一篇题为《中子导致的铀裂变：一种新的核反应》的论文，完美地解释了哈恩观察到的"破裂"现象。文章大意是，裂变后各原子核的总质量比裂变前的铀核质量小，而这个小小的质量差转变为能量。按爱因斯坦相对论的公式 $E = mc^2$，他们计算出每个裂变原子核释放出 2 亿电子伏特的能量，约为 TNT 爆炸时所释放能量的二千万倍。他们把这个过程叫做 fission（裂变），并引进了"核裂变"（nuclear fission）的概念。这一历史表明，迈特纳和弗里施是世界上最早从理论和实验中知道原子核裂变可以释放出极其巨大能量的科学家。据说迈特纳将新发现告诉玻尔后，玻尔为自己错失了良机而顿足不已："啊，我们真蠢呀！"当时玻尔是如此的激动，几乎错过了他前往美国的轮船。到美国后，玻尔把消息告诉了芝加哥大学的恩利克·费米（Enrico Fermi）。随后，1942 年费米就在美国建立了世界第一台可控核反应堆。

1939 年，第二次世界大战中交战双方的军人政客和科学家都意识到可以利用核裂变制作威力巨大的炸弹，分别开始秘密研制。1943 年，迈特纳接到同盟国研发核武器的曼哈顿计划的邀请，让她去美国从事原子弹研制。她断然拒绝了，说："我和炸弹毫无关系。"多年以后，她自感欣慰，说："作为物理学家，我没有一丁点愧对良心的地方。"

1944 年，哈恩荣膺诺贝尔化学奖。遗憾的是，诺贝尔奖委员会把具有同等贡

25/迈特纳,她从来也没有失去自己的个性和人性

献的两名助手迈特纳和斯特拉斯曼给遗忘了。哈恩自己当然清楚迈特纳和斯特拉斯曼的贡献,因此在接受诺贝尔奖的演讲中提及:"我在铀产生钡的第一篇文章发表后,莉泽·迈特纳和奥托·弗里施立即发表了一篇快讯,使用玻尔的核模型,揭示了这一现象可能是因为重核分裂为两个轻核,总电荷数与裂变前相同。迈特纳和弗里施也从元素质量亏损曲线估计了这一反应释放出来的巨大能量……迈特纳和弗里施很快就证明了,以前认为是超铀元素的那些放射性产物实际上并不是超铀元素,而是分裂时产生的碎片……'核裂变'这一术语来自迈特纳和弗里施。"哈恩还把121,000瑞典克朗奖金中的10,000克朗分给了斯特拉斯曼,另外把更大一部分分给了迈特纳。不过迈特纳将这笔款项全部捐给了爱因斯坦主持的原子物理学家资助委员会(Aid Committee for Atomic Physicists)。

图4 玻尔(前左二)和迈特纳(前右一)

可是,后来哈恩在诸多公众活动和演讲中并不提及迈特纳和斯特拉斯曼。这让迈特纳感到伤心。她在写给朋友的信中说:"当发现哈恩在访谈中完全没提起我,也没讲到我们合作三十年的事,我相当难受。"两人长期的合作和友谊从此出现了裂痕。但她"从来不会当面说一句让哈恩难堪的话"。后来,迈特纳被数次提名诺贝尔奖,其中一次由哈恩推荐,都无果而终。

1945年第二次世界大战结束后,虽然哈恩多次邀请迈特纳回德国工作,但她都婉言拒绝了。她和哈恩在关于二战的观点上有分歧:哈恩强调德国人在战争期

灿烂群星：我心中的杰出科学家

间受到纳粹的压迫、盟军对德国的占领和战后德国人生活的艰辛，而迈特纳则抨击纳粹的罪行并谴责德国给其他国家带来的灾难。在这些方面她对哈恩持批评态度。当时哈恩在德国以至国际科学界声望极高，迈特纳则慢慢远离科学界的核心圈子，因此两人渐行渐远。不过他们都反对制造和使用核武器，在这个基本点上一致，因此两人并没分道扬镳。哈恩在回忆录中坚称迈特纳是他的终生好朋友。

在 20 世纪 50—60 年代，迈特纳经常回德国去，后期不时去探访哈恩和他的家人。1962 年，迈特纳和哈恩重逢于柏林"哈恩–迈特纳研究院"时，留下了一张宝贵的"一笑泯恩仇"照片。

图 5　1962 年重逢于柏林"哈恩–迈特纳研究院"

1945 年，迈特纳被选为瑞典科学院外籍院士，1951 年入籍后转为院士。1946 年，68 岁的迈特纳应邀访问美国，到哈佛、普林斯顿、哥伦比亚等著名院校演讲，顺访了爱因斯坦、费米、拉比、查德威克（James Chadwick）、杨振宁、李政道等诺贝尔奖得主以及外尔等著名数学家，与时任总统杜鲁门共进晚餐，还被美国新闻界评为"年度妇女"（Woman of the Year）。迈特纳在 1947 年荣获维也纳科学奖并当选为奥地利科学院院士，成为奥地利第一位女院士。此后，她于 1949 年荣获德国物理学会普朗克奖章并当选为英国皇家学会外籍院士，1955 年获德国化学会哈恩奖，1957 年获得德国总统颁发的德国科学家最高荣誉奖，1960 年被美国科学与艺术学院推选为荣誉外籍院士。1966 年，迈特纳与哈恩和斯特拉斯曼三人分享了美国原子能委员会颁发的费米奖。此外，迈特纳还获得美国和瑞典几所大学的荣誉博士学位。

25 / 迈特纳，她从来也没有失去自己的个性和人性

图 6　奥地利和德国发行的莉泽·迈特纳纪念邮票

迈特纳的个人生活一向简单平淡。她终身不婚，喜欢独处，并没有留下逸事绯闻。据哈恩和普朗克回忆，迈特纳工作极其专心，也非常刻苦。她自己说过："我爱物理，很难想象生活中没有了物理会怎样。"

1960 年，82 岁的迈特纳移居到英国剑桥，与她侄子弗里施的一家人同住。1968 年 7 月 28 日，哈恩逝世。为了避免迈特纳难过，始终没有人把坏消息告诉她。同年 10 月 27 日，迈特纳也与世长辞了。两人都享年 90 岁。迈特纳被安葬在英国 Hampshire 一个小村落 Bramley 的 St. James Parish 教堂墓地，与她 1964 年去世的弟弟 Walter 的墓相邻。

有感于迈特纳毕生致力于和平利用由她发现的核裂变物理成果，后人在她的墓碑刻上悼唁："一个从来都没有失去她自己人性的物理学家"（A physicist who never lost her humanity）。

图 7　莉泽·迈特纳的墓碑

灿烂群星：我心中的杰出科学家

迈特纳去世以后，月亮和金星上分别有了以迈特纳命名的土坑，太阳系第6999号小行星也有了自己名字迈特纳。2000年，欧洲物理学会设立了核科学的莉泽·迈特纳奖。2006年，瑞典也设立了迈特纳物理奖。此外，奥地利和德国物理学会都分别设立了莉泽·迈特纳学术讲座系列，以及美国高等研究基金会的一个主要核能项目也以迈特纳来命名。

图8　莉泽·迈特纳塑像（柏林洪堡大学）

（本文首发表于2020年9月15日）

26
没有最早，只有更早：罗卡德还有故事

混沌（chaos）的概念和认知或可追溯到古老的中国和希腊。但是，混沌数学理论，即可以用微积分公式和方程来定性定量表述的混沌理论，学界普遍认为是由法国通才数学家亨利·庞加莱（Jules Henri Poincaré，1854—1912）开始的，他给出了关于混沌系统对初始条件高度敏感的数学描述以及极限环概念的刻画。

荷兰电气工程师巴尔塔萨·范德波尔（Balthasar van der Pol, 1889—1959）于1927年9月在《自然》杂志上发文，报告了他在霓虹灯实验中观察到真空管放大器的电流存在具有极限环的振荡现象。范德波尔写下了这个张弛振荡器（relaxation oscillator）的微分方程：

$$\ddot{x} - k\left(1 - x^2\right)\dot{x} + x = bk\lambda\cos(\lambda t + \alpha)$$

其中 k, b, λ, α 为参数。这个方程和瑞利勋爵（Lord Rayleigh, John William Strutt, 1842—1919）的方程是等价的，它还可以看作是李纳德（Alfred-Marie Liénard, 1869—1958）方程的一种特别情形。不过，这个方程极限环的存在性是范德波尔在 $k > 0$ 和 $b = 0$ 时在实验中证实的。在 $k > 0$ 和 $b \neq 0$ 以及 $\lambda \neq 0$ 即有驱动信号输入时，在某种自然频率下他听到了来自系统内部的"毫无规律的噪声"。这篇文章很可能是观察到物理混沌现象最早的实验报告，只不过那时还没有混沌这个概念。其严格的数学理论则是后来英国数学家玛丽·卡特赖特（Dame Mary Lucy Cartwright, 1900—1998）和约翰·李特尔伍德（John E. Littlewood, 1885—1977）建立的。

注意到上述范德波尔方程要产生混沌的话需要振荡信号输入。这个时变函数驱动的方程是非自治的，而且不是简单低次的多项式系统。今天名满天下的简单三维一阶二次多项式自治微分方程描述的混沌系统是由美国气象学家爱德华·洛伦兹（Edward N. Lorenz, 1917—2008）在1963年发现的：

灿烂群星：我心中的杰出科学家

$$\begin{cases} \dfrac{\mathrm{d}x}{\mathrm{d}t} = a(y-x) \\ \dfrac{\mathrm{d}y}{\mathrm{d}t} = cx - xz - y \\ \dfrac{\mathrm{d}z}{\mathrm{d}t} = xy - bz \end{cases}$$

当参数 $a=10, b=8/3, c=28$ 时，这个洛伦茨系统是混沌的。

不过,混沌还有故事。这个故事关于法国物理学家伊夫–安德烈·罗卡德（Yves-André Rocard，1903 年 5 月 22 日—1992 年 3 月 16 日）。

1941 年，罗卡德出版了一本法文著作《振荡器理论》（*Théorie des oscillateurs*）。书的第五章题为"经济的振荡理论"（"Les oscillateurs des thoreories economiques"），其中他基于范德波尔的张弛振荡器方程设计了一个计量经济数学模型，用来描述经济的周期振荡。然后，他观察到模型解曲线的振荡频率明显依赖于振幅，便进一步改造了这个模型从而获得了一个混沌的张弛经济振荡模型。这个混沌模型也是一个简单三维一阶多项式自治微分方程系统，不过它的多项式有两个三次项，而洛伦茨系统只有两个二次项。无论如何，从时间来说，罗卡德的混沌系统比洛伦茨的发现还早了 22 年。

图 1　伊夫–安德烈·罗卡德

【一】罗卡德的计量经济振荡模型

在《振荡器理论》一书的第五章里，罗卡德试图建立一个在稳定环境中经济周期的模型。他想象："假设 y 是一种商品的价格，y_1 是该商品的消费者数量，或者它的总消耗量，并假设 y_2 是工具或机械化或某种合理化的程度，参与该商品的生产过程并有利于降低价格。我们推理时将不注重数量本身，更着重看它们偏离平衡点的位置，但不会去量化它们。"

罗卡德主张考察特定商品的市场动态，在经济学的标准假设下去研究商品与平衡位置的偏差。变量 y_2 是生产过程中的物质资本部分。在这类模型中，通常需要考虑两个生产要素，即物质资本和劳动价值。如果生产过程中物质资本的部分增加，生产率就会提高，从而生产量即供应量便会增加。基于这种考虑，罗卡德建立了如下一个由线性常微分方程组成的三维动力学模型：

$$\begin{cases} \dfrac{\mathrm{d}y_1}{\mathrm{d}t} = -ay_1 + by \\ \dfrac{\mathrm{d}y_2}{\mathrm{d}t} = K(y + y_1) \\ m\dfrac{\mathrm{d}y}{\mathrm{d}t} = -y_2 \end{cases}$$

其中 $a > 0$ 和 $b < 0$ 为常参数，m 和 K 为待定常系数。

在这个模型中，第一个方程是需求的动态表达式，它考虑了法国经济学家 Léon Walras（1834—1910）的消费与价格平衡原理（encaisse désirée，即消费的增长会增加对货币的需求，而这会提高价格，但因此又会减少消费）和经典的需求定律（Law of demand，即购买量与价格成反比）。其中，参数 $a > 0$ 表示消费者数量的增长率或者消费者总消费量的增长率，$b < 0$ 是商品价格的增长率。

第二个方程是供给的动态表达式，其中 $y + y_1$ 可以理解为名义上的需求，而 K 则是这种名义需求的增长率。

第三个方程是价格的动态表达式，只取决于物质资本即供应量。这个方程可以改写为 $\dfrac{\mathrm{d}y}{\mathrm{d}t} = -\dfrac{1}{m}y_2$，从而 m 对应于生产过程中资本部分的增长率。其意思是说，当 $m < 0$ 时，人们对物质资本不作投资，而当 $m > 0$ 时，则对物质资本进行投资。

现在，对这方程取二阶导数，然后把结果和其他两个方程进行线性组合，罗卡德便得到了一个三阶线性常微分方程：

$$m\dddot{y} + am\ddot{y} + K\dot{y} + K(a+b)y = 0$$

灿烂群星：我心中的杰出科学家

罗卡德指出，只要常参数 $b<0$，这个动力系统或方程不会产生任何振荡，即不会有自持振荡。因此，为了获得振荡，需要对此参数加入一些动态变化。罗卡德用 $b(1-y^2/y_0^2)$ 去取代常系数 b，其中 y_0 是常数。于是，他得到了一个三维一阶非线性常微分方程组：

$$\begin{cases} \dfrac{\mathrm{d}y_1}{\mathrm{d}t} = -ay_1 + b\left(1-\dfrac{y^2}{y_0^2}\right)y \\ \dfrac{\mathrm{d}y_2}{\mathrm{d}t} = K\left(y+y_1\right) \\ m\dfrac{\mathrm{d}y}{\mathrm{d}t} = -y_2 \end{cases}$$

或者

$$m\dddot{y} + am\ddot{y} + K\dot{y} + K\left[a+b\left(1-\dfrac{y^2}{y_0^2}\right)\right]y = 0$$

至此，罗卡德获得了一个今天被称为 jerk 方程的所谓"加加速度"系统。

罗卡德解释道："这个系统的方程不再是线性的，令其数学分析变得更加困难。然而，我们可以借助张弛振荡的研究来作指导。大家很快就会看到，我们能够得出一个结论：存在有限振幅的自持振荡。"

接下来，罗卡德对这三阶非线性常微分方程进行了分析，并手绘出其解的示意图（图 2）。

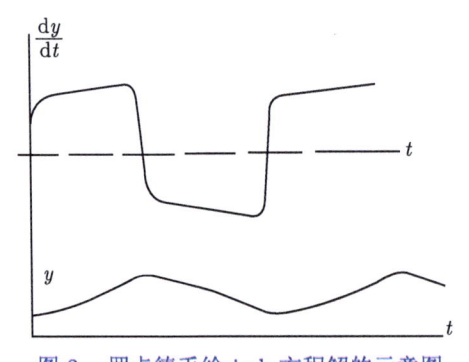

图 2　罗卡德手绘 jerk 方程解的示意图

罗卡德进一步说明，图 2 中的曲线"与典型的张弛振荡曲线非常相似"。根据图 2，他指出："对于价格 y 随时间的变化，我们获得了一个相当典型的规律：

价格低时它缓慢地上升，当价格高时它加速，然后便缓慢下跌，到价格上涨时它会变化得更快，等等。"

最后，罗卡德指出，从数学的角度上来看，这意味着振荡的频率随着振幅的增加而降低。于是他认为，分析这个"振荡器"的频率如何依赖于振幅的问题将会是很有趣的。为此，他引进了参数

$$\omega^2 = \frac{K}{m}, \quad a = \varepsilon\omega, \quad b = \eta\omega, \quad y = y_0 z$$

进而得到了如下一个无量纲的三阶非线性常微分方程：

$$\dddot{z} + \varepsilon\omega\ddot{z} + \omega^2\dot{z} + \omega^3\left[\varepsilon + \eta\left(1 - z^2\right)\right]z = 0$$

图 3　罗卡德在阅读

至此，回顾一下历史是很有意思的。尽管经济学家 Phillippe E. Le Corbeiller（1891—1980）和 Ludwig Hamburger（1890—1968）都曾建议用 van der Pol 的张弛振荡来研究经济周期，但他们从未开发出数学模型来。他们之后较早的一个数学模型可能是 1951 年 Richard M. Goodwin（1913—1996）提出的一个非线性微分方程，可以用来刻画持续或自持续振荡，以及张弛振荡。不过他并不知道罗卡德，而且已经是罗卡德模型十年之后的事了。

【二】罗卡德的混沌计量经济张弛振荡模型

在《振荡器理论》第五章的第二部分，罗卡德设计了另一个数学模型，它描写一个"频率很大程度上取决于振幅的振荡器"。为此目的，他对非线性振荡特性

> 灿烂群星：我心中的杰出科学家

进行了编辑，把上面那个无量纲三阶非线性常微分方程进一步改写为

$$\dddot{z} + \varepsilon\omega\ddot{z} + \omega^2\dot{z} + \omega^3\left[\varepsilon + \eta\left(1 - z^2 - \frac{\dot{z}^2}{\omega^2}\right)\right]z = 0$$

他解释道："提供这个例子来进行研究是很有趣的，因为它依赖于振幅的频率变化可能变得完全不正常了。"

这个模型，据我们所知，是第一个混沌张弛计量经济振荡器，也是第一个混沌 jerk 方程，或称为混沌"加加速度"系统。它可以改写成无量纲三维一阶微分方程系统的形式：

$$\begin{cases} \dfrac{\mathrm{d}x}{\mathrm{d}t} = -\omega(\varepsilon x + \omega y + \omega z) \\ \dfrac{\mathrm{d}y}{\mathrm{d}t} = \omega\left[\varepsilon + \eta\left(1 - z^2 - \dfrac{x^2}{\omega^2}\right)\right]z \\ \dfrac{\mathrm{d}z}{\mathrm{d}t} = x \end{cases}$$

这是一个带两个三次项的多项式自治系统。

在这章书里，罗卡德没有给参数赋值作定量计算，但他使用了一些经典数学分析工具确认了该模型的解的"不正常"特性，即今天我们说的"混沌"特征。该模型很容易就可以通过调整参数值来产生混沌吸引子，比如选取 $\varepsilon = 0.5, \omega = 0.2, \eta \in [-1.34, 0.94]$，在其中参数 η 的变化范围内可以看到倍周期分岔现象。这组参数相当于前面第一个方程组里取值 $a = \varepsilon\omega = 1, b = \eta\omega \in [-2.68, 1.88], K = \omega^2 m = 4m$，在其中参数 b 的变化范围内可以看到倍周期分叉现象。当然，不排除还有其他参数值和参数范围的选择。

事实上，这个混沌模型因为具有两个三次幂项，动力学行为相当复杂。例如，它可以产生从双涡卷混沌吸引子（double-scroll attractor）到默比乌斯带（Möbius-strip），再到环面吸引子（toroidal attractor）的连续变化。通过控制参数 η 的值，这个模型能够产生反向倍周期分叉然后过渡到正向倍周期分叉。由于这是一个具体的微分方程模型，有兴趣的读者都可以自行做仿真，没准还会发现更多、更复杂、更有趣的非线性动力学现象呢。

【三】罗卡德其人

伊夫–安德烈·罗卡德当然称得上是个经济学家，但他首先是个物理学家，而且更重要的是他被誉为"法国原子弹和氢弹之父"。

26/没有最早，只有更早：罗卡德还有故事

罗卡德 1903 年 5 月 22 日出生在法国西北部的 Vannes 市，有两个弟弟。非常不幸的是，他小时候就被发现是个聋子。他后来回忆说："我五岁时就被证实耳聋——没有治愈的希望，因为我的耳膜是穿破了的——这生理缺陷支配了我的智力生活、我的性格和我的行为……。"这让罗卡德的个性变得非常坚强独立。他后来接受的教育是通过阅读而不是听课来完成的。

1927 年，24 岁的罗卡德获得了数学博士学位，次年又获得了物理学博士学位，随即被巴黎高等师范学院（École normale supérieure，ENS）聘为电子物理学教授。之后十年间，他还在工业界兼职，主要在雷达实验室里工作。

1929 年，罗卡德和学院教师 Renée Favre 结了婚。他们有一个儿子 Michel Rocard（1930—2016），在 1988—1991 年间担任法国总理（Prime Minister of France）。罗卡德夫妇后来在 1963 年离了婚。

20 世纪 40 年代第二次世界大战期间，作为抵抗纳粹组织的成员罗卡德乘坐一架小型飞机从法国飞往英国，为英国情报部门提供重要的战事信息。在那里，他遇到了法国总统戴高乐。戴高乐任命他为"自由法国海军"（法国海军一支特种部队）的研究部主任。

在英国期间，罗卡德对用雷达探测太阳无线电辐射的科研项目特别感兴趣，他认为这种高频辐射可以用来干扰军事探测器，也能够用来发展新的无线电导航技术。

作为研究部主管，罗卡德跟随法国军队进入了德国。他成功地找到了德国红外线和无线寻踪方面的技术专家，并说服了他们为法国服务。他还试图吸引维尔纳·海森伯（Werner K. Heisenberg，1901—1976）和奥托·哈恩（Otto Hahn，1879—1968）身边的核物理学家，不过没有成功。

战后罗卡德返回法国，担任了 ENS 物理系及物理实验室主任。在那里，他利用从战争中获得的两个德国 "Würzburg" 雷达建立了一个无线电天文台。

基于罗卡德在反法西斯战争中的杰出科技贡献，英国政府授予他司令勋章（Commander of the Order）、法国政府授予他荣誉军团勋章（Order of Merit）。

从 1947 年起，罗卡德任职法国军方原子能工程技术部的科学顾问。1951 年，他接替了弗雷德里克·约里奥–居里（Frédéric Joliot-Curie，1900—1958）在政府科技部门的位置，成为法国核武器发展计划（French Atomic Energy Commission）的科学技术负责人，参与了关键的重大设计和实验项目，被后人誉为"法国原子弹（A-Bomb）和氢弹（H-Bomb）之父"。

灿烂群星：我心中的杰出科学家

退休后，他的研究兴趣转向了不明飞行物、生物磁学和深层探测技术方面。

罗卡德于 1992 年 3 月 16 日辞世，享年 89 岁。他被安葬在巴黎的 Cimetière du Montparnasse 公墓。

图 4　伊夫–安德烈·罗卡德之墓

【四】后记

本文的主要信息由笔者的法国朋友 Jean-Marc Ginoux（Université de Toulon, France）提供，他有数学博士和科学史博士两个学位。Jean-Marc 则是从他的一位经济学同事 Franck Jovanovic（Université TÉLUQ, Canada）那里获得罗卡德的法文原本《振荡器理论》（*Theorie des Oscillateurs*）。这本 1941 年的老书目前尚未有英文或中文译本。

Jean-Marc 对笔者说，他现在认为，第一个三维一阶多项式自治微分方程混沌系统不能说是美国人洛伦茨在气象学领域为模拟大气对流而设计出来的，而应该说是法国人罗卡德在描述计量经济学中的张弛振荡变化而设计出来的。作为老朋友，笔者笑着回应：你现在大概也会同意，在近代数学和科学发展中，英语比法语更有优势，对吧？最后两人同乐。

248

图 5　伊夫–安德烈·罗卡德《振荡器理论》（1941）

（本文首发表于 2022 年 1 月 30 日）

27 卢瑟福，他把实验室变成诺贝尔奖摇篮

历史上有许多出色的科学家，按媒体喜欢的说法，都不幸地"与诺贝尔奖擦肩而过"。但历史上也有这样的伟大科学家，不仅自己荣膺诺贝尔奖，还让他实验室里的学生和助手都先后获得诺贝尔奖。

当然，这个人是历史上的唯一：欧内斯特·卢瑟福（Ernest Rutherford，1871年8月30日—1937年10月19日）。

- 1908年，他本人因"对元素蜕变和放射性物质的化学研究"获诺贝尔化学奖。
- 1921年，他的助手 Frederick Soddy（1877—1956）获诺贝尔化学奖。
- 1922年，他的博士后 Niels Bohr（1885—1962）获诺贝尔物理学奖。
- 1927年，他的助手 Charles Wilson（1869—1959）获诺贝尔物理学奖。
- 1935年，他的学生 James Chadwick（1891—1974）获诺贝尔物理学奖。
- 1943年，他的学生 George de Hevesy（1885—1966）获诺贝尔化学奖。
- 1944年，他的博士后 Otto Hahn（1879—1968）获诺贝尔化学奖。
- 1948年，他的学生 Patrick Blackett（1897—1974）获诺贝尔物理学奖。
- 1950年，他的学生 Cecil Powell（1903—1969）获诺贝尔物理学奖。
- 1951年，他的学生 John Cockcroft（1897—1967）和 Ernest Walton（1903—1995）分享诺贝尔物理学奖。
- 1978年，他的学生 Pyotr Kapitsa（1894—1984）获诺贝尔物理学奖。

此外，和卢瑟福有过重要合作的诺贝尔奖得主还有几位同事：Francis Aston（1922年化学奖），George Thomson（1937年物理学奖），Edward Appleton（1947年物理学奖）。

卢瑟福出生在新西兰一个叫做 Nelson 的小地方。1842年，他父亲 James 随家人从苏格兰移民到新西兰定居，后来的职业是修车轮的工匠。他母亲 Martha Thompson 是个初等学校的英语教师。家中有十二个孩子，他排行第四，因而童年并没有获得父母特别的眷顾。

27/卢瑟福，他把实验室变成诺贝尔奖摇篮

图1　欧内斯特·卢瑟福

卢瑟福小时候在家乡的公立学校上学，1890年获得奖学金到了新西兰大学读数学和物理。1893年本科毕业后，1894年又完成了硕士和另一个科学学士学位。其间没有记录表明他有特别过人之处。1895年，他获奖学金到了英国剑桥大学的Trinity学院物理系，在卡文迪什（Cavendish）实验室当研究生，师从"电子"的发现人、1906年诺贝尔物理学奖得主Joseph John Thomson（1856—1940）教授。

图2　卢瑟福的头像印在新西兰发行的100元纸币上

在卡文迪什实验室里，卢瑟福和导师一起研究X射线如何改变气体的导电性能。他发明了一个简单实用的电磁波检测器。更有意义的是，他创造了一种用粒子的散射来研究物质结构的新实验方法，即卢瑟福散射。值此，他发现了天然放射性有好几种，然后把带正电的命名为α射线，带负电的命名为β射线，后来的实验证实了α粒子就是氦原子核。同时，他还基于实验作出预言，存在一种在磁场中不会偏转而且穿透能力极强的射线。这种射线于1900年由法国物理学家

灿烂群星：我心中的杰出科学家

Paul Villard 在实验中证实，并按卢瑟福排序命名为 γ 射线。

卢瑟福在研究导师 Thomson 的电子分布模型时遇到了极大的困惑。该模型认为正电荷均匀地分布在整个原子球内。为了验证这个假说，卢瑟福使用高能 α 粒子去轰击金属薄膜。由于入射粒子能量很高，如果原子中电荷是均匀分布的话，他预期几乎所有入射粒子都将不受影响地穿过金属薄膜。但实验结果却大相径庭，有约 1/8000 的入射粒子被散射了回来，而且散射角大于 90 度。他感到十分惊讶和迷惑，说："这是我一生中碰到的最不可思议的事情，就像你用一座 15 英寸[①]大炮去轰击一张纸而你竟会被反弹回来的炮弹击中一样。"也就是说，原子不可能是一个质量均匀分布的球体。这启发了他去构思新的原子模型。

图 3 Thomson 提出的原子模型
（蓝色大球代表原子，黄色小球代表电子）

1897 年卢瑟福毕业，次年到了加拿大 McGill 大学的物理系，获得 Macdonald Chair 的教职。1902 年，他和青年助手 Frederick Soddy 以及德国来的博士后 Otto Hahn 一起，提出了放射性半衰期的概念，并证实放射性导致从一种元素到另一种元素的嬗变。Soddy 和 Hahn 后来在 1921 年和 1944 年分别获得诺贝尔化学奖。1905 年，卢瑟福应用放射性元素的含量及其半衰期，计算出太阳的寿命约为 50 亿年。这一创举开辟了用放射性元素半衰期去估算矿石古物和天体年龄的有效途径，被沿用至今。

当年，现代物理学的中心仍然在欧洲。于是，1907 年卢瑟福决定返回英国。他在曼彻斯特大学物理系任职 Langworthy Professor。1908 年，他因为"对元素蜕变和放射性物质的化学研究"荣获诺贝尔化学奖。1910 年，George de Hevesy 从匈牙利来到了曼彻斯特，成为卢瑟福的学生。他在那里顺利地进行了第一次放

[①] 1 英寸 ≈ 0.0254 米。

27/卢瑟福，他把实验室变成诺贝尔奖摇篮

射性示踪剂实验，后来在 1943 年荣获诺贝尔化学奖。1911 年，卢瑟福领导的团队成功地用实验证实了在原子中心有个原子核，从而创建了原子的行星模型，即卢瑟福模型。该模型很好地解释了卢瑟福散射。1913 年，Niels Bohr 从丹麦来到了卢瑟福的实验室做博士后研究，随后两年在那里任职，与卢瑟福密切合作研究原子结构并引进了量子相关概念。这两项研究及后续工作让他于 1922 年荣获诺贝尔物理学奖。

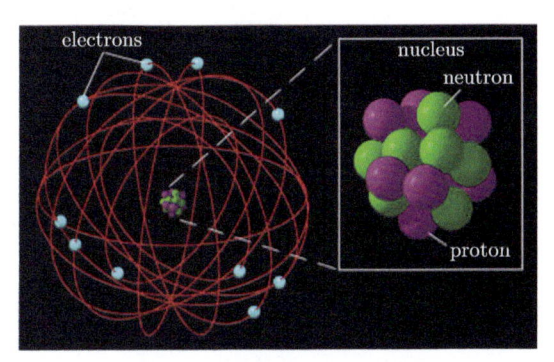

图 4　卢瑟福提出的原子模型

　　1919 年，卢瑟福回到剑桥物理系，接替导师 Thomson 退休后的 Cavendish Professor 教职。卢瑟福同时把曼彻斯特大学的学生 James Chadwick 带到了剑桥。这一年，他俩进行了历史上第一次核反应实验，用 α 粒子轰击氮核，从核中打出了一种基本粒子即氢原子核。卢瑟福把它命名为质子。1920 年，卢瑟福预言原子核里有不带电荷的中性粒子。这个猜测后来在 1932 年由 Chadwick 在实验中证实，称之为中子，因而在 1935 年获得诺贝尔物理学奖。卢瑟福的助手 Charles Wilson 利用他发明的"云雾室"（Cloud Chamber）清楚地观察到微粒运动的足迹，让科学家们发现了其他一些新粒子，随后荣获 1927 年诺贝尔物理学奖。1924 年，卢瑟福的学生 Patrick Blackett 改进了云雾室，同时观测了 400000 个 α 粒子的碰撞。他发现原子核分裂之前会吸收 α 粒子，后来获 1948 年诺贝尔物理学奖。1932 年，卢瑟福的两位学生 John Cockcroft 和 Ernest Walton 一起，第一次用高能加速器实现了核转变，例如用质子轰击锂可分裂出两个 α 粒子。两人在分享了 1951 年的诺贝尔物理学奖。

　　卢瑟福还有一个学生彼得·卡皮察（Pyotr Kapitsa），出生于圣彼得堡，大学毕业后到了剑桥留学。他在卢瑟福指导下利用云雾室做电磁场方面的实验。后来他转向低温物理的研究，发现了液氦超流体性态。他在多年以后即 1978 年 84 岁

253

灿烂群星：我心中的杰出科学家

时，以此过往的成就荣获姗姗迟来的诺贝尔物理学奖。

图 5　纪念卢瑟福的邮票

卢瑟福的一生，创建了原子物理学，启动了放射性科学研究，并开创了使用人工加速粒子轰击进行核裂变实验的先河。为了纪念卢瑟福，国际纯粹与应用化学联合会于 1977 年 8 月宣布，把周期表的 104 号元素命名为"𬭊"（Rf, Rutherfordium）。

卢瑟福 1903 年被遴选为英国皇家学会院士，后来于 1925—1930 年出任该学会院长。卢瑟福获得的其他荣誉包括英国皇家学会的朗福德奖章（Rumford Medal）（1905）和科普利奖（Copley Prize）（1922），都灵科学院的布雷萨奖（Bressa Prize）（1910），英女王册封的爵士（1914），英国皇家艺术会的阿尔伯特奖章（Albert Medal）（1928），英国 IEE 的法拉第奖章（Faraday Medal）（1930），以及新西兰大学的博士学位和宾夕法尼亚大学（Pennsylvania）、威斯康星大学（Wisconsin）、麦吉尔大学（McGill）、伯明翰大学（Birmingham）、爱丁堡大学（Edinburgh）、利兹大学（Leeds）等著名大学的荣誉博士学位。1931 年，他被新西兰授予 Nelson Baron（男爵）称号，所以他的全名后来写为纳尔逊的欧内斯特·卢瑟福男爵（Ernest Baron Rutherford of Nelson）。

1937 年 10 月 19 日，卢瑟福因肠阻塞并发症在剑桥逝世，享年 66 岁。他被安葬在伦敦西敏寺（Westminster Abbey），长眠在两位伟大物理学家牛顿和开尔文的墓旁。

对于这位伟大科学家卢瑟福的人品，后人有一句简短的评语："他从来没有树立过一个敌人，也从来没有失去过一个朋友。"

我国高能物理学家张文裕（1910 年 1 月 9 日—1992 年 11 月 5 日），1931 年毕业于燕京大学物理系，1934 年作为第三届英国庚子赔款公费赴英留学，在剑桥大学师从卢瑟福，1938 年获博士学位，回国后于 1957 年被遴选为中国科学院学部委员即院士。他的夫人王承书院士（1912 年 6 月 26 日—1994 年 6 月 18 日）也为国人熟识。她 1934 年毕业于燕京大学物理系，1944 年获美国密歇根大学博士学位，1956 年回国，后来为祖国研制原子弹隐姓埋名三十年。

图 6　卢瑟福在伦敦西敏寺的墓碑

图 7　张文裕、王承书夫妇在福建泉州的故居博物馆

（本文首发表于 2020 年 8 月 30 日）

28
王明贞，清华大学第一位物理学女教授

今天的清华大学有许多女教授，但很少人知道清华大学的第一位物理学女教授是谁。

答案是苏州名门闺秀、物理学家王明贞（1906年10月3日—2010年8月28日）。

王明贞于1942年获得美国密歇根大学物理学博士学位。该物理系为中华民国培养了四位女博士，包括王明贞的两位师姐顾静徽（1900—1983）和何怡贞（1910—2008）以及一位师妹王承书（1912—1994）。记录表明，民国时期还有几位巾帼英雄在欧美获得博士学位，包括吴健雄（1912—1997，美国加州大学伯克利分校1940年物理学博士）、何泽慧（1914—2011，德国柏林高等工业大学1940年工程学博士）、陆士嘉（1911—1986，德国哥廷根大学1942年物理学博士），其中何泽慧是何怡贞的胞妹、王明贞的表妹。

图1　王明贞（1906—2010）

王明贞的远祖父王鏊（1450—1524）是明朝户部尚书，官至文渊阁大学士，为文臣最高职位，堪比宰相。祖父王颂蔚（1848—1895）是王鏊的第十三世孙，为晚清进士，任户部主事，补军机章京，官至户部郎中，是蔡元培的恩师。祖母谢长达则是中国最早的女权活动家。1901 年，谢长达在苏州组织了"放足会"，抵制妇女缠足。1908 年，她募捐创办了一所女子小学，称为"振华女校"（现为苏州市第十中学校）。1915 年，谢长达成立了苏州女子公益团，维护受虐妇女权益。1917 年，她的振华女校校长职位由从美国获双硕士学位归来的三女儿王季玉接任。该校后来并入江苏女子师范学校。今天，苏州十中校园内还保存着为母女俩建立的"伟绩长留"纪念碑。

图 2　王鏊（王明贞远祖父）

王明贞的父亲王季同（1875—1948）是个自学成才的著名学者，一生致力研究电机、化学和机械工程。1902 年，他出版了《积较补解》、《泛倍数衍》和《九容公式》等数学著作，引进并详解中等现代数学。1909 年，他被官派到欧洲，在英吉利电器公司和德国西门子电机厂学习，其间设计了转动式变压器。王季同还在英国爱尔兰皇家学会会刊上发表了有关四元函数求微分法的文章，是中国学者在国际数学刊物上发表的第一篇学术论文。他回国后曾任职民国中央研究院工学研究所研究员。1930 年，他发展了一种新的电机网络计算方法，成果载入中央研究院文献集《科学记录》。

辉煌世代之后，1906 年 10 月 3 日王明贞出生在先祖留下的苏州老宅家中。她出生后，母亲管尚德便患产褥热病逝，三年后生母的妹妹管尚孝成为继母。王家共有兄弟姐妹十二人，其中有五个孩子年幼夭折，王明贞排行第五。她三姐王淑

灿烂群星：我心中的杰出科学家

贞（1899—1991）是妇科专家，1918 年从清华赴美留学，曾任上海医科大学妇产科医院院长。四哥王守竞（1904—1984）是理论物理学家，1924 年从清华赴美留学，曾任浙江大学和北京大学物理系主任。七妹王守璨，1932 年从清华随夫赴英留学，妹夫陆学善（1905—1981）是物理学家，中国科学院院士。九弟王守融（1917—1966）1937 年毕业于清华机械系，是精密机械仪器专家。十弟王守武（1919—2014）是半导体器件物理专家，中国科学院院士。十二弟王守觉（1925—2016）是微电子学家，中国科学院院士，1942 年就读于西南联大，1957 年被派往苏联科学院列宁格勒进修。

王明贞还有伯父王季烈，是清朝进士，著名戏曲学家，也是中国翻译西方近代物理学著作的第一人。

图 3　王守武、王守觉、王明贞

王明贞在振华女校读小学时跳过级，念完初二之后随家人迁到了上海。她随后进入一所美国人创办的教会学校晏摩氏女中就读，但没有按学校期望入教，其间功课全 A，直到高中毕业。读书期间，同学们常常向她请教数理化问题，称她为"二级老师"。高二化学课期末，老师还让她上台代讲总结课。毕业前，她主演了英语对白的莎士比亚剧《仲夏夜之梦》，还为英文为主的毕业班年刊担任主编。因为她全勤全 A，离校时名字被刻在了校长办公桌上的一只学校荣誉银杯上。

接下来王明贞上大学的事并非一帆风顺。父亲的态度是既不赞成也不反对。他自己自学成才，因此希望并以为儿女们也能如此。继母则希望她早日嫁人，并最后让她不甘情愿地订了婚。正好三姐王淑贞从美国学成归来，鼓励并支持她继续求学。于是 1926 年她以优异成绩考入了南京金陵女子大学，那是由教会创办的中国第一所女子大学。

金陵女大的校长是时年 35 岁的吴贻芳（1893—1985），美国密歇根大学生物学博士。吴贻芳是中国第一批毕业的女大学生，继杨荫榆之后的第二位女大学校长，后来在1945年出席了联合国成立大会，成为在《联合国宪章》上签字的第一位女性。

王明贞在大学二年级时选修了一门三年级的物理课。可是老师欺负她是低年级学生，期末成绩打了个B，而经常求教于她的另一位同学却得了个A。她一气之下就转到了北平燕京大学。

1929年，四哥王守竞从美国留学回来，负担了她在燕京大学最后一年的大学费用，让她1930年顺利毕业，然后留校继续读研究生至1932年完成物理硕士学位。随后王明贞回到了南京，在金陵女子大学文理学院数理系任教。

王明贞打算继续出国留学攻读博士学位。可是，这时婚约成了她的拦路虎，虽然只见过一面的未婚夫仍在德国留学。王明贞于是向父亲提出解除婚约。但父亲十分气愤，说婚约不是儿戏，你要这样做的话我就登报和你脱离父女关系。她只好求救于姐姐，两人一起最终说服了父亲。

1938年，王明贞申请到了美国密歇根大学四年全额奖学金。8月初，她乘坐美国总统号大轮船，航行了近一个月后抵达西雅图，然后再转火车到了密歇根大学所在地安阿伯。

没想到兴冲冲的她来到密歇根大学物理系后立马成了异类：研究生班只有她一个外国人，也只有她一个女生。不过，老师和同学们很快就对王明贞刮目相看。

第一学期电动力学课程期中测验后，任课老师非常生气地对全班学生说："你们真是一群笨蛋，上次测验的最高分只有36分！"骂得大家都不敢说话。王明贞也大吃一惊，课后便去找老师。老师笑了，说"你是另类"，"你得了100分"。

第二学期理论力学课程上，S. A. Goudsmit教授讲到了一位科学家的论文，说钟表的游丝问题无法得到一个精确数学解。他还宣布如果学生中谁能解决这个问题的话将会得到他的奖励。王明贞课后经过几天的思考和推算，找到了解答。教授非常高兴，在物理系学术讨论会上报告了她的这个结果。认真的教授奖给了王明贞一张两美元的钞票。当时正好中国同学会在校园有一场公演，门票一美元。王明贞于是买了两张门票送给教授夫妇去观赏。教授随后和王明贞以此为题合写了一篇论文，刊登在1940年8月的《应用物理》杂志上。

王明贞在密歇根大学期间，学习成绩优异，先后获得过三个"金钥匙"荣誉奖，其中"$\varphi\beta\kappa$"（phi-beta-kappa）奖是当时全美优秀学生的最高荣誉。

进入第三学年时，王明贞开始做博士论文了。她的导师是Goudsmit教授的

灿烂群星：我心中的杰出科学家

好朋友乌伦贝克（G. E. Uhlenbeck）教授。他俩在 20 世纪 20 年代合作发现了电子自旋，那是物理科学史上一个重大成果。在乌伦贝克的指导下，王明贞对统计物理学中气体速度分布函数满足的玻尔兹曼（Boltzmann）方程作了许多研究。

1941 年春的一天，乌伦贝克教授忽然对王明贞说："你做的工作已够得上一篇博士论文了，只需把它写下来。"接着又问："你至多只要花一个月时间就能写好毕业论文，但是你还有一年的奖学金，不知你是否愿意留下来和我合作做一些关于统计物理学的基础理论研究呢？"王明贞满心欢喜地答应了。

1942 年，王明贞完成了博士论文《玻尔兹曼方程不同解法的研究》。该文讨论了玻尔兹曼方程不同解法并首次独立地从福克–普朗克（Fokker-Planck）方程和克雷默（Kramers）方程中导出自由粒子和简谐振子的分布函数。基于这篇博士论文，她和导师于 1945 年在美国《近代物理评论》上发表了题为《关于布朗运动的理论 II》的论文，推导出自由粒子和简谐振子的布朗运动。这篇文章半个多世纪以来一直是研究布朗运动的最主要文献，后来被列入《20 世纪上半叶中国物理学论文集粹》一书中。

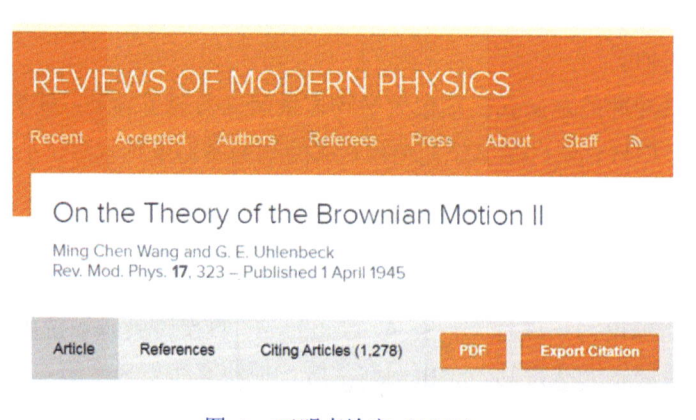

图 4　王明贞论文（1945）

王明贞毕业后，到了麻省理工学院（MIT）辐射实验室工作，在理论物理组任副研究员。在那里两年多，她继续由导师乌伦贝克指导，进行了噪声理论研究。她在研究所的全部工作写入了该所第二次世界大战之后由乌伦贝克参与合编的丛书"雷达系统工程"中的第 24 卷，名为《阈信号》。1944 年诺贝尔物理学奖获得者 Isidor Rabi 称赞这套丛书为"继旧约圣经之后最伟大的工程著作"。诞生在该实验室的雷达被视为扭转二战战局的关键武器，其中三名主要中国人贡献者之一就是王明贞。

1946年底，王明贞回到了苏州老家。当时的云南大学校长是她妹夫陆学善的好朋友，得知王明贞从美国归来，便邀请她去云南大学数理系任教。1947年夏天她就去了昆明，在那里工作期间认识了热衷于教育事业的云南师范学院基本教育研究室主任俞启忠，两人相爱，于1948年结婚。

婚后，王明贞觉得应该找个机会让丈夫出国看看。于是她给乌伦贝克教授写了一封信，请他替自己联系一个短期工作。1949年，夫妇俩来到了印第安纳州密歇根湖畔的圣母大学（University of Notre Dame）。王明贞在物理系当副研究员，研究经费由美国海军科研部资助。俞启忠则到了南方两个学校访问，在那里待了两年后也转到了圣母大学。

这期间，朝鲜战争爆发。王明贞不愿意继续为美国工作，1952年辞去了海军部的研究课题，夫妇两人决定回国。

那时中美没有外交关系，她们离境需要向美国移民局申请批准。王明贞得到的回信说："你在保密的雷达实验室工作过，知道我们的国防机密，我们不能让你回国去帮共产党工作。"俞启忠得到的回信是："你要回去是可以的。若你为了陪伴妻子而留在美国，也是允许的。"两人只好在美国呆着。然而，在1955年春夏之交的一个早晨，王明贞忽然从收音机新闻广播里听到了一则出乎意料的消息：美国当局同意批准71个理工科的中国留学生离境。经过申请和力争，1955年5月夫妻俩终于赶上了机会随这批留学生回国。顺便提及，当时同一批人员回国的还有钱学森（1911—2009）。

1955年回国后，9月份王明贞到了清华大学任教，成为该校第一位物理学女教授。俞启忠则到了农业部工作。

王明贞到清华大学不久便接到通知，说学校已评定她为二级教授。细心的王明贞随即打听和她同船回国并且同样到了清华大学理论物理组的徐璋本先生是几级？这位徐璋本（1911—1988）与钱学森是同龄人，当年同在美国加州理工学院读书。钱学森1939年获博士学位，徐璋本1940年获博士学位。师兄弟俩都是专攻导弹理论和研制的。有趣的是，钱研究"导弹制导"，而徐研究"反导弹制导"。但当王明贞得到回复说徐被定为三级教授时，非常吃惊，马上表示自己也只要三级，并表示"倘若学校坚决给我二级，我就去别处工作"。后来学校批准了她的请求，降为三级。王明贞觉得自己做了对学校有益的事。

在清华，王明贞教统计物理学和热力学，开过诸如"热力学和统计物理"以

灿烂群星：我心中的杰出科学家

及"非均匀气体的数学理论"等理论物理课程。她有时也兼教量子力学和电动力学，并为培训教师开设了一些相关课程。

图 5　1954 年王明贞与俞启忠回国前在旧金山留影
（手中捧着申请回国的材料）

王明贞刚站稳脚跟，一年后即 1957 年，中国开展了一场反对资产阶级右派的政治运动。徐璋本随即被打成"右派"。在一次反右斗争讨论会上，一位领导人说："我们理论物理组内只有一个半人不是'右派'。"王明贞无比惊愕，因为那时理论物理组里教授、讲师、助教加起来总共才八个人，她不知自己算不算'右派'。会后这位领导私下说，"哎，你王明贞算一个，我自己算半个"，才让提心吊胆的她喘过口气来。

然而，大学里平静教学的光景并没有多少个年头。1966 年夏天，"文化大革命"开始。1968 年，62 岁的王明贞和丈夫俞启忠被莫名其妙地投进了监狱。1973 年 11 月 9 日她被无罪释放，理由是"事出有因，查无实据"，事情不了了之。"文革"期间，她的九弟王守融不堪迫害，选择结束生命，终年 49 岁。她的三姐王淑贞时为产科医院院长，儿子又在美国，因此也劫运难逃。1975 年 4 月 5 日，俞启忠被遣送回家。直到 1979 年 1 月 22 日，两位古稀老人才接到了彻底平反的通知，被告知他们为江青所陷害，因为俞启忠是江青前夫黄敬（俞启威）的弟弟。

图 6　王明贞、王淑贞、王守璨（1974 年 4 月）

图 7　王明贞（退休后）

1976 年 12 月，70 岁的王明贞正式从清华大学退休。此后，两口子才真正有机会安安静静地享度天年。王明贞 90 岁和 100 岁生日时，清华大学都为她举办了庆祝聚会。

1987 年底，俞启忠患上了心脏病，到 1995 年 4 月开始心力衰竭，11 月 7 日因心衰抢救无效离世。2010 年 8 月 28 日，王明贞在家中安然辞世，享年 104 岁。两老生前有个约定，死后遗体都捐献给了医院做医学研究。遵照王明贞生前遗愿，她去世后没有单位或个人举办遗体告别仪式或追悼会。

灿烂群星：我心中的杰出科学家

图 8　王明贞（晚年）

王明贞对自己的人生有句"三乐"座右铭：助人为乐、知足常乐、自得其乐。正是这种乐观处世的心态，让她挺过艰难，笑对历史，长寿而终。

（本文首发表于 2020 年 9 月 28 日）

29 汤川秀树，为日本荣获第一个诺贝尔奖

> 我认为觉悟到生活的意义而活在世上才是真正的现实主义的生活方式。
>
> ——汤川秀树

诺贝尔奖自 1901 年开始颁发以来，日本获奖共计 29 人，其中物理学奖 12 人，化学奖 8 人，生理学或医学奖 5 人，文学奖 3 人，和平奖 1 人，内有 4 人在获奖时属其他国籍，其余则全是本土日本人。

日本自从 1949 年获第一个诺贝尔奖之后，多年来的后继得奖者可谓零星落索。为了改变这种状态，2001 年 3 月日本政府出台了"第二期科学技术基本计划"，雄心勃勃地表示要在 50 年内赢得 30 个新的诺贝尔奖。随后，奇迹出现了：日本平均每年都有一个人得奖，至今共计 19 人，在 21 世纪各国获奖总人数中排行第二，仅次于美国。令人瞩目的是，这 19 个诺贝尔奖得主全部都在日本国内接受并完成从幼儿到大学本科的系列教育，无一例外。

【一】

日本第一个获诺贝尔奖的是汤川秀树（Hideki Yukawa，1907 年 1 月 23 日—1981 年 9 月 8 日）。1949 年，时年 43 岁的他荣获诺贝尔物理学奖。在亚洲，他是第三位诺贝尔奖获得者，之前有印度诗人作家泰戈尔（Rabindranath Tagore，1861—1941）于 1913 年获诺贝尔文学奖，以及印度物理学家拉曼（Chandrasekhara V. Raman，1888—1970）于 1930 年获诺贝尔物理学奖。

汤川秀树的主要贡献是在近代物理学研究中预测了称为"介子"的新粒子的存在。

在汤川秀树成功的道路上，有三位著名的日本物理学家对他的学术研究极有影响，他们是长冈半太郎、石原纯和仁科芳雄。

灿烂群星：我心中的杰出科学家

图 1　物理学家汤川秀树：日本第一位诺贝尔奖获得者

长冈半太郎（Nagaoka Hantaro，1865—1950）是经历了明治、大正和昭和三个历史时期的著名原子核物理学家，被誉为日本物理学之父。他于 1893 年在东京帝国大学获理学博士学位，随后到了德国和奥地利，在柏林、慕尼黑和维也纳等地访学，师从路德维希·玻尔兹曼（Ludwig E. Boltzmann，1844—1906）。1896 年，他回到日本东京帝国大学任职教授。1903 年，他提出了有核的原子模型，认为原子应该是由一个大而重的带正电荷的核和一些在某个环面上绕核旋转的电子组成。当年，长冈半太郎的原子模型并没有引起关注。后来，1911 年欧内斯特·卢瑟福（Ernest Rutherford，1871—1937）和 1915 年尼尔斯·玻尔（Niels Bohr，1885—1962）相继提出了更加合理的"卢瑟福–玻尔"原子模型并由物理实验加以证实，原子结构才获得了公认。

石原纯（Jun Ishihara，1881—1947）1911 年留学德国，在爱因斯坦和阿诺德·索末菲（Arnold J. W. Sommerfeld，1868—1951）联合指导下研究相对论，这期间和 1914 年诺贝尔物理学奖得主马克斯·冯·劳厄（Max von Laue，1879—1960）也有来往。石原纯于 1915 年回到日本，把爱因斯坦和相对论介绍到日本和亚洲。他在东京帝国大学任教并获理学博士学位，之后长期从事相对论研究，对量子理论的初期发展作出过重要贡献。石原纯写过多本关于理论物理和相对论的书籍，让汤川秀树受益匪浅。石原纯的好几本书曾被翻译成中文在中国出版。此外，在日本，石原纯还是一个颇有名气的诗人。

仁科芳雄（Nishina Yoshio，1890—1951）是继长冈半太郎和石原纯之后在国际上较有影响的日本理论物理学家。他于 1918 年毕业于东京帝国大学工学部电气工学科，后加入物理和化学研究所，师从长冈半太郎。仁科芳雄于 1921 年赴欧洲留学达八年之久，先后在英国剑桥大学、德国哥廷根大学和汉堡大学以及丹

29/汤川秀树，为日本荣获第一个诺贝尔奖

麦哥本哈根大学访学。在哥本哈根，他在玻尔的指导下学习和研究理论物理。期间，维尔纳·海森伯（Werner Heisenberg，1901—1976）和保罗·狄拉克（Paul A. M. Dirac，1902—1984）也在玻尔的指导下从事量子力学研究。仁科芳雄的主要成就是1928年与瑞典的奥斯卡·克莱因（Oskar B. Klein，1894—1977）共同导出关于X射线康普顿散射（Compton effect）的"克莱因–仁科公式"。仁科芳雄在1929年回到东京帝国大学，于1931年建立了"仁科实验室"，进行核物理和宇宙射线的研究。他对量子力学在日本的传播和发展作出了重要贡献。后来，仁科芳雄是第一个接受并支持汤川秀树新粒子学说的物理学家。

长冈半太郎　　石原纯　　仁科芳雄

图2　日本早期著名物理学家：长冈半太郎、石原纯和仁科芳雄

【二】汤川秀树的成长史

汤川秀树1907年1月23日出生于京都。他的一生，除了一小段时间在大阪之外，几乎都在京都度过。汤川秀树原名小川秀树，25岁结婚后随妻子家改姓汤川。

汤川秀树父亲小川琢治是地质学和地理学专家，曾任京都帝国大学理学部部长。父亲兴趣广泛，喜欢剑术、棋艺和各类艺术，但却不让孩子们在这些方面"浪费时间"。汤川秀树兄弟姐妹七人在优裕而严格的家庭环境中长大，几乎没有娱乐，只有读书。汤川秀树因之养成了沉默寡言的性格，甚至得了个"我不愿说"的绰号。汤川秀树的母亲小川小雪是当时少数学过英语的女子。汤川秀树说他的母亲"有一个逻辑性思维非常强的头脑，对孩子们一视同仁，是接受过新式教育的人"。

少时的汤川秀树对文学十分感兴趣，阅读过许多法国和德国的古典小说以及屠格涅夫和托尔斯泰的日文翻译作品。他五岁就开始跟随祖父学习中国"四书"

灿烂群星：我心中的杰出科学家

中的《大学》，然后是《论语》和《孟子》，再后又读《十八史略》、《史记》和《春秋·左传》。他甚至读过《三国演义》和《红楼梦》，还特别喜欢《庄子》。汤川秀树后来在自传《旅人：一个物理学家的回忆》里说："家里无处不在的书籍抓住了我的心，它们给了我想象的翅膀。"不过，在书中他写道："少年时期读到《中庸》，觉得它太哲学化了。读到《老子》和《庄子》，不知为什么反而增加了我的避世心理。"当然，这或许跟他那时的"我不愿说"性格有关。

汤川秀树在自传《旅人：一个物理学家的回忆》中回忆说，在少年时代他没有任何可能成为一个物理学家的迹象。但是，成为一个物理学家之后，他感觉到"文学的美和理论物理学向我们揭示的美，两者之间并非相去甚远"。他说："我甚至到今天仍有这样一个愿望，就是如果有余暇的话我会去写作一篇童话。"

图 3　汤川秀树自传《旅人：一个物理学家的回忆》（1958）

1922 年爱因斯坦访问日本，由石原纯全程陪同并作翻译。爱因斯坦的公众演讲让中学生汤川秀树开始对科学特别是物理学产生了极大兴趣。

1926 年，19 岁的汤川秀树考入了京都帝国大学物理系。刚进大学时，他听了长冈半太郎题为《物理学的过去与未来》的讲演，大受鼓舞。长冈半太郎说过的一句话"我如果不能进入先进的研究者行列，并对某一学术领域做出贡献，那么生而为人就没有什么意义"更激励了他要发奋图强。

29/汤川秀树，为日本荣获第一个诺贝尔奖

1929 年，汤川秀树从京都帝国大学毕业，留校当无薪助教并自做研究。在那里，他于 1932 年获得物理学硕士学位。随后，汤川秀树到大阪帝国大学任职讲师至 1939 年。这期间，1938 年他在该校取得了物理学博士学位。之后，他折回京都帝国大学任职教授至退休。汤川秀树是一个没有到欧美留学而在日本土生土长的物理学家。

图 4　日本土生土长的物理学家汤川秀树

汤川秀树接受高等教育时期，物理学正处在从传统向现代的转变。马克斯·普朗克（Max K. E. L. Planck, 1858—1947）的量子理论揭开了这场变革的序幕，而放射性的发现和"卢瑟福-玻尔"原子模型的建立打开了微观世界的大门。现代物理学发端的这一切，都深深地吸引了大学生汤川秀树。

1929 年，汤川从京都大学毕业。当年他只有 22 岁，但却自认为年纪不小了，颇为焦虑。他后来回忆说："当时，大多数对量子力学作过重要贡献的物理学家都是二十来岁，有一些仅比我年长五六岁。四位杰出的科学家，海森伯、狄拉克、泡利和费米，都是在 1900 年至 1902 年出生的，而他们都在 23 或 24 岁时就已经取得了很大的成就。1929 年秋海森伯和狄拉克访问日本，我听了他们的演讲，对我是一次极大的刺激。"其中提到的四位杰出科学家，海森伯在 1932 年因创立量子力学以及发现氢同素异形体获诺贝尔物理学奖；狄拉克在 1933 年因建立量子力学基本方程获诺贝尔物理学奖；沃尔夫冈·泡利（Wolfgang Ernst Pauli, 1900—1958）在 1945 年因提出微观粒子运动的不相容原理获诺贝尔物理学奖；恩利科·费米（Enrico Fermi, 1901—1954）在 1938 年因发现超铀元素获诺贝尔物理学奖。

1932 年，詹姆斯·查德威克（James Chadwick, 1891—1974）发现了中子因而在 1935 年获诺贝尔物理学奖。学界原来认为质子和电子是原子的最基本构成

灿烂群星：我心中的杰出科学家

的看法被打破了。这个消息对于已在大阪大学任教的汤川秀树来说是一个重要启发，也是一次巨大鼓舞，因为他受到长冈半太郎、石原纯和仁科芳雄三人的影响，一直致力于原子结构的研究。那时他很有信心地说："我确信，原子世界的秘密一定能被揭开。"

当年，国际物理学界普遍存在着一种倾向，反对引进更多的新粒子学说，甚至认为那是外行人的胡闹而不是严肃科学家应该做的研究。1929 年狄拉克提出"空穴"理论时，尽管理论计算和分析表明那是个带正电荷并具有电子质量的新粒子，但他不敢明说。泡利很早就有了"中微子"是一种新粒子的想法，也没有成文发表，只在给朋友的信件中谈及，直到 1933 年才公开提出"中微子假设"。费米很欣赏泡利的假设，并把它应用到自己的放射性研究中。同年，费米把关于中微子理论的文章投给了《自然》杂志，却接到编辑的直接拒稿，说"此推测偏离物理现实太远"。费米只好在意大利的一个小刊物上发表了他的研究成果。

1933 年，汤川秀树把海森伯的《论原子核结构》一文翻译成日文，并以此为纲写了一篇综述性的介绍文章，发表在《日本数学物理学会记事》。那是他的第一篇学术杂志论文。

汤川秀树的核物理研究工作，开始时试图用电子交换方式来说明核力性质，但没有任何结果。1934 年，汤川秀树得知费米的中微子理论后马上试图用它来解释核力性质，但也无功而还。汤川秀树很有感慨，说："那些探索未知世界的人们是没有地图的跋涉者。地图是探索的结果。事后找出捷径并非难事，而困难在于一边开辟新路一边寻找目的地；特别是，如果出发时就走错了方向的话。"

1934 年 4 月，沉迷于研究工作的汤川秀树干脆辞去了京都大学的教师职位，全心全意地投入到自己看到了希望的探索之中。最后，到了 10 月份，在各种理论分析和物理实验的基础上，他终于建立了自己关于中子和质子之间进行电交换的"U 粒子"作为核力的理论，其中 U 表示未知（unknown）。他认为该核力维持着原子核的存在状态，因为没有它的话原子核中两个以上的质子将会因为电磁排斥力而分离。汤川秀树随即在日本物理与数学学会上介绍了这一理论，并预言将会在宇宙射线中找到这种粒子，还猜测这种粒子的质量介乎于电子和质子之间。他在报告之后立即受到了仁科芳雄的肯定和赞赏。汤川秀树把这种粒子称为 mesotron。不过后来海森伯纠正了他，说希腊字"中间"是 mesos，没有 tr，最后大家同意定名为 meson（介子）。

1934 年，汤川秀树向《自然》杂志投递了一份关于介子理论的简报，但被拒

29/汤川秀树，为日本荣获第一个诺贝尔奖

稿。翌年，他在《日本数学物理学会会刊》上正式发表了题为《论基本粒子的相互作用》的论文（"On the Interaction of Elementary Particles"，*Proceedings of the Physico-Mathematical Society of Japan*，17：48-57），报告了这种新的核力理论并预测了介子的存在。汤川秀树说当年他其实并不着急发表文章，只是妻子汤川名子（Sumiko）不断催促他："请快点写出英文论文来，公布于世吧！"

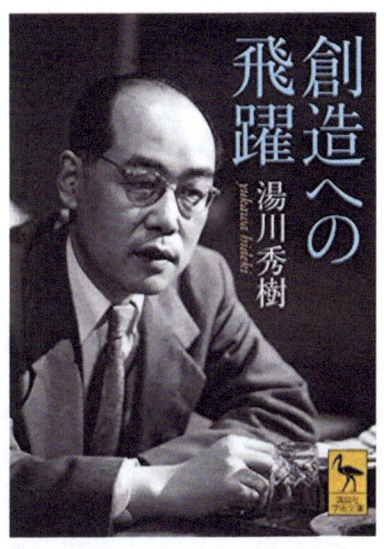

图 5　汤川秀树书籍《向创造飞跃》

文章发表后，汤川秀树做过几场有关新粒子理论的学术报告。可是，全日本几乎只有仁科芳雄感兴趣并且相信他的理论。汤川秀树把他的论文寄给了几位欧美物理学家，包括美国"原子弹之父"罗伯特·奥本海默（J. Robert Oppenheimer，1904—1967），均如石沉大海，没有听到任何回音。

1936 年，卡尔·安德森（Carl D. Anderson，1905—1991）因在宇宙射线中发现一种带单位正电荷或负电荷的粒子而获得诺贝尔物理学奖。该粒子的质量为电子的 206.77 倍。当时，许多人以为它就是汤川秀树预言的介子，于是称之为"μ 介子"。奥本海默听到消息后，想起了汤川秀树两年前寄给他的文章。他重新阅读了论文，并随即给《物理周刊》主编写了封信，指出："新粒子早就存在了，那就是汤川的 'U 粒子'，它传递核力。实际上，它早已由汤川秀树提出。交换这种中间质量的粒子的可能性大于费米关于'电子–中微子'的理论。它对于质子和中子之间交换力的范围和数量提供了合理的解释。"从此，汤川秀树在国际学术界中声

灿烂群星：我心中的杰出科学家

名鹊起。汤川秀树后来很有感慨地说："新的真理发现时通常是少数派；但如果是正确的话就会变成多数派。"

不过，后来物理实验证实了安德森在宇宙射线中发现的粒子并不参与强相互作用，它只是一种轻子。学界最后把"μ介子"改名为"μ子"。这让汤川秀树十分失落。

时间好不容易走过了十个年头。1947 年，塞西尔·鲍威尔（Cecil F. Powell，1903—1969）从宇宙射线中发现了另一种带单位正电荷或负电荷的粒子，质量为电子的 273 倍，并且与核子有很强的相互作用。学界终于证实了，这才是汤川秀树预言的介子，并称之为"π介子"，其中 π^+ 介子和 π^- 介子互为反粒子。1950 年，人们还发现了 π^0 介子。

至此，玉汝于成，功不唐捐，汤川秀树因之获得了 1949 年诺贝尔物理学奖，而鲍威尔也获得了 1950 年的诺贝尔物理学奖。

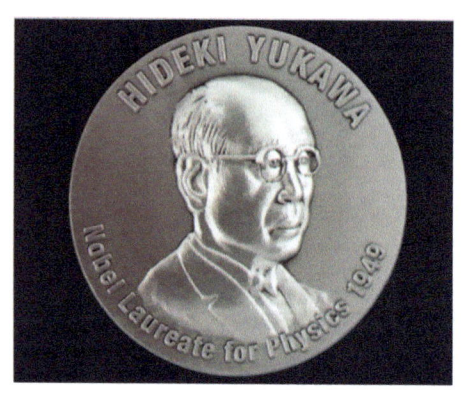

图 6　汤川秀树荣获 1949 年的诺贝尔物理学奖

值得提及的是，汤川秀树和鲍威尔都参加了由伯特兰·罗素（Bertrand A. W. Russell，1872—1970）和爱因斯坦 1955 年 7 月 9 日在伦敦发起的 11 人签署的著名历史性文件《罗素–爱因斯坦宣言》，对核武器带来的危害深表忧虑并呼吁世界各国通过和平方式解决国际争端。宣言写道："鉴于在未来的世界大战中人们肯定会使用核武器这一事实，而此类武器威胁到人类的继续生存，我们敦促各国政府开诚布公地让全世界意识到，他们的目的无法通过一场世界大战而达到。并且，我们敦促他们找到解决彼此之间各种纠纷的和平手段。"此后，1957 年汤川秀树还出席了在加拿大 Pugwash 召开的以世界和平为宗旨的"第一届科学和世界事

29 / 汤川秀树，为日本荣获第一个诺贝尔奖

务会议"，呼吁实现无核世界。

爱因斯坦与汤川

费曼与汤川　　　　　　　　　　　　　　　　　汤川与狄拉克

图 7　汤川秀树和费曼、爱因斯坦、狄拉克合照

1946 年，汤川秀树创办了《理论物理学进展》国际杂志并任着主编直至辞世。1948 年，汤川秀树应邀到普林斯顿高等研究院任客座教授，1949 年到纽约哥伦比亚大学任客座教授，至 1955 年回国。

图 8　汤川秀树题字

汤川秀树获奖成名后，经常被邀请题字。深受中国庄子思想影响的他，喜欢写庄子《秋水》的"知鱼乐"。中国读者都很熟识《庄子·秋水》中的故事：庄子与惠子游于濠梁之上。庄子曰："鲦鱼出游从容，是鱼之乐也？"惠子曰："子非鱼，

273

灿烂群星：我心中的杰出科学家

安知鱼之乐？"庄子曰："子非我，安知我不知鱼之乐？"

事实上，汤川秀树曾在一些文章中提到他的物理学研究无形中受到老庄思想的影响。他写道："我与其他物理学家不同。对我来说，长年累月吸引我、给我最深影响的是老子和庄子等人的思想。它虽是一种东方思想，但在我思考有关物理学问题时，它仍不知不觉地进入其中。"

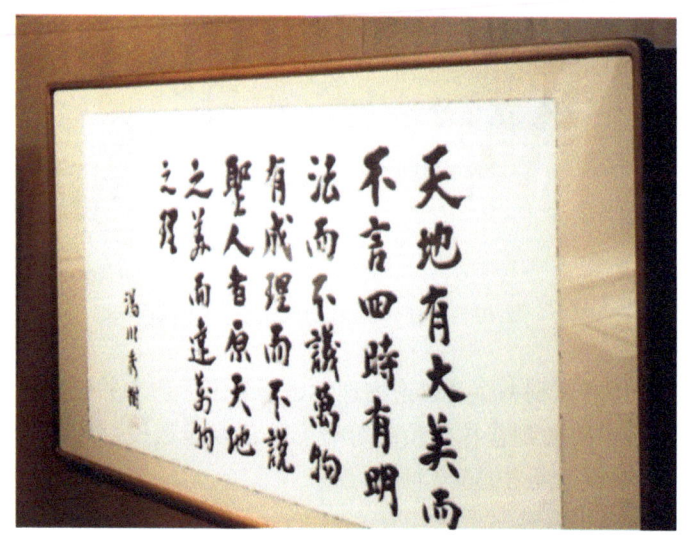

图 9 汤川秀树书法（取自《庄子·知北游》）：
"天地有大美而不言，四时有明法而不议，万物有成理而不说。
圣人者，原天地之美而达万物之理。"

当然，汤川秀树心里明白，他在现代物理学和核力理论的成功更多是得益于抽象思维和逻辑推理。他在《创造力和直觉》一书中说："人类的抽象思维能力对于创立像物理学这样一种严密科学来说是有决定性意义的。"1964 年，他在希腊雅典的一次公众演讲中说："作为一个已成为物理学家的人，我完全意识到希腊人给予我的恩惠。正是他们开创了把深藏在自然界中的真理揭示出来的伟大事业。"显然，汤川秀树认同埃尔温·薛定谔（Erwin R. J. A. Schrödinger，1887—1961）的观点：现代科学是"按照希腊人的方式去思考世界"。

【三】荣誉和奖励

汤川秀树一生获得过多项荣誉和奖励。

29/汤川秀树，为日本荣获第一个诺贝尔奖

早期，他于1940年获得日本科学院的帝国奖章（Imperial Prize of the Japan Academy），1943年获得日本国家奖章（Japan Medal of Honour）以及文化勋章（Cultural Medal）。

稍后，他成为日本物理学会和美国物理学会会士。

1949年，汤川秀树荣获诺贝尔物理学奖，表彰他"在核力理论工作的基础上预测了介子的存在"。此后，他成为日本科学院院士并出任过日本科学协会会长。他还被美国国家科学院、爱丁堡皇家学会、印度科学院遴选为外籍院士，并获得巴黎大学荣誉博士学位以及苏联科学院的罗蒙诺索夫金质奖章。

为了表彰汤川秀树，日本政府于1953年在京都大学设立"基础物理学研究所"并让他担任所长。大阪大学聘请他当名誉教授，京都市授予他荣誉市民光荣称号。汤川秀树去世后，京都大学为他修建了一所"汤川纪念馆"。

图10　汤川纪念馆（京都大学）

汤川秀树作为日本第一位诺贝尔奖得主激励了一代又一代年轻学者的成长。京都大学理论物理研究所先后出了4位本土诺贝尔物理学奖得主：汤川秀树、朝永振一郎（Sinitiro Tomonaga, 1906—1979；1965年得奖）、益川敏英（Toshihide Maskawa, 1940—2021；2008年得奖）、小林诚（Kobayashi Makoto, 1944—；2008年得奖）。其中，汤川秀树的悉心指导和精神鼓舞功不可没。2008年，87岁的南部阳一郎（Yoichiro Nambu, 1921—2015）在获得诺贝尔物理学奖时激动万分，一再感谢汤川秀树对他的启发和影响。

有趣的是，京都大学这个理论物理研究所"有大师而无大楼"，至今依然坐落于校园角落一栋不起眼的旧楼里。

灿烂群星：我心中的杰出科学家

图 11　汤川秀树纪念石像（京都大学理论物理研究所门外）

迄今为止，京都大学已经诞生了 9 名诺贝尔奖得主、2 名菲尔兹奖得主、1 名沃尔夫奖得主、5 名拉斯克奖得主、1 名高斯奖得主、4 名京都奖得主、2 名日本国际奖得主、4 名芥川龙之介文学奖得主、1 名达尔文–华莱士奖章得主，以及两位日本首相，此外在世界 500 强企业的 CEO 校友人数全球排名为第 12 位。尽管如此，在今天世人喜欢谈论的各种大学排行榜里，京都大学在日本总是名列第二，落在东京大学之后。

图 12　汤川秀树纪念邮票

（本文首发表于 2022 年 6 月 18 日）

第三篇
计算机科学家

30

巾帼风华：弗朗西丝·艾伦

她出于码农却胜于码农，破茧化蝶，成为一位超级计算机科学家——她是历史上第一位女性图灵奖（ACM A. M. Turing Award）获得者，名叫弗朗西丝·艾伦（Frances E. Allen，1932年8月4日—2020年8月4日），她在88岁生日那天辞世。

2006年的图灵奖于2007年2月21日颁发给了已经从IBM退休5年、时年75岁的艾伦，表彰她"对最优化编译器技术的理论和实践做出的先驱性贡献。……这些技术为现代最优化编译器和并行转换方式奠定了基础"。

评委会主席Ruzena Bajcsy说，该图灵奖是奖励"艾伦在编译器设计和机器架构方面做出的开创性贡献……她的研究几乎影响了计算机科学发展的整个历程，使我们今天在商业和科技领域内使用的许多计算技术成为可能。她的获奖进一步证明：成就与性别无关"。

图1　弗朗西丝·艾伦在图灵奖盛典上致辞（2007年）

灿烂群星：我心中的杰出科学家

【一】

艾伦于 1932 年 8 月 4 日出生在纽约州北部 Peru 镇的一个贫穷农夫家里，妈妈是个小学教师。艾伦在家中是老大，有 5 个弟妹。她家房子里没有电、没有暖气，孩子们每天都跟着父亲去种地。"那就是我的人生起点，"艾伦后来在回忆自己的童年时说，"那个起点非常低。"

图 2　小艾伦和她的弟妹

不过，艰苦而欢乐的农场生活留给了她毕生的坚强与自信。"童年的经历让我觉得自己很有能力，而且安全感很强，因为一直有家人的陪伴。"

艾伦在一所只有一个课室的学校里读完了小学，然后在一所小小地方中学毕业。

1954 年，22 岁的艾伦从纽约州立大学 Albany 分校毕业，获得数学学士学位，随后在一所中学教数学并继续在职求学。1957 年，她从密歇根大学获得数学硕士学位。

艾伦在回顾自己的经历时说："为了还贷款读书的债务，我立即就和 IBM 签了约。"当年 25 岁的艾伦自然不会想到，那人生的第一纸合约，便让她在 IBM 工作了一辈子，直至 70 岁退休。

【二】

20 世纪 80 年代初期在 IBM，艾伦从码农做起，随后领头组建了"并行转换"研究小组 PTRAN（Parallel TRANslation），致力于研究并行计算机的编译问题。当年,该小组的工作在计算机编译器的并行化方面处于世界领先地位。她参与研制成功的蓝色基因(Blue Gene)超级计算机则是世界上运行最快的机器。她在这些项目中的工作促成了许多目前广泛应用于商业编译器中的程序优化算法和技术。

不过,艾伦在 IBM 的 45 年职业生涯中并非总是一帆风顺的。事实上,她刚开始做的几个项目都接连失败。"但是,失败本身也是一个学习的过程。"艾伦不是一个随便放弃追求卓越的人。这也许和她一生都喜欢爬山、探险和运动的兴趣及锻炼有关。她说:"我特别喜欢探索一些新的未知领域,不管它是新的研究方法,还是新的想法。这如同我喜欢探索一座没有去过的山一样。"她解释道:"我主要是去看看一些新地方,探索一些新领域。这和我的工作作风非常相似。"

艾伦在 1973 年和 1977 年以 IBM 计算机科学家的身份应邀到中国进行学术访问之后,1983 年是作为中美联合西部登山探险队的队员访问中国的。她后来回忆说:"我去过西藏高原,也游历过不丹和蒙古国。我喜欢观察周边那些神奇的地方。"事实上,艾伦还曾随一支探险队探索过加拿大第一大岛、北极圈内的巴芬岛(Baffin Island)。2008 年,她回应美国国家新闻社的采访时说:"在巴芬岛的探索之旅中,我们的团队一共进行了六轮登顶,还绘制了许多不为人知的山脉地图。"

图 3 喜欢爬山和运动的艾伦

1990 年初,在她从事并行编译器研究已有十年失败经历时,实验室来了一位

灿烂群星：我心中的杰出科学家

新经理。他漫不经心地对艾伦说：IBM 不应该做这样的项目。碰到这样的领导，艾伦只能用"心酸"来形容自己的感受。但她依然乐观地说："幸运的是，我在 IBM 遇到了许多很优秀的人。"她还说，当年"是一群杰出的人在支持我的工作。因为计算机科学的本质决定了这些工作需要大家共同协作来完成。"年轻时的艾伦从来没有想到过放弃平行编译器的研究，十多年后她终于获得了成功，并因之而荣获图灵奖。当然，艾伦对于坚持和放弃还是有选择的。她说："我脑子里是很清醒的。如果一件事情只能做到目前这个样子的话，我会很理性地把它的将来放弃。这和爬山一样：你当然想爬到山顶，但有时候知道时间太晚了，或者觉得太危险了，那么你就应该放弃。"

成名后的艾伦在被问及对年轻学生的建议时，她说了两条：第一是要好好读书，尽量去获得最可能多的知识；第二是要大胆去冒险。"应对挑战是非常诱人的事。行业发展中有很多问题需要解决，但要从我们老一代人身上找到答案往往是不可能的。年轻人的一些很好的想法则可以塑造出一个非常不同的未来。"她对谷歌两位年轻创始人十分赞赏："他们非常勇敢，不怕风险。他们建立的谷歌给世界带来了极大改变。世界的下一个奇迹将是什么呢？我们都在期待。"

图 4　艾伦在 IBM 工作了一辈子（25—70 岁）

【三】

2007 年 2 月，已经从 IBM 退休五年的艾伦接到了一个电话，告知她获得了 2006 年的图灵奖。当年，这个素有"计算机科学诺贝尔奖"之誉的奖项是自

1966 年起在其 40 年历史中第一次颁授给一位女性科学家。其后，女性图灵奖获得者还有 2008 年的 Barbara Liskov（1939—）和 2012 年的 Shafi Goldwasser（1959—）。

当时艾伦自然是既惊喜又兴奋，说那是作为一个计算机科学家，特别是"作为一个女性最幸福的时刻"。

后来，当被问到图灵奖在她退休多年后才颁发给她是否太晚了？不会装酷的艾伦笑着回应："是有朋友这么说。但我觉得它来得正是时候。如果我以前就得到这个奖，我就会想以后去从事什么研究呢？可是我现在已经退休了，只想好好安享晚年。"

回想当年，女性科学家在计算机领域凤毛麟角。艾伦开始为一台超大机型软件程序做开发设计时，在前往机房的走道上愣住了：她必须穿过一个男厕所才能到达。那是因为当时全部工作人员都是男性，为图方便他们干脆把厕所安置在工作室的通道上。

艾伦也曾回忆说，20 世纪 60 年代的科研环境对女性来说相当冷酷。那时计算机技术逐渐成为了一种职业。但对于工作招聘来说，大部分要求都是按男性标准来条列的。后来为了鼓励更多的女性选择这个职业，IBM 还特意发布了一本名为《成为美丽女性》的"诱惑式宣传"小册子，积极招聘女员工。在另一个场合，艾伦又回忆说，"早期的计算机时代是一段美妙的时光，因为'计算机科学'尚未存在，没有太多的约束。那时候有很多的自由，是一段可以尝试去做不同事情的时期。它就像一堵白墙，你可以随意油漆。"

当年剑桥大学有一位女计算机科学家凯伦·琼斯（Karen S. Jones, 1935—2007），是计算机搜索引擎设计的先驱，她说过一句后来广为流传的话："计算机如此重要，不能把它只留给男人去做！"艾伦便是这种信念的一位成功践行者。

1989 年，艾伦成为 IBM 第一位女院士（Fellow）。1995 年，她被任命为 IBM 技术科学院（IBM Academy of Technology）院长。1997 年，她被选入维蒂名人堂（Witi Hall of Fame）。为表彰艾伦的卓越贡献，IBM 公司于 2000 年设立了"弗朗西丝·艾伦科技女导师奖"（Frances E. Allen Women in Technology Mentoring Award）。

2002 年退休后，艾伦一直致力于鼓励女性从事计算机科学研究的活动，并参与各种相关的教育和培训项目。她说："整体来说，这是一个很艰巨的任务。"但无论如何，"对它持续关注却是很重要的"。

灿烂群星：我心中的杰出科学家

在个人性格方面，艾伦认为自己最好的一个特点就是始终感到生活中可以享受的乐趣非常之多，因而她脸上总是挂着甜美的笑容。"我的运气非常不错，例如可以利用出色的机器来完成一个又一个的重大项目。"但艾伦总是说她自己算不上是一个很成功的女性，因为结婚了但没有孩子，事业和生活平衡得并不好，对工作过分投入了。

图 5　IBM 第一位女 Fellow

图 6　IBM 计算机科学家艾伦

【四】

艾伦在 1973 年、1977 年、1980—2000 年间曾多次造访中国。

她回忆道："1973 年我被邀请到中国做学术报告，讲座内容是计算机科学。……那时计算机科学刚刚起步。当时我讲的是如何编程，如何使用编程语言。那时候，计算机到底是什么，是怎么工作的，他们都不明白。当年，他们用的是 BASIC 语言，他们的计算机知识非常有限。可是，1977 年我再次到中国讲学，还是去同样的地方，却发现短短的几年间他们有了很多的进展。后来，我和那些大学一直保持联系。他们还参观了我们在纽约的 T. J. Watson 实验室。我希望他们每个人都有机会来参观我们的实验室。"

2007 年底，艾伦以图灵奖得主的新身份再次来到中国进行学术访问。她去清华大学作了一次演讲，并为"2007 首届 IBM 中国大学生程序设计对抗赛"的获奖者颁奖。天性乐观的艾伦嘴边总挂着迷人的微笑。她在颁奖时俏皮地把飞机模型搁在获奖者的头上，把学生们逗乐了。大家都说她就如邻家老奶奶一般的亲切可爱。

这期间，艾伦在接受《科学时报》访谈时说："中国从开始远远落后于美国和苏联以及其他一些欧洲国家，到后来便接近了发达国家的水平，现在更是达到了较高的境界。但中国仍然需要认真审视计算机行业发展过程中出现的一些值得深思的问题。面对挑战，中国科技界的人才被赋予非常高的期望。"

图 7　为"2007 首届 IBM 中国大学生程序设计对抗赛"的获奖者颁奖

【五】

艾伦一生获得过许多荣誉和奖励，条列如下：

1987 年，被选为美国国家工程院院士。

1991 年，被选为 IEEE Fellow。

1994 年，被选为 ACM Fellow。

1994 年，被选为美国艺术与科学院院士。

1997 年，获 IEEE 计算机学会 Charles Babbage 奖。

2000 年，被选为美国计算机历史博物馆 Fellow。

2001 年，被选为美国哲学会 Fellow。

2002 年，获 Association of Women in Computing 颁发的 Augusta Ada Lovelace 奖。

2004 年，获 IEEE 计算机协会颁发的计算机先锋奖。

2004 年，获 Anita Borg Institute 颁发的技术领导者奖。

2006 年，获计算机图灵奖。

灿烂群星：我心中的杰出科学家

2010 年，被选为美国国家科学院院士。

此外，她被授予多个荣誉博士学位，包括母校纽约州立大学 Albany 分校（1991）、University of Alberta（1991）、Pace University（1999）、University of Illinois at Urbana-Champaign（2004）、McGill University（2009）。

艾伦在 2020 年 8 月 4 日，也就是她 88 岁生日那天，因阿尔茨海默病并发症辞世。

为纪念艾伦，IEEE 从 2020 年起设立了计算机科学"弗朗西丝·艾伦奖章"（Frances E. Allen Medal），以奖励"对工程、科学、技术或社会的各个方面产生持久影响的计算领域创新工作"的科学家个人或团队。该奖章于 2022 年第一次颁发。

图 8　IEEE "弗朗西丝·艾伦奖章"

（本文首发表于 2022 年 8 月 4 日）

31 群芳谁不让天柔，笑杀码农敢并游

现代互联网技术（IT）行业中有许多计算机程序员，他们通常自称或被戏称为"码农"。

计算机程序员的重要性不言而喻，但今天他们男女比例严重失衡。程序员社区 Stack Overflow 在 2021 年对 2.6 万名计算机程序员的性别调查中发现，只有 5.8% 是女性，而 92.1% 为男性，其余的 2.1% 在回答问卷时不愿透露性别。相比于 2014 年硅谷科技公司的调查，女员工大幅减少了：那时谷歌女程序员约有 17%，脸书（Facebook）约有 15%。不过，国内"每日互动"网站 2022 年为庆祝 3-8 节发布的"2022 年女程序员人群洞察报告"中说有高达 23% 的"程序媛"。此外，根据 Facebook 的 QZ 调查报道，女程序员发布在 GitHub 网站上的开源软件比男程序员设计得更受用户欢迎。

其实，如题（改自宋代滕岑诗句），女精英"码农"在历史上曾一展风华，让男子汉难以望其项背。今天许多巾帼英雄不再想当"码农"，着实可惜了。

【一】一枝独秀

历史上第一个计算机程序员是英国姑娘艾达·洛夫莱斯（Ada Lovelace，1815 年 12 月 10 日—1852 年 11 月 27 日），她是著名浪漫主义诗人乔治·拜伦（George G. Byron，1788—1824）的女儿。

艾达在世仅 37 年，却留下了不少故事。艾达的诗人父亲拜伦是个风流才子，与刚生下艾达不久的妻子安妮（Anne I. N. Byron，1792—1860）离异。为此，直到艾达 20 岁生日之前，母亲都不让她看到父亲的画像，虽然拜伦在她 9 岁时已经去世，时年仅 36 岁。

艾达从小身体不好，常常生病，8 岁时就因为头痛导致视力下降。但她天性活泼，12 岁时开始幻想如何像鸟一样在天上飞翔，13 岁时甚至认真地去学习制作翅膀。后来，她还把制作材料、计算、图表等整理成一本小书《飞行学》（*Flyology*）。

灿烂群星：我心中的杰出科学家

艾达 14 岁时因麻疹引发瘫痪，在床上躺了大半年，康复后很长一段时间需要拄着拐杖走路。

图 1　艾达·洛夫莱斯

由于出生在诗人家庭，母亲安妮也是个剑桥大学毕业生，艾达自小有特别良好的教育环境，并有机会认识了许多科学家，包括安德鲁·克罗斯（Andrew Crosse，1784—1855）、查尔斯·巴贝奇（Charles Babbage，1791—1871）、大卫·布鲁斯特爵士（Sir David Brewster，1781—1868）、查尔斯·惠斯通爵士（Sir Charles Wheatstone，1802—1875）、迈克·法拉第（Michael Faraday，1791—1867）以及作家查尔斯·狄更斯（Charles J. H. Dickens，1812—1870）。跟他们相处，艾达学到了不少科学和数学知识。

艾达 18 岁时通过早年的家庭教师玛丽·萨默维尔（Mary F. Somerville，1780—1872）认识了数学家和发明家巴贝奇，后来两人亦师亦友，有很长一段时间的科研合作。这位玛丽并不简单，是自学成才的数学家和天文学家，于 1835 年成为英国皇家天文学会的第一位女会士。

艾达还认识了数学家奥古斯塔斯·德·摩根（Augustus De Morgan，1806—1871）。德·摩根教会了艾达很多高等数学计算技巧，特别是微积分里的伯努利数（Bernoulli number），后来成为她出名的计算机编程算例的数学基础。德·摩根在给艾达的一封信件中表扬了她的数学能力，还说她将来会成为"原创型的数学研究者，甚至是一流的杰出人物"。

艾达在学习数学过程中喜欢质疑一些基本假设。学习微分学时，她曾写信给德·摩根："我想说，许多公式都经过令人好奇的转换，变成不可预料、对初学者来说第一眼看上去是远非相似的一种不太可能的恒等形式。我认为这些是数学入门时最主要的困难。我常常想到小精灵仙女，她可以在人的手中一下子以某个样子出现，一下子又变成完全不同的样子。"艾达认为直觉和想象力对数理观念非常重要。她把形而上学看得和数学一样重要，认为两者都是探索"身边未知世界"的工具。

1835 年，20 岁的艾达嫁给了英国国王第八代男爵威廉·金–诺尔（William King-Noel, 8th Baron King, 1805—1893）。当他在 1838 年被封为洛夫莱斯（Lovelace）伯爵时，她便成为伯爵夫人。两人生育有两个儿子和一个女儿。

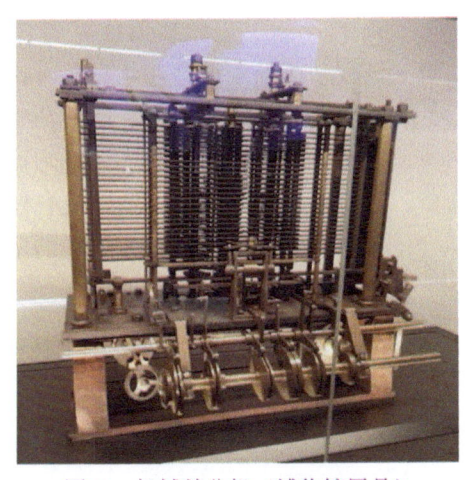

图 2　机械差分机（博物馆展品）

艾达被视为作家和数学家。艾达自己则常常把科学与诗歌相提并论，并自称是"分析家"和从事"诗意科学"。她的代表作是为一台叫做"分析机"（Analytical Engine）的通用机械计算器所写的作品。该分析机是被称为"计算机之父"的巴贝奇在机械差分机的基础上设计和制作的。1843 年，艾达翻译了一篇由意大利数学博士和军事工程师费德里科·路易吉（Federico Luigi, 1809—1896）于 1842 年发表的阐述分析机的一篇文章，随后两人联名发表了英文论文《查尔斯·巴贝奇发明的分析机草图》。同时，艾达整理了一份详尽的《笔记》（"The Notes"）。艾达的《笔记》是原文三倍那么长，其中包含了使用分析机求解伯努利数的运算方法和执行程序。因此，尽管有人认为巴贝奇几年前已经有了分析机计算程序的某种刻画，艾达是第一个正式发表一份非常具体的算法程序的人，因而被公认为是历史上第一位"码农"。她还指出了分析机与早期差分机的主要区别。艾达的这些

灿烂群星：我心中的杰出科学家

重要贡献当年就获得了包括法拉第在内的一些科学家的认可。多年之后，著名计算机科学家、超级"码农"斯蒂芬·沃尔夫拉姆（Stephen Wolfram，1959—）在他 2016 年出版的《创意者》(*Idea Makers*) 一书中写道："没有什么比艾达对伯努利数的计算更为复杂或者说更为简洁的了。巴贝奇当然帮助并评论了艾达的工作，但她绝对是主要的推动者。"沃尔夫拉姆还指出，艾达有"对机器抽象操作的清晰阐述——这是巴贝奇从未做过的事情"。

至于那位意大利军事工程师路易吉，他后来在意大利战争中升至将军，之后官至首相。

艾达还是第一个认定计算机不只可以做数值计算而且还可以做更多事情的人。她认为计算机可以用来进行某些抽象运算并具有某种自适应性，甚至可以用来处理音乐。但是她尚不认为计算机可以有我们今天说的"人工智能"。她在《笔记》中写道："分析机并非对原始事物有什么自命不凡。它可以执行任何我们知道如何命令它去执行的指令。它可以去跟踪分析，但它没有任何预测分析关系或真理的能力。"不过我们应该知道，那是艾达在 1843 年说的话——至少她已经开始思考"机器是否有智能"的问题了。

1852 年，艾达因子宫癌不治去世，享年 37 岁。按艾达的遗愿，她被安葬在诺丁汉市郊 Hucknall 的 St. Mary Magdalene 教堂，埋放在父亲拜伦的坟墓旁边。

第一代"码农"艾达的贡献在一个世纪之后随着现代计算机技术的发展重新获得了高度评价。

20 世纪 70 年代末期，美国国防部开发了一种以艾达命名的 Ada 软件，其中汇集了多种不同的编程语言。国防部把它作为编程语言标准，其编号 MIL-STD-1815 采用了艾达的出生年份 1815。

1981 年，美国女计算机工作者协会（Association for Women in Computing）设立了艾达·洛夫莱斯奖（Ada Lovelace Award），表彰"在计算机领域有杰出科学成就、技术成就或非凡服务贡献的女性科学家"。

从 2009 年起，美国把每年的 10 月 13 日定为"艾达·洛夫莱斯日"（Ada Lovelace National Day），旨在"提高女性在科学、技术、工程和数学领域的形象"，并在这些领域"为女孩和妇女树立新的榜样"。

2013 年，西雅图建立了一所以艾达命名的软件开发和强化学校 Ada Developers Academy，主要负责培训没有计算机编程专业经验的女性。

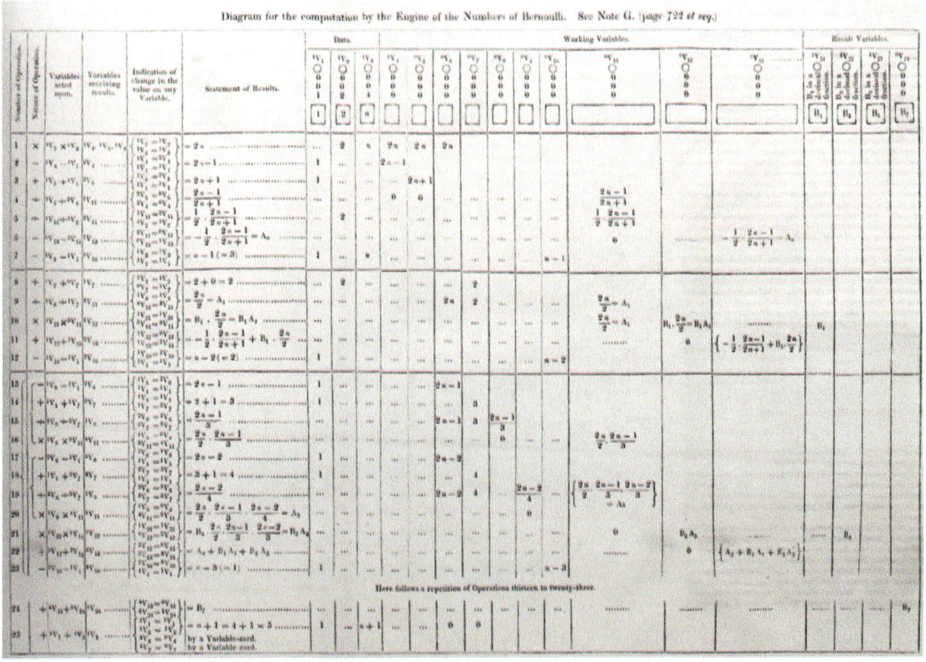

图 3　艾达编写的用分析机来计算伯努利数的算法程序

此外，西班牙 Zaragoza 大学把他们的计算机科学与通信工程学院大楼命名为"艾达·洛夫莱斯楼"。英国位于 Somerset 的 Porlock 计算机中心取名为艾达·洛夫莱斯计算中心"。

2018 年，一家名为 Satellogic 的地球遥测遥感航天技术公司发射了一颗"艾达·洛夫莱斯号"小卫星。

2020 年，爱尔兰的都柏林三一学院图书馆大厅里设置了一个艾达的半身雕像。

2022 年，为庆祝 3 月 8 日国际妇女节，伦敦 Westminster 的 Egron House 矗立了艾达的全身塑像。

【二】六朵玫瑰花

艾达·洛夫莱斯那个时代，即 19 世纪初，世界上还没有现代意义上的计算机。直到一个世纪之后第一台通用电子计算机才正式问世，那就是 1946 年在美国宾夕法尼亚大学（UPenn）设计制造的"埃尼阿克"（ENIAC, Electronic Numerical

灿烂群星：我心中的杰出科学家

Integrator And Computer）。

图 4　"埃尼阿克"计算机（ENIAC，UPenn，1946）

数学家约翰·冯·诺依曼参与了 ENIAC 的设计。事实上，冯·诺依曼在 1944 年就参与了 IBM Harvard Mark-I 通用计算机的研制。1945 年，他又参与了一台离散变量自动电子计算机 EDVAC 的设计，确定了计算机的结构并采用了存储程序以及二进制编码。1946 年 2 月，由 UPenn 的物理学教授约翰·莫齐利（John Mauchly）和冯·诺依曼负责设计、工程师普里斯柏·埃克特（J. Presper Eckert Jr）负责建造的 ENIAC 将图灵完备的可编程能力与电子计算的高速性能结合一起，用编程方式处理各种计算问题，制成了通用电子计算机 ENIAC。

　　计算机本身的设计和制造是一回事，用计算机编程进行数学计算又是另一回事。ENIAC 这台可编程计算机开始使用时，最早的"码农"是谁呢？这件事今天回想起来令人遗憾，ENIAC 问世后的半个世纪里一直没有人关注。后来有人回忆说，是冯·诺依曼的夫人克拉拉·丹（Klára Dán，1911—1963），她为 ENIAC 写下了最早的编码（code）。

　　2010 年，美国 PBS 公司摄制上映了一部由 LeAnn Erickson 编导的纪录片《绝密的玫瑰花：第二次世界大战中的女子'计算机'》，向全世界展示了第一批 ENIAC 的编程技术人员的身份和功绩。她们是时下芳龄二十多岁的六朵玫瑰花：凯思琳·玛拉提（Kathleen McNulty Mauchly [Antonelli]，1921—2006），弗朗西斯·比拉斯（Frances Bilas [Spence]，1922—2013），简·詹宁斯（Betty Jean

Jennings [Bartik],1924—2011），贝蒂·斯奈德（Frances Elizabeth（Betty）Snyder [Holberton],1917—2001），露丝·李斯特曼（Ruth Lichterman [Teitelbaum],1924—1986）和马琳·维斯科夫（Marlyn Wescoff [Meltzer]，1922—2008），其中方括号内是结婚后的夫姓。

2013年，历史学家凯西·克莱曼（Kathy Kleiman）在自己近二十年时间详尽考证材料的基础上，编导了一套三集的纪录片《伟大而无名的计算机女性：计算机、代码和未来创造者》，于2016年上映。

这两部纪录片把六位女"码农"功不可没的贡献弘扬于世。

图5 ENIAC 六朵玫瑰花（多年后的照片）
（上排）凯思琳·玛拉提，弗朗西斯·比拉斯，简·詹宁斯
（下排）贝蒂·斯奈德，露丝·李斯特曼，马琳·维斯科夫

这六位女"码农"组成的团队负责 ENIAC 的全部程序编写。她们十分高效快捷，被称为是"计算机"。当年，她们全都在陆军科研基金委员会属下"弹道计算实验室"做数据处理和科学计算工作。她们都有本科学位，特别是弗朗西斯从 Chestnut Hill College 毕业，有数学和物理两个学位；露丝从费城 Temple 大学毕业，有数学和科学两个学位；马琳也从费城 Temple 大学毕业，有社会科学、英文和商学三个学位。

灿烂群星：我心中的杰出科学家

贝蒂在 ENIAC 项目中积累了丰富的编程经验，成为高手"码农"。第二次世界大战结束后，她到了费城电子控制公司当逻辑电路设计工程师。1953 年，她到了美国海军应用数学实验室当指导主任，其间和 ENIAC 设计师莫齐利教授一道为二进制自动计算机 BINAC 编写了一本 C-10 指南，为现代编程语言提供了一个原型。她与著名的海军女准将、计算机专家葛丽丝·霍普（Grace Hopper）一起发展了早期的 COBOL 和 FORTRAN 算法语言。她还是 FORTRAN77 和 FORTRAN90 高级编程语言早期版本设计者之一。1959 年，贝蒂到了世界最大的船舶设计公司之一的 DTMB，在应用数学实验室当程序研究项目主任。在那里，她协助研制了第一代商用电子计算机 UNIVAC，创建了第一代编程系统的排序/合并（Sort/Merge）规则，并用二值函数来表达决策树，编写了"读取–写入"数据的代码。为了表彰贝蒂的多项杰出贡献，1977 年美国 Association of Women in Computing 授予她最高荣誉的艾达·洛夫莱斯奖（Ada Lovelace Award）。同年，IEEE 计算机学会授予她 Computer Pioneer Award，奖励她开发了 Sort/Merge 程序和开创并推动了汇编语言的发展。2015 年，在旧金山开办的一所软件工程学院以她命名，称为 Holberton School。

简·詹宁斯也是一位高手"码农"，负责 ENIAC 的程序运算工作。1948 年，简带领一个小组成功地把 ENIAC 升级为可储存程序的计算机，运行得更快、更精确、更高效。她与 ENIAC 的主要设计者莫齐利教授和建造者埃克特工程师一起，设计并制造了二进制自动计算机 BINAC。另外，简还为 UNIVAC-I 计算机设计了专用逻辑电路。简和贝蒂一道，创建了第一代编程系统的排序/合并（Sort/Merge）规则。由于她在第一代计算机 ENIAC、BINAC、UNIVAC 中的诸多贡献，母校西北密苏里州立大学在 2002 年授予她荣誉博士学位。该校还建立了一座 Jean Jennings Bartik 计算机历史博物馆。2008 年，该博物馆授予她 Fellow 荣誉。2009 年，IEEE 计算机学会授予她 Computer Pioneer Award。

六朵玫瑰中，凯思琳是爱尔兰裔。为了纪念这位杰出的"码农"，爱尔兰都柏林城市大学于 2017 年 7 月把学校的计算机大楼命名为凯思琳楼。2019 年，爱尔兰国家高端计算中心又以凯思琳的昵称把他们新建的超级计算机命名为 Kay。

1997 年，六朵玫瑰花全体荣登国际女子技术英模名人堂。

【三】百岁英模

2016 年，美国上演了一部人物传记电影《隐藏人物》（*Hidden Figures*），由导

31/群芳谁不让天柔，笑杀码农敢并游

演 Theodore Melfi 按照作家 Margot Lee Shetterly 的同名小说编导摄制，描述了一位非裔女性数学家在美国航空航天局（NASA）工作并参与太空竞赛的成功故事。电影的女主角在现实生活中的原型是凯瑟琳·约翰逊（Katherine G. Johnson，1918 年 8 月 26 日—2020 年 2 月 24 日）。

图 6　简（左）和弗朗西斯（右）

凯瑟琳出生在西弗吉尼亚州白硫磺泉镇（White Sulphur Springs）的一个非裔家庭，父亲约书亚·科尔曼（Joshua M. Coleman）是个伐木工、农夫和杂工，母亲乔伊莱特·罗伯塔（Joylette Roberta）是个小学教师。凯瑟琳在家中排行最小，有两个哥哥和一个姐姐。

凯瑟琳小时候读书成绩很好，在小学各个年级一直领先。她 13 岁进入了 1891 年建校的西弗吉尼亚州立大学校附属中学，18 岁就读于该大学本科，主修数学并兼修法语。凯瑟琳于 1937 年以最高荣誉学士毕业，导师是数学教授希弗林·克莱托（W. W. Schieffelin Claytor）。克莱托是美国第三位获得数学博士学位的非裔学生。凯瑟琳毕业后到了弗吉尼亚州，在一所公立学校教数学。

1938 年，美国最高法院裁决，高等教育经费和奖学金必须向黑人学生同等开放。1939 年，西弗吉尼亚州大学决定调整研究生院，时任州长约翰·戴维斯（John W. Davis）博士选择了凯瑟琳和两名男生作为第一批黑人学生入学。不过，第一个学期还没结束，凯瑟琳便离开学校，与她的第一任丈夫詹姆斯·高布尔（James Goble）组建了家庭。直到三个女儿长大一些之后，她才重拾教鞭，工作至 1952 年。

1953 年，35 岁的凯瑟琳应聘到了国家航空咨询委员会（National Advisory Committee for Aeronautics，NACA）的 Langley 实验室从事数据计算工作。她

295

灿烂群星：我心中的杰出科学家

被分配到了导航部（Guidance and Navigation Department），和几位女程序员一起从事计算机编程计算和数据分析工作。她们工作很有成效，被戏称或者说尊称为"穿裙子的计算机"。

也许是由于她的数学背景和专长，在接下来的四年里凯瑟琳更多的是从事飞行测试数据分析，包括飞机缓解阵风计算和湍流引致飞机失事的动力学分析。1956年底，凯瑟琳在导航部的工作结束。可是就在这个时候，她的丈夫不幸病死于癌症。三年后，凯瑟琳再婚，嫁给一位退伍兵、邮差詹姆斯·约翰逊（James A. Johnson）。

图 7　凯瑟琳在 NACA 的工作照

1957 年，苏联第一颗"人造卫星"的升空成为人类军事和技术竞争的一次重大历史转折，它不但改变了苏美两个大国之间的关系，也改变了小人物凯瑟琳的人生轨迹。美国为了提高太空技术能力，1958 年把 NACA 升格，扩展为国家航空航天局 NASA（National Aeronautics and Space Administration）。凯瑟琳从此在 NASA 工作直至退休。

1958 年，凯瑟琳参与了一份重要文件《空间技术笔记》中数学部分的整理工作。这是由太空任务组（Space Task Group）的飞行研究部和无人机研究部的核心工程师们先后发表的一系列技术报告和讲座文献的汇编。以此为起点，NASA 开始了航天技术和太空之旅的宏图大计并付之于实施至今。

1960 年，凯瑟琳和工程师泰德·斯科平斯基（Ted H. Skopinski）合写了一份题为《确定将卫星放置在地球选定位置上的方位角》的技术报告，包含太空船飞行轨道方程和航天器的指定着陆位置计算程序。凯瑟琳信心满满，说："让我来做。你告诉我，你想要它什么时候降落，你想让它降落在哪里？我会倒过来算，告诉你它应该什么时候起飞。"于是，在 NASA 这份高端研究报告封面上，第一次出现了一个女性的名字：凯瑟琳·约翰逊。这份非常重要的技术手册，不但为美

296

国 1961 年 5 月的第一次太空自由飞行而且为 1962 年 2 月的第一次太空轨道航行提供了数学依据和指引。

图 8　第一次出现女性名字的 NASA 的技术报告

1961 年 4 月，苏联宇航员尤里·加加林（Yuri A. Gagarin，1934—1968）作为人类第一个到了太空旅行。一个月后，NASA 的"自由 7 号"（Freedom 7）带着美国宇航员艾伦·谢泼德（Alan B. Shepard Jr，1923—1998）也实现了太空遨游。在"自由 7 号"航天任务准备过程中，凯瑟琳是飞行轨道分析及其编程计算的主要"码农"。

接下来，NASA 开始筹备宇航员约翰·格伦（John Glenn，1921—2016）的太空轨道航行任务了。复杂的太空轨道飞行需要建立一个全球通信网络，将世界多处的雷达跟踪站和华盛顿总控中心、佛罗里达州的卡纳维拉尔角（Cape Canaveral）基站以及百慕大（Bermuda）基站精准地连接起来。凯瑟琳被安排到了最重要的

灿烂群星：我心中的杰出科学家

位置，为飞行轨道方程作计算并编写程序。她用编写好的程序检验了一个带有 11 个变量的轨道方程，把输出计算到 8 位有效数字，结果和已知答案完全吻合。当年，宇航员们感觉到把自己的生命交给了计算机，自然非常小心谨慎。格伦在升空之前作最后检查时，要求工程师请"那女孩"（凯瑟琳）把关，说："如果她说很好，那我就准备好了。"1962 年 2 月，格伦的太空轨道飞行之旅进行顺利，最后完满结束。

凯瑟琳认为她对太空探索的最大贡献是 1969 年协助阿波罗（Apollo）11 号太空船的登月舱和登月轨道指挥以及服务舱同步的编程和计算。凯瑟琳后来回忆说："当时大家都在考虑怎样把它送到目的地，而我们则在考虑怎样把它收回来。"1970 年，原定前往月球的阿波罗 13 号太空船因两个氧气罐爆炸而受阻于太空。凯瑟琳是为受困宇航员计算返回地球安全路径的关键人物之一。由她们编程的模拟计算后来成为了一个定位系统的基础，该系统只需要一个恒星观测点与太空船上的星图相吻合，便可以精确地确定宇航员在太空中的位置。

除太空漫游之外，凯瑟琳还参与了航天飞机和地球资源技术卫星（ERTS，后更名为 Landsat）的编程和计算工作。她先后为 NASA 撰写和合写了 26 份高端技术报告。

图 9　凯瑟琳在 NASA 的工作照

1986 年，68 岁的凯瑟琳从 NASA 退休。老年生活中的她，喜欢弹钢琴、打桥牌和玩拼图游戏。2019 年，她丈夫詹姆斯以 94 岁高龄去世。

凯瑟琳一生获得过许多荣誉和奖励。她从 1971 年任职起到退休，先后多次获得 NASA Langley 研究中心的特别贡献奖。她荣获多个荣誉博士学位：1998 年获纽约州立大学（SUNY）Farmingdale 分校荣誉法学博士学位、2006 年获马里兰 Capitol College 荣誉科学博士学位、2010 年获弗吉尼亚 Old Dominion 大学荣誉科学博士学位、2016 获母校西弗吉尼亚大学荣誉人文博士学位、2017 年获佐治亚 Spelman College 荣誉博士学位、2018 年获弗吉尼亚 College of William & Mary 荣誉科学博士学位、2019 年获南非 Johannesburg 大学荣誉哲学博士学位。

特别是，2015 年 97 岁的凯瑟琳获奥巴马总统授予一枚美国公民最高荣誉的总统自由勋章（Presidential Medal of Freedom），表彰她"对美国第一次和随后的载人航天飞行（包括阿波罗 11 号）的成功所作出的关键性数学计算的贡献"。

2016 年，凯瑟琳荣获 NASA 终身成就奖和 Snoopy 银质奖章，并被英国 BBC 选入全球最有影响的 100 位女性名人录。2019 年，她被美国国会授予国会金质奖章。

2020 年 2 月 24 日，凯瑟琳辞世。NASA 总局长詹姆斯·布里登斯廷（James Bridenstine）在哀悼时说："我们 NASA 全体成员十分难过地得知凯瑟琳·约翰逊今早去世的消息，她享年 101 岁。她是一位国家英雄。她的开创性遗产永远不会被忘记。"随后，NASA 于 2020 年 11 月 6 日发射了一颗"凯瑟琳号"卫星，又在 2021 年 2 月把向国际空间站提供补给的航天器命名为"凯瑟琳·约翰逊号"。NASA 还以她命名了"凯瑟琳·约翰逊计算研究机构"等两座大型计算机设施。

凯瑟琳留下的自传手稿《我的非凡旅程：回忆录》（*My Remarkable Journey: A Memoir*）于 2021 年 5 月正式出版。同年，她被选入美国女子名人堂。

图 10　凯瑟琳·约翰逊（1918 年 8 月 26 日—2020 年 2 月 24 日）

（本文首发表于 2022 年 7 月 11 日）

32 六朵绝密的玫瑰：世界第一批计算机程序员

2004年我们夫妇把小女儿送到宾夕法尼亚大学（UPenn，University of Pennsylvania）就读电机工程专业，其时参观了该学院陈列室里世界第一台通用电子计算机"埃尼阿克"（ENIAC，Electronic Numerical Integrator And Computer）。

图1 UPenn 电机工程学院大楼

ENIAC 的历史久远但并不曲折。1943年6月5日，出于第二次世界大战需要美国陆军科研基金委员会和 UPenn 签订了一个合同，从7月起以"PX 项目"为代号在该校电机工程学院内秘密开始研制高性能电子计算机。该项目由物理学家约翰·莫齐利（John Mauchly）教授负责设计、青年工程师普里斯柏·埃克特（J. Presper Eckert Jr）负责研制，其间多次咨询了冯·诺依曼（John von

Neumann，1903—1957）。ENIAC 耗资约 50 万美元，建成后于 1946 年 2 月 14 日发表了新闻公布，随即正式投入使用。这台机器是个庞然大物：重约 27 吨，占地 150 平方米，内装 17468 枚真空电子管、10000 只电容、7000 只电阻、1500 个中继器、6000 个开关和 500 万个接头，耗电 140 千瓦时。这个巨无霸可进行每秒 5000 次的加法运算，当年全球首屈一指。

图 2　ENIAC（UPenn 电机工程学院大楼）

ENIAC 并不是历史上最早出现的电子计算机。实际上，机械和电子计算的仪器早在 19 世纪就已经出现，只是到了 20 世纪中叶，计算机理论和技术才进入了现代化时代。

1941 年 5 月，德国公布了 Z3 计算机，由康拉德·楚泽（Konrad Zuse）设计，是第一台比较通用的机电数字计算机。这台机器主体由继电器组成，使用二进制数字进行逻辑运算，但尚不是图灵完备的，即不是任何计算问题都可以通过一系列数据操作规则（指令）计算出结果来。1943 年，这台计算机在柏林毁于空袭轰炸之中。

1941 年夏天，美国公布了阿塔纳索夫–贝瑞计算机（Atanasoff-Berry Computer，俗称 ABC 计算机），那是第一台全电子化的计算机，使用真空管执行二进制运算。但它尚不是通用的，即不能用编程进行数学计算。

随后英国宣布了巨人计算机（Colossus Computer），由汤米·弗劳尔斯

（Tommy Flowers）设计。这台计算机是电子和数字的，可编程，但仅用于密码破译，而且也不是通用的。巨人计算机是英国战争成就的一部分，出于保密原因，到 1970 年才公布于众。

冯·诺依曼在 1944 年参与了 IBM Harvard Mark-I 通用计算机的研制。1945 年 3 月，他又参与了离散变量自动电子计算机（Electronic Discrete Variable Automatic Computer，EDVAC）的设计，确定了计算机的结构并采用存储程序以及二进制编码。1946 年，他开始了程序编制的研究，发展了多种数值分析方法特别是后来著名的蒙特卡罗（Monte Carlo）算法。

ENIAC 超越了上述所有的机器，将图灵完备的可编程能力与电子计算的高速性能结合一起，可以做任意数学运算，能够编程解决各种计算问题，被认为是世界上第一台真正通用的电子计算机。

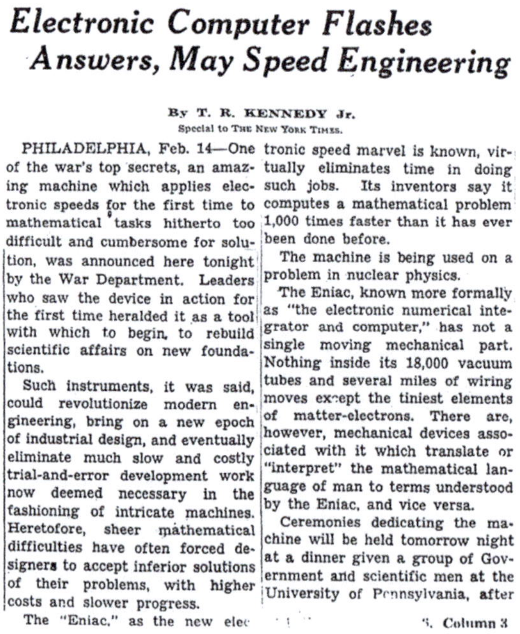

Electronic Computer Flashes Answers, May Speed Engineering

By T. R. KENNEDY Jr.
Special to THE NEW YORK TIMES.

PHILADELPHIA, Feb. 14—One of the war's top secrets, an amazing machine which applies electronic speeds for the first time to mathematical tasks hitherto too difficult and cumbersome for solution, was announced here tonight by the War Department. Leaders who saw the device in action for the first time heralded it as a tool with which to begin to rebuild scientific affairs on new foundations.

Such instruments, it was said, could revolutionize modern engineering, bring on a new epoch of industrial design, and eventually eliminate much slow and costly trial-and-error development work now deemed necessary in the fashioning of intricate machines. Heretofore, sheer mathematical difficulties have often forced designers to accept inferior solutions of their problems, with higher costs and slower progress.

The "Eniac," as the new electronic speed marvel is known, virtually eliminates time in doing such jobs. Its inventors say it computes a mathematical problem 1,000 times faster than it has ever been done before.

The machine is being used on a problem in nuclear physics.

The Eniac, known more formally as "the electronic numerical integrator and computer," has not a single moving mechanical part. Nothing inside its 18,000 vacuum tubes and several miles of wiring moves except the tiniest elements of matter-electrons. There are, however, mechanical devices associated with it which translate or "interpret" the mathematical language of man to terms understood by the Eniac, and vice versa.

Ceremonies dedicating the machine will be held tomorrow night at a dinner given a group of Government and scientific men at the University of Pennsylvania, after

Column 3

图 3　《纽约时报》1946 年 2 月 15 日关于 ENIAC 的新闻公布

计算机本身的设计和制造是一回事，用计算机编程进行数学计算又是另一回事。ENIAC 是由物理学家莫齐利和数学家冯·诺依曼负责设计、工程师埃克特负责制造的。那么，这第一台可编程计算机开始使用时，最早的程序员又是哪一路英雄人物呢？历史对此并没有给予特别的关注。

2010年，由 LeAnn Erickson 编导的纪录片《绝密的玫瑰花：第二次世界大战中的女子'计算机'》由 PBS 公司摄制上映。这部影片让全世界知道，第一批计算机编程技术人员，是时下芳龄二十多岁的六朵玫瑰花：凯思琳·玛拉提（Kathleen McNulty Mauchly [Antonelli]，1921—2006），弗朗西斯·比拉斯（Frances Bilas [Spence]，1922—2013），简·詹宁斯（Betty Jean Jennings [Bartik]，1924—2011），贝蒂·斯奈德（Frances Elizabeth（Betty）Snyder [Holberton]，1917—2001），露丝·李斯特曼（Ruth Lichterman [Teitelbaum]，1924—1986），和马琳·维斯科夫（Marlyn Wescoff [Meltzer]，1922—2008）（注：方括号内是结婚后的夫姓）。

图 4　ENIAC 六朵玫瑰花

在 ENIAC 上进行的第一代程序编写依赖于 IBM 打孔卡通过 I/O 插件连线并使用数学函数表，整合起来是具有 1200 种各自带有 10 个开关的程序操作，十分复杂繁琐，往往一项计算就需要女士们花上几周的时间去编写相应的运算执行程序。这六位女士组成的团队被称为"计算机"（"computers"），但她们并不是简单的实验操作员。事实上，当年她们全都在位于 UPenn 工学院内的陆军科研基金委员会属下"弹道计算实验室"做数据处理和科学计算工作。她们都有本科学位，例如露丝从费城天普（Temple）大学毕业，有数学和科学两个学位；马琳也从费城天普（Temple）大学毕业，有社会科学、英文和商学三个学位；弗朗西斯从栗树山学院（Chestnut Hill College）毕业，有数学和物理两个学位。

在六位女士中，有两位值得大书一笔的人物。

贝蒂在 UPenn 本科开始读数学，后来兴趣改变，以新闻专业学位毕业。在 ENIAC 项目中她积累了丰富的编程经验。第二次世界大战结束后，1947 年她到

灿烂群星：我心中的杰出科学家

了费城电子控制公司当逻辑电路设计工程师，后来为美国人口普查局设计了第一代统计分析算法。1953 年，贝蒂到马里兰的海军应用数学实验室当指导主任，其间她和 ENIAC 设计师莫齐利教授一起为二进制自动计算机 BINAC 编写了一本 C-10 指南，为现代编程语言提供了一个原型。她与海军女准将、计算机专家葛丽丝·霍普（Grace Hopper）一起发展了早期的 COBOL 和 FORTRAN 算法语言，并且是 FORTRAN77 和 FORTRAN90 高级编程语言早期版本设计者之一。葛丽丝说过，贝蒂是她多年职业生涯里遇到过最优秀的程序员。1959 年，贝蒂到了世界最大的船舶设计公司之一的 DTMB，在其应用数学实验室当程序研究项目主任。在那里，她协助研制了第一代商用电子计算机 UNIVAC，创建了第一代编程系统的排序/合并（Sort/Merge）规则，用二值函数来表达决策树，编写了数据"读取–写入"代码。1983 年，她从美国国家标准局退休。基于贝蒂的多项杰出贡献，1977 年 Association of Women in Computing 授予她最高荣誉的 Augusta Ada Byron Lovelace 奖。同年，IEEE 计算机学会授予她 Computer Pioneer Award，表彰她开发了 Sort/Merge 程序和开创并推动了汇编语言的发展。2015 年，在旧金山开办的一所软件工程学院以她命名，称为 Holberton School。

图 5　简（左）和弗朗西斯（右）

简·詹宁斯则与贝蒂相反，她在 UPenn 由读新闻改为读数学，以数学和英文两个学位毕业。简在 ENIAC 程序运算方面担任负责工作。在机器正式运行前一天，姑娘们编写的程序运行并不通畅，把她们急得彻夜无眠。第二天一早，简决定扳动其中一个开关，便让机器如愿以偿地运转起来。弗朗西斯后来称赞简，说她"做梦时的逻辑推理比别人清醒时还要强"。1948 年，简带领一个小组成功地把 ENIAC 升级为可储存程序的计算机，让它运行得更快、更高效、更精确。她与 ENIAC 的主要设计者莫齐利教授以及建造者埃克特工程师一道，设计制造了二进制自动计算机 BINAC。另外，简又为 UNIVAC-I 计算机设计了专用逻辑电路。她和贝蒂一起，创建了第一代编程系统的排序/合并（Sort/Merge）规则。由于她在第一代计算机 ENIAC、BINAC、UNIVAC 的诸多贡献，简在后来陆续获得了不少荣誉和奖项，包括 2002 年她母校西北密苏里州立大学授予的荣誉博士学位。该校还建筑了一座 Jean Jennings Bartik 计算机历史博物馆。2008 年，该博物馆授予她 Fellow 荣誉。2009 年，IEEE 计算机学会授予她计算机先驱奖（Computer Pioneer Award）。她留下了一部自传《简·詹宁斯和那改变世界的计算机》，于 2013 年即她去世两年后正式出版。

还有一朵玫瑰凯思琳是爱尔兰裔，具有数学本科学位。为了纪念这位计算机程序先行者，2017 年 7 月爱尔兰都柏林城市大学把他们的计算机大楼命名为凯思琳楼。2019 年，爱尔兰国家高端计算中心又把他们新建的超级计算机命名为 Kay（凯思琳的昵称）。

1997 年，六朵玫瑰全体荣登女子技术英模国际名人堂（The Women in Technology International Hall of Fame）。

图 6　（上排）凯思琳·玛拉提，弗朗西斯·比拉斯，简·詹宁斯
　　　（下排）贝蒂·斯奈德，露丝·李斯特曼，马琳·维斯科夫

2013 年，历史学家凯西·克莱曼（Kathy Kleiman）经过近二十年时间的详

灿烂群星：我心中的杰出科学家

尽考证后，编导了一套 3 集的纪录片《伟大而无名的计算机女性：计算机、代码和未来创造者》("Great unsung women of computing: the computers, the codes and the future makers")，于 2016 年上映，把六朵玫瑰不可磨灭的历史功绩弘扬于世。

图 7　纪录片《伟大而无名的计算机女性：计算机、代码和未来创造者》海报

（本文首发表于 2020 年 8 月 16 日）

第四篇
其他领域
科学家

33
小县城走出了第一批留美少年

我的老家在广东省中山市,历史上为香山县,1925 年 4 月 16 日为纪念孙中山先生(1866 年 11 月 12 日—1925 年 3 月 12 日)而改名。我父亲出生长大在香山县南朗区的茶园村,离孙中山故居南朗翠亨村不远。以前整个茶园村单一陈姓,分东西两园,我父家在茶东,邻近我母家南朗濠涌。据宗祠里保存至今的清朝乾隆二十一年(1756 年)《陈氏族谱》记载,茶东村的陈氏始祖名玄保,称尚志,北宋时期从闽南流迁至香山茶园之东定居。

我由于在 1982 年到美国留学的缘故,对中国留学生的历史故事颇为关注,尤其是早年从香山县出国留学的同乡。这里介绍几位,他们与中国现代化的发端息息相关。孙中山先生是其中一位,他 1879 年 13 岁时留学夏威夷檀香山,之后至 1911 年辛亥革命胜利期间多次逗留于欧美、日本和新加坡,从事革命活动,在海外停留时间累计十年有余。孙中山的业绩家喻户晓,此处无需多费笔墨予以介绍。

图 1　孙中山

灿烂群星：我心中的杰出科学家

这里要写的是几位"西学东渐"的代表性人物：容闳（1828—1912）、黄宽（1829—1878）、唐国安（1858—1913）、郑玛诺（1633—1673）和张文湛（1858—1894?）。

容闳为大众熟识。在许多历史文献中，容闳被誉为"中国留学生之父"，因为他 1847 年 19 岁时留学美国，1854 年在耶鲁大学毕业获文学学士学位，成为完成美国高等教育的第一个中国人，并且后来为清朝派遣大批留学生作出了关键性的贡献。然而，另一位香山同乡郑玛诺早在 1653 年就留学意大利了，并于 1666 年在葡萄牙完成了神学学业。不过，郑玛诺也不是"第一个"出国的华人留学生。如果对文史宗教等学科都做个统计的话，唐代高僧玄奘（602—664）就更早了，他于贞观三年（629 年）从长安出发，经敦煌、新疆及中亚等地，辗转到了中印度的摩揭陀国王舍城，进入了当时印度佛教中心那烂陀寺，师从戒贤学习了五年。之后，他游历了印度及邻近数国，学习佛教，最终带回大小乘佛教经律论共五百二十夹、六百五十七部。容易想象，玄奘之前一定还有并且不止一个到过国外去学习的华人学生。由此看来，追究谁是"第一个"出国的华人留学生没有什么意义。今天，如果大家关心现代科学技术的话，本文最后特别介绍的一位香山老乡张文湛，则是第一位留学美国麻省理工学院（MIT）的华人工科学生。

【一】容闳

容闳（英文名 Yung Wing）于 1828 年 11 月 17 日出生于香山县南屏镇（今属珠海市）一户贫困农家。

容闳经历了从对太平天国的失望到参与洋务运动至失败，直到支持辛亥革命获得胜利的历史过程。

1840 年，12 岁的容闳被送到了澳门进入免费的教会学校马礼逊（Robert Morrison，1782—1834）学堂。该学堂是 1839 年由美国传教士布朗（Samuel Robbins Brown，1810—1880）接受马礼逊教育会的邀请到澳门开办的。该校是教会办学慈善事业之一，为贫困学生提供完全免费的教育，包括食宿、衣服、图书和医疗。

著名作家钟叔河（1931—）在《容闳与"西学东渐记"》中写道："即使在澳门这样的地方，比较有身家的人也是不愿意把子弟送到'西塾'读书的，因为读这样的书不能考秀才举人，不能仕宦显达。但是，外国人有钱，办洋务可以赚钱，这就对某些家庭有吸引力。"其实，对容闳来说，"办洋务"这样的愿景是不敢企望的。小时候的他只想读点书，希望将来有一条谋生的出路。

马礼逊是第一位从英国来到中国的基督新教传教士。他出生在一个贫雇农家，年轻时读医，向往古老的中国并自学中文。他在中国 25 年，在许多方面都有首创之功。他编辑出版了中国历史上第一部英汉–汉英字典《华英字典》，第一个把《圣经》译成中文，并在澳门开办了第一个中西医合作诊所。

图 2　容闳

布朗则是第一位从美国来到中国的基督教传教士。他出生在美国康涅狄格（Connecticut）州，1832 年从耶鲁大学毕业。1834 年马礼逊在澳门病逝，布朗接受了马礼逊教育会的邀请，决定到澳门传教并负责开办马礼逊学堂。1838 年 10 月 17 日，他偕同新婚妻子从纽约搭乘"马礼逊号"客船，经过四个月航行于次年 2 月 19 日到达广州，四天后便来到了澳门。

1839 年，马礼逊学堂的首批学生只有 5 名：黄胜、黄宽、李刚、周文、唐杰。其中，黄胜和黄宽只是同姓，却往往被后人误认为是两兄弟。翌年，又有容闳入学。容闳回忆道："予等六人为开校之创始班，予年最幼。"这些学生均来自贫苦家庭，年龄在 11 至 15 岁之间。

马礼逊学堂推行英汉双语教学，开设算术、代数、几何、生物、地理、化学、音乐、作文等课程，此外还有《圣经》讲解。中文方面，学校开设儒家经典课程，

灿烂群星：我心中的杰出科学家

包括《三字经》《千字文》《百家姓》以及四书五经之类。布朗在 1840 年 4 月写给马礼逊教育会的书面报告中说："马礼逊学堂……目标是在德育、智育和体育三个方面给予学生全面的训练。按照这个目标，我安排中国学生半天读中文，半天读英文。早上六点钟开始活动，晚上九点钟结束。其间读书共八个小时，余下的三四个小时让学生们到户外场地上做运动和娱乐。"

容闳后来在英文自传 *My Life in China and America*（中译本名为《西学东渐记》，商务印书馆，1915 年）中写下了一段回忆："布朗先生是在 1846 年冬天离开中国的。在他临走之前四个月，有一天他突然宣布了一个令全校震惊的消息，说由于他和他的夫人健康不佳，需要回美国去。最后他说，他对学堂怀有很深的感情，并说他愿意带几名年龄较大的学生去美国读书，直到完成学业。凡愿意与他同去的，可以站起来……这时，我第一个站了起来，随后是黄宽，最后是黄胜。"

1847 年，布朗夫妇出资携带着容闳、黄宽和黄胜三名学生前往美国留学。1月 4 日，他们一行五人从广州黄埔港乘 Huntress 号客船出发，经过 98 天的海上颠簸抵达纽约。随后，他们来到了康涅狄格州 East Windsor 镇布朗的老家。布朗将三个学生安排进入了麻省著名的 Monson Academy 学校读预科，并让母亲照料他们。后来黄胜因水土不服生病辍学，一年后折回香港。容闳和黄宽则读完了两年课程。

1850 年两人预科毕业后，容闳决定留在美国并考入了耶鲁大学。在当年耶鲁全校五百多名学生中，他是唯一的华人。黄宽则遇上一位香港来访的英国资深出版商人 Andrew Shortrede（中文名萧德锐），他是《德臣西报》（*The China Mail*，即《中国邮报》）的创办人。萧德锐毕业于英国爱丁堡大学，是皇家亚洲学会香港分会的创始人之一。他说如果黄宽愿意去爱丁堡大学读书并答应毕业后回香港为教会服务，则他可以提供资助。黄宽同意了，自行前往英国并考入了爱丁堡大学医学院。不过那是后话。

容闳 1854 年夏天从耶鲁大学毕业，获得了文学学士学位，成为历史上第一个从美国大学取得正式高等教育学位的中国人。他旋即回国，先后在广州美国公使馆、香港高等审判厅、上海海关等处任职，后来在上海宝顺洋行经营丝茶生意。

容闳回国后以多种方式参与了洋务运动、甲午战争、戊戌维新以及孙中山领导的辛亥革命。

容闳回国后不久，便对太平天国失去期望，说"未敢信其必成"，并拒绝了洪秀全授予的四等官爵。

接踵而来的洋务运动,又称为自强自救运动,被认为是中国的第一次现代化运动,历时三十年之久,容闳一直活跃其中。他认为,中国的落后在于整个经济体系的落后,特别是没有自己的基础工业。他指出:"以中国幅员如是之大,必须有多数各种之机器厂,仍克敷用。而欲立各种之机器厂,必先有一良好之总厂以为母厂,然后乃可发生多数之子厂。即有多数之子厂,乃复并而为一,通力合作。以中国原料之廉,人工之贱,将来自造之机器,必较购之欧美者价廉多矣,是即予个人之鄙见也。"

1865 年,容闳协助李鸿章和曾国藩从美国买回一大批机器,在上海建立了江南制造总局。那是中国近代史上第一座完整现代机器工厂,开始是军工厂,后来改为造船厂。

容闳从海外归国后,一直主张要有更多的中国学生出去读书,学本领、见世面。1870 年,容闳向清政府提出了一项建议:"政府宜派颖秀青年,送之出洋留学,以为国家储备人才。遣派之法,初次可以选定一百二十名学额以实行之。此百二十人中又分为四批,按年递派,每年派送三十人。留学期限,定为十五年。学生年龄,须十二岁至十四岁为度。"容闳说服了曾国藩,于是提案获准。次年,朝廷成立了"幼童出洋肄业局",并于 1872 年派出了中国最早一批幼童远赴美国留学。据记录,这些学童都很小,平均年龄约为 13 岁,最年幼的才 11 岁。那时的幼童出国,每个孩子及家人都要立下生死状,两国政府均不负责他们的安危和健康。

图 3　1872 年初抵达美国的部分幼童在旧金山合影

灿烂群星：我心中的杰出科学家

1873 年 6 月，病退归国后的黄胜亲自带领第二批约 30 名学童赴美，其中包括后面将要介绍的香山同乡唐国安。黄胜在清朝驻美使馆担任翻译官，协助处理外交及留学学童事务，到 1876 年任满之后返回香港。

图 4　钱钢、胡劲草编著，当代中国出版社（2010）

1875 年，容闳出任"幼童出洋肄业局"副委员，负责学童们在美国的教育，直至 1881 年清政府撤回留学生为止。说起来撤退学童的主要原因一方面是学子们出国后眼界变了，他们在知识和观念上已不苟同于其他"清朝人"；另一方面是由于 1882 年美国排华法案的产生。当年的肄业局正委员、驻美公使陈兰彬（1816—1895）建议撤回这些留美幼童，并获得清朝政府批准。这些官派幼童按计划要留美 15 年，待完全学成了才返回的，但大部分都只好半途而废，先后归国。不过回来后，不少人成为了中国现代化之先行者和领导人。广为人知的包括：詹天佑成了中国铁路之父、唐绍仪成了民国第一任总理、唐国安成了清华大学前身学校首任校长、梁敦彦成了清廷外务大臣等等。所提及的这几位都来自广东，其中唐绍仪和唐国安是香山县人。容闳的《西学东渐记》一书详细记录了他和这一批官派学童的传奇经历。该书 1985 年被收入"走向世界丛书"，2012 年再以《容闳回忆录》之名问世。

1876 年，耶鲁大学授予容闳荣誉法学博士学位，表彰他为美中文化交流作出重要贡献。

1901年9月，一些革命党人在香港开始策划夺取广州的起义，决定事成后推举容闳为政府大总统。但容闳认为应当推举孙中山当大总统。此后，革命派的几次起义全以失败告终，容闳只好避居美国。他人在美国，依然继续积极参与中国革命活动。他联络了美国军事专家荷马·李（Homer Lea）和财政部长博特（Charles B. Bothe），为国内革命党人筹得了一大批款项，用以训练武装力量，支援辛亥革命。

图5　留美学童组织棒球队（后排右二为詹天佑）

1912年1月1日，孙中山在南京就任临时政府大总统，容闳立即致电祝贺。孙中山第二天便亲笔写信给容闳，邀请他回国担任政府要职。可是这时容闳已经重病缠身，4月21日在康涅狄格州病逝，享年84岁。

1998年，为纪念容闳诞辰170周年，美国康涅狄格州政府官宣，将9月22日即当年第一批中国学童在美国入学的日子定为"容闳及中国留美幼童纪念日"。

2015年8月17—20日，中央电视台纪录频道播出电视纪录片《容闳》。影片分为4集："耶鲁骄子"、"中国寻梦"、"幼童留美"和"赤子之心"。

2021年，中国文史出版社出版了《容闳和留美幼童》一书并于4月21日在容闳故乡的容闳博物馆举行了隆重的首发仪式。

灿烂群星：我心中的杰出科学家

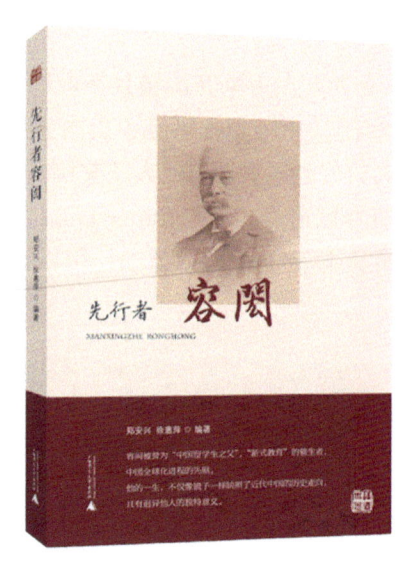

图 6　郑安兴、徐惠萍编著，广西师范大学出版社（2018）

【二】黄宽

黄宽（英文名 Wong Fun）于 1829 年出生于香山县东岸乡（今属珠海市）。他幼年时父母双亡，由祖母抚养，因家境贫困一度辍学。

图 7　黄宽

1840 年，11 岁的黄宽被送到澳门，进入马礼逊学堂读书。如上所述，1847 年布朗夫妇资助并携带了容闳、黄宽和黄胜三位学生从澳门出发到了美国留学。黄胜因水土不服生病，一年后辍学折回香港。1849 年，黄宽从 Monson Academy 预科学校毕业后，翌年便赴英国爱丁堡大学留学。他入学时就读于文学系，次年改修医学，最后于 1855 年毕业获医学学士学位。他的毕业论文题目是《关于胃机能紊乱的研究》（"On Functional Disorders of the Stomach"）。

在毕业典礼上，时任爱丁堡大学校长的著名医学家辛普森（James Young Simpson，1811—1870）在贺词中说："在你们中间，黄宽是最值得称赞的一个谦虚好学的学生。在学业竞争中他所获得的众多奖励与荣誉，让我们可以怀有这样的期许，这位中国留学欧洲第一人，一定会成为他的同胞中西方医学的最好代表。我坚信，在座的各位，包括教授和毕业生们，对他今后的事业与幸福都怀着不寻常的祝愿。"

1855 年 7 月 3 日，黄宽通过了爱丁堡皇家外科学会的考试，获得医学硕士学位证书。然后，黄宽继续攻读病理学和解剖学的硕博士课程，1857 年获得西医从业资格，成为中国最早毕业于英国大学并获西医执照的中国留学生。他随即回国，落脚香港。

黄宽抵达香港后写了一封信给长期资助他读书的"爱丁堡医疗援外协会"（Edinburgh Association for Sending Medical Aid to Foreign Countries）。信中写道："经过 166 天的漫长航程，我终于回到了祖国。1 月 3 日，在距离台湾海峡约 300 英里的地方，我们遇上了一场非常猛烈的风暴。大风吹走了船的前中桅、船主桅和后中桅。十分感激仁慈上天的保佑，让我死里逃生，在船遇险 12 天后安然无恙地回到了故土。"在香港，他按照当年与英国教会签订的资助协议志愿书，在伦敦传道会医院服务并兼当传教士。但不久，他因不满传道会中英籍传教士的排挤而辞职，次年到了广州入职惠爱医馆。

1863 年，中国粤海关成立了医务处，聘请医官 17 人，其中黄宽是唯一的中国人。之后，黄宽在华南医学校执教解剖学、生理学和外科学，又任博济医院代理院长。1875 年，他出任西南施医局主任。

1878 年 10 月 12 日，黄宽因患颈疽病不治在广州辞世，享年 49 岁。

黄宽是中国胚胎解剖手术第一人，也是中国最早担任西医教学为数不多的教师之一。他参与了为中国培养第一代西医人才的医教工作，和同事们联手引进了西医治疗及医院制度、医学教育及医学科研和医护宣传等一整套全新的医疗体系，被誉为西医东渐的先驱人物。

灿烂群星：我心中的杰出科学家

【三】唐国安

唐国安（英文名 Tong Kwo On），字介臣，于 1858 年 10 月 27 日出生于香山县唐家湾镇鸡山村（今属珠海市）。

唐国安少时就读私塾，1873 年作为第二批中国留美学童之一前往美国，先在新汉普郡的菲力普·埃克塞特学校（phillips Exeter Academy）读预科，后考入耶鲁大学法律系，1881 年因清政府终止留学而肄业回国。

图 8　第二批留美学童出国前在轮船招商总局大门外合影（第一排右二为唐国安。照片取自清华大学校史馆）

回国后，唐国安先后到过开平煤矿、京奉铁路等处工作，后来在上海圣约翰（Saint John）书院任教。1905 年，他与颜惠庆两人为上海《南方报》开设英文版。这位颜惠庆（1877—1950）是个著名人物，他 1895 年赴美国读高中，两年后考进弗吉尼亚（Virginia）大学，1900 年获学士学位后回国，曾任清政府外务部主事和北京清华学校总办等职，官至北洋政府元首。1906 年，唐国安担任"环球中国学生会"董事和副会长，创办《环球中国学生报》，发表"劝告中国留学生书"，疾呼海内外学人联合救亡图存。他还出任上海"天足会"董事，组织反对妇女缠足的社会活动。

1908 年，美国国会通过法案，授权罗斯福总统退还一笔中国"庚子赔款"，用于办学和资助中国学生赴美留学。按双方协议，1909 年起中国用这笔经费每年向美国派遣 100 名留学生。清政府建立了"游美学务处"，任命唐国安负责。这一年，唐国安还作为清政府代表团专员出席了在上海举行的首届万国禁烟会议。

33 / 小县城走出了第一批留美少年

图 9　唐国安

在游美学务处工作期间，为了让留学生出国前有充分准备，唐国安积极筹办了一所"肄业馆"。经宣统皇帝准奏，肄业馆实行高、中两科四四制，成为一所正规的留美预备学校。1910 年，他又出任外务部考工司主事。1911 年 4 月 29 日，肄业馆改名为"清华学堂"，唐国安被任命为清华学堂副监督。后来辛亥革命爆发，袁世凯将庚子赔款的银子挪为军用，致使清华学堂没有日常教学经费，被迫停课。唐国安等人积极抗争，于 1912 年 5 月 1 日成功复课。唐国安随即被委任为学堂监督。同年 10 月 17 日，清华学堂改名为清华学校，唐国安出任第一任校长。

唐国安在任校监和校长的几年时间里，负责选拔了一批优秀学童出国留学。1909 年、1910 年和 1911 年，清政府派出了三批庚款留学生，分别有 47、70 和 63 人。唐国安亲自护送了清华学校第一批留学生赴美。他根据学生的知识基础，把他们分别安排到合适的学校就读。到了"所有教授、管理诸法，均甚相合，诸生皆安心向学"之后，他才放心回国。这三批留学生中，包括了众所周知的梅贻琦、金邦正、胡刚复、张子高、徐佩璜、胡适、赵元任、胡明复、邹秉文、周仁、秉志、过探先、姜立夫、吴宪、孙学悟、金岳霖、侯德榜、叶企孙、杨石先、汤用彤、吴宓等后来各个领域中的佼佼者。

唐国安在任校长期间，主持修编了《清华学校近章》，改造了旧时的学制和课程，将高等科目的教学内容设置于美国大学相应水平，实行文理分班，并开设必修课和选修课，让中国学生从清华学校毕业后即可进入美国大学高年级就读。唐国安还亲自考察招聘了 8 男 9 女合资格的"美国教师团"到清华任教，开设数学、物理、生物、历史、英文、德文等课程。同时，他还为学校雇用了一名美国体育教员。

灿烂群星：我心中的杰出科学家

为清华学校呕心沥血的唐国安积劳成疾，终于 1913 年 8 月病倒。8 月 21 日，他向朝廷外务部递交了"自请免官"报告，提出"因病辞职，荐贤自代"，说自己"一年之间，精力耗于教务者半，耗于款务者亦半。入春以来，陡患心疾，比时轻旋时重，方冀霍然，讵料渐入膏肓，势将不起。校长职务重要，未可一日虚席，谨恳钧部免官另委贤员担任。" 8 月 22 下午，唐国安因心脏病猝发与世长辞，享年 53 岁。

清华校友、著名儿童心理和教育学家陈鹤琴（1892—1982）在《我的半生》（1941 年初版，2014 年上海三联书店再版）中回忆唐国安时说："他是一个基督徒，待人非常诚恳，办事非常热心，视学生如子弟，看同事如朋友。可惜做了 [校长] 不久，就得病去世。我们都觉得很悲痛，好像失掉一位可爱的慈母。"

1914 年 4 月 12 日，清华学校举行了唐国安纪念铜牌揭幕典礼，在游美学务处（现清华大学工字厅）大门前举行。唐国安纪念铜牌安置在门廊东侧前壁上，镌刻着"纪念校长唐国安君"。

1914 年 8 月，清华学校编辑出版了英文版《清华年刊》第一期，在首页献词中庄重标明："本刊献给清华学校已故校长唐介臣先生"，还刊登了唐国安的照片和小传。献词最后一句话是："作为一个人，唐先生坦率而勇敢。他曾经许下的诺言，无论遇到什么实际困难都一定会去兑现。"

2010 年 9 月，唐国安纪念学校在他家乡落成招生。2011 年 3 月，唐国安纪念馆也在他家乡落成开放。

图 10　唐绍明著，清华大学出版社（2016）

【四】郑玛诺

郑玛诺（葡萄牙名 Manoel de Sequeira）于 1633 年 5 月 25 日出生在广东香山镇（今中山市）。

郑玛诺的名字由他的虔诚天主教徒父亲取定。他的父亲是当年颇为著名的耶稣会传教士罗德（Alexandre de Rhodes，1591—1660）的挚友。17 世纪 40 年代，罗德在澳门传教达十年之久。这位罗德到广东之前曾在越南传教多年，他用拉丁文记录了当地的方言，后来成为越南文字的原型。他因此获得"安南使徒"即越南使者的美誉。1651 年，他出版了世界上第一部"越南文–葡萄牙文–拉丁文"词典。

郑玛诺的青少年时代有一段传奇经历。1645 年，罗德计划将一名中国学生和两名越南学生带到意大利罗马去接受宗教培训。但限于经济能力，澳门耶稣会只允许他带一个学童出行，于是他带走了 12 岁的郑玛诺。12 月 20 日，他俩乘船从澳门出发，经过马六甲前行。但到了 Batavia（现印度尼西亚首都雅加达）被荷兰人囚禁了三个月，之后遣返马六甲。他俩改道经过印度洋到达印度的葡属海滨城市果阿（Goa），再由陆路经过波斯地区到达亚美尼亚（Armenia）。两人在一所隐修院中居住了半年，那时小玛诺的亚美尼亚语便说得和当地人一样好。随后，当他俩前往意大利路经土耳其时，小玛诺被认为是蒙古人而受到拘禁。后来据说是因为他的亚美尼亚语说得道地，很快便获释了。两人一路上颠沛流离，花了整整五年时间才抵达罗马。

郑玛诺在罗马开始学习拉丁语和古希腊语。1651 年 10 月 17 日，他进入了罗马耶稣会的初学院。两年后，他正式进入了罗马学院（Collegio Romano）。在那里，他学习了一年修辞学和三年哲学（其中一年逻辑学，一年物理学和自然科学，一年形上学）。1658 年郑玛诺毕业，随后留校任教至 1660 年。在那里，他教授拉丁语、古希腊语语法和文学课程。

1661 年，郑玛诺在意大利的博洛尼亚（Bologna）逗留了一年，学习神学。之后，他前往葡萄牙里斯本（Lisboa），在 Collegium Conimbricense 学院继续学习神学，并且于 1664 年毕业。最后，他到了葡萄牙科英布拉（Coimbra），在耶稣会会院中当祝圣司铎。

1666 年 4 月 13 日，郑玛诺与 14 名传教士在葡萄牙国王接见之后扬帆出发，取道印度前往中国。这批传教士中只有两名中国人：郑玛诺和澳门人冯思嘉（葡萄牙名 Nicolasda Fonseca）。冯思嘉去欧洲的时间比郑玛诺晚几年，这次两人同

灿烂群星：我心中的杰出科学家

返澳门当司铎。当时他们乘坐的船队有四条船，于同年10月13日到达印度果阿。路上，因疾病和颠簸，船队四百名旅客中有七十多人丧生，包括两名传教士和两名医生。

在果阿，当地的耶稣会不允许他们马上离开前往中国，要求先在印度服务一段时间。郑玛诺又开始学习果阿方言，并为当地教会服务。当年，清廷钦天监（掌管天文和历法）的监正官杨光先（1597—1669）在北京发起了一场声势浩大的反基督教运动。杨光先一派反对地圆说，坚持使用并不精确的陈年旧历"回回历"和"大统历"，而以耶稣会传教士德国人汤若望（Adam Schall von Bell，1591—1666）和比利时人南怀仁（Ferdinand Verbiest，1623—1688）为代表的西学派则提倡天主教皇格里哥利13世（Gregorius XIII，1502—1585）倡定的历法，即沿用至今的公历。杨光先以其权力，将两位传教士先后打入了牢狱。其时，清廷为了防止郑成功反攻采取闭关锁国的政策，同时禁止外国传教士进入中国。郑玛诺一行只好在果阿继续停留。

1668年5月14日，郑玛诺与其他六名传教士一起离开果阿，于8月19日抵达澳门。郑玛诺随后给澳门耶稣会总会会长用意大利文写了一封信，说："我现在正准备潜入中国。"不过他后来没有成行。当时，传教士潜入中国是很危险的一件事，一些人被捉到后囚禁，包括意大利传教士殷铎泽（Prospero Intorcetta，1625—1696），他被关押在广州。关于这位传教士殷铎泽，2017年2月22日国家主席习近平在北京会见意大利总统马塔雷拉（Sergio Mattarella）时就提及："中意友谊源远流长，在悠久的历史中我们两个文明之间互相吸引。在清朝顺治皇帝在位期间，殷铎泽离开西西里前往中国，之后他又将儒家经典"四书"之一《中庸》带回了欧洲。"

1669年康熙亲政，后来请南怀仁当自己的科学老师，讲授几何学和天文学。南怀仁将《几何原本》译成满文，并经常陪同皇帝去观天测地。康熙皇帝慢慢就接受了自然科学，撤掉了杨光先的官位并废除了他推行使用的旧历法。最后杨光先被问罪流放回乡，病死于途中。康熙默许了西方宗教，对传教士持宽容态度，还允许当时在广州的一些传教士到京。于是传教士们乘船从广州北上，其中包括有郑玛诺。可是他在途中染上肺炎，到京后挣扎了一年多，终于1673年5月26日去世，享年40岁。

同年9月，北京耶稣会会长安文思（Gabriel de Magalhães，1609—1677）给总会长写了封讣告，说："对郑玛诺神父之逝世，悼惜殊深。他的确是中国的光辉和荣耀。到达北京时，他的病情已经很严重，无法治疗，肺部已经完全腐烂。请您尽快培养中国司铎。我自己也为此而努力，使郑神父后继有人。"耶稣会司罗列奥（Francis A. Rouleau）拟文"耶稣会的第一个中国籍神父郑玛诺（1633—1673）"作悼，其中写道："当南怀仁安装六分仪来测定星体，安文思制作模型来辐射棱镜各种颜色，恩理格（Christian Herdtricht，1624—1684）制作精巧仪器及装置而深得当朝皇帝和臣子们的青睐以至心醉神迷的时候，那个瘦小的中国耶稣会教徒每天都在邻近的城镇乡村里进行非常平凡的宗教仪式活动，尽他最大的努力传授教义和为人们施行洗礼，以及其他一些圣礼圣事。他的教徒中有许多人同他一样，出身贫寒。他与这些人一起度过了一生中最艰难的日子"（《耶稣会史料杂志》第28卷，1959年，罗马）。

来自奥地利的知名学者雷立柏（Leopold Leeb，1967—）在北京生活了22年，期间在中国人民大学执教拉丁文和古希腊语等课程。他编写了几本拉丁语教程，特别是出版了《张衡，科学与宗教》和《西方学者眼中的中西文化》（共10册）等宗教文史书籍。在《我的灵都》一书中，他详细地介绍了郑玛诺，并感叹道："如此伟大的人物，他的故事令我非常感动。"

查实同时代但比郑玛诺稍晚的早期中国留学生还有不少，其中较为知名的有沈福宗（英文名 Alfonso Michel Chen，1657—1691）、黄嘉略（法文名 Arcade Huang，1679—1716）、樊守义（1682—1753）等几位，在雷立柏的书中都有提及。

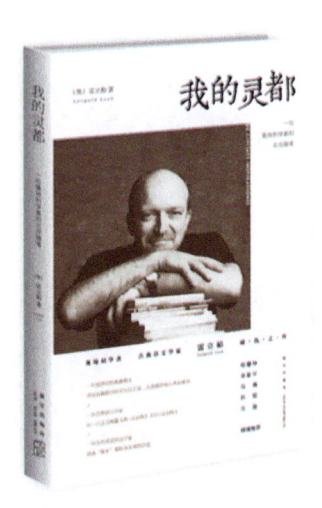

图11 [奥] 雷立柏著，新星出版社（2017）

灿烂群星：我心中的杰出科学家

2018年6月，坐落于北京市西城区车公庄的北京市委党校的工作人员在整理宗教文物时，发现了位于车公庄外滕公栅栏天主教墓地的郑玛诺墓碑。碑文内容如下：

耶稣会士郑公之墓

郑先生讳玛诺，号惟信，中国广东香山人也。自幼入会真修。康熙十二年癸丑四月十一日卒于京师，寿三十有八。

（碑中的拉丁文部分译文如下）

郑玛诺神父，来自中国澳门，年幼时前往罗马，入耶稣会。他是耶稣会中第一位华裔神父。他出色地完成了哲学、神学学业后返回中国，向同胞们传播福音。1673年5月26日逝世于北京，享年38岁。

图12　郑玛诺在北京滕公栅栏天主教墓地的墓碑

【五】张文湛

张文湛（英文名 Mon Cham Cheong）在清朝咸丰八年（1858 年）十二月初七出生于香山县三乡镇古鹤村（现属中山市）一个丝茶商人家里。他父亲擅长跟外国人做生意，眼界开阔，期望儿子张文湛能够前往美国读书深造，特别是学习机械技术，回国后可弥补国内之不足。1874 年，父亲付全费让 16 岁的儿子取道香港到了美国留学。张文湛首先进入麻省的蒙森学校（Monson Academy），也就是 1847 年容闳、黄宽和黄胜刚到美国时就读的预科学校。

图 13　张文湛（Monson Academy 档案）

由 1850 年从广东移居波士顿的第一位中国人、茶商黄阿绍（英文名 Oong Ar-Showe）作为担保人，1877 年张文湛考进了"波士顿博学大书院"（即麻省理工学院 MIT），成为该校第一个华人学生。

根据当年的学校记录，张文湛首先进入了两年学制的机械工艺学院（School of Mechanic Arts），开始时补习英文和地理，然后主修代数、机械制图、铸造工艺等课程。记录表明，他曾于 1878 年 5 月离开过学校一段时间，1879 年到 1882 年又以 Special Student 的身份回到麻省理工学院复学机械工程。他原定 1883 年毕业（Class of 1883），但却在 1881 年或 1882 年肄业回国。1882 年 10 月 11 日

灿烂群星：我心中的杰出科学家

《麻省理工学院学生报》报道说，张文湛已经在香港任职工作了。后来还有记录表明，1885 年他成为了一名矿业高级工程师（Senior Engineer of Mine）。

图 14　张文湛 1879 年从麻省理工学院寄出的明信片

张文湛曾从香港西湾河大街 266 号寄出过一封信给在上海的侄子张庆荃，谈及自己在香港的居所及家人生活状况。至于张文湛是否在香港度过余生，何时何地去世，则不得而知（麻省理工学院网页标示他的去世年份时带上问号：1894?）。

然而值得提及的是，张文湛曾经为郑观应所著的《盛世危言后编》作"跋"。

郑观应（1842—1921）也是广东香山县人。他是中国近代最早具有完整维新观念的思想家，也是实业家、文学家、慈善家和热忱的爱国者。郑观应的名著有《盛世危言》和《易言》等。他的《盛世危言》一书首次要求清廷"立宪法""开议会"，实行立宪政治。他在中国率先使用"宪法"一词，被认为是中国宪法理念的开启者。书中还主张习商战、兴学校，对政治、经济、军事、外交、文化等方面的改革提出了一些积极方案，被认为是一部以富强救国为核心的变法大典。光绪皇帝看到该书大为赞赏，立即下令印刷两千本，分发给大臣们阅读。这部著作问世后在社会上反响巨大，时人称之为"医国之灵枢金匮"。这本书极大地影响了康有为、梁启超、孙中山、毛泽东等人的政治思想和活动，并为蔡元培推崇备至。

张文湛为《盛世危言后编》所作的"跋"，字里行间表达了对晚清政治和社会状况的不满，并通过中日两国的对比，指出中国要向外国学习，在政治、经济、教育等各方面进行改革，才能挽救民族危亡。

根据留美华人学生的历史记录，在1877至1931年间先后有大约400名中国留学生在麻省理工学院读书。早年从该校毕业的中国留学生有许多重要的创造发明，包括世界上第一台中文打字机和航海训练飞机，以及开创性的科学研究如微波波谱学和非线性自动控制理论（参见以前介绍过的"最后一位旷世通才"顾毓琇，1902—2002）。

2017年，麻省理工学院为纪念招收第一位中国留学生140周年，在校园隆重举办了一场"中国迎接科技：1877—1931"（China Comes to Tech：1877—1931）展览会。

今天，麻省理工学院还有一个固定的网页"麻省理工学院早期中国留学生：1877—1931"（MIT's First Chinese Students/早期中国留学生：1877—1931），内有许多内容丰富的专题，包括：The First Graduates, Bringing China to "Tech", Bringing "Tech" to China，以及 Chinese Exclusion：1882—1943。尤其值得一看的是专栏"1877：中国第一个留学生"，主题为："Mon Cham Cheong 张文湛：Dreaming Dreams"。

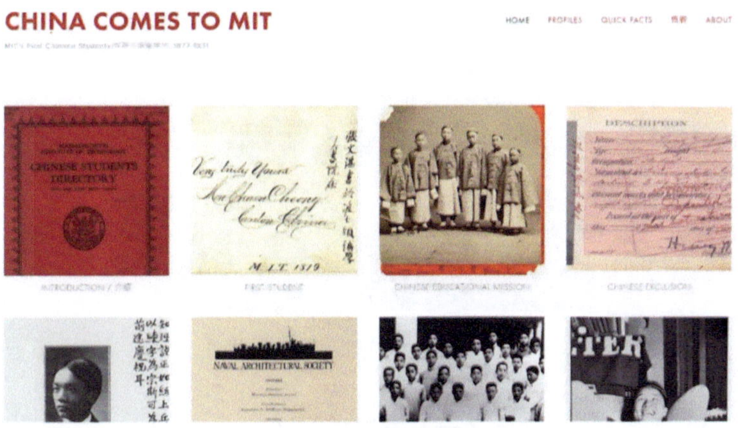

图 15　麻省理工学院网站截图

（本文首发表于"返朴"微信公众号 2021 年 12 月 12 日）

34 商博良的埃及石碑古文字故事

法国学者让-弗朗索瓦·商博良（Jean-François Champollion，1790 年 12 月 23 日—1832 年 3 月 4 日）在人世间逗留了短短的 42 年，却把自己的名字刻进了古埃及文字研究长长的历史中。

图 1　让-弗朗索瓦·商博良画像

【一】罗塞塔石碑

中国甲骨文最早于 1899 年由金石学家王懿荣（1845—1900）发现，后人认定该甲骨出于商殷年代（约前 1600—前 1046）。一百多年来，全国收集到的十多万片甲骨文中出现有不同的单字约 4600 个，其中目前可识别的只有 1100 多个，余下的大部分虽然文字结构清楚，有些甚至其意可猜，但是读音几乎都不能确定。由此可见，古文字的探查和考究绝不是一件轻而易举的事情。

图 2　商殷甲骨文样本

古埃及文字的出现或许比中国甲骨文字略早，同样是象形文字，据说最早刻在法老王那默尔（Narmer，约前 3100 年）的盔甲关节板上。古埃及文字被欧洲人称作 Hiérpglyphe，是希腊语"神圣"与"铭刻"的复合词，也称作"神碑体"，后来常常书写在"莎草纸"（Papyrus，约前 3000 年）上面。

历史记录比较清晰的是，古埃及文字的考证比中国甲骨文的考证约早一百年。

1798 年，法国统帅拿破仑（Napoléon Bonaparte，1769—1821）率兵远征埃及。次年，法国远征军在埃及 el-Rashid 镇附近进行要塞地基扩展工程时，发现了一块"罗塞塔石碑"（Rosetta Stone）。该石碑是在公元前 196 年矗立的，上部刻有 14 行古埃及象形文字，中部有 32 行古埃及草书，下部有 54 行古希腊文字。后来考证，这三种文字写的是同一件事，为古埃及法老托勒密五世（Ptolemaic V，约前 209—前 180 年）的诏书。但是，由于其中的文字早被废弃，碑文的内容当时无人知晓。

1799 年秋，拿破仑留下了自己带去埃及的军队，悄悄返回法国，通过"雾月政变"夺取了政权。但是，那支留守埃及的法国军队在 1801 年和英军作战时惨遭失败而投降。于是英军缴获了罗塞塔石碑，并于 1802 年把它运回了英国。后来，英王乔治三世以自己名义把它捐赠给大英博物馆。从此，罗塞塔石碑被放置在埃

灿烂群星：我心中的杰出科学家

及厅，成为镇馆之宝。

图3　古埃及罗塞塔石碑（照片）

图4　古埃及罗塞塔石碑（大英博物馆）

罗塞塔石碑的发现，引来了很多考古学家和文字学家的关注和考究，其中很有影响的一位是瑞典东方学者约翰·奥克布莱德（Johan D. Åkerblad，1763—1819）。奥克布莱德在巴黎求学时的导师是语言学和东方学家西尔维斯特·德·萨西（Silvestre de Sacy，1758—1838）。萨西早已对罗塞塔石碑做过考察，读出了其中五个人的名字。奥克布莱德继承了他的考察工作，从 29 个符号中辨识出约一半的正确发音。不过，他错误地认为石碑上的象形文字对应着一个字母表。1810 年，奥克布莱德将他的报告送给德·萨西出版，题为《备忘录：关于埃及一些城镇和村庄的科普特名称》。然而不知何故，该书的出版被耽搁了，拖到 1834 年才正式面世。书名中的"科普特"是一种语言（Coptic Language），是古埃及语的晚期形态，由古希腊语和古埃及语结合而成，还带有一个独特的字母表。科普特语后来逐渐被埃及阿拉伯语取代，但今天尚残留在埃及一些古老传统教会中使用。

罗塞塔石碑破译的一个关键人物是英国博学家托马斯·杨（Thomas Young，1773—1829）。托马斯·杨开始时使用奥克布莱德的象形文字符号字母表。1814 年，他使用增补后有 86 个象形文字符号的字母表大体上解读了碑文，破译了 13 位王室成员中的 9 个人名，同时还指出碑文上部象形文字符号的正确读法，后来成书发表。托马斯·杨对语言和文字很有造诣，他曾对大约四百种语言做过比较，并在 1813 年就提出了"印欧语系"的分类。1819 年，托马斯·杨在《大英百科全书》上发表了一篇关于埃及的重要文章，明确声称他发现了罗塞塔石碑文字的基本原理。托马斯·杨去世后，后人在他的墓碑上刻上悼词："他最先破译了数千年来无人能够解读的古埃及文字。"

接下来，法国学者商博良发现象形文字兼有表音和表意两重功能。这一说法起初颇受质疑，但逐渐为学界认可。商博良大体上辨识了多数表音象形文字的含义，并重构了古埃及语的大部分语法和词汇。他在人类文字史上功不可没。

托马斯·杨和商博良有过沟通，但故事颇具戏剧性。1814 年，商博良分两册出版了《法老统治下的埃及》一书。同年，他写信给英国皇家学会要求让他对罗塞塔石碑作更好的诠释。时为学会秘书的托马斯·杨收到信件后不高兴了，次年做了个否定的回复，说法国的这个提案和英国已有的版本没有太大区别。那是商博良第一次知道托马斯·杨的古埃及文字研究，并且意识到自己在伦敦有个强劲的竞争对手。此后，两人的考察和研究工作互相保密，再也没有书信往来。

其实商博良早在 1808 年便开始通过 Abbé de Tersan 的拓本去研究罗塞塔石碑。1822 年，商博良正式发表了象形文字的翻译和语法系统的综合研究成果。他在写给法兰西文学院院长 Bon-Joseph Dacier（1795—1833）的"致 Dacier 关于语音象形文字字母表的信"里，系统地报告了破译罗塞塔石碑上古埃及象形文字的结果。他写道："我相信，远在希腊人来到埃及之前，他们刻画的象形文字中就

灿烂群星：我心中的杰出科学家

使用了相同的语音符号来表示希腊和罗马专有名称的发音，并且这些复制出来的声音或发音方式与希腊人和罗马人以前雕刻的涡卷装饰图案是一致的。这一重要而决定性的事实的发现，完全是基于我本人对纯粹象形文字的研究。"和许多同行一样，托马斯·杨也公开赞扬了他的工作。不过，据说托马斯·杨随后发表了一篇关于象形文字和古埃及文字新发现的报告，并暗示自己的工作是商博良研究的基础。

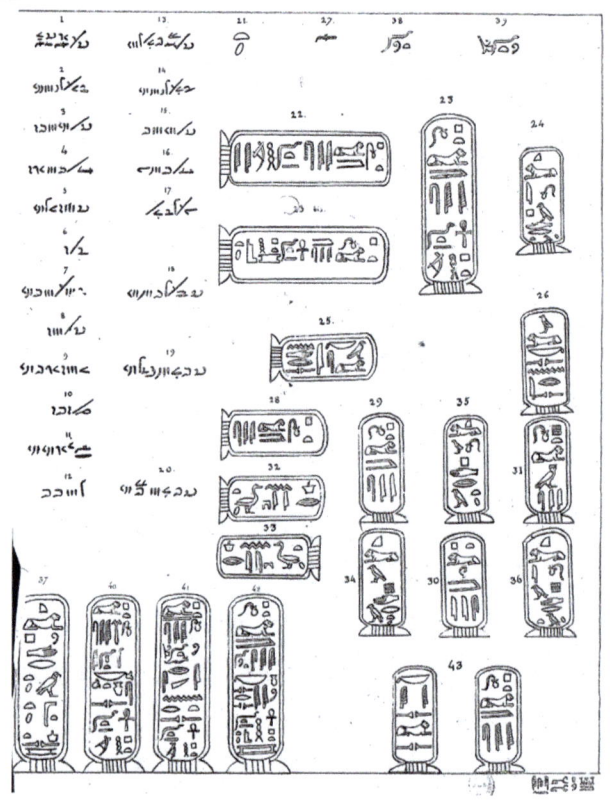

图 5　取自商博良写给法兰西文学院院长的信（1822）

1822 年起，商博良一方面致力于深入学习科普特语，那是埃及考古的必备工具，另一方面致力于研究古埃及历史和世俗生活并试图挖掘古埃及的音乐和艺术遗产。

1824—1826 年间，商博良前往剑桥、都灵、佛罗伦萨、那不勒斯、罗马、日内瓦和里昂等地的多个博物馆，考究了数百处石碑、雕像、木乃伊、莎草纸上的古埃及文字。今天法国国家图书馆里依然珍藏着商博良许多手稿，包括考古工作地图、文字解读笔记等，其中有不少与埃及文字相关的手绘图，以及他临摹的石碑、雕像甚至石棺描本。

图 6　商博良临摹 Amun 神庙碎片上的羊（1824—1826）

1828 年，商博良带领一支联合考察队（Franco-Tuscan expedition）到埃及做了两年考察。其间，他们主要逗留在尼罗河上游地区特别是东岸的卡纳克（Karnak）。在那里，商博良破译了 Amun 神庙墙壁和廊柱上的古文字秘密。1829 年 1 月 1 日，他写信给法兰西文学院院长 Bon-Joseph Dacier，说"我可以很自豪地宣布，我已经沿着尼罗河走完了从河口到第二个瀑布的路线。我们不需要改变我们现有象形字字母表中的任何内容。我们的字母表很好：它可以成功地用于罗马和托勒密时代的埃及古迹，以及更重要的法老时代所有神庙、地标和坟墓上的铭文。这一切，都支持了您在象形文字工作远未受到重视时便给予我的鼓励。"埃及考察之后，他感叹道："无论是过去还是现在，没有一个民族能够像古埃及人那样构想出如此崇高、广阔、宏伟的建筑。"他的许多考察成果被后人整理在 1845 出版的《埃及和努比亚纪念碑》文献集里。

1829 年托马斯·杨去世，随后 1832 年商博良去世，于是对古埃及文字的破译工作便停滞下来。不过，到了 19 世纪 50 年代，古埃及文字基本上被梳理清楚了。在学术后人的评论和争议里，可以看出英国人基本上支持托马斯·杨而法国人则普遍推崇商博良。这一切似乎尽在情理之中。

灿烂群星：我心中的杰出科学家

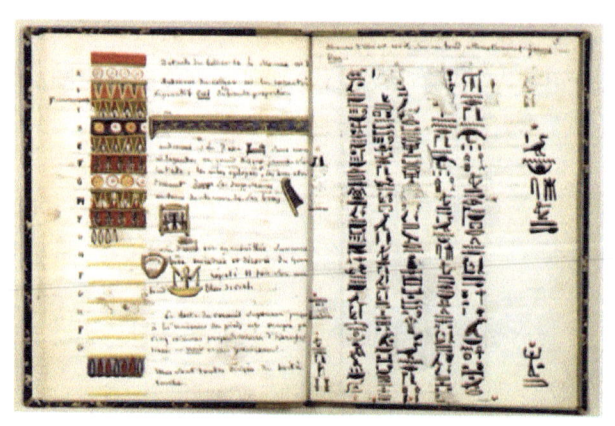

图 7　商博良的手绘和笔记（1828—1829）

【二】商博良生平

商博良 1790 年 12 月 23 日出生于法国南部 Figeac 镇，父亲贾克·商博良是个书商。他在七个兄弟姐妹中最小，大哥哥贾克·约瑟夫（Jacques-Joseph，1778—1867）比他年长 12 岁，是他的童年呵护者和日后的人生导师。

商博良小时候读书并不出色，但被发现极具语言天赋，能说好几种不同的外语。他 8 岁那年从父亲书店的报纸上读到拿破仑率兵攻入埃及的消息，大受吸引，随即成了《埃及信使报》的一名贪婪小读者。

1801 年，他跟随哥哥进入了格勒诺布尔大学（Université Grenoble）攻读语言学。在大学里，他掌握了拉丁语、希腊语以及一定水平的希伯来语、阿姆哈拉语、印度梵语、阿维斯坦语、巴列维语、阿拉伯语、叙利亚语、迦勒底语、波斯语和汉语。

1806 年，他在毕业后写给哥哥的一封信中说："我想对埃及这个古老的国家做深入持久的研究。我充满了探查他们的纪念碑以及他们的力量和知识的热情。随着我的成长并获得更多新知识，这热情将会继续增长。在我喜欢的所有人之中，我会说没有别的人比埃及人在我心中更为重要。"

1807 年，他进入法兰西学院（College de France）专攻东方语言。这期间，他感到没有一张按年代顺序排列的大事表不利于历史学和语言学的研究，于是自己编制了一份法老王朝历史年表，取名为《从亚当到小商博良年表》。

1809 年，他获得文学博士学位并成为格勒诺布尔大学的历史学助理教授。在那里，他任教直到 1816 年。这期间，1812 年他与 Rosine Blanc（1794—1871）结了婚，两人养育有一个女儿（Zoraïde，1824—1889）。

1818 年，他接受邀请出任英国皇家学院历史和地理系主任，在那里任职至 1821 年。

1824 年，他出版了专著《象形文字系统概论》，被认为开创了一门"埃及学"。

1826 年，他被任命为卢浮宫博物馆的埃及馆馆长。

1831 年，他回到法兰西学院，任职埃及学讲座教授并担任埃及学学会主席。

1832 年 3 月 4 日，商博良因中风内出血在巴黎逝世，享年 42 岁，被安葬在 Père Lachaise 公墓。

图 8　商博良墓碑（巴黎）

商博良去世时留下的手稿《古埃及文法》经后人整理于 1836 年出版。

2004 年，法国埃及学会在商博良哥哥贾克·约瑟夫生活和工作的 Grenoble 镇召开了第 9 届埃及学国际会议，同时在附近一个叫做 Vif 的地方开始筹建"商博良博物馆"，于 2021 年建成后正式向公众开放。

灿烂群星：我心中的杰出科学家

【三】古埃及历史憾事

古埃及是四大古文明之一。埃及不但有自然的尼罗河和撒哈拉沙漠，更有先人创造并留下的灿烂辉煌文化。除了象形文字，埃及还留下了金字塔、木乃伊、宫殿、神庙、莎草纸等等，以及许多引人入胜的神话故事。可是，古埃及文字并不是由埃及人的子孙解读并传承下来的，这不能不说是一件极大的憾事。

不过，古埃及的先贤们也许不能责怪他们的子孙。和中国、古印度、古希腊的文明不同，像古巴比伦文明那样，古埃及的文明是曾经中断过或者说湮灭了的古文明。在公元前 4 世纪下半叶，古希腊马其顿亚历山大大帝（Alexander the Great，公元前 356—前 323 年）征服了古埃及，在那里将古希腊语作为官方语言使用。公元前 1 世纪下半叶，古罗马又征服了古埃及，摧毁了大部分古埃及文物并在那里推行古拉丁语。到了 529 年，罗马国王查士丁尼一世（Iustinianus I，约 482—565）还下令关闭了埃及所有的神庙和文化聚集地。埃及的最后一次大灾难发生在 644 年，强悍的阿拉伯人彻底征服了埃及，在全国改用阿拉伯语并改信伊斯兰教。经过这千年洗劫，即使残留的古埃及文字和文献都被破坏得荡然无存，古埃及文明遗产从此不复存在。

图 9　商博良部分书籍（译本）

可以相信，如果不是托马斯·杨和商博良的惊人发现，埃及人可能至今还不

336

知道他们的祖先曾经拥有过也许是人类最古老的完整象形文字呢。

图 10　埃及胡夫金字塔与狮身人面像

（本文首发表于 2022 年 5 月 21 日）

35

DNA影子女士罗莎琳德·富兰克林

科学与日常生活不能够也不应该被分割开来。

——罗莎琳德·富兰克林

剑桥大学校园里的"老鹰"（Eagle）酒吧很有名气。这不是因为它是个1667年开张的老店，也不是因为它坐落在著名的卡文迪什（Cavendish）实验室旁边，该实验室从1874年建立以来产生了30个诺贝尔奖得主，而是因为1953年2月28日，卡文迪什实验室的生物物理学家弗朗西斯·克里克（Francis H. C. Crick，1916—2004）和一位从美国来访问的同事詹姆斯·沃森（James D. Watson，1928—）在那里宣布，他的合作"发现了生命的秘密"，即发现了脱氧核糖核酸（DNA）的双螺旋结构。他们因此与伦敦国王学院的新西兰裔生物物理学家莫里斯·威尔金斯（Maurice H. F. Wilkins，1916—2004）一起分享了1962年的诺贝尔生理学或医学奖，表彰他们"发现了核酸的分子结构及其在生物信息传递中的重要性"。事实上，克里克和沃森两人经常去这间小店吃午饭、喝咖啡，同时讨论科研问题。他们在那里还画出了20种典型氨基酸的排列，为分子生物学和DNA后来的发展提供了重要线索。他俩赢得诺贝尔奖后，咖啡店的常客们便多了个话题和戏称：获得诺贝尔奖的项目是"Eagle's DNA"。

与DNA并列的还有RNA即核糖核酸，两者合起来统称为核酸，是细胞内携带遗传信息的物质，在生物遗传和演化中起着非常重要的作用。DNA双螺旋结构的发现是在生物学发展史上可与达尔文进化论相媲美的重大事件，标志着分子生物学的诞生。

在DNA双螺旋结构的发现这个成功故事背后有一个关键人物——"影子女士"（Dark Lady）罗莎琳德·富兰克林（Rosalind Elsie Franklin，1920年7月25日—1958年4月16日）。

1921年，富兰克林出生于伦敦一个犹太人家庭，中学就读于伦敦圣保罗女子学校。她的母亲谬丽尔（Muriel F. Waley）回忆说："罗莎琳德16岁时就立志研

35 / DNA影子女士罗莎琳德·富兰克林

读科学。"她的父亲艾里斯（Ellis A. Franklin）是伦敦工人学院的教师，主讲电磁学和第一次世界大战的历史，后来成为该校校长。可是，这位教员父亲竟然反对女儿去上大学，认为在那个年代女孩研读科学没有出路，甚至在她 1938 年进入剑桥大学时还拒绝为她支付学费。

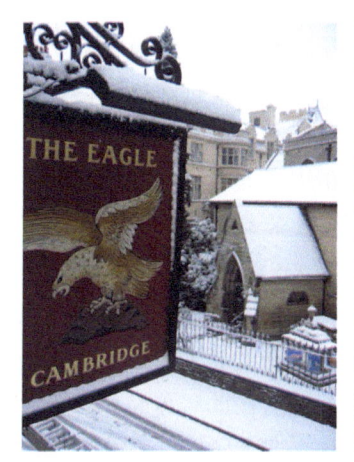

图 1　剑桥大学校园里的 Eagle 酒吧及其 DNA 牌匾

图 2　罗莎琳德·富兰克林

灿烂群星：我心中的杰出科学家

富兰克林于 1941 年从剑桥大学本科毕业，随后进入研究生院。1942—1946 年间，她先后发表了 5 篇科学论文，其中 3 篇是自己一个人写的。1945 年，她以毕业论文《固态有机石墨与煤及相关物质的特殊关系之物理化学》获得物理化学博士学位。

毕业后，富兰克林到了巴黎，在法国国家化学中心实验室学习 X 射线衍射技术。在法国，她度过了一生最惬意的时光。她经常参与实验室午餐讨论会，对政治、哲学乃至人权都感兴趣。同事们十分惊讶："从来没遇到过法语说得这么好的外国人。"此外，她喜欢运动，经常游泳、爬山、健行。在穿着方面，富兰克林十分优雅时尚。学术研究上，她更是卓越出群。1950 年 1 月，她发表了自己第一篇《自然》杂志文章，探讨了碳分子中的电子如何影响 X 射线的散射，从而声名鹊起。

1951 年，她回到英国，在伦敦国王学院任职。在那里，富兰克林加入了研究 DNA 结构的行列。可是，当时比她年长几岁的同事威尔金斯并不喜欢她踏入自己的研究领域，但是在研究工作中又离不开她，于是把她当作助手使唤。然而，富兰克林认为双方应该是地位平等的。结果两人关系变得非常紧张，甚至见面时都不说话。后来，富兰克林干脆转到了另一个学院（Birkbeck College），在那里带领一个小团队研究烟草花叶病毒分子结构。她的团队在《自然》杂志上发表过相关论文，其中团队成员亚伦·克卢格（Aaron Klug）因后续研究成果获得了 1982 年诺贝尔化学奖。

富兰克林在法国学习的 X 射线衍射技术在 DNA 研究中派上了用场。通常物理学家用 X 射线来分析晶体的结构。当 X 射线穿过不同晶体后会形成不同衍射图形，从而显示出晶体原子的排列方式。1952 年 5 月 6 日，富兰克林成功地拍摄了 DNA 晶体的 X 射线衍射照片，即后来著名的"照片 51 号"。她和博士生雷蒙德·葛斯林（Raymond Gosling，1926—2015）准确地分辨出了 DNA 的 A 型（干型）和 B 型（湿型）两种构型，还进一步发现了细长的 A 型在湿度逐渐增加之后会转变成为短粗的 B 型。当年在实验室里的分工是 A 型由富兰克林研究，而 B 型则由威尔金斯负责。1953 年 1 月，富兰克林着手起草了三篇系列性论文，前两篇关于 A 型 DNA 的论文于 3 月 6 日投到了《晶体学报》（ACTA Crystallographica），而第三篇于 3 月 17 日写成的关于 B 型 DNA 的论文却被搁置了，几年后才由克卢格发现。其中的记录表明，富兰克林在 2 月 24 日就已经得出了两种 DNA 皆为双螺旋结构的结论。直至多年以后，克卢格还依据富兰克林的这些发表了的论文和未发表的草稿为她在 DNA 双螺旋结构上的原创性贡献作辩证。

1953 年对于这个故事中的所有人物都是十分关键的一年。1 月 30 日,威尔金斯在没有告知富兰克林的情况下给来访的沃森看了那张照片 51 号。当时沃森非常兴奋。他后来回忆说,看到那张照片时"我嘴巴张得大大的,脉搏急促地跳动"。根据照片,沃森和克里克很快就确认了 DNA 的双螺旋结构。在这以前,两位曾错误地提出过三条链组成的 DNA 的结构模型,但遭到富兰克林的公开质疑,最后被上级终止了研究。这件事让沃森对富兰克林非常不满。

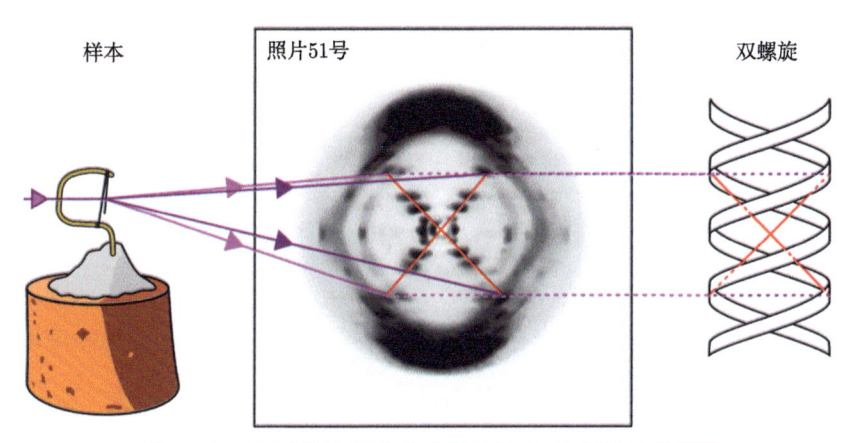

图 3　DNA 晶体的 X 射线衍射"照片 51 号"及其解释

《自然》杂志在 1953 年 4 月 25 日同期发表了三篇论文,顺序是以沃森和克里克的文章《核酸的分子结构:DNA 的结构》为先,然后是威尔金斯和两位助手的文章《DNA 的分子结构》,最后是富兰克林和葛斯林的文章《胸线核酸的分子组合》。沃森和克里克的论文很大程度上依赖于富兰克林拍摄的 DNA 晶体的 X 射线衍射照片 51 号,但是他们发文之前并未征求富兰克林的同意,文中只是表示"受到了威尔金斯、富兰克林及其合作者们尚未发表的实验结果和思想的启发"。而威尔金斯与富兰克林的两篇论文都表示了自己的数据与沃森和克里克文章中的模型并不矛盾。7 月 25 日,富兰克林和葛斯林再次在《自然》杂志上发表文章《DNA 晶体结构的双螺旋证据》,以翔实的数据提供了 DNA 双螺旋结构模型及其相关理论的实验支撑。

灿烂群星：我心中的杰出科学家

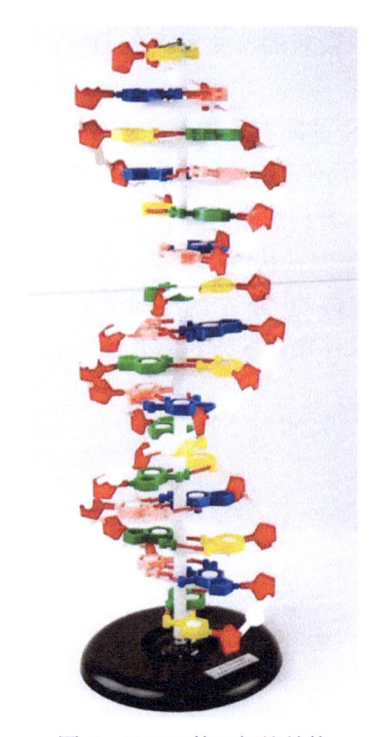

图 4　DNA 的双螺旋结构

虽然富兰克林对沃森和克里克未经她许可擅自使用了"照片 51 号"一事并没有表示特别的介意，但是沃森却不时在各种场合对富兰克林冷嘲热讽。沃森在 1968 年出版的、后来颇受争议的《双螺旋》一书中，对富兰克林的描述充满偏见，还把她戏谑称为莎士比亚戏剧中的人物"影子女士"（Dark Lady）。当然，今天这"影子女士"成为富兰克林幕后英雄的美名。尽管如此，沃森对富兰克林的为人和工作态度依然十分敬佩。他书中最后写下的一句话是："罗莎琳德的非凡勇气和正直广为人知；她知道自己身罹重病仍毫不顾忌，依然继续着她高水平的研究工作，直到去世的前几周为止。"这位诺奖得主沃森是个颇具争议性的人物，一生故事繁多。其中最有趣的是，2014 年他以钱不够用为由将自己的诺贝尔奖章以 470 万美元高价拍卖给了俄罗斯大亨 Alisher Usmanov，一时贻笑天下。后来，买家慷慨地把奖牌送还给沃森，而这个奖牌得主竟然也"靦颜领受"。

事实上，虽然沃森与克里克在诺贝尔领奖演说中都不像威尔金斯以及后来的克卢格那样去致谢富兰克林，但是他们最终还是公开承认富兰克林的研究成果在

DNA 双螺旋结构发现中是至关重要的，赞扬她功不可没。2003 年，克里克在纪念 DNA 结构发现 40 周年的文章中写道："富兰克林的贡献没有受到足够的肯定，其实她清楚地阐明了两种型态的 DNA，并且定出 A 型 DNA 的密度、大小与对称性。"同年，伦敦国王学院将一栋新大楼定名为"富兰克林–威尔金斯大楼"（Franklin-Wilkins Building）时，沃森在大楼命名致辞中说道："罗莎琳德的研究成果是我们能够有这项重大发现的关键。"

图 5 《时代》杂志封面（2020 年 3 月 5 日）

20 世纪 50 年代初期，富兰克林的国际合作十分活跃。那时她从美国国家卫生研究院（NIH）获得了一笔十分可观的国际科研合作经费，研究小儿麻痹症病毒结构。她经常参加国际会议和外出访问，成为病毒结构研究的早期全球性联系人。1955 年，她的团队完成了烟草花叶病毒（TMV）模型的构建。那时，她还研究了病毒对植物的感染，以及 TMV 病毒中的 RNA 结构分析。1956 年夏天，她到美国访问了好几所大学和研究院，包括加州理工学院、华盛顿大学、耶鲁大学以及加州伯克利大学。她在伯克利停留了一个月，与首位纯化出 TMV 结晶而荣获 1946 年诺贝尔奖的病毒学大师温德尔·斯坦利（Wendell Stanley，1904—1971）合作研究。但是，在访美期间她发现腹部开始肿胀，后来越发厉害，以至

灿烂群星：我心中的杰出科学家

穿着裙子都有困难。回英国后，9月4日她在伦敦医院手术检查结果显示腹部有两个肿瘤。外界猜测，那是她长期使用X射线进行实验研究引起的病变。可是富兰克林并没有停止工作，她继续研究小儿麻痹症病毒结构。她的研究小组在1956年发表了7篇论文，在1957年又发表了6篇。

1957年底，富兰克林终于病倒了。12月2日，她在医院里写下了遗嘱。可是，翌年1月她稍觉好转，便立马出院重返实验室，还到生物物理研究协会兼职。然而，3月30日她再次病倒，最后于4月16日因肺炎及卵巢癌并发症不治，抱憾离世，享年38岁。她被安葬在伦敦Willesden犹太公墓里。墓碑中央镌刻着"Scientist"（科学家）一词，上头是一段简短的碑文："她对病毒的研究和发现将持久地造福人类。"

图6　富兰克林墓碑

当1962年沃森、克里克和威尔金斯获得诺贝尔生理学或医学奖的时候，富兰克林已经离世四年了。诺贝尔奖并不授予已经去世的人。此外，同一奖项至多由三个人分享。如果富兰克林当年依然活着，她也许会取代其中某人而获奖吧？也许。可惜历史没有"如果"。

35/DNA影子女士罗莎琳德·富兰克林

图7　1962年诺贝尔生理学或医学奖得主

不过，公正的历史并没有忘记杰出的罗莎琳德·富兰克林。

富兰克林在伦敦的故居被英国政府列为国家重要历史文物并挂上了她的蓝色牌匾名片。

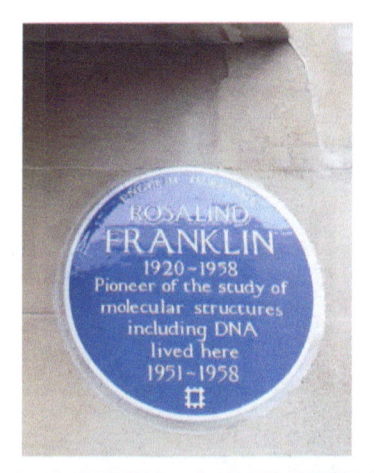

图8　罗莎琳德·富兰克林故居牌匾

2002年，英国皇家学会设立了"罗莎琳德·富兰克林奖"。

2004年，美国把成立于1912年的芝加哥医学院更名为"罗莎琳德·富兰克林医科大学"。

2018年，英国政府出资成立了"罗莎琳德·富兰克林研究院"，位于Oxfordshire 的 Harwell 科技创新园区内，致力于医学研究。

图 9　Royal Society Rosalind Franklin Award

2019 年，欧洲航天局（ESA）将火星探测计划 ExoMars 的火星漫游车命名为"罗莎琳德·富兰克林号"。

2012 年 4 月，罗莎琳德的妹妹、作家与历史学家珍妮弗·格林（Jenifer Glynn）出版了一部回忆录《我的姐姐罗莎琳德·富兰克林》(*My Sister Rosalind Franklin: A Family Memoir*)，描绘了罗莎琳德的一生，展示了她取得的学术成就以及对当时社会和学术界的影响。

人们将永远记住这位 DNA 影子女士。

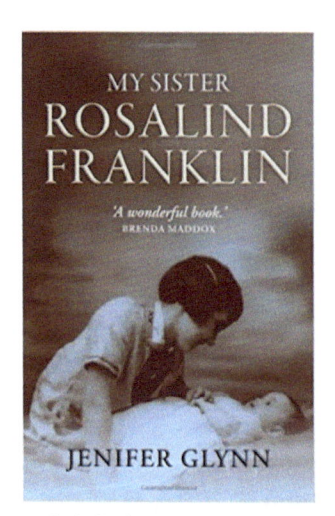

图 10　牛津大学出版社（2012 年 4 月）

（本文首发表于 2021 年 1 月 23 日）

36
高尔基和拉蒙–卡哈尔一对"冤家"同台领诺贝尔奖

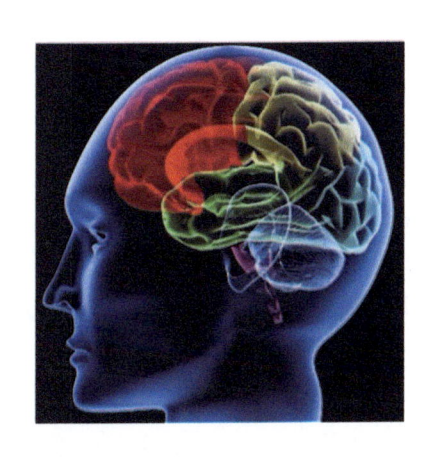

世界上没有比人脑更复杂更神奇的东西了。

大脑是身体的指挥中心，它控制着人的思维、情感、言语和行动，并让身体其他器官各司其职以维持整体生命。

外界的各种信息通过人体特定的感受功能如视觉、嗅觉、听觉和味觉被传送到大脑，然后大脑通过其感觉神经系统接收并处理这些信息，再用之于指挥身体的相应器官作出反应。现今医学界对于人脑中单个细胞（cell）的结构和运作机制或许已有相当的了解。然而，数以千亿计的神经元（neuron）如何以集群的方式合作，则仍然是一个未解之谜。

自古以来，人类一直都在试图弄清大脑的内部结构和了解大脑的内在功能。中国古代有华佗（约145—208）开颅的传说。在欧洲，古希腊和罗马帝国时代留下了一些有关人脑医学和动物大脑结构的记录。文艺复兴时期的达·芬奇（Leonardo da Vinci，1452—1519）为了作画而解剖人体的故事是周知的。但是，从现代医学的观点来看，第一个打开人脑进行医学研究的可能是比利时医生安德烈亚斯·维

灿烂群星：我心中的杰出科学家

萨留斯（Andreas Vesalius，1514—1564）。他被认为是近代人体解剖学的创始人，在 1543 年编写了一部比较完整的解剖学著作《人体的构造》（*De humani corporis fabrica*），其中描述了大脑和神经系统的许多结构特征。

大脑的功能是由它的结构决定的吗？也是，也不完全是，目前没有定论——大脑太复杂了。近年来的复杂网络科学研究发现，大脑神经网络和宇宙星球网络以及人造互联网之间的结构极为相似，都具有所谓的"小世界网络"和"无标度网络"拓扑特征，但这三者功能互异。不过，再往这个论题说下去的话就扯得太远了。

【一】一对"冤家"同台分享诺贝尔奖

在对大脑的医学和科学研究漫长历史中，值得提及的有卓越贡献的医生和科学家多不胜数，这里仅介绍两位特别重要的人物。他们是"冤家对头人"意大利神经解剖学家、组织学家、病理学家卡米洛·高尔基（Camillo Golgi，1843 年 7 月 7 日—1926 年 1 月 21 日）和西班牙病理学家、组织学家、神经学家圣地亚哥·拉蒙-卡哈尔（Santiago Ramón y Cajal，1852 年 5 月 1 日—1934 年 10 月 17 日）。

1906 年，诺贝尔生理学或医学奖同时授予高尔基和拉蒙-卡哈尔，以"表彰他们在神经系统结构方面的工作"。

这两位获奖者的主要科学贡献归纳如下。

1873 年，高尔基发展了一种后来被称为"高尔基染色法"（Golgi staining）的神经组织铬酸盐-硝酸银染色技术：经过染色处理的神经组织中的神经元和胶质细胞变成棕黑色，让显微镜下标本里的黑色细胞在黄色背景中一目了然。1898 年，高尔基用该技术发现了真核细胞（eukaryotic cell）中的胞器（organelle），后人称之为"高尔基体"（Golgi apparatus）。高尔基一直是德国神经解剖学家奥托·戴特斯（Otto F. K. Deiters，1834—1863）于 1865 年铺垫和德国解剖学家冯·格拉赫（Joseph von Gerlach，1820—1896）于 1871 年建立的神经系统环路理论（reticular theory）的坚定支持者，其中拉丁文 reticulum 一词是 net 的意思。他认定大脑是一个整体的神经纤维网络，而不可能是离散的细胞单元组合，并且没有单向传导神经信号和生理上的任何不连续性特征。

拉蒙-卡哈尔比高尔基年轻九岁，在学术界算是后一辈的学者。拉蒙-卡哈尔对高尔基染色法作了改进，换用了更高浓度的重铬酸钾并延长了硝酸银浸泡时间，获得更精确细致和完整可靠的染色样本。拉蒙–卡哈尔从而发现并确认了关于神经系统的几个重要结构和规律。基于大量详尽精细的观测实验结果，他认为大脑神经系统以许多各自独立的神经元为基本单位构成，神经元内信号的传导是单向的，并且神经元之间的生理结构特征是不连续的，即神经信号可以跨过不相连的组织结构通过接触来进行传递。

高尔基　　　　　　　　　拉蒙–卡哈尔

图 1　1906 年诺贝尔生理学或医学奖获得者

现在回到 1906 年的诺贝尔生理学或医学奖颁奖典礼现场。

在颁奖典礼上，高尔基被安排首先发言。令与会者吃惊的是，高尔基的演讲不是去阐释甚至表彰自己的研究成果，却是去批评拉蒙–卡哈尔的理论。他的演讲主题竟然是"神经元学说"（The neuron doctrine）。发言中，他明确反对拉蒙–卡哈尔的"离散"神经元理论并捍卫自己奉承的"连续"神经系统环路理论，说："很奇怪，我一直反对神经元理论，但是这个理论开始得到承认还是因为我的工作。我选择神经元作为我的演讲主题，但现在这个观点大体上已经不受欢迎了……尽管这 [环路理论] 和组成元素个体化的趋势背道而驰，但我依然无法放弃这个观点：神经系统是整体行动的，别怪我坚守陈旧观念。"

高尔基的论断是：没有充分证据可以证明神经元学说是正确的。他引用了诺贝尔的一句话作结："每个新发现将在人类大脑中留下一颗种子，使新一代更多人去思考更伟大的科学观点。"

接下来轮到拉蒙–卡哈尔发言了。他回应道：

"没错，从分析的角度来看，如果所有神经中枢都由运动神经……和感觉神经

灿烂群星：我心中的杰出科学家

之间的连续中介网络组成，那将是非常方便而且经济的。不幸的是，大自然似乎没有意识到我们的智慧对方便和统一的需求，反而常常欢迎复杂性和多样性。"

科学并不理睬科学家们的个性；历史作结论也不以人的意志为转移。后人在精密仪器和先进技术支持下，证明了拉蒙–卡哈尔的理论是正确的。今天，拉蒙–卡哈尔被誉为"神经科学之父"。

多年之后，拉蒙–卡哈尔在自传中不失幽默地说："命运是多么残酷的讽刺，就像连体双胞胎那样肩并肩，把性格如此鲜明的科学对手配对在一起！"不过，他心地坦然："[诺奖]另一半非常正确地授予了 Pavia 的杰出教授卡米洛·高尔基。他是我实现那些惊人发现所用方法的发明者。"

1906 年的诺贝尔生理学或医学奖被认为是公平公正的：没有高尔基染色法，便没有拉蒙–卡哈尔的神经元理论。前者提供了方法，后者建立了学说，确是成功的连珠合璧。

【二】卡米洛·高尔基

生平

高尔基于 1843 年 7 月 7 日出生在意大利 Brescia 省的 Corteno 镇，父亲 Alessandro Golgi 是个医师，也是当地医疗机构一位负责人。高尔基中学毕业后进入 Pavia 大学医学院学习。这是一所千年老校，建于 825 年。高尔基在医学院里有幸受教于一位比他仅年长三岁的组织学先驱者 Giulio Bizzozero（1846—1901），以及著名的病理学家、生理学家、人类学家 Paolo Mantegazza（1831—1910）和组织学家、生理学家 Eusebio Oehl（1827—1903）。高尔基 1865 年毕业后到 St. Matteo 医院当实习医生，同时开始了对神经系统疾病的研究。

1867 年，高尔基回到医学院，跟随精神疾病和人类学教授 Cesare Lombroso（1835—1909）继续修读医学理论。翌年，他完成了以精神障碍病因学为主题的毕业论文，获得了医学博士（Medical Doctor）学位。之后，他毕生做医学教学和科研工作并担任过一些行政职务，但从未真正临床行医。

1872 年，高尔基到了米兰附近 Abbiategrasso 的慢性病医院担任主任医师（Chief Medical Officer）。其时，他建立并领导了 Pavia 地区"血清疗法及疫苗与抗原检测"研究所。

1875 年，高尔基回到 Pavia 大学出任特聘教授，同时兼任 St. Matteo 医院普通病理学教授和名誉院长。在那里，他是一位出名的好教师，他的实验室对任何渴望做研究的人都无条件开放。

1879 年,高尔基转到 Siena 大学担任解剖学教授。

1881 年,高尔基回到 Pavia 大学医学院接替指导教师 Bizzozero 的职位,任职综合病理学教授。他此后终生在 Pavia 大学工作直至退休。在那里,他和 Bizzozero 的侄女 Donna Lina Aletti 结婚,两人没有子女但收养了一个女儿 Carolina。

1893—1896 年和 1901—1909 年,高尔基担任 Pavia 大学校长。

第一次世界大战期间,古稀之年的高尔基依然担任 Pavia 陆军的 Borrmeo 医学院负责人。在那里,他还创建了一个神经病理学和物理治疗中心,研究和治疗神经损伤并负责护理伤员。

贡献

高尔基从 1882 年开始研究人的肾功能和人体内疟原虫的生理。他是第一个完整解剖出肾单位(nephron)的人,还发现了远端肾小管(Henle 环)的肾单位会返回肾小球(glomerulus)。1885 年,他发现不同类型的疟疾是由不同类疟原虫引起的。1886 年,他又发现了疟疾热发作是在人类血液中的红细胞周期(后人称之为"高尔基周期")产生的,这规律被称为"高尔基定律"。他弄清了人类红细胞中疟原虫的完整生命过程。他还证实了,疟疾是通过 Anopheline 蚊子传播的。

1889 年之后,高尔基的兴趣转向了神经系统构造与疾病的研究。在他那个时代,中枢神经系统的研究极其困难,因为无法识别细胞。当年的粗糙组织染色技术对精细的神经组织无能为力。1873 年,高尔基在米兰附近一家慢性病医院工作。这家小医院没有实验室和研究设备供他使用。于是他在小公寓住所的小厨房里搭起了一个简易实验室,放上一台显微镜,晚上在烛光下做实验。

就在这小小实验室里,高尔基开发了一种新型的染色法,彻底改变了人们观察大脑的方式。尽管高尔基并不是第一个尝试染色细胞的人,但他对传统方法做了极大改进。他的神经组织染色方法,可以随机地对有限数量的细胞进行整体染色。他首先用重铬酸钾处理一小片脑神经组织让其硬化,然后把它泡在硝酸银里。在显微镜下,少量(不到 3%)神经元的轮廓变得与周围的组织和细胞截然不同。铬酸银颗粒会在物体表面形成鲜明的黑色沉积物,包括神经细胞体躯体(soma)和轴突(axon)以及所有的树突(dendrite),从而提供了一幅颇为清晰的神经元图片并与黄色背景形成鲜明对比,显示出大脑神经细胞的基本结构。由于细胞被选择性地染成黑色,他称这个过程为"黑色反应"。1873 年 8 月 2 日,他把这一

灿烂群星：我心中的杰出科学家

技术发现发表在《意大利医学杂志》*Gazzeta Medica Italiani*。今天，这种方法被称为"高尔基染色法"。

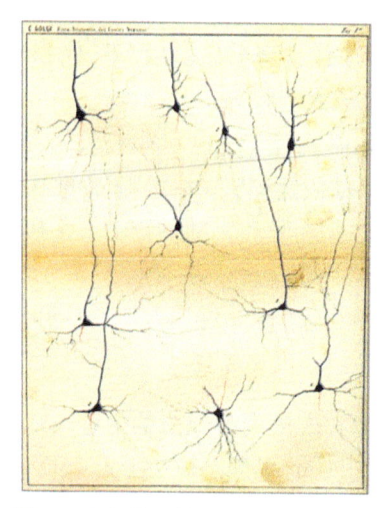

图 2　高尔基用他的染色法显示出来的神经细胞 [左] 和海马体 [右] 手稿图

接下来，高尔基使用他的染色法对人体神经系统进行了一系列重要的观察。

高尔基发现了检测肌肉紧张的感觉受体，现在称为"高尔基腱器官"（Golgi tendon organ）和高尔基腱反射（Golgi tendon reflex）。1878 年，他在肌肉中发现了"高尔基–马佐尼小体"（Golgi-Mazzoni corpuscles）。1879 年，他又发现了"高尔基–雷佐尼科角质漏斗"（Golgi-Rezzonico horny funnel）的髓鞘环状器（myelin annular apparatus）。

1885 年，高尔基发现了大脑中有两种基本神经元。一种具有很长的轴突，从大脑皮质延伸到其他部分，而另一种具有短轴突或根本没有轴突。这两种神经元后来分别被命名为"高尔基体 I 神经元"和"高尔基体 II 神经元"。高尔基详细描述了神经胶质细胞（neuroglia）与神经元的区别，并刻画了皮质、胼胝体和脊髓的结构。

高尔基也是第一个发现并详细描述了现在称为"高尔基体"的蛋白质和脂质包装细胞器的人。高尔基体的主要功能是对合成蛋白质进行加工、分拣、运输，然后分门别类地送到细胞特定的部位或分泌到细胞之外。这个过程包括对蛋白质作糖基化、参与细胞分泌活动、进行膜的转化功能、将蛋白水解为活性物质、参与形成溶酶体、参与植物细胞壁的形成。其他功能还包括在某些原生动物中参与调节细胞的液体平衡。

高尔基还是第一个给出小脑、海马体、脊髓、嗅叶的清晰结构描述以及舞蹈症（chorea）中的纹状体和皮质病变的医学科学家。

身后

1918 年，高尔基从 Pavia 大学退休，成为大学荣休教授，但他没有停止毕生喜爱的医学研究和观测实验。1926 年 1 月 21 日，高尔基在 Pavia 逝世，终年 82 岁，被安葬在 Pavia 纪念坟场。

高尔基去世后，Pavia 大学在校园里为他建立了一个纪念碑，上面用意大利文写着：

> 卡米洛·高尔基（1843—1926），杰出的组织学家和病理学家、先驱与大师。神经组织的秘密结构通过他的艰苦努力而被发现，并在这个地方被清楚描述。他在这里工作，他在这里生活，他还在这里指导并启示未来的学者。

图 3　高尔基塑像（Pavia 大学校园）

此外，Pavia 大学还在校史馆中专门开辟了一个展厅并命名为"高尔基大厅"，展示出他的神经科学成就，陈列了他 80 多幅奖状和荣誉学位证书。他的主要荣誉

灿烂群星：我心中的杰出科学家

包括 1900 年被意大利国王翁贝托一世（Umberto I）册封为上议院议员（senator）；1913 年被荷兰皇家艺术与科学院遴选为外籍院士；先后获得剑桥大学、日内瓦大学、Kristiania 学院大学、雅典国立 Kapodistrian 大学和巴黎索邦大学颁发荣誉博士学位。

1994 年，欧洲共同体（European Communities）在意大利发行了一枚卡米洛·高尔基纪念邮票。

1956 年，他的出生地 Corteno 改名为 Corteno Golgi 镇。此外，天上的第 6875 号小行星现在名叫 Golgi 星。

【三】圣地亚哥·拉蒙–卡哈尔

生平

1852 年 5 月 1 日，拉蒙–卡哈尔出生于西班牙北部的 Petilla de Aragón 镇，父亲 Justo Ramón Casasús（1822—1903）是个外科医生和 Zaragoza 大学应用解剖学教授。拉蒙–卡哈尔后来回忆说，父亲相信人类的思想是为了获取知识而诞生的，"他蔑视且批判文学的一切，也拒绝所有纯粹是为了欣赏或消遣的东西"。父亲认为艺术是一种绝症，他只允许家里有医学书籍，而文学小说之类是绝对不能存在的。但是，拉蒙–卡哈尔的母亲 Antonia Cajal 却是一个浪漫主义者，她时常把便宜的奇幻小说藏在箱底，偷偷塞给拉蒙–卡哈尔和他的弟弟 Pedro 及妹妹 Paula 看，因而孩子们都很喜欢母亲。

拉蒙–卡哈尔从小非常调皮，个性倔强，是个"问题少年"，令父母和教师头疼不已。为了让他坐下来好好读书，父亲给他换了好几间小学。但是他在学校里成绩极差，还经常逃课。于是父亲干脆让他退学，去跟一个理发师然后跟一个皮匠学手艺，不过都没有成功。后来，"问题少年"拉拉扯扯还是上了 Huesca 中学。

幸好，拉蒙–卡哈尔并非一无是处。他爱好画画，还喜欢拍照，幻想成为一名艺术家。有一次，父亲把他带到墓地考察一座古坟，猜想他或许对画骨头会有点新奇乐趣。没想到，儿子不但喜欢画人体骨络，而且对解剖学发生了极大兴趣。其实，拉蒙–卡哈尔早在阅读相关资料时已经被一些文学作品的隐喻深深吸引。他觉得德国病理学家 Rudolf L. C. Virchow（1821—1902）的名言很有趣："整个身体就是一个国家，而每个细胞都是它的公民。"拉蒙–卡哈尔第一次使用显微镜作观察时就证实了这个说法，让他"从无限小的生命中发现了迷人的场景"。他后来回忆说，自己当时是如此入迷，以至连续二十个小时都在观看白细胞的移动。

36/高尔基和拉蒙–卡哈尔一对"冤家"同台领诺贝尔奖

1868 年，16 岁的拉蒙·卡哈尔进入了父亲任教的 Zaragoza 大学医学院。他在父亲的督促和指导下表现得越来越出色，特别是在解剖技术方面非常熟练。三年后，他获得了优等生奖，还被聘为解剖学助教。1873 年，他从医学院毕业并获得了行医资格。

同年，拉蒙–卡哈尔被征召入伍。在军队服役几个月后，他成功地申请加入了医疗队。1874 年，他服役的部队迁往西班牙的殖民地古巴。次年，他从古巴被派回西班牙时已经患有痢疾和疟疾，特别是疟疾几乎要了他的命。离开军队后，拉蒙·卡哈尔重回学校，1877 年在马德里大学获得了医学博士学位。接下来，他先后在巴塞罗那大学和马德里大学获得教授职位。

1879 年，拉蒙–卡哈尔与 Silveria Fañanás García 结了婚，两人后来养育有 4 个女儿和 2 个儿子。

拉蒙–卡哈尔 1879 年出任 Zaragoza 博物馆馆长，1881 年在 Valencia 大学任职教授，1899 年被委任为西班牙国家卫生研究所所长。

1932 年，拉蒙–卡哈尔创建了卡哈尔研究所（Cajal Institute），隶属于西班牙国家研究委员会（Spanish National Research Council）。

拉蒙–卡哈尔的妻子于 1930 年去世，他本人于 1934 年 10 月 17 日逝世，享年 82 岁。夫妇俩先后一起被安葬在马德里。

图 4　拉蒙–卡哈尔墓（马德里）

灿烂群星：我心中的杰出科学家

贡献

1887 年，35 岁的拉蒙–卡哈尔访问了来自 Valencia 大学的神经学和精神病学家 Luis Simarro Lacabra（1851—1921），第一次看到了用高尔基方法染色的神经组织标本。拉蒙–卡哈尔后来在自传中写道，当时"绝大多数神经学家都不知道或低估了"高尔基染色法。他回忆了当时对浸渍元素的观察，形容像看到"用印度墨来描绘的画"，在他的"生命中留下了一道闪光"。

用高尔基染色法只能看到细胞体和少量近端的突起以及某些着色不明显的神经纤维。因此，高尔基错误地认为神经细胞彼此融合在一起，构成一个模糊的整体网络。拉蒙–卡哈尔用"双重浸渍"对高尔基染色法做了关键性的改进，还对许多不同物种的神经系统的不同部位做了染色实验。拉蒙–卡哈尔留给后人大约 1,500 张神经系统切片，其中 800 多张是用高尔基染色法得到的。他绘制的神经系统图谱包括一些动物大脑里几乎所有的脑区，并且有从发育期到成年期、正常和病态以及退化和再生的各种神经组织。正是在这样大量的观测、比较和分析之下，拉蒙–卡哈尔觉得他所看到的绝不是当年众人信奉的神经细胞网络学说的一个例外。他看到并且认定了，神经系统是由一个个独立的神经细胞构成的，而不是高尔基认为的那样。

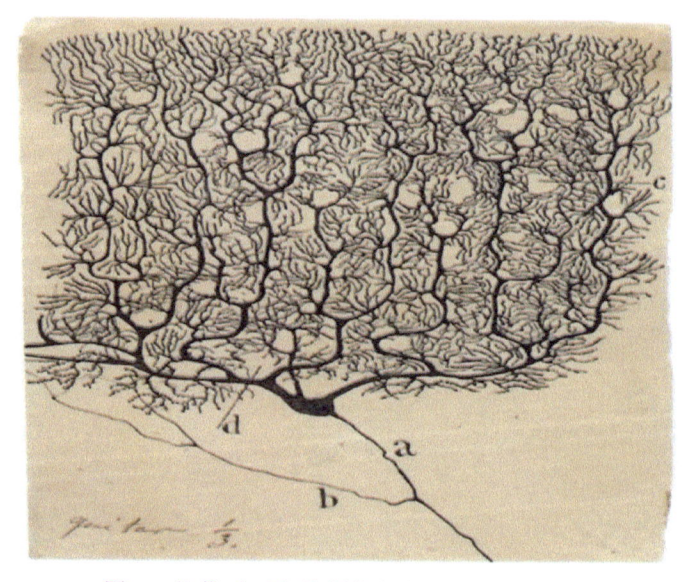

图 5　拉蒙–卡哈尔绘制的小脑 Purkinje 纤维图

1888 年，拉蒙–卡哈尔正式发表了他的突破性成果。他报告了一些鸟类和哺乳动物大脑中的神经系统，指出那是由许多相互接触但各自独立的神经元组成。当时他已经能够很清楚地展示这一点，因为鸟类大脑中能够染色的细胞比例相当高。

1889 年 10 月，拉蒙–卡哈尔参加了在柏林举行的德国解剖学会学术会议（German Anatomy Society Congress）。会上他展示了自己的许多实验图像，得到了一些与会者特别是瑞士组织学家 Rudolf A. von Kölliker（1817—1905）的赞同和支持。1891 年，拉蒙–卡哈尔的另一位支持者、德国解剖学家 Heinrich W. G. von Waldeyer-Hartz（1836—1921）总结了拉蒙–卡哈尔等人提供的实验证据，定义了染色体（chromosome），完善了神经元学说（neuron doctrine）。从此，神经元学说成为了现代神经科学的理论基础。

1894 年，拉蒙–卡哈尔在伦敦皇家学会发表演讲时报告了他观察到神经元树突棘的超微结构，并推测树突棘能够接收轴突传来的信号。他还提出了"动态极化定律"，指出神经细胞是"极化"的，它们在细胞体和树突上接收信息，并通过轴突将信息传递到远处。这些发现和描述大大地精细化了高尔基多年前的原始观测结果。

1904 年，拉蒙–卡哈尔在《人类与脊椎动物神经系统的组织学》（*Textura del Sistema Nervioso del Hombre y los Vertebrados*）一书中进一步阐明了他的观点。在这本书中，他详尽地论述了许多不同动物的中枢和外周神经系统的神经细胞组织特点，并用自己精巧的绘画技术将这些发现细致地呈现出来。

拉蒙–卡哈尔还对神经系统的发育及其对损伤的反应进行过详细观测，并把研究成果总结在 1913 年出版的《神经系统的退化和再生》（*Degeneración y Regeneración del Sistema Nervioso*）一书中。

顺便提及，是拉蒙–卡哈尔首次将"可塑性"这个词用于大脑，以描述神经系统在发育期间的修剪、记忆以及在学习过程中的结构变化和创伤后的自我重建。他甚至还向人们推广"大脑体操"以提高智力。

归纳起来，拉蒙–卡哈尔为现代神经科学贡献了三个基本组分。

第一，拉蒙–卡哈尔以精致详尽的观测验证了"神经元"的概念并促成了"神经元学说"的建立。他指出神经系统不是一种连续的网络结构，而是由许多独立的神经细胞即神经元通过彼此之间的接触连接而成。1897 年，英国神经生理学家 Sir Charles S. Sherrington（1857—1952）将这种接触点命名为"突触"（synapse）。当然，拉蒙–卡哈尔并不是第一个有这种观念的人。1886 年，瑞士出生的德国解

灿烂群星：我心中的杰出科学家

剖学家、胚胎学家 Wilhelm His Sr（1831—1904）就已经观察过不同发育时间点上的神经纤维，认为神经细胞并不相互融合，它们可以在没有紧密连接的情况下彼此传递信息。同年，瑞士神经解剖学和精神病学家 Auguste-Henri Forel（1848—1931）也注意到运动神经并不与肌纤维直接相连，由此推测中枢神经系统中的神经细胞也不需彼此连接。毋庸置疑的是，拉蒙–卡哈尔是第一个用大量详尽精确的实验来验证了这种看法的神经科学家。这一观念颠覆了当时以高尔基为首的主张大脑是一个整体神经纤维网络的主流思想，与高尔基关于大脑神经不是离散细胞单元组合的认知相悖。事实上，后来的先进脑科学理论和精尖检测技术证明了拉蒙–卡哈尔是正确的。

图 6　拉蒙–卡哈尔在实验室

第二，拉蒙–卡哈尔精确地验证并厘清了高尔基早年的模糊观测结果。他发现所有神经元都具有不对称的极性结构：一端是一条很长的纤维状轴突，而另一端是有许多树枝样的树突。拉蒙–卡哈尔从而提出了"动态极化定律"，指出神经细胞是"极化"的，轴突是神经元将信息传向远方的输出结构，而树突则是接收来自其他神经元信号的输入结构，并且信号在神经元内是单向地从树突流向轴突的。这一论断和高尔基认为神经元内部没有单向传导神经信号的观点背道而驰。拉蒙–卡哈尔的理论后来被证实是神经连接功能的基本原理。

第三，拉蒙-卡哈尔发现了处于生长期的轴突前端有一种"生长椎"（growth cone），它在靶细胞分泌的化学物质诱导下寻找生长路径，最终找到自己的靶细胞，进而发生突触连接。

图7　拉蒙-卡哈尔绘制的神经元纤维状轴突和树突图

身后

拉蒙-卡哈尔之后一百多年来，神经科学界一直公认他是最杰出的神经解剖学家。他对脑科学的贡献包括对神经系统结构和功能的正确诠释以及提供神经科学家参考使用的大量珍贵神经解剖学资料。他绘制的许多神经元和神经系统图谱一直为现代神经科学教科书采用。

但是，以高尔基为首的神经网络环路派对拉蒙-卡哈尔的离经叛道学说进行了坚决的批评和顽强的抵制。拉蒙-卡哈尔在有生之年与当时神经科学界主流理论的论争是颇为艰难的。拉蒙-卡哈尔的著作《关于人和脊椎动物神经系统结构》和《神经系统组织学的新观点》反映了他艰苦绝伦的抗争。为了传播和捍卫自己的学说，拉蒙-卡哈尔奋斗到他生命最后一刻。他在去世前一年即1933年还在写作《神经元学说还是环路理论学说》（*Neuronismo ó Reticularismo*）一书。该书稿在1952年由卡哈尔研究所正式出版，其英文译本在1954年面世。

灿烂群星：我心中的杰出科学家

除了专著，拉蒙–卡哈尔也为年轻人写了几本科学研究进阶读物。他在1899年写的《科学研究的规则和技巧》（*Reglas y consejos sobre investigación científica*）以及1897年写的《对年轻研究者的忠告》（英译本：*Advice for a Young Investigator*）等著作中一再强调科学研究的独立性、专注性和持久性。他认为智力不是最关键的，即使中等资质的科学家也可以做出重大的科学成果。他说："我真的不是一个天才。我只是……不知疲倦的工作者。"他留给了后人一条极好的忠告："对待失败的态度只有简单四个字：继续尝试。"

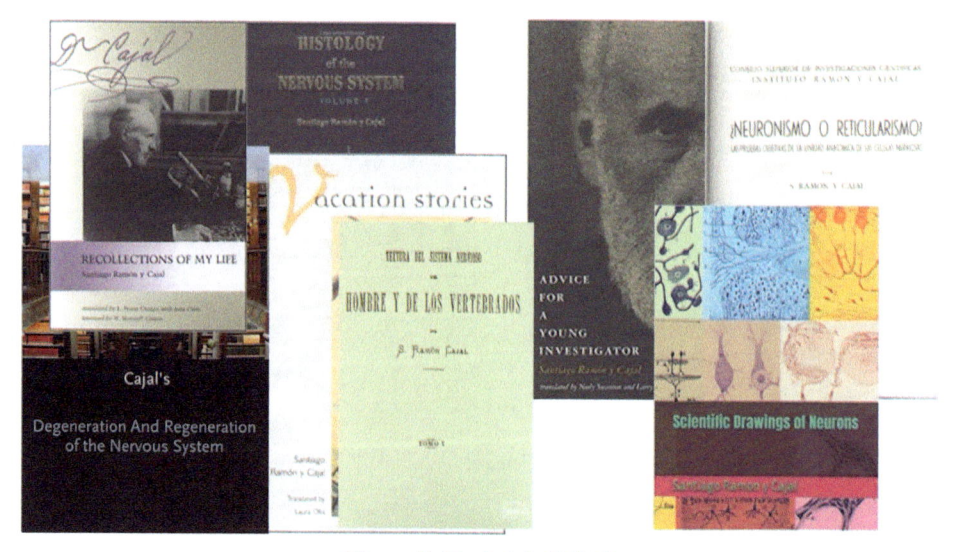

图 8　拉蒙–卡哈尔著作选

拉蒙–卡哈尔是西班牙历史上第二位获得诺贝尔奖的科学家。第一位是土木工程师、数学家、政治家 José Echegaray（1832—1916），他获得了1904年诺贝尔文学奖。

拉蒙–卡哈尔身后给脑神经科学留下了巨大的宝贵财富，但他生前并没有获得多少荣誉。或许，这位"问题少年"并不在乎。

无论如何值得一提的是，2017年，拉蒙–卡哈尔的全部档案（包括手稿、图纸、绘画、照片、书籍和信件）被联合国教科文组织的《世界记忆名录》（*Memory of the World Register*）永久收存。

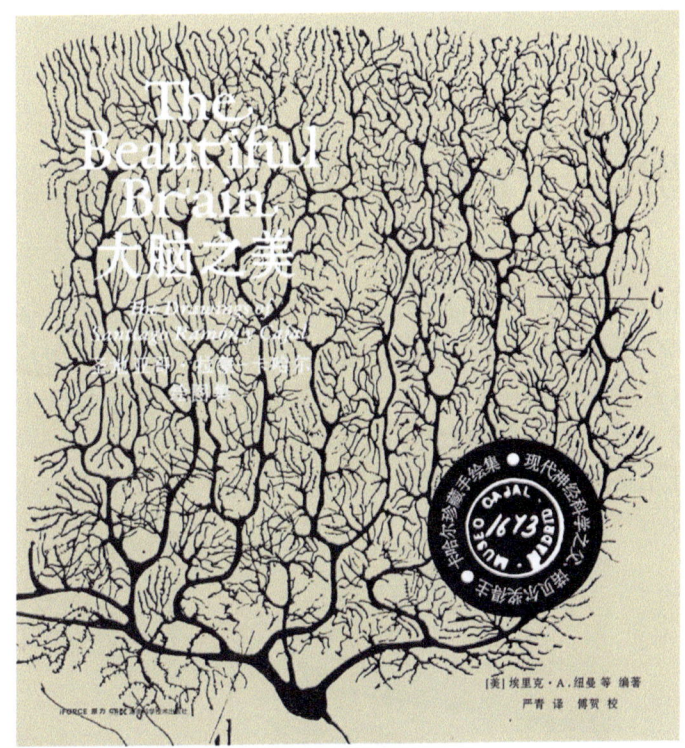

图 9　《大脑之美：圣地亚哥·拉蒙–卡哈尔绘图集》
([美] 埃里克·A. 纽曼等编著，严青译，傅贺校
湖南科学技术出版社 2020 年 10 月出版）

（本文首发表于 2023 年 2 月 11 日）

37 郭守敬，一个仕途坦荡的科学家

郭守敬（1231—1316），字若思，河北邢台人。

郭守敬出生于金哀宗正大八年（1231），时为宋朝（960—1279），但当年的河北地域属于女真族人管治的金国。他40岁那年，大蒙古国忽必烈（1215—1294）打败了西夏和金国，建立了一统天下的元朝（1271—1368）。

郭守敬是元朝时期最著名的水利工程师、天文学家、仪表制造专家。

图1　郭守敬铜像（邢台市达活泉公园）

37/郭守敬，一个仕途坦荡的科学家

【一】幼年时期

郭守敬祖父郭荣，号鸳水翁，是金元之际一位颇有名望的学者。他精通五经，谙熟天文和数学，特别擅长水利技术。郭守敬由祖父抚养成人，受其影响极大。至于郭守敬的父亲和家庭，则历史记录不详。

在祖父教养下，郭守敬从小勤奋好学，善于动手做事，"生有异操，不为嬉戏事"。他十多岁时自己就按一本书上的插图制作了一架简易天文观测器。他还根据北宋科学家、画家诗人燕肃（961—1040）的一幅"莲花漏"滴水计时器石刻拓印图，自己弄明白了计时器中的漏壶何以保持水位恒定的工作原理。这个漏壶的来历，是北宋天圣八年（1030年）时为龙图阁侍制的燕肃向宋仁宗（1010—1063）呈上他改制的漏刻计时器，其水壶上嵌有铜制荷叶和莲花，故取名为莲花漏。

郭守敬早年经由祖父推介，师从忽必烈的谋士、大学者刘秉忠（1216—1274），之后由刘秉忠推介又师从朝廷重臣、后来的左丞相张文谦（1216—1283）。

郭守敬毕其一生，在水利工程、天文学和仪表制造等方面取得许多卓越成就。

图2　介绍郭守敬的两本书

【二】修治水利

在治理江河湖泊、修渠建坝方面，历史上著名的代表性人物有黄河治水的大禹、修筑第一座水利工程的孙叔敖（春秋时期）、开凿十二条大水渠的西门豹（战

灿烂群星：我心中的杰出科学家

国时期）、主持修建都江堰的李冰父子（战国时期），等等。因历史久远，这些人物的事迹不容易具体考究。但是，元代郭守敬在水利工程方面的杰出贡献却留下不少记录。

在元世祖忽必烈第一个年号的中统三年（1262 年），由时任左丞相的张文谦推荐，郭守敬在开平府参见了忽必烈。他陈述了多个关于水利建设的主张，获得嘉许，并随即受封，负责掌管各地河渠修缮和水道治理工作。次年，他晋升为副河渠使。到了至元年（1264—1294）的第一年，郭守敬奉命前往西夏修治水利工程。他在那里组织民众开新渠、疏旧河、筑堤建坝，修复了长达四百余里的唐来渠和长达二百五十余里的汉延渠，让万顷农田得到充足灌溉。西夏百姓后来在渠上立碑记事，还筑建了"郭氏生祠"，让子孙后代铭记和感谢郭守敬的恩情。

至元十三年（1276 年），朝廷把都水监并入工部，同时让郭守敬出任工部郎中。

顺便提及，至元十三年在中国历史上颇为重要。这一年，元军挥师南下，摧垮了偏安已久的南宋王朝。忽必烈成为了首位建立中国统一中央王朝的少数民族领袖。并且，忽必烈在这次进军中还把云南、西藏和西域划入了元朝版图，在中国历史上首次实现了范围最为广阔的政权统一。

至元二十八年（1291 年），郭守敬因多年治水有功，被朝廷委任为都水监。当年，他负责修治从元大都积水潭（今北京什刹海）至通州的运河。至元三十年（1293 年），他指挥监察完成了全部工程，让运河成为南北交通的重要枢纽。当忽必烈从上都（今内蒙古锡林郭勒盟正蓝旗草原）回大都路过积水潭时，见其上"舳舻蔽水"，大悦，赐其名为通惠河，奖赏郭守敬一万二千五百贯，还升他职为太史令兼通惠河漕运事。

关于郭守敬治水，坊间流传有一件趣事。大德二年（1298 年），有人提议在上都西北的铁幡竿岭下开辟一条排泄山洪的渠道，往南一直通到滦河。元成宗铁穆耳（1265—1307）把郭守敬召到上都商议。郭守敬根据地势和历年山洪资料，指出这条泄洪渠道要宽五十步至七十步（约 80 至 115 米）。但经办人认为郭守敬太夸张，会浪费钱财，把他建议的渠宽缩减了三分之一。次年山洪暴发，因渠道太窄，大水泛滥成灾，还险些冲及成宗的行帐。成宗在避水时感叹道："郭太史真是神人啊，可惜大家都没听他的话！"

【三】天文历法

郭守敬的另一项主要科学成就在天文和历法方面。

至元十三年（1276年），朝廷委任理学家、教育家、政治家许衡（1209—1281）为首、数学家王恂（1235—1281）和郭守敬为辅，进行全面的历法修订。至元十六年（1279年），郭守敬组织领导了在元朝疆域内27个地点进行大范围的天文观测。观测点东起朝鲜半岛，西到川滇和河西走廊，北至西伯利亚，分布地域之广，考察内容之多，测量精度之高，参加人员之众，在中国历史乃至世界天文史上都是空前的。此举被后世称为"四海测验"，其纬度测量准确度与现代测量相比平均误差仅在 0.2°—0.35° 之间。这次四海测验，为他后来编制精确的新历法《授时历》提供了大量数据并奠定了可靠的天文学理论基础。

天文学的观测和计算常用地平坐标和赤道坐标，此外还有时角坐标、黄道坐标、银道坐标等坐标系统。古代尚未有球面三角学和坐标变换公式，中国数学家们采用近似代数计算方法。王恂采用了"弧矢割圆术"，先把球面上的弧段投影到平面上，再利用勾股定理计算这些投影线段，最后采用宋代沈括（1032—1096）的"会圆术"公式，从这些计算出来的线段反求原来球面上的弧段长度和位置。这些计算方法与现代球面三角学公式一致，十分精确。郭守敬作为《授时历》的最后整理人和定稿者，记录了这种弧矢割圆术。《授时历》是当时最先进的天文学成果，郭守敬以此领导完成了中国历史上第四次历法大改革。

《授时历》制定的新历法以 365.2425 日为一年，比北朝天文学家、数学家祖冲之（429—500）估算的每年 365.2428 日来得精确。事实上，这精度与七百多年后今天的观测值相差极微。《授时历》在中国沿用了 360 多年，最后为世界公历（即1582 年启用的 Gregorian Calendar）取代。该公历规定每年有 365.242190419 天，让它变得更为合理好用。郭守敬的计算之所以能达到高精度，是他改进了隋朝天文学家刘焯（544—610）使用的基于天文观测数据的内插计算方法，用来推算日月星辰的多种非匀速相对运动。数学上称为"内插法"的计算方法，是根据一个未知函数在某区间内若干点上的函数值，用一个特定的已知函数去代表这个未知函数，使得两者至少在那些点上的函数值相等。于是，往后便可用此特定函数去计算该区间内其他各点上的函数值，作为对原本未知函数在这些点上的真值的估计。最简单常用的特定函数是低阶多项式，由此引出一次差（线性）内插、二次差（抛物线）内插，等等。我国古代数学家很早就懂得使用内插法，如公元前1世纪《九章算术》中记载的"盈不足术"就采用了一次差内插，隋朝天文学家刘焯在《皇极历》中就使用了二次差内插，唐朝天文学家僧一行（683—727）在《太衍历》中更使用了不等间距的二次差内插法。到了郭守敬，他在《授时历》中进

灿烂群星：我心中的杰出科学家

一步使用了三次差内插法，极大提高了计算精度。在中国古代，数学家们把这种内插法称为"招差法"。而在世界数学史中，内插法的一般公式则是由牛顿（1643—1727）给出的。

对于修订历法，郭守敬认为"历之本在于测验，而测验之器莫先仪表"。他改制和发明了简仪、高表、候极仪、浑天象、玲珑仪、仰仪、立运仪、证理仪、景符、窥几、日月食仪以及星晷定时仪等共十二种新仪器。其中，简仪是郭守敬将结构繁复的唐宋浑仪简化为两个独立的观测装置，让结构和使用变得简单，并且除北极星附近以外，整个天空可以一览无遗。三百多年之后，1598 年，丹麦天文学家第谷（Tycho Brahe，1546—1601）独立地发展了类似的天文观测仪器和方法。此外，郭守敬在创造仰仪和景符等天文仪器中反复运用了光学的针孔成像原理，在中国光学史上也是比较突出的成就。

至元十八年（1281 年），王恂去世。之后，郭守敬单独承担了太史院的全部工作特别是《授时历》的最终整理和修订。据《元史·郭守敬传》记载，郭守敬后来编撰的天文历法著作还有《推步》《立成》《历议拟稿》《转神选择》《上中下三历注式》《时候笺注》《修历源流》《仪象法式》《二至晷景考》《五星细行考五十卷》《古今交食考》《新测二十八舍杂坐诸星入宿去极》《新测无名诸星》《月离考》等十四种，洋洋万言共 105 卷。

图 3　郭守敬发明的天文简仪（模型）

至元二十三年（1286 年），郭守敬升任为太史令。

至元三十一年（1294 年），郭守敬升任为昭文馆大学士，兼任太史院知事，故世称为"郭太史"。

元成宗铁穆耳在大德七年（1303 年）时下诏，凡年满七十岁的官员皆可退休。但是，他不让郭守敬退位，说朝廷有很多工作需要他继续做下去。从此，朝廷便有了一个新例规：太史院的天文官都不退休。

元仁宗延祐三年（1316 年），郭守敬去世，享年 86 岁。

【四】后人评价

郭守敬生前身后，许多人对他给予极高的评价。

元世祖忽必烈说："任事者如此，人不为素餐矣。"

元初理学家、教育家、政治家许衡说："天佑我元，似此人世岂易得？"

元代数学家齐履谦（？—1329）说："公以纯德实学为世师法，然其不可及者有三，一曰水利之学，二曰历数之学，三曰仪象制度之学……及夫见用，观其规画之简便，测望之精切，智巧不能私其议，群众无以参其功……呜呼！其可谓度越千古矣。"

明代意大利传教士利玛窦（Matteo Ricci，1552—1610）说："[郭守敬的天文仪器] 其规模和设计的精美远远超过曾在欧洲所看到、所知道的任何同类物件。这些仪器经受了二百五十年的雨雪和天气变化的考验，都丝毫无损它本来的光彩。"

明末清初德国传教士汤若望（Adam Schall，1591—1666）则称郭守敬为"中国的弟谷"。

清朝大学者朱轼（1665—1736）说："守敬开物成务，功施于千载。所陈水利，言未尽从，然功烈赫赫。若此历象之说，自有专书可毋录也。守敬撮古今之要，言约而义赅，故并载焉。"

历史时光荏苒，直到 20 和 21 世纪，纪念郭守敬的各种政府和民间活动有增无减。

1962 年，中国邮电部发行了第二组《中国古代科学家》8 枚纪念邮票一套，介绍了蔡伦（62—121）、孙思邈（541 或 581—682）、沈括和郭守敬在造纸、医药、地质和天文等方面所取得的成就，其中第 7 枚为郭守敬半身像，第 8 枚是他发明的"简仪"标本。

1970 年，国际天文学会把月球上的一座环形山命名为"郭守敬环形山"。

1977 年，国际小行星中心将 2012 号小行星命名为"郭守敬小行星"。

灿烂群星：我心中的杰出科学家

图 4 《中国古代科学家》纪念邮票集第 7 枚和纪念银币

1984 年，邢台市建立了"郭守敬纪念馆"，并将一条街道命名为"郭守敬大道"。1986 年，北京建立了"郭守敬纪念馆"。此外，宁夏回族自治区建有郭守敬祠堂，河南省登封市至今保留有郭守敬所建的观星台，等等。

邢台郭守敬纪念馆　　　　　　　　北京郭守敬纪念馆
图 5 郭守敬纪念馆

1989 年，中国人民银行发行了郭守敬银币，为"中国杰出历史人物金银纪念币"系列第六组中之一枚。

2009 年，中国科学院将坐落于河北省承德市兴隆县的国家天文台观测基地的 LAMOST 望远镜命名为"郭守敬天文望远镜"。该天文望远镜至今发布了约二千万条光谱数据。基于这些海量光谱数据，研究人员发现了 1417 个致密星系和 734 颗极冷矮星。

2019 年，郭守敬被中华人民共和国水利部列入第一批"历史治水名人录"。

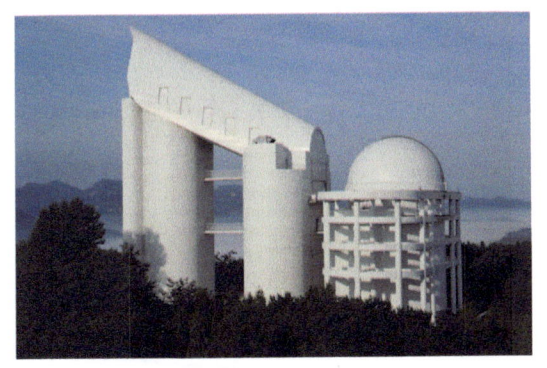

图 6　郭守敬天文望远镜（国家天文台兴隆观测基地）

【五】成功背后

纵观郭守敬的一生，人们看到了他的成功主要是基于个人的超群智慧和非凡努力。但是，人们还应该看到，他一直都得到朝廷的信任和重用，得到官方长期财政支持，并且始终没有卷入政治风波。在古代中国，有幸走上这种仕途的科学家十分罕见。另一方面，对于他的科学生涯不可或缺的是，他毕生伴有几个志同道合并且睿智多能的好友同事，成就了他对于像天文学这种不可能单枪匹马进行探索的大规模科学研究。

邢台郭守敬纪念馆　　　　　北京郭守敬纪念馆

图 7　郭守敬星图

（本文首发表于 2023 年 1 月 18 日）

38 从哥尼斯堡七桥问题谈起

有时候一句谚语或一个故事,便可以让许多人知道并记住一座城池。"条条大路通罗马""拿破仑遭遇滑铁卢""刘备借荆州"等,都是耳熟能详的例子。

哥尼斯堡之所以出名,或可归功于它那有趣的"哥尼斯堡七桥问题"。

【一】哥尼斯堡七桥问题

哥尼斯堡(Königsberg)是座小巧玲珑的古都,位于欧洲波罗的海东南沿岸的桑比亚半岛南部,面积约 1.5 万平方公里,今天人口不到 50 万。该城堡由条顿骑士团(Teutonic Order)北方十字军于 1255 年建立,先后成为条顿骑士团国、普鲁士公国(Kingdom of Prussia)和东普鲁士国(East Prussia)的首府。

图 1 哥尼斯堡教堂(1895 年,复原图)

故事从流经市区的 Pregel 河讲起。这条小河在市区内有一个小岛,河面上有七座小桥（图2）。在18世纪，当地居民聊天时会经常讨论，是否可以从某一个地点出发，走过所有七条小桥，不重复也不遗漏，最后回到起点？

问题挺简单的不是吗，在纸上或地上画画不就画出来了？

没想到不少人画了很多个方案都不成功：绞尽脑汁，就是无法找到答案！

图2　哥尼斯堡城中河面上七条小桥（红色标记）

这时候，瑞士裔俄罗斯数学家欧拉（Leonhard Paul Euler，1707年4月15日—1783年9月18日）出场了。虽然没有记录表明欧拉亲自去过哥尼斯堡，但是当年七桥问题在民间流传很广，身在俄罗斯圣彼得堡的他知道了这个坊间游戏。年轻的欧拉对有趣的事物充满好奇心，居然认真地去思考这个小小问题。

1735年8月26日，欧拉向圣彼得堡科学院作了个学术报告，从数学上论证了：哥尼斯堡七桥问题是没有解的。

这里，我们用今天大家熟识的语言来描述一下欧拉当年的推证。

首先，欧拉把城市的地图（图2）抽象为一幅数学的图（图3）。

然后，假定你在图上沿着某条连边往前走。当你走到任意一个节点（图3里的A、B、C、D）时，如果它不是终点，那么你得走过它然后继续往前走。于是，

灿烂群星：我心中的杰出科学家

这个节点有了两条连边：一条进、一条出。你就这样继续往前走。你有可能再也不回到这个节点，但也可能还会走回到这个节点来。因为它不是终点，如果走回来的话你还得离开它。这样它就有四条连边了。如此类推，它必须有偶数条连边。这里，重复走过某些节点是允许的，只是不允许重复走过任何一条连边。

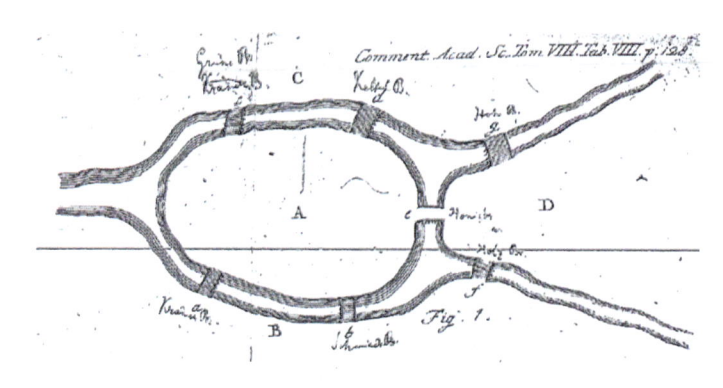

(a) 当年欧拉的手绘图

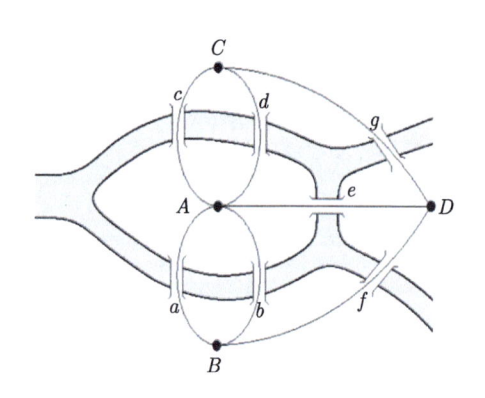

(b) 今天相应的数学示意图

图 3　七桥问题的数学图表示

最后，假定你走到了终点。原问题不是要求你走回到起点么？所以终点与起点重合，这个特殊的节点也同样有两条连边。

至此，问题是否有解的答案就很清楚了：如果有解的话，图中的所有节点都必须有偶数条连边。但是，图 3 所示的七桥数学图显然不满足这个条件，因此没有解；即不管你从哪里出发，你都不可能把七条桥全部走一遍，不重复也不遗漏，最后回到出发点。

欧拉后来以拉丁文正式发表了论文《关于位置几何问题的解法》（Solutio problematis ad geometriam situs pertinentis，Commentarii academiae scientiarum Petropolitanae，1741，8：128-140），文中详细讨论了七桥问题并作了一些推广。该论文被认为是数学图论、拓扑学和网络科学的发端。

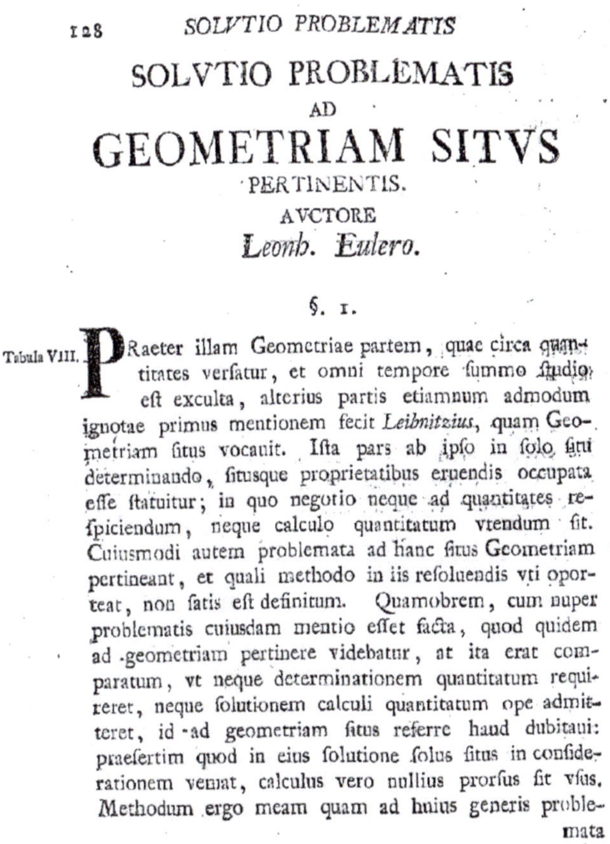

128 SOLVTIO PROBLEMATIS

SOLVTIO PROBLEMATIS
AD
GEOMETRIAM SITVS
PERTINENTIS.
AVCTORE
Leonh. Eulero.

§. 1.

Tabula VIII. PRaeter illam Geometriae partem, quae circa quantitates verſatur, et omni tempore ſummo ſtudio eſt exculta, alterius partis etiamnum admodum ignotae primus mentionem fecit *Leibnitzius*, quam Geometriam ſitus vocauit. Iſta pars ab ipſo in ſolo ſitu determinando, ſitusque proprietatibus eruendis occupata eſſe ſtatuitur; in quo negotio neque ad quantitates reſpiciendum, neque calculo quantitatum vtendum ſit. Cuiusmodi autem problemata ad hanc ſitus Geometriam pertineant, et quali methodo in iis reſoluendis vti oporteat, non ſatis eſt definitum. Quamobrem, cum nuper problematis cuiusdam mentio eſſet facta, quod quidem ad geometriam pertinere videbatur, at ita erat comparatum, vt neque determinationem quantitatum requireret, neque ſolutionem calculi quantitatum ope admitteret, id ad geometriam ſitus referre haud dubitaui: praeſertim quod in eius ſolutione ſolus ſitus in conſiderationem veniat, calculus vero nullius prorſus ſit vſus. Methodum ergo meam quam ad huius generis problemata

图 4　欧拉论文《关于位置几何问题的解法》(1741)

后来，欧拉和一些数学家分别考虑了一般多条桥的各种图，大家把其中有解的那些图称为欧拉图。具体地说，一幅规模有限的图，不管它有多少个节点和多少条连边，也不管你从哪个节点起步，如果总存在一条路径让你走遍所有的连边，不重复也不遗漏，最后还能回到起点，那么这幅图就是欧拉图。

从欧拉解决七桥问题开始，数学家们逐步建立起了数学图论，并把欧拉称为

灿烂群星：我心中的杰出科学家

"图论之父"。

1771 年，法国数学家范德蒙德（Alexandre-Theophile Vandermonde，1735—1796）研究了国际象棋的"骑士"能否走遍棋盘每一个方格的游戏问题（Knight's Tour Problem）。过了好多年之后，基于对上面两个图论游戏的兴趣，爱尔兰数学家哈密顿（Sir William R. Hamilton，1805—1865）考虑了一类和欧拉图"对偶"的图，就是不管一幅规模有限的图有多少个节点和多少条连边，也不管你从哪个节点起步，如果总存在一条路径让你走遍所有的节点，不重复也不遗漏，最后还能回到起点，这类图就称为哈密顿图。哈密顿图对你走过多少条边，有没有遗漏一些边，都是没有限制的。因此，走遍一幅哈密顿图里所有节点的路径可能不是唯一的，因为也许会存在不同的路径都可以把所有的节点连在一起并且首尾相接。

图 5　[左] 欧拉；[右] 哈密顿

【二】哥尼斯堡名人录

自从欧拉解决了民间喜闻乐道的七桥问题之后，哥尼斯堡便走进了大众的视野。

其实，哥尼斯堡虽然历史不长，地域不大，但人杰地灵，名人很多。在哥尼斯堡出生长大的众多人物之中，我们只简单地说说"一、二、三"，即一位哲学家（康德）、二位物理学家（基尔霍夫和索末菲）和三位数学家（哥德巴赫、希尔伯特和闵可夫斯基）。实际上，要比较完整地介绍他们之中任何一位的生平和贡献，都得写一本小书。此外，还有一些著名人物就不列举了，如化学家瓦拉赫（Otto Wallach，1847—1931）是 1910 年诺贝尔化学奖得主、数学家莫泽（Jurgen K.

Moser，1928—1999）是数学动力系统 KAM 理论中的 M、数学家黑塞（Ludwig O. Hesse，1811—1874）以他命名的矩阵（Hessian matrix）为大家所熟识，还不计及文学、历史、政治、宗教、音乐、艺术等领域的名家。

康德

哥尼斯堡最著名的市民当数哲学家康德（Immanuel Kant，1724 年 4 月 22 日—1804 年 2 月 12 日）。

康德是 17—18 世纪欧洲文艺复兴之后的反封建思想解放启蒙运动后期一位主要哲学家。他调和了笛卡儿的理性主义与培根的经验主义，发展了自成一派的思想体系，被认为是继苏格拉底、柏拉图和亚里士多德后西方最具影响力的思想家之一。

康德有不少论著，其中核心的三大著作被合称为"三大批判"，即《纯粹理性批判》、《实践理性批判》和《判断力批判》。这三部著作分别系统地阐述了他的知识学、伦理学和美学思想。《纯粹理性批判》一书被认为是西方哲学史上划时代的巨著。此外，他在宗教哲学、法律哲学和历史哲学等方面都有重要贡献。一般认为，康德的道德哲学与中国儒家思想类似，强调个人道德自律从而构建理想社会。康德的道德原则就是"为道德而道德，为义务而义务"，包括"不要骗人"、"不要自杀"、"发展自己的才能"和"帮助别人"等方面，以致哲学家尼采（Friedrich W. Nietzsche，1844—1900）称康德为"哥尼斯堡的中国人"。

康德固然是一名哲学家，但也写过好几篇自然科学论文。1746 年康德的父亲逝世，之后他开始了长达九年的家庭教师生涯。这期间，他发表了两篇科学论文：1754 年的"地球在绕轴自转时是否发生变化"和 1755 年的"从物理学上推论地球是否已经衰老"。1755 年，康德写了一篇学术论文《论火》，以此获得硕士学位。在同一年，他又写了《形而上学认识第一原理的新说明》一文，从而获得皇家哥尼斯堡大学（Royal Albertus University of Königsberg）任教的机会，在那里担任了 15 年的编外讲师。

康德性格内向，毕生都没有离开过家乡哥尼斯堡。他长期身体虚弱，过着极简生活，终身未娶。康德逝世后，墓碑上刻着他那本名著《实践理性批判》里的一句话："群星苍穹在我之上，道德法则存我心中。"（Der bestirnte Himmel über mir und das moralische Gesetz in mir.），作为他一生的总结。

灿烂群星：我心中的杰出科学家

图 6　康德在哥尼斯堡的墓碑

基尔霍夫

基尔霍夫（Gustav R. Kirchhoff，1824 年 3 月 12 日—1887 年 10 月 17 日）在 1847 年从哥尼斯堡大学物理系毕业。在大学期间，基尔霍夫一直参加数学物理学家诺依曼（Franz E. Neumann，1789—1895）和雅可比（Carl G. J. Jacobi，1804—1851）领导的研究讨论班，深受数学熏陶。这位雅可比以他的矩阵和行列式为理工科师生所熟识。他出生于当年属于普鲁士的波茨坦，1826 年到哥尼斯堡大学任教，在那里工作了 16 年，之后因健康问题退隐柏林。

1845 年，还是本科生的 21 岁基尔霍夫发表第一篇论文，就建立了电路网络中电流、电压、电阻关系的两条基本定律，即以他命名的"电流定律"和"电压定律"，成为分析、计算和设计各种复杂电路不可或缺的基础理论和工具。他后来又研究了电路中电的流动和分布，阐明了电路中两点间的电势和静电学的电势这两个物理量在量纲和单位上是一致的，从而使基本电路定律具有更一般的含义和应用。基尔霍夫因此在电子和电器工程领域极负盛名，被称为"电路求解大师"。

1850 年，基尔霍夫在柏林大学执教时发表了论文《弹性圆板的平衡与运动》，从三维弹性力学的变分开始，引进了著名的"基尔霍夫薄板假设"并给出了边界条件，还导出了圆板的自由振动解和一般振动表达式。

1854 年，基尔霍夫由著名化学家本生（Robert W. Bunsen，1811—1899）推荐，到了海德堡大学任职教授。

1859 年，基尔霍夫与本生合作，制成第一台棱镜光谱仪并创立了光谱化学分析法，由此发现了元素铯和铷。随后，其他科学家利用光谱化学分析法，还发现了铊和碘等几种新元素。基尔霍夫进而利用光谱化学分析法去研究了太阳及一些行星的化学元素谱。

1860 年,基尔霍夫做了灯焰烧灼食盐的实验,得出了"热辐射基尔霍夫定律":任何物体电磁辐射的发射量和吸收量的比值与物体本身特性无关,是波长和温度的普适函数,与吸收系数成正比。他由此判断:太阳光谱的暗线是白光被大气中某些元素吸收的结果。这给太阳和恒星成分的分析提供了一种有效的方法,让天体物理进入了光谱分析的新阶段。接着,他又提出了绝对黑体的新概念。

1862 年,基尔霍夫因在太阳光和人造光光谱研究中的重要贡献而荣获 Rumford 奖章。

1875 年,基尔霍夫回到了柏林大学任职理论物理教授。其时,他给出了惠更斯–菲涅耳(Huygens-Fresnel)原理的严格数学形式,并出版了 4 卷《数学物理学讲义》。

1887 年 10 月 17 日,基尔霍夫病逝于柏林,享年 63 岁。

图 7　基尔霍夫

索末菲

索末菲(Arnold J. W. Sommerfeld,1868 年 12 月 5 日—1951 年 4 月 26 日)1886 年进入哥尼斯堡大学主修数学,1891 年 23 岁时获博士学位。他随后出任哥廷根大学助教。1897 年,他转到 Clausthal 矿业学校任教授,1900 年再转到 Aachen 技术学院任教授,1906 年起到慕尼黑大学任理论物理学教授直至退休。1951 年 4 月 26 日在慕尼黑意外被汽车撞倒不治离世,时年 83 岁。

灿烂群星：我心中的杰出科学家

索末菲的主要科学建树在原子结构及原子光谱理论方面。他提出用椭圆轨道代替玻尔（Niels H. D. Bohr，1885—1962）原子模型的圆形轨道，从而建立了"玻尔-索末菲原子模型"。他还引入原子轨道空间量子化等概念，成功地解释了氢原子光谱和重元素 X 射线谱的精细结构以及正常 Zeeman 效应。此外，他对陀螺运动、电磁波传播以及金属电子理论多有贡献。

索末菲是一位出色的导师，先后带出了七位诺贝尔奖得主，包括德拜（Peter Debye，1884—1966）、泡利（Wolfgang Pauli，1900—1958）、海森伯（Werner K. Heisenberg，1901—1976）、贝特（Hans Bethe，1906—2005）等四位博士学生和鲍林（Linus Pauling，1901—1994）、拉比（Isidor I. Rabi，1898—1988）、劳厄（Max von Laue，1879—1960）等三位博士后，还有一批卓有建树的博士生、博士后和合作者，以及几个后来获诺贝尔奖的学术梯队成员。爱因斯坦曾感叹地对索末菲说："我特别钦佩你的是，你能够从平凡中制造出那么多的年轻天才。"

图 8　索末菲

索末菲一生得过许多的奖励和荣誉，是多个国家的科学院院士，并得到过世界上多所大学颁发的荣誉博士学位。

值得一提的是，索末菲明确坚定地反对纳粹的反犹太运动和所谓的"德意志物理学"，因而被攻击为"学术界中犹太文化的代理人"。但他毫无畏惧，从未退让过。

哥德巴赫

哥德巴赫（Christian Goldbach，1690 年 3 月 18 日—1764 年 11 月 20 日）于 1710 年从哥尼斯堡大学毕业后游学欧洲至 1724 年，到过德国多个地方以及英格兰、荷兰、意大利和法国。特别是，他拜访过莱布尼茨、欧拉和伯努利（Nicholas I. Bernoulli，1687—1759）等大数学家。1724 年他回到哥尼斯堡之后，又与数学家比尔芬格（Georg B. Bilfinger，1693—1750）和赫尔曼（Jakob Hermann，1678—1733）结为好友，多有合作。

1725 年，哥德巴赫到了圣彼得堡科学院任职数学和科学史教授，1728 年成为俄罗斯沙皇二世的宫廷教师，1742 年后还曾任职俄罗斯外交部。

哥德巴赫在数学分析方面有出色的贡献，例如有一条哥德巴赫–欧拉定理。但他主要贡献在数论方面，例如关于费马数（Fermat numbers）有一条哥德巴赫定理。当然，他最出名的是在 1742 年 6 月 7 日写给欧拉信中提出的"哥德巴赫猜想"：任何一个大于 2 的偶数都可写成两个质数之和，俗称为"1+1"问题。当今最好的结果是陈景润 1966 年证明的"1+2"，但尚不是问题的终结。

图 9　哥德巴赫给欧拉的信（1742 年 6 月 7 日）

灿烂群星：我心中的杰出科学家

希尔伯特

希尔伯特（David Hilbert，1862 年 1 月 23 日—1943 年 2 月 14 日）被称为"数学界的无冕之王""数学中的帅才"，是历史上最卓越的数学家之一。

希尔伯特 1880 年进入哥尼斯堡大学，但他执意违背父亲让他学习法律的意愿，选择了数学，于 1885 年 23 岁时获得博士学位，之后留校任讲师、副教授，1893 年升为正教授。1895 年，希尔伯特接受克莱因（Christian F. Klein，1849—1925）邀请到了哥廷根（Göttingen）大学任教，直至 1930 年退休，于 1943 年逝世，享年 81 岁。

希尔伯特曾获俄罗斯罗巴切夫斯基奖和瑞典科学院 Mittag-Leffler 奖，1942 年当选为柏林科学院荣誉院士。

图 10　笔者在哥廷根希尔伯特墓碑旁

希尔伯特在不变量理论、代数数论、积分方程、变分法、泛函分析、数学和几何学基础、数学物理等领域中作出了十分重要的贡献。其中最值得提及的是他 1900 年 8 月 8 日在巴黎第二届国际数学家大会上的著名演讲。他指出了新世纪数学家应当努力解决的 23 个数学问题，其中第 8 问题包含了哥德巴赫猜想。那次演讲被认为是 20 世纪数学最重要问题的选集。对那些问题的研究，后来大大推动了数学的进步并对今天数学的发展依然有着深刻影响。1950 年，当美国数学会邀请希尔伯特的博士学生、著名数学家外尔（Hermann K. H. Weyl，1885—1955）

总结 20 世纪上半叶的数学历史时，外尔写道：希尔伯特在巴黎提出的 23 个数学问题"是一张导航图"；在过去五十年间，"数学家们经常按照这张导航图去衡量我们的进步"。

希尔伯特同时也十分关注物理学，曾把他认为"数学较差"的爱因斯坦请到哥廷根大学，一起讨论后来被称为"爱因斯坦方程"的物理学含义。这期间，数理逻辑学家哥德尔（Kurt F. Gödel，1906—1978）为爱因斯坦方程找到一个解，让他满载而归。

希尔伯特去世后，在哥廷根的墓碑上刻着他退休感言中的最后一句话："我们必须知道，我们必将知道。"（Wir müssen wissen, Wir werden wissen.）

闵可夫斯基

闵可夫斯基（Hermann Minkowski，1864 年 6 月 22 日—1909 年 1 月 12 日）为理工科的学者们所熟识，很可能是由于数学分析中的"闵可夫斯基不等式"。

闵可夫斯基 1864 年出生于俄国的 Alexotas（今立陶宛的 Kaunas）。由于当时俄国政府迫害犹太人，1872 年父亲带着全家移居到了哥尼斯堡。他们家与希尔伯特的家仅一河之隔，两人从小相识。

1879 年闵可夫斯基入读于柏林大学，不久转回哥尼斯堡大学。大学期间，他授课于亥姆霍兹（Hermann L. F. von Helmholtz，1821—1894）、克罗内克（Leopold Kronecker，1823—1891）、维尔斯特拉斯（Karl T. W. Weierstrass，1815—1897）、基尔霍夫等物理学家和数学家。

1882 年，年仅 18 岁的闵可夫斯基因为建立了多元二次型的完整理论与英国著名数学家史密斯（Henry J. S. Smith，1826—1883）共同分享了法国科学院的一个大奖，名噪一时。1885 年，21 岁的闵可夫斯基在哥尼斯堡大学获得博士学位。1886 年，他成为波恩大学讲师，然后于 1891 年升为副教授。1894 年，他回到哥尼斯堡大学任教。1895 年，希尔伯特离开哥尼斯堡前往哥廷根大学，由闵可夫斯基接替他的位置担任数学教授。次年，闵可夫斯基又转到瑞士苏黎世联邦理工学院（ETH Zürich）任教。这期间，青年爱因斯坦在该校就读，成为闵可夫斯基的学生。1902 年，闵可夫斯基接受克莱因的邀请，加盟哥廷根大学担任数学教授直至离世。

闵可夫斯基最具独创性的成果是他在 1890 年开创的"数的几何"（Geometrie der Zahlen），书稿在 1896 年基本完成，于 1910 年正式出版。他关于数的几何理

灿烂群星：我心中的杰出科学家

论的研究导致了对凸体填充问题的研究，即给定形状的图形可以放置到另一个给定形状图形中的个数和方法，其中引出了大家熟知的"闵可夫斯基不等式"。

1905 年，闵可夫斯基建立了实系数正定二次型的"闵可夫斯基约化理论"。1908 年，在科隆的一次著名学术演讲中，闵可夫斯基提出了四维时空的概念，为后来爱因斯坦的广义相对论提供了基本框架，被称为"闵可夫斯基时空"理论。

1909 年 1 月 12 日，闵可夫斯基因急性阑尾炎抢救无效在哥廷根逝世，时年仅 45 岁。希尔伯特随即整理了他的遗作，于 1911 年出版了《闵可夫斯基全集》(*Gesammelte Abhandlungen von Hermann Minkowski*)。

图 11　闵可夫斯基

【三】加里宁格勒

现在，让我们回到哥尼斯堡。

然而，今天普鲁士不复存在，哥尼斯堡也不复存在。

第二次世界大战末，哥尼斯堡被轰炸得天翻地覆。1945 年 4 月 9 日，苏联军队完全占领了哥尼斯堡。同年 8 月 2 日，苏、美、英三国在柏林联合发表了《波茨坦公告》。根据公告的决议，战败的德国将东普鲁士地区割让给波兰和苏联。其中，行政上哥尼斯堡成了苏联领地。但地理上，城堡与苏联本土不但互不邻接，而且相去甚远，中间隔着立陶宛和白俄罗斯，因此被戏称为"飞地"。1946 年，苏联政府把哥尼斯堡改名为加里宁格勒（Kaliningrad），以纪念刚去世的最高苏维埃主席团主席加里宁（Mikhail I. Kalinin, 1875—1946）。两年之后，苏联政府又把哥尼斯堡大学改名为"加里宁格勒国立师范学院"，1967 年再更名为"加里宁格勒国立大学"。

382

38 / 从哥尼斯堡七桥问题谈起

图 12　加里宁格勒市区风景

哥尼斯堡也罢,加里宁格勒也罢,现在让我们回到"哥尼斯堡七桥问题"。

早在 1875 年,由于民生的需要哥尼斯堡市政府在图 3 中的 B 点和 C 点之间修建了一道桥。但是,这"八桥问题"依然没有解,即不存在一条路径让你把八道桥不重复也不遗漏地走一遍,最后回到出发点。

1944 年,哥尼斯堡的七条老桥在战火中被全部炸毁。后来,加里宁格勒市政府修复了五道桥(图 3 中的 A-B 和 A-C 之间分别只修复了一道桥),保存至今。现在这些老桥主要供旅游观光使用。

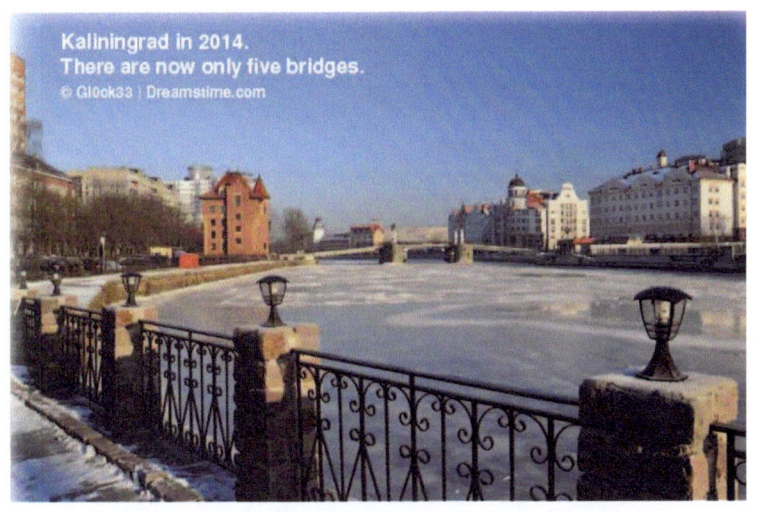

图 13　加里宁格勒现在只有五条桥(2014 年照片)

灿烂群星：我心中的杰出科学家

最后，如果你明白前面欧拉关于七桥问题无解的解释的话，你就会知道这"加里宁格勒五桥问题"（图 14）也是没有解的。

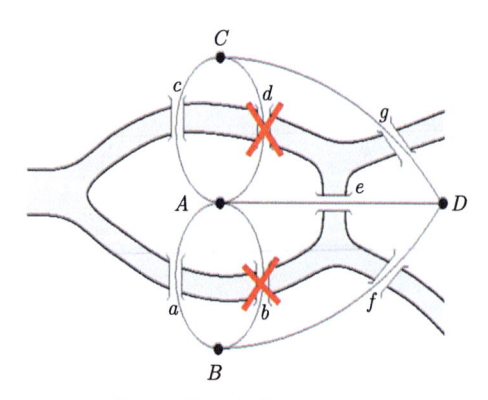

图 14　加里宁格勒五桥问题

（本文首发表于 2021 年 12 月 18 日）

39

莫尔斯，一个画家的电报传奇

图 1　塞缪尔·莫尔斯

【一】引子

1844 年 5 月 24 日，一位 53 岁的职业画家用他亲手制作的简易电报机发出了人类历史上第一条电报：

What hath God wrought!

其意为 "What has God done!"（"上帝创造了如此的奇迹！"）。这句话的原文出自 *Book of Numbers*，那是犹太教义《摩西五经》的第四册 *Torah*（公元前 6 世纪）以及希伯来文《圣经》的第四册（公元前 5 世纪）。

电文是从美国华盛顿国会大厦通过有线电缆发到巴尔的摩市的。发报人是画家塞缪尔·莫尔斯（Samuel Finley Breese Morse，1791 年 4 月 27 日—1872 年 4 月 2 日），而收报人是他的助手阿尔弗莱德·维尔（Alfred Vail，1807—1859）。

灿烂群星：我心中的杰出科学家

【二】画家

画家发明了电报？

是的。但故事颇为奇幻，得从头讲起。

莫尔斯于 1791 年 4 月 27 日出生于美国波士顿市郊的 Charlestown。他是家中的长子，母亲名叫伊丽莎白（Elizabeth Ann Finley Breese，1766—1828）。父亲杰迪狄亚·莫尔斯（Jedidiah Morse，1761—1826）是一位地理学家，在学术上颇有建树，被誉为美国"地理学之父"，其地理教科书是当时美国的一套标准教材。杰迪狄亚也是一位虔诚保守的基督教公理会牧师。

莫尔斯从小对艺术怀有浓厚兴趣，尤其喜欢绘画和雕刻。1799 年，8 岁的莫尔斯进入了 Phillips Academy 艺术学校读书。1805 年，14 岁的他考进了耶鲁学院（Yale College，耶鲁大学前身），成为一名少年大学生。他主修宗教哲学、数学和科学（化学和物理），并学习语言（法语、希腊语、德语）和地理，还特别选修了一门电学课程。1810 年，19 岁的他作为国家荣誉学生协会（National Honor Societies）的 Phi-Beta-Kappa 优等生从耶鲁大学毕业。

在大学期间，莫尔斯已经有了不少高水平的画作，有时还以卖画来赚取一些助学金。莫尔斯在他的油画作品里常常表达了自己的"加尔文主义"情感。加尔文主义也称为归正主义，是 16 世纪法国与瑞士基督新教的宗教改革家约翰·加尔文（Jean Calvin，1509—1564）毕生之主张，获得许多信徒的支持和传承。莫尔斯这个时期的代表作是 Landing of the Pilgrims（朝圣者的登陆），描写的是 1620 年英格兰一批清教徒乘"五月花号"船来到北美 Plymouth 移民登陆的情景（这幅名画今天保存在华盛顿美国国家艺术博物馆）。

莫尔斯的这幅油画引起了诗人艺术家华盛顿·奥尔斯顿（Washington Allston，1779—1843）的关注。奥尔斯顿提议莫尔斯和他一道去英格兰拜访著名艺术家本杰明·韦斯特（Benjamin West，1738—1820）。韦斯特是美国人，但后半生移民英国并说服了英皇乔治三世建立了英国皇家艺术科学院（Royal Academy of Arts），而韦斯特本人后来成为皇家艺术科学院第二任院长。莫尔斯很高兴答允了，还带上父亲同行。三人自驾 Libya 号帆船于 1811 年 7 月 15 日出航，顺利抵达了伦敦。

39/莫尔斯，一个画家的电报传奇

图 2　*Landing of the Pilgrims*（Smithsonian American Art Museums）

在伦敦，他进入了皇家艺术科学院学习，并得到韦斯特的指导。1812 年，他的雕塑油画 *Dying Hercule*（《垂死的大力士》）在伦敦的 Adelphi 艺术协会展览中获得了金奖。

图 3　*Dying Hercule*（Yale University Art Galley）

莫尔斯的另一幅名画是 *Judgment of Jupiter*（《天神的审判》）。他的这两幅名画今天都陈列在耶鲁大学的艺术走廊上。

灿烂群星：我心中的杰出科学家

图 4　*Judgment of Jupiter*（Yale University Art Galley）

1815 年 8 月 21 日，莫尔斯结束了英国游学回到美国。从此，他认定了自己将会毕生走在画家的路上。事实上，他后来绘画成果累累，1835 年成为纽约大学的绘画与雕塑教授，1826—1845 和 1861—1862 年间担任美国美术协会主席。他最负盛名的作品是 *Gallery of the Louvre*（《卢浮宫画廊》，1831—1833 年间完成）。

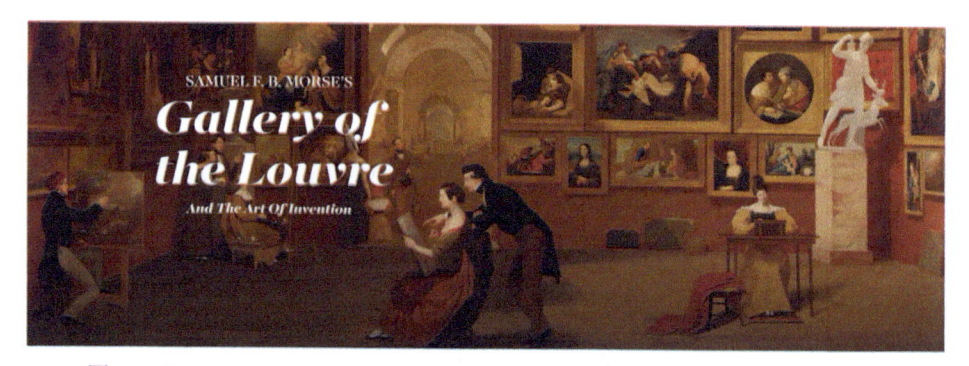

图 5　*Gallery of the Louvre*（Terra Foundation for American Art，Chicago）

【三】电报

1832 年 10 月，莫尔斯第二次游学欧洲回国。归程船上他认识了来自波士顿的年轻物理学家查尔斯·杰克逊（Charles Thomas Jackson，1805—1880）。闲聊时，杰克逊讲述了本杰明·富兰克林（Benjamin Franklin，1706—1790）的一个有趣实验，在一条导线的一端接入电流可以让另一端打个火花而这个过程并不需要时间。这个有点神奇的故事让莫尔斯重新拾回了多年前在耶鲁大学修读电学时的兴趣，并产生了用电传方式发送信息的奇想。

其实，早就有很多人试图通过电来传递信息了。

1753 年 2 月 17 日，苏格兰一份老杂志 Scots Magazine 刊登了一篇题为"一种快捷的情报传递方法"（An Expeditious Method of Conveying Intelligence）的文章，作者署名为"C. M."，建议"通过摩擦电传递信息"（transmitting messages by frictional electricity）。这位作者设想用 26 条电线，每条代表一个英文字母，当电线通电时在另一端的小纸片就会被静电吸引，相应地记下一个字母，再由字母组成词和句，就可以传递信息了。后人根据各种线索猜测，这位作者很可能是苏格兰外科医生 Charles Morrison（生卒年份不详）。这是历史上有文献记录的第一份"电报"提案。

1774 年，日内瓦物理学家乔治–路易斯·勒萨奇（George Louis Le Sage，1724—1803）根据"C. M."的提案构造了一个由 26 条电线组成的电报机模型。

1804 年，西班牙物理和气象学家弗朗西斯科·萨尔瓦（Francisco Salvay Campillo，1751—1828) 于 2 月 22 日向巴塞罗那科学院（Barcelona Academy of Sciences）提交了一份报告，建议了一个电报方案，在导线的一端用伏打电池产生电流，输送到导线另一端，然后用它对水作电分解来区分正负信息。

1811 年，德国物理学家冯·萨默林（Samuel Thomas von Soemmering，1755—1830）改良了电池并在巴伐利亚王国（Bavaria）建造了一个电报系统，完成了一次 2 英里距离的通信实验。

1832 年，在德国做外交官的俄罗斯军人帕维尔·席林男爵（Baron Pavel Lvovitch Schilling，1786—1837）在柏林设计了一套电报通信设备，用电流去移动悬吊在线圈上的铁针以指示各个字母。

1833 年，德国哥廷根大学的物理学家韦伯（Wilhelm Eduard Weber，1804—1891）和数学家高斯（Carl Friedrich Gauss，1777—1855）合作，设计了第一台电动电报机（electrical telegraphy）。

1837 年 7 月 25 日，英国发明家威廉·库克（William Fothergill Cooke，1806—1879）和科学家查尔斯·惠斯通（Charles Wheatstone，1802—1875）联手，还有享誉"铁路之父"的土木工程师罗伯特·斯蒂芬森（Robert Stephenson，1803—1859）协助，在英国 Camden Town 和伦敦之间架设了第一条电报通信电缆。可

灿烂群星：我心中的杰出科学家

是，他们遇到了电池太弱支持不了远距离通信的问题，结果一筹莫展。

差不多同时，在大西洋彼岸的美国，充满好奇心的画家莫尔斯尝试使用继电器（relay）来解决同样的问题而获得成功。莫尔斯的成功得助于化学家伦纳德·盖尔（Leonard Dunnell Gale，1800—1883）特别是电磁物理学家约瑟夫·亨利（Joseph Henry，1797—1878）的协助和指导。

解决了电源继电支持问题之后，莫尔斯马上琢磨更为关键的字母通信技术问题。与惠斯通等人设想过用 26 条导线来传递 26 个英文字母的笨想法不同，莫尔斯考虑简单地通过一根导线来传递 26 种不同的信号。

这时，他的聪明助手、机械师维尔出场了。维尔提出了一个天才方案：用电流的有无和时间的长短来表示不同的信号，把一个单位的电流作为"点"（dot），把三个单位的电流作为"划"（dash），然后通过点与划的不同组合来表示不同的字母和数字。

想法不错，但是还得有一套表达规则才行。师徒两人动动脑筋，一套规则就制定出来了：每个字母中，点和划的间隔为一个单位；每两个字母前后的间隔为三个单位；每两个单词的时间间隔为七个单位，一个完美的组合就产生了。这就是历史上的第一个编码，称为"莫尔斯码"（Morse code）。后来国际上通用的莫尔斯码其实是经由德国工程师弗里德里希·格克（Friedrich Clemens Gerke，1801—1888）于 1848 年改进过的。1865 年，巴黎国际电报大会专家们对之做了少量修改，最后由国际电信联盟正式审定为国际标准莫尔斯码。今天，这个码最广为人知的应用就是危难时求救的 SOS 信号：·········（嘀嘀嘀嗒嗒嗒嘀嘀嘀）。

1837 年，莫尔斯又有了一项关键的进展。他通过电源、导线、继电器和线圈等元件，设计制作了他的第一台电报机。1838 年 1 月 6 日，莫尔斯在新泽西州莫里斯顿（Morristown）的斯皮德韦尔（Speedwell）钢铁厂里第一次成功地演示了他的长距离电报实验。在其后几年里，莫尔斯一再改进他的电报机，让它更为简单实用。

1843 年，美国国会批给莫尔斯 3 万美元用以在华盛顿和巴尔的摩之间架设一条电缆做电报实验。此举开创了美国历史上由政府拨款资助私人进行科学研究的先河。

终于，莫尔斯成功了！

1844 年 5 月 24 日，在华盛顿国会大厦里，一批科学家和政府要员见证了莫尔斯用他亲手制作的电报机发出了人类历史上的第一条完整的电报：

39/莫尔斯，一个画家的电报传奇

What hath God wrought!（中文为：上帝创造了如此的奇迹！）

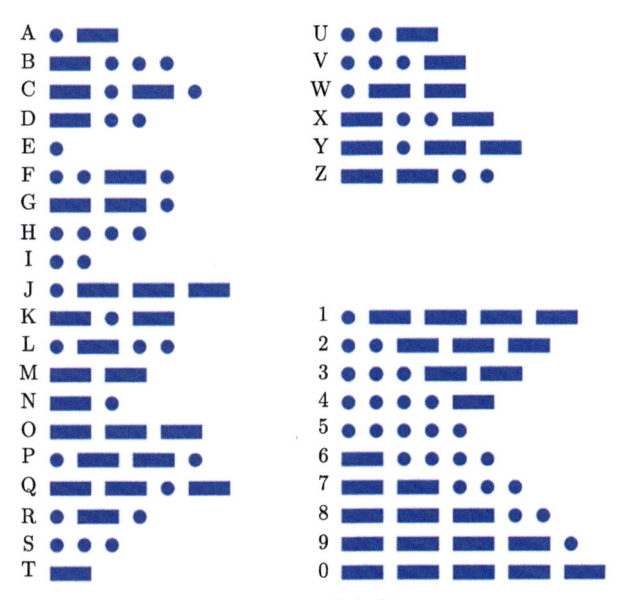

A ·—		U ··—	
B —···		V ···—	
C —·—·		W ·——	
D —··		X —··—	
E ·		Y —·——	
F ··—·		Z ——··	
G ——·			
H ····			
I ··			
J ·———			
K —·—		1 ·————	
L ·—··		2 ··———	
M ——		3 ···——	
N —·		4 ····—	
O ———		5 ·····	
P ·——·		6 —····	
Q ——·—		7 ——···	
R ·—·		8 ———··	
S ···		9 ————·	
T —		0 —————	

图 6　国际莫尔斯码

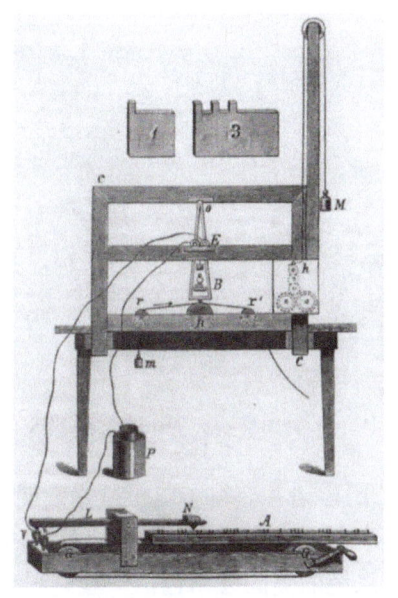

图 7　莫尔斯设计制作的第一台电报机

391

灿烂群星：我心中的杰出科学家

电文由莫尔斯从位于国会大厦地下层的最高法院法庭（Supreme Court chamber）发出，维尔在巴尔的摩的克莱尔山车站（Mount Clare Station）接收。维尔随即回复了电报，莫尔斯也顺利收到。尽管当时的电报机每分钟只能发送 33 个字母，电报技术已经有了一个成功的开端。

图 8　莫尔斯发给维尔的电报

1844 年这第一条电缆的成功铺设立即就开通了电报的商业运营。1845 年，美国第一公共电报局成立。埃兹拉·康奈尔（Ezra Cornell，1807—1874，康奈尔大学创办人）和莫尔斯的合作者、国会议员弗朗西斯·史密斯（Francis O. J. Smith，1806—1876）联手，架建了从纽约到费城、波士顿、水牛城和密西西比的电报电缆。随后几年之间，电报电缆迅速遍布全国。到 1850 年，电缆的总长度达到了 1 万 2 千英里。其间，英国的威廉·库克和合伙人也成立了一家电报公司 Magnetic Telegraph Company，在欧洲同样大规模地铺设了许多电缆。

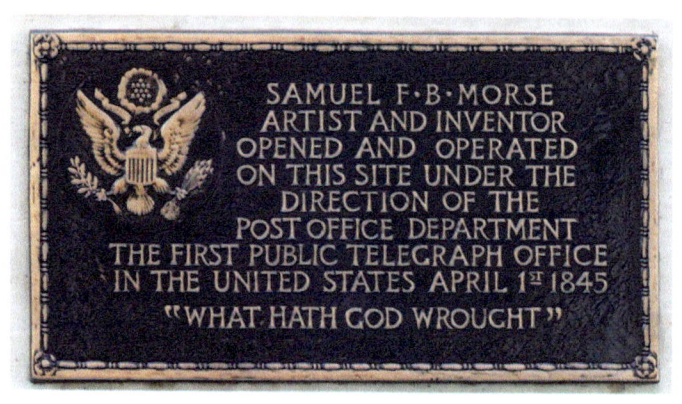

图 9　美国第一公共电报局的铭牌

1847 年，莫尔斯从法国申请并获得了电报技术发明专利。到 1849 年，全美国总共有二十多家公司从事电报运营。美国最高法院立法以维护莫尔斯的专利权，要求所有使用莫尔斯电报系统的美国公司包括一些外国公司均需向莫尔斯交付技术专利使用费。莫尔斯从此财源广进，很快就成了大富翁。1872 年莫尔斯去世时，他的遗产估值约 50 万美元。不过，他余生把大部分财富贡献给了社会慈善事业，大手笔地捐助了 Vassar College 艺术学院、耶鲁大学、多个教会和团体，以及一些贫穷艺术家。他对宗教与科学的关系特别感兴趣，发起并资助了一个题为"圣经与科学"的讲座系列。

1850 年，第一条跨海电缆在英国的英吉利海峡（English Channel）建成。1851 年，欧洲采用了莫尔斯的电报系统作为统一标准，只有英国依然保留着库克-惠斯通的系统。

1857 年，莫尔斯投资了 1 万美元给商人企业家赛勒斯·菲尔德（Cyrus West Field，1819—1892）组建了大西洋电报公司（Atlantic Telegraph Company）。莫尔斯任董事会主席和荣誉电机工程师。他与其他财团联手于 1858 年成功地铺设了第一条连接美洲大陆和欧洲大陆的越洋电缆。1858 年，莫尔斯还把有线电报技术推广到了拉丁美洲。

【四】电报发明家

电报在世界各地被使用多年之后，莫尔斯经历并赢得了一场漫长的官司，才获得美国最高法院给予他（唯一）"电报发明人"（Inventor of the Telegraph）的最后判决。

说起来那场官司错综复杂，因为当年的电报起源、发展、制造、使用经历了一个颇为漫长的过程，其中不少人都作出过或多或少的贡献。值得一提的还有化学家哈里森·戴尔（Harrison Gray Dyar，1805—1875）。戴尔早在 19 世纪 20 年代就作过远距离传递信息的尝试。他记录了自己的试验结果：电流在导线的另一端产生的火花可以在预先放置的湿石蕊试纸上指定的字母留下清晰的红色标记。1827 年，他借钱买电缆，在纽约长岛成功地做了一次电报实验。随后，他计划在纽约和费城之间进行远距离试验，但得不到政府的资助。当时负责审理提案的新泽西州议会以安全为由拒绝了他的计划。后人有理由相信莫尔斯从戴尔那里获得了启发，因为莫尔斯 1818 年结婚的太太是戴尔电报实验助手查斯·沃克（Charles Walker）的姐姐卢克丽霞·沃克（Lucretia P. Walker）。尽管意见纷繁，1853 年最高法院的最后判词说，戴尔的方法是基于电解性质并且没有远距离实验的结果，而莫尔斯的方法是基于电磁理论并有成功试验的演示和记录。可是，不知什么原因，美国最高法院宣判莫尔斯是"电报发明人"的结论一直没有得到美国联邦政府的正式批准和备案。无论如何，后来的历史书上都是这样记载的：电报发明人

灿烂群星：我心中的杰出科学家

是莫尔斯。

【五】荣誉

莫尔斯成功后，荣誉接踵而来。

1848 年，莫尔斯被遴选为美国哲学学会成员。

1849 年，莫尔斯被遴选为美国艺术与科学院成员（Associate Fellow）。

1851 年，普鲁士国王授予莫尔斯"科学成就普鲁士金质奖章"。

1852 年，德国符腾堡国王授予莫尔斯"艺术和科学最高金质奖章"。

1855 年，奥地利国王授予莫尔斯"艺术和科学最高金质奖章"。

1856 年，法国国王授予莫尔斯"荣誉军团骑士十字勋章"；丹麦国王授予莫尔斯"Dannebrog 骑士团十字勋章"；西班牙皇后授予莫尔斯"天主教 Isabella 勋章骑士指挥官十字勋章"。

1860 年，葡萄牙国王授予莫尔斯"塔与剑勋章"。

1864 年，意大利国王授予莫尔斯"圣 Maurice and Lazarus 骑士勋章"。

图 10　誉满欧美的莫尔斯

1896 年，美国发行了一张面值 2 美元的钞票，印上发明家罗伯特·富尔顿（Robert Fulton，1765—1815）和莫尔斯的头像。1940 年，美国又发行了一张面值 2 美分的莫尔斯照片邮票。1975 年，莫尔斯登上了美国发明家名人堂（National Inventors Hall of Fame）。他的电报机被展示在华盛顿的国家历史博物馆。到了 1988 年，IEEE 条列的"IEEE 创造发明里程碑"（List of IEEE Milestones）中也包括了莫尔斯和维尔的"1838 年实用电报演示"，记录他们"首次公开展示了电报系统的关键部件……并于 1844 年开始商业化"。此外，IEEE 还条列了莫尔斯码在 1901 年第一次无线广播中的应用。

图 11　1896 年的 2 元美钞（左：富尔顿，右：莫尔斯）

图 12　1940 年的 2 美分邮票

说到"无线"，1895 年世界上第一台无线电电报机出现了，让远距离通信从此摆脱了有线电缆的约束并且大大降低了工程成本。1900 年，加拿大籍英国发明家弗雷德里克·克里德（Fredrick Gorge Creed，1871—1951）创造了一套电报打印系统，把输入和输出的莫尔斯码转换成文字。从此，人类通信技术和业务进入了突飞猛进的新时代。

【六】后记

中老年时期的莫尔斯是反天主教和反欧洲移民运动的领导者之一。当年他的政见是支持农奴制度。像美国南方奴隶主们一样，他认为这个现实是上帝认可的。

灿烂群星：我心中的杰出科学家

他热心介入社会和政治活动，并于 1836 年和 1841 年两度参加纽约市长竞选，不过都没有成功。之后，他逐渐放弃了绘画和政治，全力以赴去维持和推进他的电报事业。

莫尔斯于 1818 年和卢克丽霞·沃克（Lucretia P. Walker）结婚，生有三个孩子，但夫人在 1825 年因心脏病离世。莫尔斯于 1848 年再婚，和第二任夫人 Sarah Elizabeth Griswold 养育了四个孩子。

画家暨发明家塞缪尔·莫尔斯于 1872 年 4 月 2 日在纽约逝世，享年 81 岁，被安葬在纽约布鲁克林的 Green-Wood 坟场。他给世人留下了一句至理名言："科学与艺术并不对立。"（"Science and art are not opposed."）

图 13　莫尔斯铜像（纽约中央公园，建于 1871 年）

（本文首发表于 2021 年 7 月 22 日）

40 普莱斯和他的定律及模型

【一】引子

当今的学者们对科学引文索引 SCI（Science Citation Index）爱恨交加。它是由美国情报学家和科学计量学家尤金·加菲尔德（Eugene E. Garfield, 1925—2017）于 1955 年引进的。当年他在《科学》杂志上发表了题为《为科学设立引文索引指标》("Citation Indexes for Science")的文章，第一次提出了引文索引（SCI）的构想，旨在提供一种文献计量工具来帮助科学家寻找和识别感兴趣的专业文献。加菲尔德于 1960 年创办了美国科学信息研究所 ISI（Institute for Scientific Information），1963 年建立了全球 SCI 数据库，1964 年起开始公布 SCI 年度数据，随后在 1973 年开始公布社会科学引文索引 SSCI 年度数据和在 1978 年开始公布艺术与人文引文索引 A&HCI 年度数据。他生前担任汤森路透科技集团（Thomson Reuters Corporation）的终身名誉董事长。

国际科学计量学和信息计量学学会（International Society for Scientometrics and Infometrics）于 1984 年设立了"德里克·德·索拉·普莱斯纪念奖"（Derek de Solla Price Memorial Medal）并把第一个奖章授予加菲尔德，表彰他对情报学和计量学做出的卓越贡献。

次年，加菲尔德在《科学计量学》（*Scientometrics*）杂志为纪念这位普莱斯（1922 年 1 月 22 日—1983 年 9 月 3 日）而写的题为《向德里克·约翰·德·索拉·普莱斯致敬》的文章中说："只要我们生活和工作在这正在成长的领域中，我们不仅会怀念德里克，还会每天都想到他的影响。从这个意义上说，他已经成为永恒。"

在这篇致敬文章中，加菲尔德评论道："《科学论文网络》可能是普莱斯最具影响力的信息科学领域的论文。它试图描绘世界科学文献网络，并证明了世界论文引文的模式，为科学前沿研究提供了参数。最初让普莱斯成为世界上最引人注目的科学家之一的工作是他的著作《巴比伦以来的科学》。1960 年，他被任命为

灿烂群星：我心中的杰出科学家

耶鲁大学新创立的科学史系主任。他关于科学史的转折点作了五次讲座，定义了现代科学的基本特征。这个就职系列演说的内容后来以《巴比伦以来的科学》一书出版。"

这段话刻画了普莱斯的两个学术背景：他是一位科学计量学专家，也是一位科学史专家。

图 1　科学计量学和科学史专家普莱斯

【二】出道

普莱斯出生于英国伦敦东郊的 Leyton 镇，父亲菲利普·普莱斯（Philip Price）是个裁缝，母亲范妮·德·索拉（Fanny de Solla）是名歌手。

1938 年，普莱斯中学毕业后到西南埃塞克斯（Essex）技术学院物理实验室从事了一段时间的助理工作，之后进入伦敦大学修读物理和数学。在伦敦大学，他于 1942 年获学士学位、1946 年获实验物理博士学位。在研究生阶段，他发表了几篇论文和一项光学高温计专利。随后，他获得美国联邦基金会的助研金前往美国，在匹兹堡和普林斯顿工作了一年，于 1947 年返回英国。同年，他在哥本哈根与艾伦·霍思（Ellen Hjorth）（1925—1995）结了婚，两人后来育有两子一女。

1948 年，普莱斯到了新加坡马来亚大学（University of Malaya）的莱佛士学院（Raffles College）工作，担任应用数学教师。在那里，有两件事对他后来的学术发展产生了深远影响。一是他遇到了英国剑桥大学的海军历史学家诺斯科特·帕金森（C. Northcote Parkinson，1909—1993）。帕金森激发了普莱斯对历史的兴趣和热情。二是普莱斯在大学图书馆里负责《英国皇家学会哲学汇刊》的整理工作。当他按 1665 至 1850 年的时间顺序排列会刊时，注意到了它们按年份堆砌起来的高度随着时间呈指数式增长。普莱斯后来回忆道："我把它们按时间顺序整齐地堆放在卧室内的墙边……我注意到它们的高度形成一条漂亮的指数曲线……"。他于是产生了科学发展可能也是指数式增长的想法并在多年以后设计了一个数学模型来刻画这种增长规律。

普莱斯在新加坡工作三年后便返回英国。他决定改变自己的研究方向，来到剑桥大学修读科学史博士学位。在剑桥大学彼得豪斯（Peterhouse）图书馆，他意外地发现了一篇用中古英语写成的手稿《行星赤道》（"The Equatorie of the Planetis"），描述了一种天文用的行星定位仪（Equatorium）。于是他以之为题材，在 1954 年完成了博士学位论文，并在翌年出版了一本关于这个行星定位仪的科学史专著。普莱斯以为该行星赤道手稿是属于"英国文学之父"杰弗里·乔叟（Geoffrey Chaucer，约公元前 1400—前 1340）的，因为乔叟还写过另一篇天文星盘论的文章。但经后人考证，该手稿其实是英国古天文学家约翰·韦斯特维克（John Westwyk，约公元前 1400—前 1350）留下的。

在剑桥攻读博士学位期间，普莱斯遇见了中国科学史学家李约瑟（Noel Joseph T. M. Needham，1900—1995）。由于普莱斯在行星赤道方面的研究工作，李约瑟邀请他参加了一个关于中世纪中国天文钟的调研项目。这次合作让李约瑟，王铃和普莱斯三人联名在 1960 年出版了《天钟》（Heavenly Clockwork）一书，其主要内容后来收录在李约瑟的巨著《中国科学技术史》中。王铃（1917—1994）是江苏南通人，当年在剑桥留学历史专业，是李约瑟早期中国科技史研究和著述的主要助手。1968 年，普莱斯还发表了一篇关于希腊雅典水力钟的文章。

普莱斯获得第二个博士学位后，于 1957 年移居到美国。他开始时在华盛顿史密森学会（Smithsonian Institution）当科学史顾问，参与协助建立美国国家历史和技术博物馆。他后来到普林斯顿高等研究院（IAS）工作至 1959 年，然后到耶鲁大学历史系任职教授，1960 年担任系主任及大学皮博迪（Peabody）自然历史博物馆馆长。1962 年，普莱斯晋升为阿瓦隆（Avalon）讲座教授。他在耶鲁大

灿烂群星：我心中的杰出科学家

学工作直到 1983 年在伦敦朋友家因突发心脏病去世，享年仅 61 岁。

图 2　普莱斯在剑桥大学（1954）

【三】辨识古老机械

普莱斯在 20 世纪 50 年代开始研究神秘的"安提基特拉机械装置"（Antikythera mechanism）。这台机器是 1900 年由潜水员从希腊克里特（Crete）岛西北部的安提基特拉海域一艘沉船的残骸中打捞出来的，后来一直收藏在雅典的国家考古博物馆里。它结构复杂，功能未知，许多研究人员通过各种技术手段分析过它，结论众说纷纭。普莱斯在 1959 年和 1974 年先后发表过两篇关于该机械装置的论文，指出它是一台关于行星轨道的计算机械，制造时间可追溯到公元前 65—公元 80 年之间。1959 年，普莱斯在《科学美国人》上发表了一篇封面文章《一台古希腊计算机》（"An Ancient Greek Computer"），详尽地描述了并尝试初步还原出这台复杂的机器。他写道：这台机器"在海底下两千年被腐蚀得摇摇欲坠了，但它的表盘、齿轮和铭牌依然向历史学家展示着神秘的疑团……它或许会改变我们对古希腊科学的诸多猜测"。他指出:"据我们所知关于希腊化时代(Hellenistic age)的科学技术,便应该认为这样的设备是不可能存在的。"他认为,那是历史上第一个"High-Tech"例子。1974年,普莱斯出版了论文《来自希腊人的齿轮:安提基特拉机械装置——公元前80年的日历计算机》,把它和牛津大学博物馆里1221—1222年出土的伊斯兰齿轮日历装置作了比较。普莱斯始终借用"计算机"这一称谓,意指该机器就像一台计算机,使用旋转部件的连续运动来模拟特定的天文和历法中时间周期关系。在这之前,1961年普莱斯还出版了一本极具影响的科学史书《巴比伦以来的科学》。他的科学史研究指出,巴比伦人是第一代"程序员",他们的天文数学读起来就像今天计算机程序的打印输出一样,折射出巴比伦古代技术的复杂性和先进性。

图3　普莱斯和安提基特拉机械装置模型(1982)

灿烂群星：我心中的杰出科学家

【四】计量科学成就

1963 年，普莱斯出版了一本有口皆碑的计量科学科普著作《小科学，大科学》(*Little Science, Big Science*)。这本书一直是他所有论著中被引次数最高的。

1965 年是普莱斯学术创新成果最为丰富也最备受学术界关注的一年。从普莱斯的学术论文被引数分布图可以看出，他用自己的实践印证了在《小科学，大科学》里说的一句话："任何一个年轻的科学家，在回顾他正常人生中从现在开始到职业生涯结束的经历时，将会发现他所完成的全部科学工作的 80% 到 90% 都是在他眼前发生的，而只有 10% 到 20% 在这个时段之前发生。"

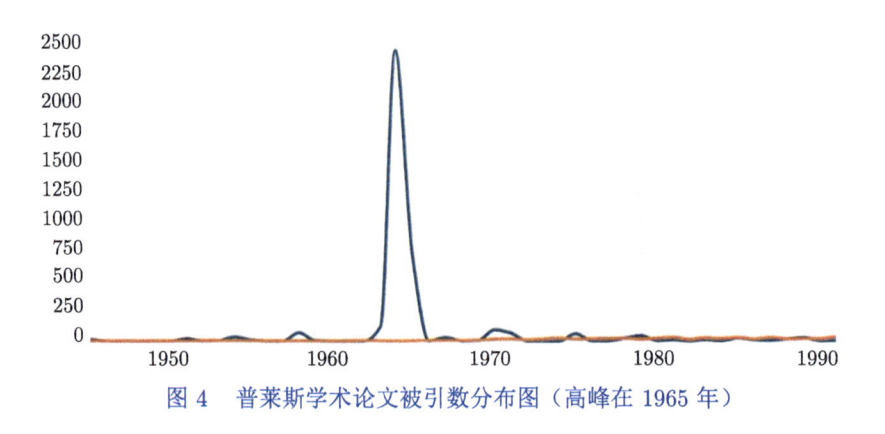

图 4　普莱斯学术论文被引数分布图（高峰在 1965 年）

1965 年，普莱斯在伦敦皇家学会作了一个题为《科学政策的科学基础》的讲座，阐述了他关于"科学学"（Science of Science）的理念。同年，该报告在《自然》杂志以同样标题正式发表。

普莱斯的科学学和计量科学的基本思想来自于后来以他名字命名的平方根定律，即"普莱斯定律"。该定律说：每份工作的一半是由参与工作的总人数的平方根数目的人去完成的。比如有 25 位作者发表了 100 篇论文，则其中 50 篇论文是由 5 位作者参与撰写的，这个 5 就是 25 的平方根。这种比例也可以用来反映其他一些社会现象。

当然，普莱斯并非研究这种作者人数与其出版文献数量之间关系的第一人。统计学家阿尔弗雷德·洛特卡（Alfred J. Lotka，1880—1949）很早就研究过这类问题并提出了一个"洛特卡定律"：发表 n 篇论文的作者数约等于 n 的倒平方数。也就是说，发表 n 篇论文的作者总数，是发表 1 篇论文作者总数的 n 的平方分之一。例如写 2 篇论文的作者数量约为写 1 篇论文作者数量的 1/4，写 3 篇论文作者数量约为写一篇论文作者数量的 1/9，如此类推。还可以估算出，只发表一篇论文的作者总数约占全部作者总数的 60.79%。

常言道，没有最早，只有更早。哲学家让–雅克·卢梭（Jean-Jacques Rousseau，1712—1778）在一个世纪之前就已经指出了：任何产品集合 n 中，品质优良的产品数量约等于 n 的平方根。

现代许多学术工作和文献的计算都基于洛特卡定律和普莱斯定律。这两个定律与意大利工程师和经济学家维尔弗雷多·帕累托（Vilfredo F. D. Pareto，1848—1923）提出的"80-20 法则"类似。该法则说：通常 80% 的贡献是由 20% 的人做出的。洛特卡定律和普莱斯定律也被比喻为马太（也称马修）效应（Matthew Effect），其典出自《马太福音》："凡有的，还要加给他，让他有余；凡没有的，连他拥有的也要夺去。"这很生动地描述了今天我们常说的"富者越富，穷者越穷"的经济规律和社会现象。

1934 年，英国数学家塞缪尔·布拉德福德（Samuel C. Bradford，1878—1948）描述了一种模式，称为"布拉德福德定律"，用来估计在科学期刊中搜索参考文献的回报呈指数式递减。比如一个领域的期刊按文章数量分为三组，每组大约占所有文章总数的三分之一，那么每组的期刊数量将以 $1:n:n^2$ 成比例，即少量的杂志发表大量的文章而大量的杂志只发表很少的文章。

1949 年，哈佛大学语言学家乔治·齐夫（George K. Zipf，1902—1950）也发表了一个基于大量数据的统计实验定律，称为"齐夫定律"（Zipf Law）：在自然语言的语料库里，一个单词出现的频率与它在频率表里的排名成反比。具体地说，频率最高的单词出现的频率大约是出现频率第二位的单词的 2 倍，而出现频率第二位的单词则是出现频率第四位的单词的 2 倍，如此类推，于是全部结果服从一个幂律分布。

事实上，类似的计量研究报告还能从古老的文献堆里找到，例如有英国统计学家乔治·尤尔（George U. Yule，1871—1951）的离散幂律分布。也就是说，类似的幂律分布规律随处可见——至少前面提到的学者们认为是这样。这种普遍的社会现象受到了广泛的关注但也引来许多争议。1968 年，美国社会学家罗伯特·莫顿（Robert K. Merton，1910—2003）用马太效应去描述这类社会现象时指出："相对于那些不知名的研究者，声名显赫的科学家通常得到更多的声望，即使他们的成就是相似的。同样地，在同一个项目里，声誉通常都被给予那些已经出名的研

灿烂群星：我心中的杰出科学家

究者。例如，一个奖项几乎总是授予最资深的研究者，即使全部工作都是由一个研究生完成的。"

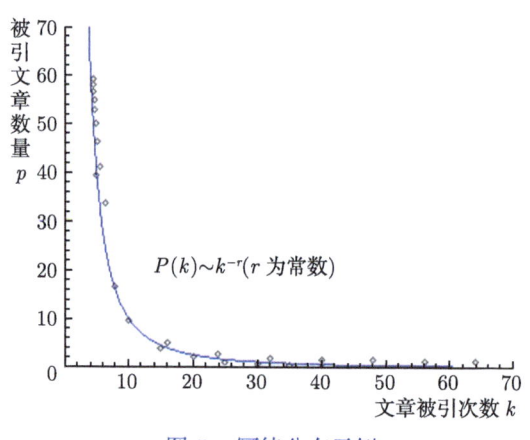

图 5　幂律分布示例

普莱斯对科学论文之间的引文网络进行过许多定量研究。他 1965 年发表在《科学》杂志的文章《科学论文网络》第一次指出引文网络的入度和出度均符合幂律分布。这篇论文为今天周知的"无标度网络"（Scale-free network）提供了一个早期发现的具体例子。

说到无标度网络，就不能不提及"普莱斯模型"（Price model）。1976 年，普莱斯在《美国信息学会杂志》上发表论文《文献计量学和其他累积优势过程的一般理论》，获得了该杂志该年度最佳论文奖。受"通才人物"司马贺（赫伯特·西蒙，Herbert A. Simon，1916—2001）幂律分布随机模型的启发，普莱斯在这篇论文中引进了一个具体的网络数学模型，用来描述引文网络增长的过程和度分布生成的规律。该网络模型基于一个文献数目的"增长"（growth）过程以及一个具有累计优势即今天称为"偏好性连接"（preferential attachment）的文献引用机制。普莱斯从数学上证明了他新模型的节点度累积分布在某种统一形式下反映了上面提到的布拉德福德定律、洛特卡定律、帕累托法则和齐夫幂律分布。

也许是由于在普莱斯那个时代人们尚未有高速计算机和大规模数据库，特别是还没有互联网可以使用，计量科学领域的专家们对普莱斯模型不太重视，其他领域绝大多数科学家甚至不知道它的存在，因而该模型并不为大众知晓。直到 1999 年，阿伯特–拉斯洛·巴拉巴西（Albert-László Barabási，1967—）和他的博士生雷卡·阿伯特（Réka Albert，1972—）在《科学》杂志上发表了影响极为广泛的论文《随机网络中标度的涌现》，才激发了研究者们对这个后来被称为"BA 无标度网络模型"的兴趣和热情。现在知道，BA 网络本质上是"重新发现"了普莱斯模型。不过，普莱斯模型描述有向网络而 BA 模型刻画无向网络，两者并非全同。回顾二十多年来的历史，BA 模型最重要的贡献是在新千禧之年带起了一波研究网络科学的热潮，在科学发展进程中功不可没。

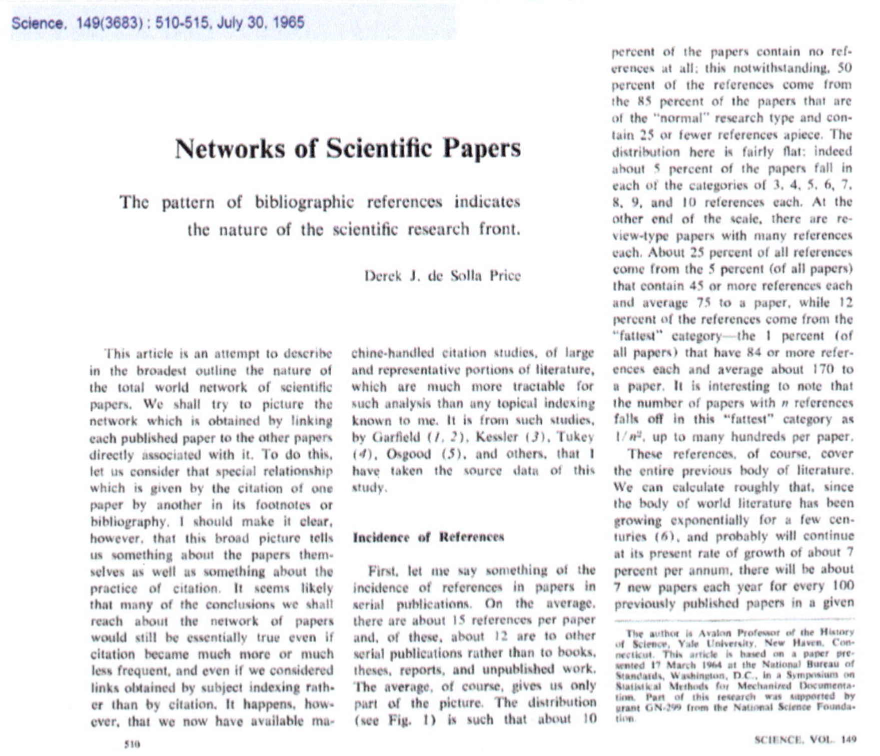

图 6　普莱斯的《科学》杂志论文（1965）

【五】后话

1956 年，普莱斯在国际科学联盟理事会（International Council of Science Unions）旗下创建了国际科学史与科学哲学联盟（International Union of History and Philosophy of Science and Technology）以及国际科学政策研究理事会（International Council for Science Policy Studies）并任第一届主席。

灿烂群星：我心中的杰出科学家

20 世纪 60 年代，普莱斯被美国国家科学基金会（NSF）任命为科学信息委员会成员。这项工作让他有机会深入研究了大量的科学文献，启动了他后来的科学计量学奠基工作，并让他有条件分析各种科学政策和进行"科学学"研究。普莱斯后来还担任过联合国教科文组织的科学政策顾问，应邀到过阿根廷、澳大利亚、巴西、丹麦、埃及、德国、印度、以色列、巴基斯坦、瑞士、苏联等国家进行调查咨询和政策研究。

1976 年，普莱斯获得国际技术历史学会（Society for the History of Technology）的最高奖达·芬奇奖章（Leonardo da Vinci Medal）。1981 年，他又获得国际社会科学研究学会（Society for Social Studies of Science）的伯纳尔奖（Bernal Award）。1983 年初，他被选为瑞典皇家学院的外籍院士，同年受美国科学促进会（AIAA）邀请作萨顿讲座（Sarton Lecture）的演讲。

1978 年，普莱斯创办了《科学计量学》（*Scientometrics*）杂志并担任主编。

普莱斯 1983 年去世后，国际科学计量学和信息计量学学会（International Society for Scientometrics and Infometrics）自 1984 年起设立了德里克·德·索拉·普莱斯纪念奖章（Derek de Solla Price Memorial Medal），每年颁发一次，授予在科学计量研究领域做出杰出贡献的科学家。

图 7　普莱斯书籍选示

（本文首发表于"集智"微信公众号 2022 年 5 月 22 日）

41 拉姆齐——思考者永远年轻

在浩瀚的苍穹下我一点也不觉卑微。星星可能很大，但它们不会思考也没有爱；而这些品质比尺寸更能打动我的心。

——弗兰克·拉姆齐

图 1　弗兰克·拉姆齐

弗兰克·普兰普顿·拉姆齐（Frank Plumpton Ramsey，1903 年 2 月 22 日—1930 年 1 月 19 日）出生于英国剑桥，父亲亚瑟·拉姆齐（Arthur S. Ramsey，1867—1954）是剑桥大学麦格达伦学院（Magdalene College）院长，母亲名叫玛丽（Mary Agnes Ramsey，1875—1927）。在家中，拉姆齐有一个弟弟和两个妹妹。

拉姆齐在著名的温切斯特公学（Winchester College）读中学。该校创建于 1382 年，是英国第一所培养神职和公职人员的学校，也是英国第一所免费接收贫穷学生的大学预科学校，它开创了英国公学教育的历史。今天的温切斯特公学已

灿烂群星：我心中的杰出科学家

经演化为贵族子弟学校，在近代培养出很多政要名人。拉姆齐中学毕业后进入剑桥大学三一学院（Trinity College），主修数学。他于 1923 年毕业并被冠名 Senior Wrangler，即剑桥大学最优秀数学本科毕业生。1924 年，他被选为剑桥大学国王学院（King's College）Fellow。同年，他与在剑桥大学修读道德科学的莱蒂斯·贝克（Lettice C. Baker，1898—1985）结婚，两人后来有两个女儿。1926 年起，拉姆齐在剑桥大学任职数学讲师兼国王学院数学研究室主任。

1930 年，拉姆齐为治疗慢性肝疾而接受了腹部手术。但手术不成功同时并发黄疸综合征。1 月 19 日，他因救治无效逝世于伦敦 Guy 医院，被安葬在剑桥的升天教区墓地。

拉姆齐在短短 27 年的生命里从来没有停止过思考。他涉猎过很多研究领域，特别是对数学、哲学和经济学做出过许多开创性的贡献。

【一】数学

让我们从一个有趣的小游戏开始。

假定有 6 个人，A，B，C，D，E，F，他们彼此之间可能认识也可能不认识。一天，他们走到一起互相见面了，如图 1(a) 中的黑色连边所示。拉姆齐曾经预言说：这 6 个人之中至少有 3 个人是两两互相认识的或者两两互不认识的。

你先闭上眼睛想一想，拉姆齐说得对吗？

我们不妨来看一种情形：假定 A 认识所有的人，如图 1(b) 中红色连边所示。那么 B 就不能认识剩下的人了，如图 1(c) 中蓝色连边所示，不然就会形成红色三角形，拉姆齐就对了。好，下面轮到 C 了。但从图 1(d) 可见，不管 C 认识还是不认识余下的其他人，都会形成红色或蓝色的三角形——拉姆齐是对的。

你不妨再试试其他可能的情形，例如从 A 只认识一个人或两个人开始。你最后会发现：拉姆齐总是对的。

事实上，1930 年拉姆齐在《伦敦数学学会论文汇刊》（*Proceedings of the London Mathematical Society*）发表了他的论文《论形式逻辑中的一个问题》（"On a Problem in Formal Logic"），证明了一个著名的逻辑学和图论定理，后人称为"拉姆齐定理"：假设有 k 个人参加聚会，其中有 m 个人互相认识或者 n 个人互不认识。如果把这种情形表示为 $R(m,n) = k$，那么最简单的情形就是 $R(3,3) = 6$，即上面的例子。

拉姆齐定理是个一般性的逻辑表述，上述游戏只是它的一个简单特例。这个定理之所以有名，是它可以帮助我们在庞大而无序（例如混沌）的结构中寻找必然出现的某种有序的子结构："一个系统至少要有多大，才能保证它具有某种特性？"例如，上面的游戏就是问：人群至少要多大，才能保证群里一定有三个人互相认识或者有三个人互不认识？拉姆齐的答案是：至少要有 6 个人。

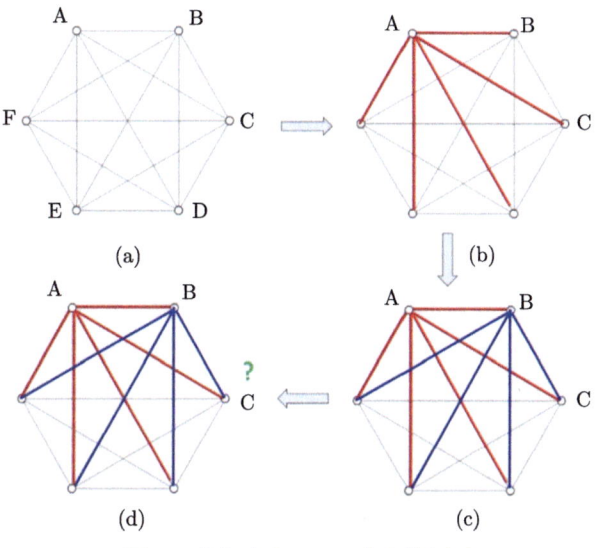

图 2　拉姆齐定理：6 个人的例子

拉姆齐定理与组合数学、图论特别是图的着色问题以及离散数学中的诸多理论、方法及问题都有密切联系，甚至在无穷维图论和群论中还有"拉姆齐'类'"的所谓"Ramsey-Dvoretzky-Milman 现象"。

拉姆齐定理的另一个重要意义是，它为库尔特·哥德尔（Kurt F. Gödel，1906—1978）的逻辑系统不完备性理论提供了第一个具体例子，即在任何一阶形式逻辑系统中必定包含某个系统内所允许的论断，它不能用该系统自身的逻辑去证明是对的还是错的。拉姆齐理论是试图解决这样一个经典逻辑学问题的一次失败的尝试，但却提供了一个有用的结果。他引进并分析了后来被称为 Bernays-Schönfinkel-Ramsey 类型的一阶逻辑函数，证明了一系列重要论断，对逻辑学作出了实质性的贡献。

【二】哲学

在剑桥大学期间，拉姆齐阅读并翻译了路德维希·维特根斯坦（Ludwig J. J.

灿烂群星：我心中的杰出科学家

Wittgenstein，1889—1951）于 1921 年出版的德文著作《逻辑哲学论》(*Tractatus Logico Philosophicus*)。作者维特根斯坦是位奥地利裔英国人，后来被认为是 20 世纪最有影响的哲学家。他的研究领域主要在逻辑学、语言哲学、心灵哲学和数学哲学等方面。维特根斯坦的这本书深深影响了拉姆齐。1923 年初，拉姆齐发表了评论文章《维特根斯坦著作的思想》("Mind of Wittgenstein's Tractatus")，对维特根斯坦这本著作做了一些批评。同年 9 月，拉姆齐专程去奥地利访问了这位比他年长十四岁的哲学家。两人进行了长达两周的交谈，专门讨论了这部著作。拉姆齐的实用主义思想把维特根斯坦的纯粹理性思维从哲学早期的纯粹逻辑带回到现实生活中，让他弄清了逻辑与世界的关系，而"不只是一些逻辑运算符号"。

维特根斯坦后来的名著《哲学研究》所形成的完整哲学思想，得益于拉姆齐当年的重要影响。维根斯坦在该书序言中说："自从十六年前我再次开始专注于哲学以来，我不得不承认我在第一本书中的重大错误。来自拉姆齐的批评和帮助，使我意识到了自己的这些（某种程度上说，我自己几乎无法意识到的）错误。在拉姆齐生命的最后两年中，我与他进行过无数次对话，讨论了我的这些错误。"为此，后人甚至将拉姆齐视为一个比维特根斯坦更为出色的哲学家。

拉姆齐的哲学贡献及其历史意义在于把由伯特兰·罗素（Bertrand A. W. Russell，1872—1970）和维根斯坦所建立的"分析哲学"引领到一个新阶段。拉姆齐早期甚至对阿尔弗雷德·怀特黑德（Alfred N. Whitehead，1861—1947）和罗素合写的名著《数学原理》(*Principia Mathematica*) 作过激进的批评。他促成了罗素在其最终理论框架中将数学还原为逻辑。而事实上，拉姆齐将罗素和维特根斯坦的一些思想提高到新的水平，同时也是他们哲学理论的一位承传者。其中一个典型的例子是拉姆齐最早把逻辑悖论（Logical Paradox）与语义悖论（Semantical Paradox）区别开来。众所周知的罗素悖论（"为所有不给自己理发的人理发"的理发师是否给自己理发？）属于前一类，而说谎者悖论（说"我正在说谎"的人有没有说谎？）则属于后者。拉姆齐的"简单类"理论（Ramsey theory of the simple types）指出，逻辑矛盾涉及数学或逻辑术语"类"和"数"，因此表明存在逻辑问题。而语义矛盾（即认识论矛盾）除纯逻辑术语之外还涉及"思想""语言""符号"等概念，它们是经验性而非形式性的术语。今天，在哲学和逻辑学范畴里，拉姆齐的区分被用作为标准的悖论分类方法。

拉姆齐 1926 年的论文《真理与概率》("Truth and Probability")奠定了主观概率（subjective probability）和决策理论（decision theory）某些方面的基础。

他用来衡量"部分信念"的程度,从而为所谓"主观"或"个人"的概率分析提供某种测度。他提出了第一个关于人们如何做决定的定量理论,阐明这种决定如何依赖于个人的信念和欲望的强度。他使用"相信一个命题"和"相信命题是真的"之间的等价性并根据上述量化了的信念来定义真理。他提出了两种自然法则理论:一方面,定律是最简单的真实理论中的公理和定理的概括;另一方面,它们在未知情况下作某种推广,但如果已知,则用来支持预测并由此作出判决。

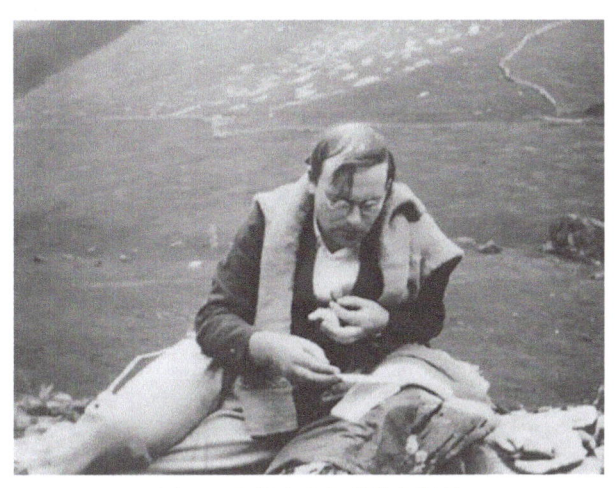

图 3　拉姆齐在郊外悠闲阅读

此外,拉姆齐对科学哲学也有出色贡献。在一篇引人注目的论文《理论》("Theories")中,拉姆齐提议了一种新方法,用于消除科学理论许多正式陈述中对理论实体的过度引用。该方法包括在表达科学理论探究的形式系统的公理中,用适当的变量替换每个表示理论实体的常数,然后对由此获得的命题矩阵应用全称进行量化。拉姆齐进而证明,从原始公理导出的全称量化陈述将具有与原始公理系统相同的观察结果。这种量化技术让关注科学理论的本体论含义的哲学家们深感兴趣。在科学哲学研究中,拉姆齐引进了拉姆齐–路易斯(Ramsey-Lewis)方法,以之定义科学理论中的术语。通过使用这种方法,理论中出现的一组理论术语可以通过理论本身的断言来隐含地定义。

【三】经济学

在 20 世纪,数学逐渐成为经济学的通用语言。但是,当时只有几个数学家对世界产生直接而持久的影响,其中的领军人物包括拉姆齐、约翰·冯·诺依曼

灿烂群星：我心中的杰出科学家

(John von Neumann，1903—1957）和约翰·纳什（John F. Nash Jr.，1928—2015）。

拉姆齐发表了三篇影响深远的经济学论文，分别是关于主观概率和收益（1926）、最优税收（1927）和最优单部门增长（1928）等主题。这些论文成为了公共财政理论家和货币经济学家的主要参考文献。此外，他的另一篇关于储蓄的论文成为了研究经济增长的各种理论的试金石。

拉姆齐留下了一个著名的 Ramsey-Cass-Koopmans 经济增长模型（通常简称为"拉姆齐增长模型"），用于优化经济收益。图 4 是用来解释拉姆齐增长模型的一幅动力学相图，其中蓝线代表经济的动态调整路径，满足模型的所有约束条件，是动态系统的一条稳定演化路径；红线代表不稳定动态演化路径；黑线代表在稳定与不稳定状态之间的边界，由某个收益函数 $g(\cdot)$ 刻画。

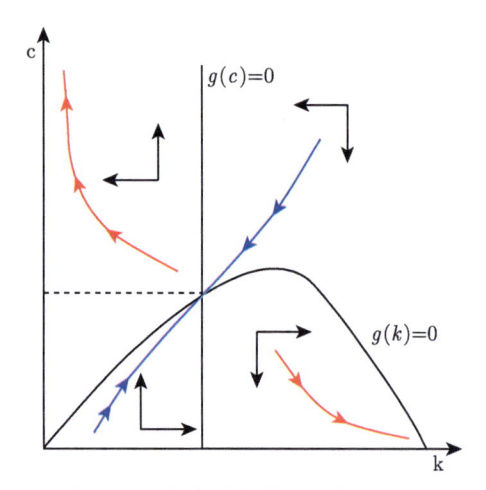

图 4　拉姆齐增长模型动力学相图

今天，在经济学中还有一个"拉姆齐问题"，就是政策制定者应如何为规范市场垄断者而指定价格以保证公众利益的数学问题。该问题最初在 1933 年由英国女经济学家琼·罗宾逊（Joan V. Robinson，1903—1983）在《不完全竞争经济学》（*The Economics of Imperfect Competition*）一书中明确陈述，以此来描述和分析具有同等生产力的男女工人之间的工资差距。她指出，垄断适用于劳动力的购买者，雇主拥有定价的权力，可以实施剥削，并支付低于工人边际生产力的工资。但后来知道，1927 年拉姆齐已经发现了这个定价规律。因此，后人将其命名为拉姆齐问题。

【四】

拉姆齐去世后，学术界陆续出版了不少纪念他的文章、文集和书籍，特别是拉姆齐文集汇编《基础：哲学、逻辑、数学和经济学论文集》（*Foundations: Essays in Philosophy, Logic, Mathematics and Economics*），综合性地反映了他的主要学术贡献及其深远影响。

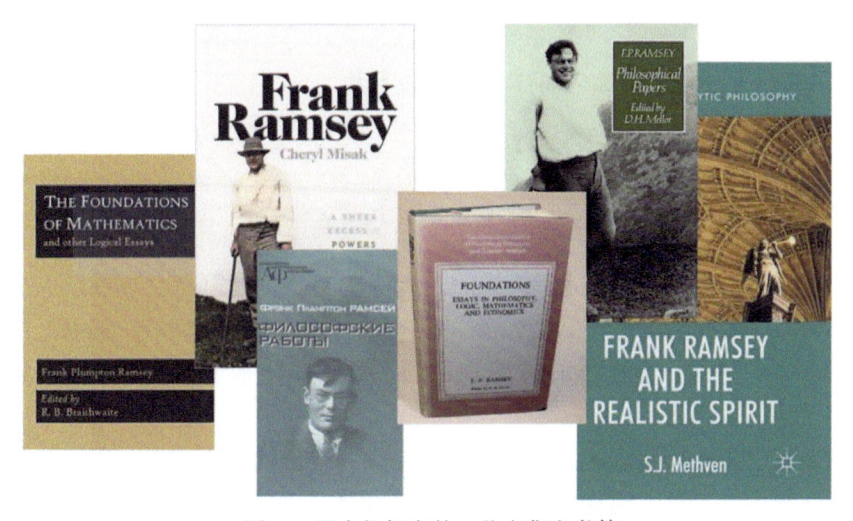

图 5　纪念拉姆齐的一些文集和书籍

为了纪念拉姆齐，剑桥大学设立了"经济学弗兰克·拉姆齐荣休教授"的荣誉职衔；哈佛大学也设立了"管理经济学弗兰克·拉姆齐教授"和"政治经济学弗兰克·拉姆齐教授"两个讲座教授职位。

（本文首发表于 2022 年 11 月 22 日）

42 希望理查森能够知道，他生前的梦想成真了

"人生的责任是要为后人留下更美好的事物"

——路易斯·理查森

【一】引子

大家都听说过"蝴蝶效应"，说的是微小的初始差异可能会导致巨大的不同结果。这一比喻源于气象学家洛伦茨（Edward N. Lorenz, 1917—2008）的"混沌"（chaos）理论，他把长期天气预报的不可能性归咎于大气动力系统的混沌本质。

不过，这并不排除短期天气预报的可能性和准确性。事实上，现在我们经常都看天气预报，而且知道这些天气预报还是相当准确的。统计记录表明，目前 3 天之内的预报在全球范围可达到 80% 的准确度，各气象站覆盖的半径可达 25 公里，7 天之内的预报一般来说还是有效的，10 天以上便属于长期天气预报了，而两周以后的预测通常就只能理解为"可能吧"了。当然，现代科学技术的发展持续地让长期天气预报的准确性以每 10 年增加 1 天的速度不断提高。

那么，今天的气象台是怎样作出短期天气预报的呢？

大家都知道许多民间谚语，如"天上瓦片云，地上晒死人""空中鱼鳞天，不雨也风颠"之类。据说这类民谣可以追溯到公元前三百多年。现代文献中记载的第一张小范围天气图出现在 1820 年。当年德国气象学家布兰德斯（Heinrich W. Brandes）根据过去的气象观测资料，将各地同一时刻的气压和风况等数据填写在地图上，从而绘制成了世界上第一张供事后作记录和研究用的天气图。

1844 年，美国的一位名画家莫尔斯（Samuel F. B. Morse）出于好奇心而发明了有线电报，为大范围气象观测数据的迅速传送和汇集提供了条件。1851 年，

42 / 希望理查森能够知道，他生前的梦想成真了

英国气象学家格莱舍（James W. L. Glaisher）基于电报技术和气象资料，在英国皇家博览会上展示了他绘画的全球第一张大范围接近实时的地面天气图。

气象观测数据资料包括气压、气温、降水量、蒸发量、相对湿度、风向风速、日照时数、地表温度等等，是名副其实的大数据。气象学家们是如何利用它们来做天气预报的呢？粗略地说，他们有三种比较成熟的方法：天气学预报方法、统计学预报方法、动力学预报方法。目前这些方法都基于大数据并使用计算机，统称为数值天气预报。

基于数学理论和方法作天气预报的思想可以追溯到挪威气象学家皮叶克尼斯（Vilhelm F. K. Bjerknes, 1862—1951），他首先建议把天气预报问题描述成大气运动的数学动力方程组的初值问题，根据目前某时刻实测的气象资料，通过求解方程组来计算出将来某时刻大气的运动状态。但是人们发现，这些方程组都无法求出解析解，因而不能应用。后来，用数值方法对这些方程求解然后进行天气预报，即现代的数值天气预报技术，归功于英国气象学家路易斯·佛莱·理查森（Lewis Fry Richardson，1881 年 10 月 11 日—1953 年 9 月 30 日）。

图 1 路易斯·理查森

理查森出生于英格兰纽卡斯尔（Newcastle）的一个新贵格会（Quakers）家庭，毕生是个虔诚教徒。他 22 岁从剑桥大学国王学院（King's College）毕业，开始在英国国家物理实验室当气象员，后来在苏格兰气象局属下的埃斯克代尔缪尔（Eskdalemuir）天文台任职台长。约 40 岁时起，他在威斯敏斯特训练学院

灿烂群星：我心中的杰出科学家

（Westminster Training College）工作了九年，从物理讲师晋升到系主任，这期间他 47 岁时从伦敦大学取得数学心理学博士学位。接下来，他在西苏格兰大学（University of the West of Scotland）的佩斯利（Paisley）分校当了十一年校长直至退休。

【二】数值天气预报

理查森在天文台工作期间积累了丰富的气象学知识和预报经验并收集了大量的观测数据。由于他具备坚实的数学和物理背景，同时受到德国气象学家布兰德斯及英国气象学家格莱舍等前人研究成果的启发，理查森对用微分方程去描述天气变化的做法十分感兴趣，并萌发了通过数值方法去求解微分方程来作天气预报的思想。

1916—1919 年间，理查森在法国参加了由贵格会组织的友谊救护车队（Friends' Ambulance Unit），承担应急救援的义务工作。他利用工余时间进行数值天气预报的尝试研究。他改进了挪威气象学家皮叶克尼斯的大气动力学方程组，并通过对空间作网格剖分然后应用有限差分方法去求微分方程的近似解，发展了后来被称为理查森迭代（Richardson iteration）和理查森外推（Richardson extrapolation）等计算方法，并建立了世界上第一个数值天气预报计算框架。作为验证，他通过手算用后来记录的天气数据试图推演出 1910 年 5 月 20 日那一天的天气状况。他使用了当天早上 7 点采集的数据用来计算 6 个小时后的天气。结果如何呢？都柏林大学学院（University College Dublin）的荣休教授、气象学家林奇（Peter Lynch）在他 2006 年出版的《数值天气预报的诞生》一书中说，当年理查森得到的是一个戏剧性的错误预测，他算出 6 小时内有高达 145 百帕的气压上升，而实际记录表明当时的气压基本上没有变化。不过，林奇指出理查森失败的原因只是没有对数据做平滑化处理以排除非物理因素对气压值带来的影响。林奇后来验算的结果表明，假若当年理查森对数据做平滑化处理以去掉各种噪声的话，他的预报基本上还是准确的。林奇评论说，如果你考虑到他当时正在救护车队做义工，在救护伤病员工作的间隙中用纸和笔做手算，你就会惊叹他的成绩是多么非凡。按理查森自己的回忆，他当时的工作环境的确简陋："我的办公室只是一个放有干草的寒冷土房。"

无论如何，当年理查森并没有气馁，他在坚持并不断努力。1922 年，也就是他当物理系主任期间，理查森出版了一本专著《通过数值过程预测天气》，其中生动地描述了他关于一个"天气预报工场"的奇思妙想：

> 设想有一个类似剧院的球形大厅，中央有舞台和乐池，周边有许多座位。64000个计算员在各自的座位上，对着球形墙壁挂起的世界地图，分别去计算自己座位所处地图对应位置的天气状态。其中每个计算员只负责一个方程或者方程的一部分，但有一名管理员负责协调一个较大区域的计算过程和结果。球形墙壁上有许多袖珍屏幕，各自显示即时的计算结果，供附近的计算员读取使用。在大厅中心竖立有一根柱子，顶起一个平台，让总指挥和他的几名助理坐在那里工作。总指挥的职责是保证全球各地区的计算员保持同步计算。助理们则以最快的速度汇集计算结果作为未来天气预测的数据，并将它们发送到大厅旁边的隔音室。在那里，天气预报结果被编码然后发送到各个无线电收发站，再分别向全世界各地进行广播。

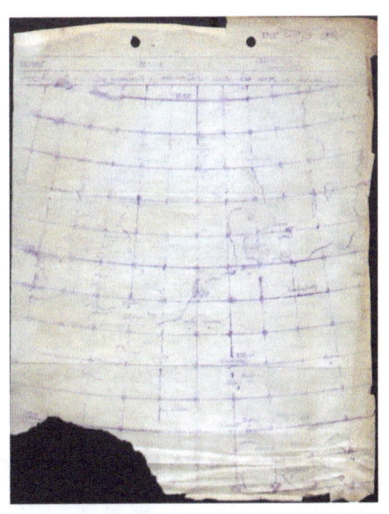

图 2　理查森的数值天气预报地图手稿

要知道那个时候世界上还没有计算机，甚至没有大规模快速计算的概念，更没有大范围联手合作进行全局天气预测的先例。理查森当时的思想，是超时代的。

在《通过数值过程预测天气》这本书中，理查森主要研究了大气层里的气流过程，包括大气湍流方面的一些理论分析和实验结果。书中还建立了一种"现象学"模型，描述多种混合流体（如气体和液体）在多孔介质系统中的流动过程，并

灿烂群星：我心中的杰出科学家

讨论了如何把该模型用于天气预报。后来，科学家们继续在理查森模型的基础上进行扩展，并将其基本原理以及各种改进模型应用于石油工程、环境工程、水文学和土壤学等多个领域。

毋庸置疑，直到电子计算机出现之前，理查森的数值天气预报设想是不现实的。当年，他自己也曾估计，用手算去预测未来 6 个小时后的天气，其数值方法至少需要 6 个星期的运算才可望完成。

图 3　理查森的"天气预报工场"设想（1922）

多年以后，到了 1946 年，世界上第一台可编程通用电子计算机 ENIAC 在美国宾夕法尼亚大学（UPenn）诞生。1950 年，普林斯顿高等研究院的数学家冯·诺依曼（John von Neumann）和气象学家查尼（Jule Charney）及菲尔托夫（Agnar Fjörtoff）用 ENIAC 来完成了数值天气预报的可行性实验。他们在 *Tellus* 杂志上发表了题为《正压涡度方程的数值积分》一文，报告了他们用这台计算机花费了约 24 小时便完成了提前 24 小时的天气预报计算。当理查森从查尼那里收到这篇论文的影印本时，十分兴奋地回了祝贺信，称赞他们用计算机作天气预报的成功是一个"巨大的科学进步"。1952 年，冯·诺依曼和查尼等人说服了美国空军和海军两个气象研究部门，联手在马里兰州建立了一个数值天气预报机构。

1954 年，英国 BBC 电台向全世界广播了历史上的第一次数值天气预报。1955 年，冯·诺依曼和查尼领导下的数值天气预报机构推动了美国多个电台在广播中使用数值天气预报。从此，理查森的数值天气预报技术在全球正式启航。后来，加上超级计算机和卫星数据的配合，使预报准确度和实时性不断获得改进，该技术一直被沿用至今。

但是，理查森在 1953 年便去世了，他生前没有来得及看到这一天。当年，他曾说："也许在不远的将来，由于信息的获取，在人类可以承受的代价下，计算的速度能够超过天气变化的速度。但目前这只是个梦想。"今天，我们希望理查森能够知道，他的梦想成真了。

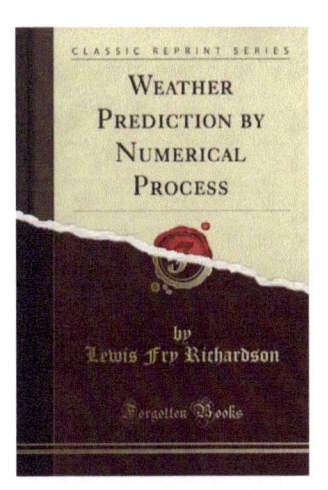

图 4　理查森名著《通过数值过程预测天气》（1922）

【三】和平主义活动与战争数学模型

除了数值天气预报，理查森在流体力学和物理科学中也有不少重要贡献，其中有著名的 Richardson's t^3-定律和 4/3-定律。湍流理论中有以他命名的 Richardson-Richards 方程以及一个重要的无量纲常数 Richardson 数。此外，还有一项成果值得提及。1912 年 4 月 15 日泰坦尼克号巨型游轮沉没后不久，他就注册了使用空气中传递的声波进行回声定位以探测海浮冰山的专利。一个月后，他又注册了在水中进行回声定位的另一个专利。后来把这一思想变成实用的是 1915 年法国物理学家朗之万（Paul Langevin）和俄国电气工程师奇洛夫斯基（Constantin Chilowski）合作发明的声纳，在当时第一次世界大战中用来探测军事潜艇。

1926 年，45 岁的理查森因为"把数学应用于气象学和物理学的杰出贡献"被遴选为英国皇家学会院士。

可是，这一年政府出于战备考虑把气象台全部划归空军管辖。理查森还发现他关于流体力学和天气预测的一些研究成果被利用于战备和军事目的，感到十分

灿烂群星：我心中的杰出科学家

失望。由于宗教信仰的背景和生活环境的影响，理查森毕生是个和平主义者。于是他决定退出流体物理和天气预报的研究，甚至自行销毁了一些有可能被战争利用的研究成果和数据。自此之后，他把余生的工作、科研和社会活动转到了教育。

有人说，数学家能够把数学用到所有你能想得出来甚至想不出来的地方去。理查森是个应用物理和计算数学家，还是个数学心理学博士，他就是这样的一个例子。他在后半生把数学知识和技能应用于心理学的研究，特别是用于践行自己心中的和平主义原则，用来理解和描述战争与冲突，并试图找出避免和结束战争的各种条件和可能方法。在心理学方面，他研究了人类智能及心理活动，包括痛苦、理解、憎恨等情感方面，并发展了一套量化方法。他的文章主要发表在1904年创刊的《英国心理学杂志》(*British Journal of Psychology*)。在战争与和平研究领域里，他和莱特（Quincy Wright）、索罗金（Pitirim Sorokin）、伯丁（Kenneth Boulding）、拉帕波特（Anatol Rapoport）、科尔（Adam Curle）等人一起被认为是国际军事冲突和军备竞赛的科学分析理论的开创者。这是一个用定性定量和数理社会学方法来系统地研究战争的起因与和平的条件的理论研究方向。

从1926年起，理查森开始了这个战争和冲突分析课题的研究。和他对天气问题的研究一样，理查森主要使用微分方程和概率论等传统的数学工具。他提出了一个理想化的微分方程组，就是后来著名的"理查森军备竞赛模型"（Richardson arms-race model），用来描述两个国家的战争冲突和军备竞赛。在模型中，他假定一个国家的武器生产速率与其对手拥有的武器数量成正比，与其对于对手的敌意成正比，而与自己目前拥有的武器数量成反比。该微分方程组有助于人们对两国之间多种可能的存在状态的本质以及这些状态的稳定性获得准确的认识。

1935年，理查森在《自然》上发表文章，用他的军备竞赛模型说明其数学结果与第一次世界大战的历史数据一致，并指出模型预测第二次世界大战前夕局势的不稳定性和后来的实际结果一致，还建议了如何通过调整对外政策让对抗系统稳定下来。

1940年，59岁的理查森校长任期结束，他同时接到了一个新的教授职位邀请。几经思考之后，他做出了一个艰难的谢绝决定，并从工作岗位退休，以便全力以赴去推进他关于战争与和平的科学研究。从此之后，他的余生都是一个独立的业余科研人员。

1941年，理查森在《自然》上发表了一篇关于人类群体迁移数学模型的短文。但他在这个研究方向似乎没有太多的后续工作。

1949年，理查森出版了一本专著《军备与动荡》并留下一本手稿《致命冲突的统计》（1960年由他的儿子史蒂芬Stephen整理出版）。在这两本著作中，他尝试用数理统计学的方法去分析战争发生的原因。20世纪40年代中期，冯·诺依曼的数学博弈论初露头角，理查森应该还没注意到。那时他的研究基于统计数据，考虑的因素主要包括经济、宗教和语言的差异。在《致命冲突的统计》的前言中，他写道："现今在世界上有大量精彩和充满睿智的政治讨论，但都未能得出明确的结论。我有个不同的目标，就是用定量的方法去检验几种表述，以期得到可靠的答案。"因为采用统计学方法，理查森整理了从1815年到1945年几乎所有战争的数据。通过对这些数据的分析，他观察到了武装冲突的伤亡服从幂律，即伤亡人数不多的战役数目远远大于伤亡人数众多的战役数目。他指出即使在较小的尺度上，例如1935年的多次满洲里土匪袭击和芝加哥帮派冲突，其发生次数和伤亡人数之间的关系也符合这个幂律。他还论证了，尽管我们事前不能预测军事冲突的规模，也就是说不能给出伤亡人数的上限，但是战役中的伤亡人数本身符合泊松分布。

1951年，理查森在《自然》上发表了一篇著名文章"Could an Arms-Race End without Fighting?"，以他的数学模型为基础讨论了军备竞赛是否一定会导致战争和如何可以不通过战争而消除对抗这样一些重要的社会科学问题。

【四】分形数学思想的萌芽

科学家和数学家们的思想常常超乎常理，让人意外甚至惊奇。

在上述战争理论的研究中，理查森破天荒地认为两国之间的战争倾向是双方共同国境边界线长度的函数。他试图去寻找两国开战的概率与该两国共同边界线长度的关系。让他诧异的是，他发现不同时间和不同场合公开发表的同一国境线长度的数据存在相当大的差别。例如，他看到西班牙和葡萄牙之间的国境线长度有987公里的，也有1214公里的记录；荷兰和比利时之间的国境线长度有380公里的，也有449公里的记录。是测量误差吗？理查森调查后发现：不是。

那么，是什么原因呢？这里，让我们用英格兰海岸线长度的量度为例，来解释理查森的发现。

如果我们用单位为200公里的尺子去量度，我们会得到海岸线的总长度为2400公里；用单位为100公里的尺子去量度，会得到总长度为2800公里；用单位为50公里的尺子去量度，会得到总长度为3400公里；等等。也就是说，不同

灿烂群星：我心中的杰出科学家

单位长度的尺子量出来的结果是不同的，而且尺子越短结果越精确。

单位 = 200 公里　　　　　单位 = 100 公里　　　　　单位 = 50 公里
长度约为 2400 公里　　　 长度约为 2800 公里　　　 长度约为 3400 公里

图 5　英格兰海岸线长度的不同量度

理查森的这个发现是常人不难理解并且是容易接受的。但普通人会认为，英格兰海岸线是一个固定的实体，它的总长度不管你怎么去丈量都必须是一个定数；尺子做得越来越精细，量出来的总长度就会越来越接近这个定数。对吧？

但是数学家理查森说，并非如此。他发现：使用越来越小单位的尺子，量得的海岸线总长度会变得越来越长！也就是说，随着尺子的长度趋于零，海岸线的总长度会趋于无穷大。这个不可思议的数学极限现象今天被称为"理查森效应"。

当年，科学界并没有注意到理查森这个其实是十分惊人的发现。今天，它被认为是数学分形（fractal）理论研究的开端。"分形之父"数学家芒德布罗（Benoît B. Mandelbrot，1924—2010）在他 1967 年的奠基性论文《英国的海岸线有多长？统计自相似和分数维度》中把分形理论的起始归功于理查森的上述发现。说起来，芒德布罗知道理查森的发现纯属偶然，是他在清理旧文献时往一本 1961 年《普通年鉴》（*General Systems Year Book*）的附录瞟了一眼时突然见到的。当年理查森已经知道了，有一个介于 1 和 2 之间的分数值，它可以用来描述海岸线随着测量变精细所表现出的复杂度的增加。这个分数值在今天的数学文献中被称为"分形维数"。

【五】学术遗产和后话

理查森并非师出名门。此外，他是一个典型的"独行侠"式的科学家，极少有合作伙伴，也从来没有助理，绝大部分文章自己一个人完成和发表。无论如何，他的科学贡献卓著，广泛分布在计算数学、数值气象学、流体物理学、社会和平科学和计量心理学等交叉研究领域。

理查森去世后，1959 年英国兰开斯特大学（Lancaster University）建立了理查森研究院（Richardson Institute），开展和平与冲突的社会科学研究。1960 年，英国气象学会设立了年度颁发的理查森青年最佳论文奖。1972 年，英国国家气象局把总部大楼一翼命名为理查森楼翼（Richardson Wing）。1998 年，欧洲地理科学联盟（European Geosciences Union）设立了年度颁发的"路易斯·理查森奖章"（Lewis Fry Richardson Medal），表彰地球物理非线性科学研究有突出贡献的科学家，其中分形之父芒德布罗荣获 2000 年度的奖章。2001 年，欧洲政治研究联盟（European Consortium for Political Research）设立了"路易斯·理查森终生成就奖"（Lewis Fry Richardson Lifetime Award）。2015 年起，位于理查森读中学的约克（York）镇的 University of York 的数学系设立了理查森学术讲座系列。

图 6　理查森（站立者）在学术会议上发言（1949）

1953 年 9 月 30 日，理查森在苏格兰基尔蒙（Kilmun）村的家里睡眠中平静去世，享年 72 岁。夫人多萝西（Dorothy）回忆说，理查森留给她终生难忘的一句话是：

"我们人生的责任是要为后人留下更美好的事物。此后我们自己如何，则不是要去关心的。"

（本文首发表于 2021 年 6 月 25 日）

43

司马贺之问：学习还是创造？

> 科学应当有趣。如果一门科学没有乐趣，就很难成为好科学，因为人们只有做最乐于做的事情时，才能把它做得特别好。
>
> ——司马贺

"司马"这个姓氏很中国。众所周知的名人有司马相如（前179—前118）、司马迁（前145—约前90）、司马懿（179—251）、司马昭（211—265）、司马光（1019—1086年）。今天，如果我说有个人名叫"司马贺"，你没准就会问"是哪个朝代的？"

图1　司马贺（赫伯特·西蒙）

43 / 司马贺之问：学习还是创造？

【一】公认的"天才"

这里说的司马贺是美国人赫伯特·西蒙（Herbert Alexander Simon，1916 年 6 月 15 日—2001 年 2 月 9 日）的中文名字。大家公认他是个"通才"。他的科学研究涉及认知心理学、计算机科学、经济学、公共行政和管理科学等多个领域。他是现代许多重要学术领域的创建人之一，诸如人工智能、心理语言、决策制定、注意力经济、组织行为学和复杂性科学。

司马贺也许算不上是"少年天才"，他并没留下什么"邻家孩子"之类的惊人记录。如果不看他的学术贡献和成就而只看他的奖项和荣誉的话，他倒可以被归入"大器晚成"之列：他 1967 年 51 岁时成为美国国家科学院院士、1968—1972 年间任美国总统科学顾问委员会委员、1975 年 59 岁时获图灵奖、1978 年 62 岁时获诺贝尔经济学奖、1986 年 70 岁时获美国总统科学奖、1994 年 78 岁时当选为中国科学院外籍院士、2000 年 84 岁时当选为发展中国家科学院院士。

此外，司马贺拥有 9 个博士学位，即芝加哥大学政治科学博士学位（1943 年）以及 8 个荣誉博士学位，分别是凯斯理工学院（Case Institute of Technology）科学博士（1963 年）、耶鲁大学法学博士（1963 年）、瑞典伦德大学（Lund University）哲学博士（1968 年）、加拿大麦吉尔大学（McGill University）法学博士（1970 年）、荷兰鹿特丹伊拉斯姆斯（Erasmus Universiteit Rotterdam）大学经济学博士（1973 年）、密歇根大学法学博士（1978 年）、匹兹堡大学法学博士（1979 年）、哈佛大学法学博士（1990 年），还未计及意大利和阿根廷两间大学授予的"荣誉学位"。

如果还要罗列一些其他奖项，那就还有美国心理学会杰出科学贡献奖（1969 年）、美国经济学会杰出会员奖（1976 年）、美国管理科学院学术贡献奖（1983 年）、美国政治科学学会 Madison 奖（1984 年）、美国总统科学奖（1986 年）、美国心理学协会心理科学终身成就奖（1988 年）、美国运筹学会和管理科学研究院冯·诺依曼奖（1988 年）、美国公共管理学会沃尔多（Waldo）奖（1995 年）以及国际人工智能学会终身荣誉奖（1995 年）。

【二】自传

1991 年，司马贺写过一本四百多页的自传《科学迷宫里的顽童与大师》（*Models of My Life*）。我们不妨跟着他的足迹走马观花地去浏览一遍。

灿烂群星：我心中的杰出科学家

图 2　司马贺的自传（*Models of My Life*）

司马贺出生于威斯康星州的密尔沃基（Milwaukee）市，父亲阿瑟·西蒙（Arthur Carl Simon，1881—1948）是德国犹太人，从德国达姆施塔特工业大学（Technische Universität Darmstadt）获学士学位，成为电机工程师。1903 年，他迁居美国，在 Cutler-Hammer 制造业公司辅助设计工业控制仪器，后来还成为专利律师，并因其工程技术贡献获马凯特大学（Marquette University）授予荣誉博士学位。司马贺的母亲（Edna Marguerite Merkel，1888—1969）是具有捷克和德国血统的美国第三代移民，是个专业钢琴家。司马贺少年时认为自己是个无神论者，甚至写信给《密尔沃基杂志》主编表示要捍卫无神论者的公民自由。他读中学时受正在大学读经济学的舅舅哈洛德·默克尔（Harold Merkel，1892—1922）影响，开始阅读著名经济学家理查德·伊利（Richard T. Ely，1854—1943）的论著，接触到了社会科学。和那个时代的其他孩子们不一样，他已经开始认识到人类行为可以用科学方法去研究。

1933 年，司马贺进入芝加哥大学，学习社会科学和数学。他其实很喜欢生物学,但天生的色盲让他做不了实验。于是他专攻社会科学和经济学,于 1937 年取得政治科学学士学位。之后,他到了芝加哥国际城市管理者协会工作。在那里,他第一次用上了计算机,并成为用数学方法估量城市公用事业效率的专家。

1939 年,他转至加州大学伯克利分校,负责由洛克菲勒基金会资助的一个项目,研究地方政府的运作效率和表现。

1942 年,他完成了洛克菲勒基金项目,到了伊利诺伊理工学院(Illinois Institute of Technology)政治科学系任教。他在那里工作了七年,还担任过系主任。这期间,他考进了芝加哥大学当在职研究生,有机会参加两位因计量经济学成果获诺贝尔经济学奖的挪威人特里夫·哈维默(Trygve Haavelmo,1911—1999)和荷兰人特亚林·科普曼斯(Tjalling Koopmans,1910—1985)组织的讨论班。在芝加哥大学,另一位计量经济学家亨利·舒尔茨(Henry Schultz,1893—1938)把司马贺带进了新兴的计量经济学世界。这期间,他完成了关于组织机构如何进行决策的博士论文,于 1943 年获政治科学博士学位。

从 1949 年 33 岁开始,司马贺毕生在卡内基–梅隆大学(原名 Carnegie Tech,在 1967 年改名为 Carnegie Mellon University)心理学系和计算机系当教授,开始时还在工业管理学研究生院工作过。来到卡内基–梅隆大学之后,他给校长"大力发展计算机科学"的建议和协助让学校特别是计算机系迅速成长为美国乃至世界前沿的名校名系,后人谈论校史时都一致认为他功不可没。

【三】社会活动

司马贺在大学期间曾到密尔沃基地方政府打工,对公共管理者如何做预算决策发生了兴趣。后来,他的博士论文就以管理行为和决策作为主题。1947 年,他基于博士论文出版了关于公共管理的论著《管理行为》(*Administrative Behavior*),一举成名。书中他创造了一些后来被频繁使用的术语,如"有限理性"(bounded rationality)和"足够满意"(sufficiently satisficing)。到 20 世纪 50 年代后期,他的这本书以及他后来的著作《组织》(*Organizations*)成为工商教育、公共管理和组织社会学课程的主要内容。《管理行为》出了四版,被评为 20 世纪政治科学、公共管理和管理学领域最有影响力的 10 部著作之一。同样,《组织》一书至今依然是社会学和管理学的基本教材。

司马贺在大学期间就决定了要研究"决策理论"。他后来提出了"决策即管理"的理念,并用数学方式定义了决策的三个阶段:信息活动(收集制定决策的

灿烂群星：我心中的杰出科学家

情报和依据）、设计活动（制定可操作的行动备选方案）、选择和检验活动（根据当前情况和对未来的发展预测，从备选方案中选定一个方案；最后，对已选择方案及其实施情况进行评估）。他提出了基于"满意度"而非"最优化"的决策模型，并把决策类型划分为程序化决策和非程序化决策两种。

司马贺在 1978 年荣获诺贝尔经济学奖，表彰他"对经济组织内决策过程的开创性研究"。

此外，司马贺在科学政策领域非常活跃，而且极具影响力。他是美国科学院科学与公共政策委员会的重要成员，担任过其管理委员会主席。他也是首位加入总统科学顾问委员会的人类行为科学家。

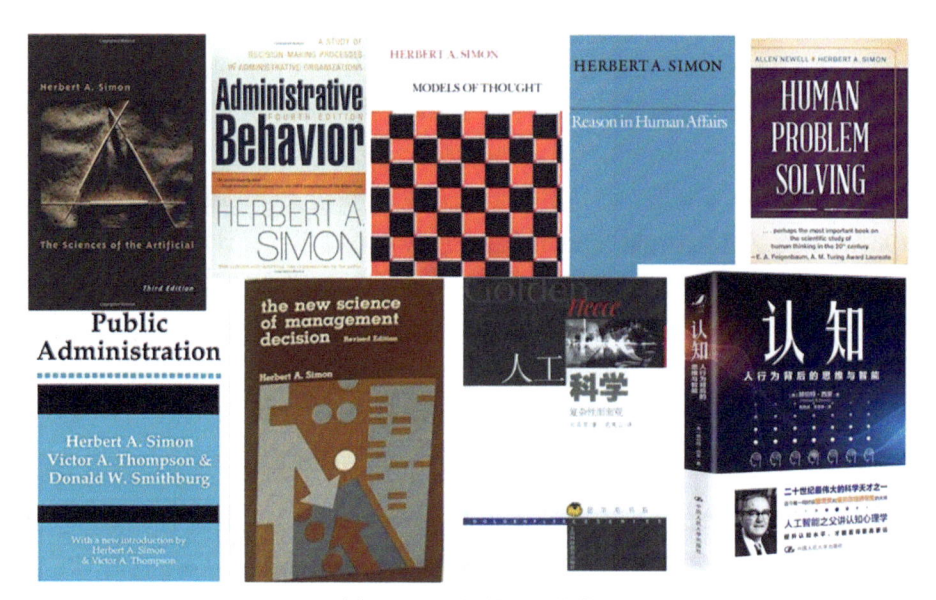

图 3　司马贺的部分著作

【四】人工智能

1956 年夏天，11 名来自数学、心理学、神经学、计算机科学以及电气工程等领域的学者聚集在达特茅斯学院（Dartmouth College），讨论了如何用计算机模拟人的智能。参会者包括约翰·麦卡锡（John McCarthy，1927—2011）、马文·明斯基（Marvin L. Minsky，1927—2016）、克劳德·香农（Claude E. Shannon，1916—2001）、艾伦·纽厄尔（Allen Newell，1927—1992）和司马贺，其中好几个后来

43 / 司马贺之问：学习还是创造？

荣获图灵奖。会议根据麦卡锡的建议，正式把这一研究领域命名为"人工智能"。司马贺和学生纽厄尔带到会议上去演示的"逻辑理论家"（Logic Theorist）是和同事约翰·肖（John C. Shaw，1922—1991）一起设计的，是当时唯一可以工作的人工智能软件。他们试图用该程序去证明著名的怀特黑德（Alfred N. Whitehead）和罗素（Bertrand Russell）的《数学原理》（*Principia Mathematica*），引起了与会代表们的极大兴趣和关注。司马贺和这一批人物现在都被公认为是人工智能的奠基人，俗称"人工智能之父"。

司马贺对计算机科学方法的最重要贡献之一，是他借鉴心理学和组织决策的研究，倡导并发展了启发式编程（heuristic programming）。

20 世纪 50 年代中期，司马贺开始研究"解决问题心理学"(psychology of problem-solving)。他对人类心理过程得出两个关键结论：它们是分层的（hierarchical）和联想的（associative）。

1957—1958 年间，"逻辑理论家"除了采用启发式的"问题–解决"（problem-solving）原则，还采用了状态反馈控制原理，将目标状态即要证明的语句与当前状态进行比较，并将误差反馈到前端，然后反复循环以减少两种状态之间的差异。

其间，他们还设计了"通用问题求解器"（General Problem Solver），利用"手段–目的"分析方法进行启发式搜索，通过类比而对各种问题进行分类，进而提出解决方案。这一算法最终演化为认知领域普遍采用的 SOAR 架构。

司马贺和纽厄尔提出了一个"物理符号系统"假设，并认为它是一般智能行为的充分必要条件。物理符号系统由一组表示实体的"符号"组成，这些实体是物理图形，可以作为另一种称为"表达式"（或符号结构）的实体的组件。此外，系统还包含一组处理程序，对表达式进行操作以生成其他表达式，如"创建"、"修改"、"复制"和"破坏"等。本质上，物理符号系统是一个随着时间发展而不断进化的符号结构集合的框架，从信息加工的角度去研究人类思维。

后来，司马贺在物理符号系统的基础上加入情感和认知等人类思维特有的智能因素，进一步提出了"认知系统模型"。他还提出了组块理论，以列表方式将零散的构件组成有意义的信息单元，用来模拟人类思维对信息进行组织和编码的过程。这一理论在今天的自然语言处理中仍有不少应用。

事实上，司马贺对人工智能的贡献远非停留在概念层面。

1957 年，司马贺和合作者们开发了计算机的 IPL 语言（Information Processing Language）。在人工智能历史上，这是最早的一种 AI 程序设计语言，其基本

灿烂群星：我心中的杰出科学家

元素是符号，程序中首次引进了列表处理方法。

图 4　司马贺在人工智能实验工作室

司马贺甚至尝试用计算机去作曲、作画和下棋。他在 1957 年预言说十年内电脑可以击败人类冠军棋手。但众所周知，该预言落空了。他在 1965 年再度预言，说这个目标在二十年内一定可以实现。他还亲力亲为，在 1966 年与纽厄尔和乔治·贝洛尔（George W. Baylor）合作，开发了最早的机器下棋程序 MATER。不过后来二十年计算机的进步再次让司马贺失望。但是，三十年后，1996 年 IBM 深蓝计算机击败了国际象棋冠军加里·卡斯帕罗夫（Garry K. Kasparov），让司马贺在有生之年见证了自己的预言成真。

图 5　司马贺为下棋机器编程 MATER

43 / 司马贺之问：学习还是创造？

20世纪70年代初，司马贺提出了"决策模式理论"，为今天极为重要的计算机决策支持系统（Decision Support System）奠定了理论基础。

司马贺在心理学和人工智能方面的研究成果大大地推动了人工智能的发展。为此，他被美国计算机协会授予1975年图灵奖，表彰他"在人工智能、人类认知心理学和编程列表处理方面的奠基性贡献"。

司马贺对人工智能的另一个重要贡献是提出了"学习模型"，是至今仍然应用最广的一个模型。司马贺对"学习"给出了一个简单定义：如果一个系统能够通过执行某种程序而改进它的性能，这就是学习。

在1976—1983年间，司马贺和帕特·兰利（Pat W. Langley）及加里·布拉茨霍夫（Gary L. Bradshaw）合作，在学习模型基础上设计了有6个版本的BACON系统发现程序，并用来"重新发现"了一系列著名的物理和化学定律。其意义在于证明了司马贺曾多次强调的一个观点，即科学发现只是一种特殊类型的问题求解，因此也可以用计算机程序来实现。技术上，这项成果直接对后来的机器学习、大数据应用和产品迭代开发等产生了根本性的影响。

司马贺提出的逻辑分析理论为计算机模拟人的思维活动提供了具体的帮助，同时他对经济组织内的决策程序进行了开创性研究，建立了经济管理的决策理论。这一系列的成果让他荣获1978年诺贝尔经济学奖。

20世纪80年代，司马贺和学生爱德华·费根鲍姆（Edward A. Feigenbaum，1936—）利用启发式编程设计了EPAM软件，是第一个可以用计算机执行的学习软件，为计算机学习人的思维活动提供了具体的模拟手段。费根鲍姆后来获1994年图灵奖。

这些研究成果让司马贺荣获1988年美国心理学协会的终身成就奖。

费根鲍姆说："要想只读一本书来了解司马贺思想的精华，我愿意推荐篇幅不大的《人工科学》（*The Sciences of the Artificial*），它是为科学界众多读者写的。"

【五】广泛兴趣

生活中，司马贺爱好广泛，特别是徒步旅行、学习外语、下棋绘画和投资理财。他一生远离政事，基本上不看电视，不听广播，不读报纸，说是不想浪费时间。

司马贺后半辈子的46年一直住在卡内基–梅隆大学附近的一所小房子里。他几十年如一日，天天步行上下班。司马贺喜欢登山，到世界各地开会访问时偶尔

灿烂群星：我心中的杰出科学家

有空便去爬山和露营。1981年他为了庆祝自己65岁生日还专门去攀登了阿尔卑斯山。

司马贺在高中时就自学过法语、德语和拉丁语。他后来主要以阅读法文的文学作品作为消遣。据说他还懂好几种其他外国语。他年将七十时开始学习中文，在和中国朋友来往的信件中他经常尝试书写中文。

图6 司马贺著《人工科学：复杂性面面观》

他在大学的大部分课程基本都是通过自修读下来的。当年的芝加哥大学对于像他这种爱好繁多的学生来说是一个理想的地方。司马贺回忆说，他本科时除了必修课只选修过一门课程，那就是体育拳击，但只得到了个"B"。

司马贺在中学很喜欢下国际象棋，但上大学后读书太忙就不玩了。后来做计算机博弈研究，他又重拾棋局。司马贺还到市级的国际象棋俱乐部下棋，甚至在市锦标赛夺冠。他说："我感到内心有不断增强的竞争意识。然而我一周得花一两天的时间，才能保持乃至提高棋艺。但是这样的时间我实在消耗不起。"到最后他还是放弃了。

有趣的是，他尽管是色盲却很喜欢绘画。他还留下了一幅自己颇为欣赏的自画像。

43 / 司马贺之问：学习还是创造？

图 7　司马贺自画像

　　司马贺每年都会留出一些时间去考虑投资理财。他把家里大部分存款投入到指数基金之类的理财产品。他说："这意味着，我不需要每日每月关注股市去进行短期交易。"

　　因为投资博弈是一种典型的决策过程，而且还涉及到心理学，司马贺特别感兴趣。但是，他后来说："赚大钱是一桩非常刺激的赌博。但这种赌博不是我们随时可以收手的那种。除了要赢之外，我会更加计较可能出现输的情况。这样就让我整天生活在得不偿失的心理状态中。这实在太麻烦了！"

　　司马贺习惯大量地阅读。他说："阅读和吃饭一样，是每天必做的事情。我的阅读涉猎的内容包罗万象。我对文字的欲望远远超过我对食物的饥渴。"他还说："我阅读经典，认识了怀特黑德和罗素。我把布尔逻辑应用到神经网络的研究。我和香农一起研究转换电路。……机械计算机和 IBM 的穿孔卡片机都引发我的好奇心。我很想了解狭义相对论，便学习微积分和集合论，为研究广义相对论做准备。我在冯·诺依曼和奥斯卡·摩根施特恩（Oskar Morgenstern）合写的《博弈论和经济学行为》出版后数周就读完了这本巨著。我还昼夜不眠如饥似渴地读完了罗斯·阿什比（W. Ross Ashby）的《大脑的设计》。我对科学领域内最前沿的活动很敏感。我全部的选择都是基于对各种良好机会的认知和判断。"

灿烂群星：我心中的杰出科学家

图 8　司马贺在演讲

司马贺平时关注多种科学问题，并且善于在不同学科的交叉领域去寻找答案。他解决问题的方法可能来自不同领域：从统计学到社会学，从心理学到经济学，从数学到计算机科学。在他看来，一个优秀的科学家必须学会使用多种学科的工具去处理综合性问题。他还认为一个卓有成效的研究团队应该是跨学科的。

司马贺一生都在履行并鼓励打破边界做科学研究。他主张打破自然科学和人文科学之间的界限以及打破技术创造和理论研究之间的界限。他认为各个学科在交叉领域中都有举足轻重的地位："正如各个国家在整个国际体系中所起的作用一样，谁都不可或缺。"不过他也常常感叹："学者们往往在自己学科的文化和发展中度过一生，很少有人能够摆脱这种非此即彼的成见和眼光浅窄的毛病。"

他的科学研究无疑是非常成功的。其中，他有一个众所周知的习惯，可能就是成功的关键——每当研究一个新问题时，他的第一句发问总是：这是"学习还是创造？"

他在诺贝尔奖官方网站的个人网页上写道："我有两个指导原则：努力'强化'社会科学，让它更好地配备上完成困难研究任务所需的工具；以及努力建立自然科学家和社会科学家之间的密切联系，让他们能够共同为需要两种智慧的公共政策中的许多复杂问题贡献出各自的特殊知识和技能。"

司马贺留下的论著十分丰富。他出版了 27 本书，发表了近千篇论文，H 指数为 182，被引总次数约 383,000。值得一提的是他 1962 年在《美国哲学学会会刊》上发表的论文《复杂性的结构》（"The Architecture of Complexity"），影响巨大，单篇引用近万次。

【六】沉迷决策

司马贺 1937 年从芝加哥大学毕业，次年圣诞节与同校社会学系的秘书多萝西·派伊（Dorothea Isabel Pye，1913—2002）结婚。他俩美满的婚姻维系了人生后来的六十多年。两人养育有三个孩子：凯瑟琳（Katherine）、彼得（Peter）和芭芭拉（Barbara）。

司马贺在自传中说，他毕生都在担心对工作的过分投入和奉献会使他成为一个不称职的父亲。但大女儿凯瑟琳回忆道："虽然他总是认为自己不是一个合格的父亲，但是我十分尊重他对工作的投入。我一直把他视为值得仿效的榜样。尽管父亲工作时间很长，但他总是和家人一起吃饭，而且总是启导家人热烈交谈。父亲还经常邀请研究生们到家里来聚餐，这也活跃了大家聊天的气氛。"

1968 年，司马贺被邀请加入总统科学顾问委员会，他因而有机会接触许多政治人物。但司马贺并不想当官，只关心科学事务。1972 年，他拒绝了卡内基–梅隆大学校长职位的推荐，理由是他需要把更多的时间投入到科学研究中去。

司马贺在自传中评价自己说："我诚然是一个科学家，是许多学科的科学家。我曾经在科学迷宫中扮演了许多不同的角色，而这些角色之间有时难免互相借用。但是，我对自己所扮演的每一种角色都是尽了力气的，从而都是有贡献的。这也就足够了。"

费根鲍姆有一次问导师司马贺为什么能涉猎这么多的研究领域？司马贺的回答使他难以忘怀："我常常因为涉猎面太广而受人们称赞。我想他们是发自内心的……但我受之有愧。我其实是沉迷于单一事物的偏执狂。而我所沉迷的，就是决策"。

图 9　司马贺在办公室里交谈

灿烂群星：我心中的杰出科学家

【七】中国之缘

司马贺对中国学术界影响甚深。

司马贺曾在 www.psychspace.com 网站上的《心理学空间·西蒙专栏》中登出《我的中国岁月》博文，开篇就说"我十次到访中国，在那里度过的时间比在任何其他外国都要多，总计大约有一年长。"

1972 年 7 月，司马贺作为美国首个计算机科学代表团 6 名成员之一访问中国。此行让司马贺与中国科学院心理研究所结下了不解之缘。他后来也被邀请兼任心理研究所荣誉研究员，与中国科研人员合作开展了许多研究。其中，他关于中国人使用汉字的短时记忆的研究更是开创了研究汉字相关问题的心理语言学的先河。

之后，司马贺多次访华讲学，进行学术交流和开展合作研究。他这个中文名字是 1980 年作为美国心理学代表团成员访华时开始采用的。他把英文名字的口语 Herb Simon 音译为中文的司马贺确实十分巧妙。为了和中国同事交流方便，加上他毕生对学习外语的兴趣，年近七十的司马贺还开始学习汉语，后来能够用简单中文写信。

1983 年，司马贺在北京大学举办了一期认知心理学讲座。在讲座中，他引用了出自《周易》的词语"刚柔密大"（意指"刚柔并济"），以此来阐述中国古代管理思想的特色："让我来讲管理学嘛，本来是要讲一下的。可是昨天我去避暑山庄一趟，看到乾隆皇帝'四知书屋'中"刚柔密大"四个字，今天发现自己不好讲了。你们的皇帝用'刚柔密大'这四个字来管理国家，我认为这四个字就是中国、也是全世界管理的金科玉律。这不仅是中国管理学的灵魂，也是世界管理学的典范。不管是国家、公司、企业、机关，还是军队，这四个字就是管理学的百科全书。"

20 世纪 70 年代，美国国家科学院、社会科学研究理事会和美国学术团体协会联合，与中国建立了一个"美中学术交流委员会"（Committee for Scholarly Communication with the People's Republic of China，CSCPRC）。1980 年，司马贺接受邀请成为该委员会成员，后于 1983—1987 年担任委员会主席。

在中国，司马贺先后获北京大学、天津大学和中国科学院管理学院授予荣誉教授称号。

1994 年 6 月 8 日，中国科学院第七次院士大会在北京召开，司马贺和其他 13 名外籍学者当选为首批中国科学院外籍院士。可惜当时司马贺身体不适，没能出席大会。事后,中国驻美大使馆科技参赞代表中国科学院专程到司马贺家里去给他颁发了院士证书。

图 10　司马贺和他的中国同事们

(本文首发表于 2022 年 3 月 12 日)

44 天空没有留下翅膀的痕迹,但童诗白已经飞过

2020年9月5日,北京清华大学为庆祝自动化系建系50周年隆重举行了"童诗白先生诞辰100周年纪念会"暨由天立教育基金捐赠一千万元设立的"天立-童诗白中国自动化教育奖"启动仪式。

图1 2020年9月5日北京清华大学

【一】简历

童诗白于1920年2月14日出生在沈阳市的一个满族家庭。据说作为"中国建筑五宗师"之一的父亲童寯为其起名"诗白",是期望他将秉承"诗书门第"的家风并能毕生"为人清白"。历史表明,儿子的一生远远超越了父亲的期望,在清华园里留下了一段传奇。

童诗白 1942 年毕业于上海之江大学土木系。1943—1946 年间他就读于西南联合大学，在那里遇到马大猷教授，于是转到了电机系学习并获学士学位。1946—1948 年，他在清华大学电机系任助教。随后，童诗白到了美国，1948—1951 年在伊利诺伊大学（UIUC）电机系硕博连读，1949 年获硕士学位，1951 年获博士学位。

1948—1951 年，正值童诗白攻读博士学位期间，贝尔实验室的约翰·巴丁（John Bardeen）和沃尔特·布拉顿（Walter H. Brattain）合作发明了点接触型晶体管，随后另一位同事威廉·肖克利（William Shockley）发明了结型晶体管。为此，他们三人共同分享了 1956 年的诺贝尔物理学奖。当年，博士生童诗白率先用三极管完成了逻辑门的实现，并用拉普拉斯变换给出了电路稳定性条件。童诗白毕业后留校做博士后，巴丁也离开贝尔实验室来到了伊利诺伊大学物理系和电机系任教。童诗白随即进入了晶体管研究前沿之列。1952—1955 年，童诗白在纽约大学布鲁克林学院（CUNY Brooklyn College）电机系任助理教授。1955 年 6 月，他和夫人从旧金山回国。之后，1955—1969 年他在清华大学电机系任教，1970 年起在新建的自动化系任教并任系主任，至 2001 年退休。童诗白在 2005 年 7 月 24 日病逝，享年 85 岁。

童诗白是著名的电子学科学家、中国电子技术学科和课程建设的主要奠基人和教学先行者。在全球芯片技术发展早期，童诗白已经瞄准了模拟设计，他以半个世纪的余生主导了中国从工业电子学到电子技术基础的转型，以及从电子管技术到晶体管技术的转型，是中国电子技术科学和电子工业发展的领航者。

童诗白在 1956 年创建了清华大学电子学教研组，随后主编和参与编写了《模拟电子技术基础》等电子技术教材 12 套共 19 本 800 余万字，在国内率先开出了"电子技术基础""电子技术课程设计""电子电路故障诊断理论基础""现代电子学及实验""模拟电子技术基础"等课程。其中，《模拟电子技术基础》一书曾荣获国家优秀教材奖，目前使用的已是第 6 版。此外，童诗白还开创了电视大学的电子技术课程，培养了很多工程师和技术员，桃李满天下。1989 年，他荣获北京市优秀教师和全国优秀教师光荣称号，同年获普通高等学校优秀教学成果国家级特等奖。

童诗白在 20 世纪 80 年代末至 90 年代初担任国家教委电子技术课程指导小组组长，并先后担任过联合国教科文组织计算机培训中心的北京中心主任、北京市高等教育自学考试委员会委员、邮电部通信学会电源分会主任委员、仪器仪表

灿烂群星：我心中的杰出科学家

学会节能技术委员会主任委员、自动化学报编委等职务。1983 年，国务院批准在深圳创办一所综合性的深圳大学，童诗白只身奔赴特区，协助深圳大学筹建了电子学教研组并出任电子工程系主任。他为我国电子学学科发展、电子技术课程设置以及相关院校建设都做出了重大贡献，被尊称为电子学泰斗、杰出教育家和教材建设巨匠。

童诗白创建了我国第一个"自动化仪表与装置"专业博士点并从 1984 年起招收研究生，后来指导毕业了 14 名博士生和 21 名硕士生。童诗白认为，一个优秀教师必须具有五种精神：乐教精神、奉献精神、钻研精神、集体精神和自律精神。事实上，他女儿童蔚后来在回忆中说，父亲经常"写教科书写到天亮，然后赶去上课"。童诗白为教育事业的献身精神和师表言行在清华园内有口皆碑。不幸的是，他后来积劳成疾，逝世前三年患上严重青光眼和白内障，几乎完全丧失了视力。

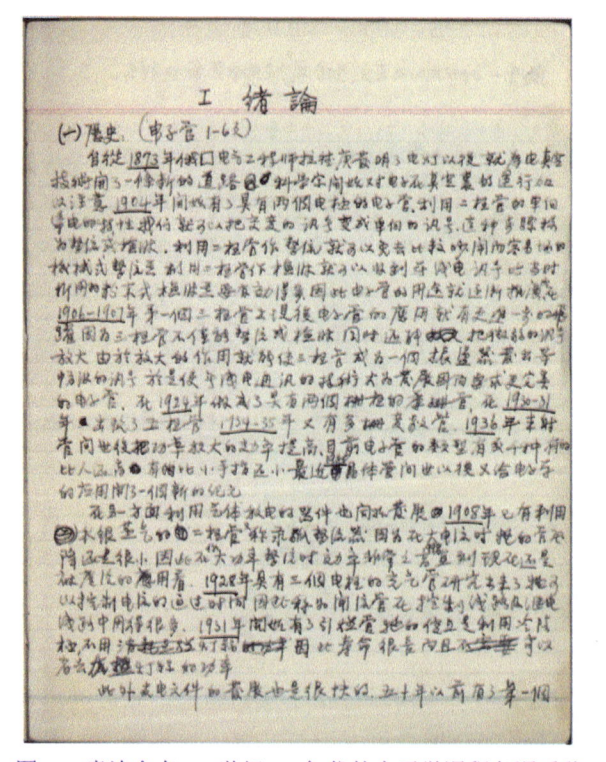

图 2　童诗白在 20 世纪 50 年代的电子学课程备课手稿

44/天空没有留下翅膀的痕迹，但童诗白已经飞过

图 3　童诗白讲授电子学课程（20 世纪 80 年代）

童诗白出身书香门第，没有历史政治问题，又不是当权派，更是人缘超好，在"文革"十年中有幸躲过一劫。可是，后来当他阅读到巴金写的回忆录时，竟然百感交集，恸哭了一场。

20 世纪 70 年代末，清华大学选定了常迥、童诗白、方崇智、郑维敏四位教授为自动化系首批博士生导师。童诗白说："'文革'结束了，但我们不能把书架上的书拿下来掸掸灰尘接着使用。要赶紧跟上世界科技的发展，给学生最新的教材、最好的课程。"

图 4　童诗白从教 50 周年纪念（1996）

441

灿烂群星：我心中的杰出科学家

【二】家族

童氏家族在历史上是大清满族皇朝世家，清末民初才改为汉族的童姓。童家至今四代人都从事教育工作和科技事业。

这里从童家第一代讲起，即童诗白的祖父恩格（1868—1945）和祖母关蔚然。恩格先后任沈阳女子师范学校校长、奉天（今辽宁）省教育厅厅长、奉天图书馆馆长等职。他的三个儿子童寯、童荫、童村都是专家学者，其中童荫是电机工程师，童村是微生物学家，而老大童寯（1900—1983）是童诗白的父亲。童寯在1925年毕业于清华学校（1928年改名为国立清华大学）。同年秋，童寯由庚子赔款公费留学到美国宾夕法尼亚大学（UPenn）建筑系，与杨廷宝、梁思成、陈植、赵深等人同窗。他1928年获得建筑学硕士学位，后在费城和纽约两地建筑师事务所分别实习了一年。1930年春，童寯访学欧洲，到过英、法、德、意、瑞、比、荷等国考察建筑，同年秋天经东欧回国。之后，他在沈阳东北大学建筑系当教授。1931年6月，梁思成赴京到"中国营造学社"任职后，童寯继任系主任。后来，童寯在中央大学和南京工学院（今东南大学）任建筑系教授直至退休。

图5 童寯

童寯是中国第一代杰出建筑师、中国近代造园理论和西方现代建筑研究的开拓者，其一生见证了中国近现代建筑的兴起和发展。《中国近现代建筑五宗师》一书把他与刘敦桢、吕彦直、梁思成、杨廷宝合称为"中国建筑五宗师"。

童寯喜欢引用战国时期楚国文学家宋玉的名著《登徒子好色赋》中的一段描述来比喻优秀建筑作品之美，"天下之佳人莫若楚国，楚国之丽者莫若臣里，臣里之美者莫若臣东家之子。东家之子，增之一分则太长，减之一分则太短；著粉则太白，施朱则太赤"，也就是说优雅的建筑设计一定要恰到好处。

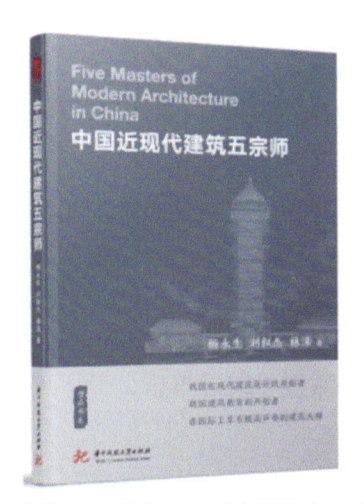

图 6　杨永生，刘叙杰，林洙著，华中科技大学出版社（2018）

童寯有三个儿子：长子童诗白，次子童林夙是中国电子物理学领导专家、显示器技术泰斗、IEEE 高级会员、东南大学电子学研究所教授；三子童林弼是航天部二院资深研究员。

童诗白特别敬仰父亲为人"坚持真理，刚正不阿，严谨治学，朴实无华"的品格。事实上，童寯毕生专注治学，不问政治，不顾工程，不睬荣誉，一心当好建筑师。他常对学生们说："一个好的建筑师，首先应该是一个好的知识分子。有独立的思想，有严谨的学风，有正直的人品，才会有合格的建筑设计。"

图 7　童寯一家（20 世纪 30 年代，上海）

灿烂群星：我心中的杰出科学家

【三】留学

1948 年童诗白到美国伊利诺伊大学读博士学位时遇到了西南联大一位校友、女诗人郑敏。她和童诗白同龄，1920 年出生，是福建闽侯人。她父亲王子沉曾留学法国和比利时。王敏两岁时被过继给父亲好友郑礼明，之后改姓郑。当年郑礼明在河南一个矿山当工程师。1939 年，郑敏考入了西南联大外文系，后来转到哲学心理学系。她 1948 年赴美，先到了布朗大学攻读英国文学硕士学位，1950 年毕业后转入伊利诺伊大学研究生院。童诗白小提琴拉得很棒，郑敏唱歌极具天赋，还跟纽约朱莉娅音乐学院的教授学习过声乐。于是两位西南联大校友同学一拍即合，1951 年在纽约结婚。

图 8　童诗白和郑敏在纽约家中（1951 年）

1955 年夫妇俩回国后，童诗白到了清华大学电机系任教，郑敏去了中国社会科学院文学研究所外国文学部，从事英国文学研究。1960 年，郑敏调入北京师范大学外语系，讲授英国文学史和英美文学选读。

郑敏的创作始于 1942 年，代表作有《金黄的稻束》（1943）、《诗集（1942—1947）》（1949）、《寻觅集》（1986）、《早晨，我在雨里采花》（1991）、论文集《英美诗歌戏剧研究》和翻译作品《美国当代诗选》（1987）等。1980 年，郑敏与王辛笛、曹辛之、唐祈、唐湜、陈敬容、杜运燮、袁可嘉、穆旦等人自称为"九片叶子"，合著了著名诗集《九叶集》，被誉为"九叶派"诗人。2000 年，她出版了《郑敏诗集（1979—1999）》。2012 年，92 高龄的她还整理出版了《郑敏文集》。

郑敏是个思考型的诗人。她 95 高龄时在一次回应访谈时说自己每天都在思考，脑子停不下来："我的脑子一醒来就想问题，内心是哲学的延续。哲学、音乐、绘画，这三样是丰富我生命的东西，我从这三样里找到生命的乐趣。"郑敏还说自己毕竟是个知识分子，"每天都被知识分子的良知拷问"，对国内后期诗歌深受商业娱乐和功利文化的影响十分担忧。年近百岁了，她还常常思考和谈论中国文学及教育的发展和前途。

图 9　郑敏书架上放着自己的部分作品

2006 年，郑敏获中央电视台主办的《新年新诗会》授予"年度诗人奖"。2017 年 4 月 15 日，央视《朗读者》系列播出了一期十分动人的节目：13 位年龄加起来超过 1200 岁的清华大学和西南联大老校友，齐声朗读抗日战争时期的《告全国民众书》。那时，郑敏 97 岁。

图 10　央视《朗读者》节目上郑敏参与朗读《告全国民众书》

灿烂群星：我心中的杰出科学家

郑敏于 2022 年 1 月 3 日在北京逝世，享年 102 岁。

童诗白和郑敏有一个女儿童蔚和一个儿子童朗。童蔚是个文化人，报社记者，也是个诗人。童朗 1985 年毕业于清华大学电子系，现为美国康奈尔大学讲座教授并任大学电力系统工程研究中心（PSERC）主任。

图 11　童蔚在清华大学"童诗白先生诞辰 100 周年纪念会"发言（2020）

图 12　童朗（IEEE Fellow，2005）

【四】怀念

童蔚在回忆父亲童诗白人生时，曾概括性地描绘过他那多元的人格魅力，说他为人"正直、勤勉、谦逊、诙谐、恋旧和兴趣多样"。童蔚说，父亲兴趣广泛，热衷于看闲书，尤其是外国小说，喜欢听评书、看电影、听交响乐，热爱打网球、竞走，留学期间用于打桥牌的时间也不少。"他一直有意识地让自己的头脑处于机敏灵活的状态。虽然在外人看来他是一个沉默寡言的人，但是他的内心非常敏感，多元化的生活使他身心更愉快地进入一种深度思考。"

童蔚的堂弟童文是我国华为无线 CTO 兼 5G 技术首席科学家。他在《纪念伯父童诗白：天空没有留下翅膀的痕迹，但他已经飞过》一文中非常生动而恰当地借用了著名诗人泰戈尔脍炙人口的诗句作为标题，献给这位令人敬仰的清华学者童诗白先生，让世人永远铭记和怀念。

图 13　童诗白在清华大礼堂参加校庆演出（20 世纪 90 年代初）

致谢：十分感谢童蔚女士的支持并提供及订正了若干史实；同时感谢童诗白早年学生、香港城市大学好友严厚民教授的鼓励。

（本文首发表于 2022 年 10 月 22 日）

45 博物学家威尔逊——他用一生去讲蚂蚁的故事

大家都知道蚂蚁。按照动物学的分类，蚂蚁是一种昆虫，属节肢动物门，昆虫纲，膜翅目，蚁科。

单只蚂蚁很简单，但蚂蚁群体的行为却异常复杂。事实上，蚁群是复杂性科学的研究对象之一，众所周知在数学优化设计中就有一个"蚁群算法"。

蚂蚁是典型的社会性动物群体，它们个体之间总是互相合作，例如一起照顾幼年下一代。有趣的是，年轻一代在一段时间里会反过来照顾老年上一代。建巢、觅食和御敌时，它们彼此之间有明确的分工和合作。蚁群和绝大多数其他群体性动物不同，它们并没有"首领"，所有的分工合作都在彼此和谐默契中完成。这复杂而优雅的动物群体组织和行为常常给生物和社会学家们带来惊讶和赞叹，当然也带来不少困惑。

蚂蚁还是建筑高手，懂得在地下修筑规模非常庞大的巢穴，使之具有良好的排水、通风、储食和家庭分布结构。蚂蚁的这一技能远远超过其他许多种类的昆虫甚至蜜蜂。

更迷人的是蚂蚁的"群体智慧"。它们懂得去寻找通往某个目的地例如食物源的最短路径。个体蚂蚁是无法找出最短路径的，但群体蚂蚁很快就能办到。据观察，蚁群一开始是随机分散地到处觅食的，其中每只蚂蚁都会沿着来回路径均匀地留下相对定量的"信息素"（信息素，pheromone）。因此，如果路线较短则留下的气味较浓，但如果路线较长则信息素就散布得稀薄从而气味较淡。这样一来，虽然个体蚂蚁只知道沿着气味最浓的路线走，但是蚁群聚集一起便能比较出通往食物源的最短路径来。

【一】蚂蚁的故事

蚂蚁的故事当然有趣，但会有人毕其一生去研究蚂蚁吗？有的，而且一些人还

45/博物学家威尔逊——他用一生去讲蚂蚁的故事

孜孜不倦、乐此不疲。其中最突出的一位应数美国生物学家爱德华·威尔逊（Edward Osborne Wilson，1929年6月10日—2021年12月26日），他以研究蚂蚁著名，被称为"蚁人"。目前世界上已知有一万多种蚂蚁，其中400多种是威尔逊发现的。他还发现了蚂蚁群体内部联络和交流的机制，以及它们寻找最短路径的"智能"。

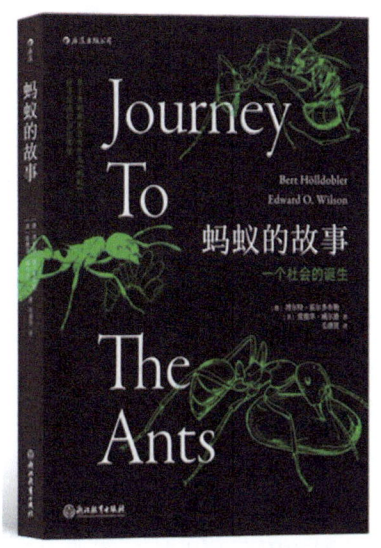

图1 《蚂蚁的故事：一个社会的诞生》爱德华·威尔逊著，浙江教育出版社（2019）

威尔逊通过毕生的研究，发现蚂蚁的存在有超过五千万年的历史，而且地球上现存有一千万亿到一亿亿只蚂蚁。如果把它们全体的总重量加起来，则和人类全体的总重量差不多。不过，他指出："在这样的等式中，隐藏了非常重大的差异：蚂蚁存活的数量恰到好处，然而人类的数量却太多了。假如人类突然从地球上消失，地表环境当会恢复到人口爆炸前的富饶平衡状态……但是，一旦蚂蚁消失了，地球上将会有数万种动植物也会跟着消失，几乎各处陆地生态系统都会因而退化、衰败。"

威尔逊从研究蚂蚁开始，在动物群体遗传学和行为生物学基础上创立了一门"社会生物学"（Sociobiology）。他与罗伯特·麦克阿瑟（Robert H. MacArthur，1930—1972）共同开创了岛屿生物地理学，奠定了现代物种保护思想和政策的理论基础。他还是宣传"生物多样性"观念的先行者之一。他被尊称为"21世纪的达尔文"。

灿烂群星：我心中的杰出科学家

图 2 "蚁人"爱德华·威尔逊

威尔逊 1929 年出生于美国亚拉巴马州伯明翰市。他与蚂蚁的亲密情谊起始于童年的一次意外：有一天在海滩钓鱼事故中，他不幸右眼受伤失明。后来，他只好专注于可以在显微镜下细致观察的各种昆虫，当然包括蚂蚁。多年之后，他在自传体著作《博物学家——爱德华·威尔逊自传》（Naturalist，1994）中回忆道："每个孩子都有一段喜爱昆虫的时光，而我始终没有从中走出来。"

威尔逊在高中课外活动做亚拉巴马州蚂蚁分布调查时发现了美国第一个红火蚁群落。红火蚁原产于南美洲的巴西和巴拉圭等地，破坏力极强，其拉丁文名字是 *invicta*，意指"无敌蚂蚁"。红火蚁于 1930 年传入美国南部，首先到达亚拉巴马州，之后逐渐向东扩侵。红火蚁的第一代非法移民大概不会想到它们竟然被一个中学生逮住了。

1946 年，威尔逊考入亚拉巴马大学修读昆虫学。1955 年，他获得哈佛大学博士学位，翌年开始留在哈佛大学任教，直至 40 年后退休。

威尔逊于研究生在读期间和随后的职业生涯初期先后到过澳大利亚、新几内亚、斐济等西南太平洋岛屿、斯里兰卡以及墨西哥和古巴等拉丁美洲热带地区的许多深林野地，探查蚂蚁分类和分布及其生态特性。期间，他掌握了相当完整的蚂蚁生态分布图谱。

1963 年，威尔逊与麦克阿瑟共同开创了岛屿生物地理学。他们基于观测数据推断，岛屿上物种的丰富程度取决于新物种的迁入和原有一些物种的灭绝，甚至决定于岛屿的面积及其与陆地的距离。他们估算，每减少某片森林或草原面积的 90%，就会使得原本生活其中的生物种数减少一半。他们的综合性论著《岛屿生物地理学理论》（*The Theory of Island Biogeography*，1967）还将群体生物学的原理同物种多样性与分布的模式结合起来，极大影响了生态学后来的发展，并成为今天保护生物学的基础。

这位麦克阿瑟是生物地理学家和生态学家，他 1930 年 4 月 7 日出生于加拿大多伦多，1953 年获美国布朗大学数学硕士学位，1957 年获耶鲁大学生态学博士学位。麦克阿瑟先后在宾夕法尼亚大学（UPenn）和普林斯顿大学任职生物学教授。他研究生态系统的结构与功能，特别是探究群落多样性与稳定性的关系。与当时流行的"捕食者–猎物"模型和生态系统动力学相比，他对竞争更感兴趣。他发现，在一定条件下，种群内的年龄分布、群落内的营养级别以及生态系统的功能都会在竞争过程中趋于稳定。麦克阿瑟理论的独特之处是将种群和群落生态学思想带入到遗传学。通过整合生态学、生物地理学和遗传学理论，他的研究为种群生物学的统一奠定了基础。1969 年，39 岁的麦克阿瑟被选为美国科学院院士。1972 年 11 月 1 日，他因肾癌逝世，时年仅 42 岁。美国生态学会为纪念他的学术贡献设立了麦克阿瑟基金会，奖励生物学研究。他被后人铭记为进化生态学奠基人之一。

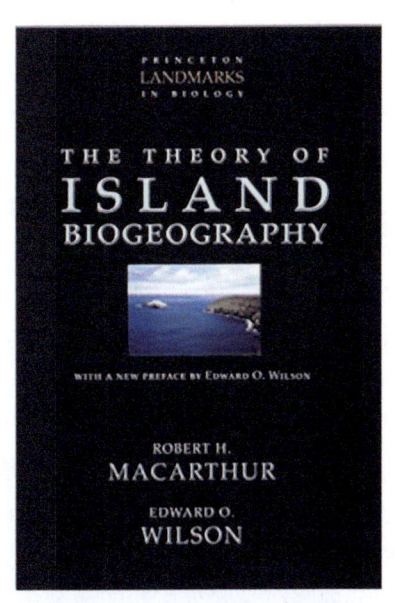

图 3　*The Theory of Island Biogeography* (Princeton University Press (普林斯顿出版社)，1967)

灿烂群星：我心中的杰出科学家

【二】昆虫的社会

1971 年，威尔逊出版了《昆虫的社会》（*The Insect Societies*）一书，尝试在群体生物学的基础上去描述社会昆虫。他指出，每一个昆虫群体都是相互关联的团体，而其成员则按一定的模式生长和竞争，最终走向死亡。书中最后讨论了脊椎动物的社会，认为尽管脊椎动物群体和昆虫群体相差甚远，并且它们对内和对外通信系统均存在根本性差别，但是这两种动物类群进化出来的社会行为在程度上和复杂性方面都具有某些相似性，并且在很多重要的细节方面也存在趋同现象。于是威尔逊认为，这一事实足以让科学家在动物群体遗传学和行为生物学原理的基础上发展出一门成熟的新科学。

基于上述观念，1975 年威尔逊出版了《社会生物学：新的综合》（*Sociobiology: The New Synthesis*）一书，第一次揭示了从细菌直到灵长类动物包括人类等各种生物的演化和社会结构。在这本书中，他引进了社会生物学，将之定义为"有关动物社会行为与复杂社会组成这两者生物学基础的系统性研究"。他认为，社会生物学的目标在于获得关于整个社会的生物学特征的普遍原理。

但是，这本书引发了一场关于生物学本质的大论战。人们并不太接受这部 700 页巨著中第一章"基因的道德"和最后一章"社会合作"里面关于生物遗传和人类行为的论述，虽然这部分相对简短（共约 30 页）并且威尔逊自己也说"我提出的群体选择新观点最初来自达尔文的原始想法"。当年关于威尔逊提出的社会生物学中涉及人类本性部分的争论焦点是：人的天性究竟有没有生物学基础？

在这场争论中，威尔逊受到了反对者的猛烈抨击，其中代表性人物包括他哈佛大学的同事、著名进化生物学家理查德·勒沃汀（Richard C. Lewontin，1929—2021）和斯蒂芬·古尔德（Stephen J. Gould，1941—2002）。批评者主要反对的是他们认为威尔逊论点的两个缺陷：一是不合时宜的还原论，即认为最终可以将人类的行为还原到生物学中去解释；二是遗传决定论，即相信人类的基因决定人类的本性。

支持者则认为，就人类而言，社会生物学的任务就是从进化意义上科学地去解释生物包括人类行为的起源及进化的生物学机制。他们把威尔逊这本书对社会生物学的开创称为是继达尔文以来最重要的生物学理论发展里程碑。

《社会生物学》这一部分内容在学术界引起的激烈争论，很快就从生物学领域蔓延到社会科学甚至人文科学。

1999 年，威尔逊为这本书的再版作序，正面回应了反对者的批评。他引证了新近发现和发展的人类遗传学和神经科学知识，指出科学家应当跨越知识分界线，共同合作开拓新的研究方向和领域。他说："现在人们清楚地知道，重要知识之间的分界线并不是一种界限，而是一个广阔的、尚待双方共同合作去开拓的领域。"他主张从科学的角度去探索人性，对人性的衍生物做出从生物学到文化的因果解释。他还强调："我们知道文化进化实质上建立在生物特征的基础上，并且也知道大脑的生物进化，特别是大脑皮质的生物进化，受制于一定的社会背景。但是，上述边界学科中提出的一些原理和细节还存在着很大的争议。基因与文化共同进化的确切过程是社会科学和许多人文学科的中心议题，也是自然科学中仍然没有解决的问题之一。解决这一问题的明显途径，是各个重要的知识分支能够从基础上实现统一。"

当然，支持者依然支持，反对者依然反对。这些争和辩，使人想起在中国持续了三千年关于"人之初性本善"还是"人之初性本恶"或是"人之初性本不善不恶"的论战。

因为社会生物学涉及人类社会从而涉及政治，围绕着"先天"还是"后天"的争论至今依然延绵不断。

不管如何，《社会生物学》一书总体来说不失为一部伟大著作，特别是它开创了社会生物学的先河。1989 年，该书被国际动物行为协会（Animal Behavior Society）评为"历史上最重要的关于动物行为的著作"。

图 4 　《社会生物学》爱德华·威尔逊著，北京理工大学出版社（2008）

灿烂群星：我心中的杰出科学家

【三】生物多样性

威尔逊的另一个重要贡献是他的"生物多样性"（BioDiversity）理论。

1985 年，威尔逊在美国科学院的一份政策刊物上发表了题为《生物多样性的危机——科学面对的挑战》（"The Biological Diversity Crisis: A Challenge to Science"）的文章，引起了广泛的关注。1986 年，他在美国科学院及史密森尼学会（Smithsonian Institution）赞助召开的"生物多样性全国论坛"上做了一场基本政策的演讲，接着负责编辑了题为《生物多样性》的会议论文集。该文集后来成为有史以来最畅销的书籍之一。论文集出版后，"生物多样性"这个名词以惊人的速度传遍世界，并立即成为生态保护文献里最常用的专有名词之一。1992 年 6 月，一百多名来自世界各地的国家元首和政坛领袖参加了在巴西里约热内卢召开的地球高峰会议。这期间，老布什总统还拒绝代表美国签署《生物多样性公约》（"Convention on Biological Diversity"）。这一事件把生物多样性的议题推入了世界主流政治之中，并成为美国当年时尚文化中的一个主题内容。

顺便提及，生物多样性（BioDiversity）这个合成词最先是由一位名叫华特·罗森（Walter Rosen）的美国科学院行政官员在上述全国论坛上建议使用的，它比威尔逊草拟的生物多样性（Biological Diversity）更为简洁而最终被广泛采用。

威尔逊一向保持着对生物科学的敬畏和对地球生命的关怀，毕其一生积极参与国际上保护世界生物多样性的各种活动。他还是美国自然历史博物馆和美国自然保护组织董事会的成员、哥伦比亚大学地球研究所的顾问，以及他领衔组建的国际生物多样性基金会（Edward O. Wilson BioDiversity Foundation）的主任。

2000 年，威尔逊为《社会生物学》发表 25 周年的纪念版写了题为《直至 20 世纪末的社会生物学》的序言。他回忆道："在过去 25 年里，我为之消耗了很多心血的另一个学科——保护生物学，已经与人类社会生物学建立了非常密切的联系。"期间他倡导的科学计划之一是编辑出版《生命大百科全书》（*Encyclopedia of Life*）。他呼吁全球科学家共同努力，尽快记录地球上已知的约 180 万物种生物的完整资料和数据，并放在网站让全世界开放获取。

威尔逊说："'大自然'这个词对我来说具有两层含义……20 世纪刚开始的时候，人们依然相信地球资源丰饶得取之不尽，用之不竭……现在，我们已绘制完真实的世界地图，而且也估算出日渐减少的地球资源：才经过一个世纪的开发，人类就已经将野外世界破坏到足以威胁自然资源的程度。生态系统和物种目前正以 6500 万年以来最快的速度消失！……我们已经开始调整自己的角色——从地球的征服者转变为地球的管理者。"

他指出:"假如你砍掉一片森林,尤其是一片古老森林,你不仅仅是除掉了许多大树和一些在树冠上栖息的鸟,你实际上完整地消灭了数平方英里内的多个物种,有可能上万个物种,其中许多物种我们根本还不了解。至今为止,科学对许多物种,如真菌、微生物和各种昆虫在生态系统中所起的无疑是非常重要的作用还不是很清楚。"他还强调说:"我们必须放弃现在流行的一种迷信:我们只要在什么地方保存一小部分旧的生态环境,我们就可以在其他地方做我们所想做的任何事情。这是一种非常错误和危险的见解。"

关于他创立和发展起来的社会生物学和生物多样性,后来威尔逊自己有个小结,说:"1984 年,我在《热爱生命的天性》(*Biophilia*)一书中将我的两个理性的挚爱——社会生物学和生物多样性——结合了起来。这部书的中心论点是:心理发展表现出来的遗传规则很可能就反映了对自然环境的适应性。"

图 5　2011 年,82 岁的威尔逊在非洲莫桑比克考察昆虫(2011)

【四】高产作家

不单在科学研究上成就斐然,威尔逊还擅长著述,是一位高产作家。除了专业论文之外,他出版了 30 多本专著和科普书籍。特别是到了晚年,他更致力于人文科学的写作,先后以《论人性》(*On Human Nature*,1978)和《蚂蚁》(*The Ants*,1990)两度荣获普利策奖(Pulitzer Prize)。该奖项是美国 1917 年开始颁发的新闻杂志音乐文学领域的综合奖。威尔逊较大影响的代表作包括有中译本的

灿烂群星：我心中的杰出科学家

《缤纷的生命》、《生命的未来》、《创世记》、《知识大融通：21 世纪的科学与人文》以及 Naturalist（该书有两款中译本：《博物学家——爱德华·威尔逊自传》和《大自然的猎人》）。

2020 年，91 岁高龄的威尔逊回归自己最初也是最有特色的身份——蚁学家，出版了新书《蚂蚁的世界》（Tales from the Ant World）。这是他最后一部作品，具有一定的自传性。他在序言中写道："尽管到现在为止我已经写了 30 多本书，但它们绝大多数都是学术性的。直到这本书，我才把蚁学作为一场体力和智力上的探险，来讲述其中的许多神奇故事。"书中，他讲了 26 个对自己人生有重大影响、令他印象深刻或让他自豪的与蚂蚁有关的故事。他不仅介绍了蚂蚁的种类、行为和社会结构，还介绍了它们如何通过信息素进行通信和认路、如何协作和御敌、如何进化和改变历史，描绘了蚂蚁作为社会性昆虫的代表是如何"统治"地球的。

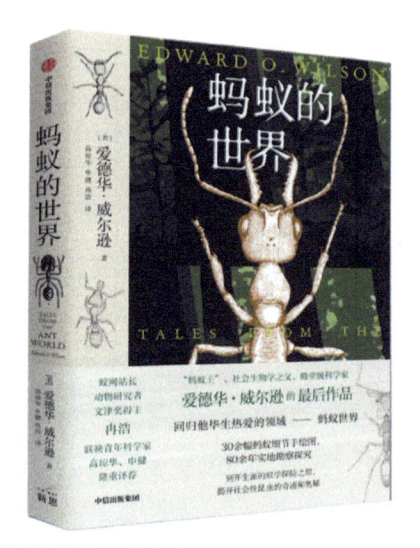

图 6　《蚂蚁的世界》爱德华·威尔逊著，中信出版社（2022）

值得一提的还有威尔逊在 89 岁高龄时写的一本小书《创造的本源》。他在书中再次表达了自己对科学与人文相互融合的热切期待。这本书真实地反映了他本人基于科学精神和质疑态度对自己人生经历中如何看待科学与人文关系的深刻思考，还有与他早年的学术著作以及《知识大融通》和《人类存在的意义》等作品里所表达的原始朴素思维的一些更新和转变。

【五】荣誉等身

威尔逊一生荣获 150 多个国际奖项和 26 个荣誉学位，是 30 多个世界性科学组织和团体的荣誉会士或会员。这里仅条列一些代表性的例子：

1959 年，当选为美国艺术与科学院院士。

1969 年，当选为美国国家科学院院士。

1976 年，获美国国家科学奖。

1979 年和 1991 年，分别获普利策奖（Pulitzer Prize）。

1989 年，当选为瑞典乌普萨拉（Uppsala）皇家科学院外籍院士。

1990 年，当选为英格兰皇家学院外籍院士、芬兰科学与人文学院外籍院士；同年，获世界自然基金会颁发金质奖章并获瑞典皇家科学院克拉福德奖（Craford Prize），该奖项是为诺贝尔奖覆盖不到的科学领域颁发的最高荣誉奖励。

图 7　威尔逊作学术报告

1993 年，获牛津大学荣誉博士学位。

1994 年，当选为俄罗斯自然科学院外籍院士。

1995 年，获美国富兰克林奖和美国科学促进会奖章，以及西班牙马德里大学荣誉博士学位。

1996 年，被《时代》杂志评选为"对当代美国影响最大的 25 位美国人"之一。

1996 年，从哈佛大学退休，但继续担任昆虫学荣誉教授和动物学博物馆名誉馆长。

1998 年，获耶鲁大学荣誉博士学位。

灿烂群星：我心中的杰出科学家

2021年12月26日，92岁的爱德华·威尔逊辞世，仅在他夫人Irene Kelley 8月7日离世四个半月之后。他俩在1955年结婚，有一个女儿Catherine。

【六】结语

作为本文的结语，这里特别选录了威尔逊名著《博物学家——爱德华·威尔逊自传》（*Naturalist*）里的一段话：

"如果我的人生能够重来一遍，让我的视野在21世纪重生，那么我会做一名微生物生态学者。一克重的普通泥巴不过是用拇指和食指就能轻轻捏起来的分量，里面却栖息着100亿个细菌。它们代表着成千个物种，而且几乎全不为科学界所认识。届时我会在新式显微镜和分子分析技术的帮助下进入那个小小世界。我会穿越沙粒大小的森林，乘坐想象中的潜艇，横过相当于一片湖泊的水滴，追踪捕食者和猎物，以便发现它们新的生活方式和特异的食物链；上述的一切，只需要踏出我的实验大楼不到十步，就可进行探险和发掘。美洲豹、蚂蚁和兰花仍将会光彩夺目地占据着远方的森林。只不过，如今它们更奇特、更复杂。可以期待，无穷无尽的世界也将加入到它们的行列之中。"

图8 《博物学家 爱德华·威尔逊自传》爱德华·威尔逊著，中信出版社（2021）

（本文首发表于2022年4月10日）

46 章名涛，水木清华一滴露

清华大学电机系历来人才济济。以前介绍过顾毓琇，也曾提及李郁荣。今天来说说章名涛，他是我国电机工程界的著名学者、教育家、中国科学院学部委员、清华大学电机系原主任。

图1　章名涛

【一】生平简介

章名涛于1907年7月23日出生在北京前门外一个商人家庭。他祖籍在浙江省宁波鄞县，世代务农。他6岁时入读北京师范大学附属小学，12岁小学毕业后到上海再读了一年小学，随后考入圣约翰（Saint John）学院附中。1924年，章名涛中学毕业后曾报考清华大学，未被录取。年少气盛的他发誓说："现在当不上清华的学生，将来一定要当上清华的教授。"

于是，章名涛选择了到欧洲留学。他先到法国，然后转到英国，在纽卡斯尔大学（Newcastle University）的 Armstrong College 读电机工程专业。

1927年，章名涛本科毕业，获工程科学学士学位。随后，他到了曼彻斯特一家电机公司实习。在那里，他白天工作，晚上在曼彻斯特大学（University of

灿烂群星：我心中的杰出科学家

Manchester）夜校研究生部读书，于 1929 年完成硕士学位。他来到林肯（Lincoln）市的一个柴油机厂实习，同时准备考读博士学位。翌年，他父亲病重，章名涛离职回国。回国后，他到了杭州浙江大学工学院电机工程系任职副教授。一年后，他离开学校到了上海"亚洲电气公司"任职工程师，专门研究电池。

图 2　留英时的青年章名涛

1932 年，25 岁的章名涛应清华大学工学院院长顾毓琇邀请，到了清华大学任职正教授并参与筹建电机工程系。

1934 年，章名涛和顾毓琇等同行一起，发起成立了"中国电机工程师学会"，并成为该会的第一批会员。

在清华执教期间，章名涛不但系统地讲授电机学理论和最新研究成果，还把电机制造方面的先进技术引入到国内电机工业界。有一段时间，他集中介绍了当时世界上最先进的德国西门子公司工程师 Michael Liwschitz-Garik（1883—1959）著述的有关电机设计、绝缘、结构等方面的书籍。

1935—1936 年间，麻省理工学院（MIT）教授维纳（Norbert Wiener, 1894—1964）接受了从 MIT 毕业回国在清华大学电机系任职的李郁荣的推荐，并获得了清华大学校长梅贻琦以及数学系主任熊庆来的邀请，来到了清华大学出任数学系及电机系客座教授。期间，章名涛与维纳常有个人接触和学术交流。

1937 年抗日战争爆发后，章名涛随清华大学南迁到了昆明，任教于西南联合大学。1940 年，32 岁的章名涛曾回北平一趟，探望年老母亲并和姜涓长女士结了婚。

清华大学建系初期电机系教师合影 (1936年)
后排左起：张思候、范崇武、沈尚贤、徐范、娄尔康、朱曾赏、严睃
前排左起：赵友民、李郁荣、顾毓琇、维纳(Norbert Wiener)、任之恭、倪俊、章名涛

图3　章名涛（前排右一）

1942—1945年间，章名涛在西南联大出任电机系主任。在西南联大任教时，他曾研究过电气铁路，写过《中国电气铁道刍议》论文。章名涛讲课时特别重视板书，为此颇有名气。那时，一些不修他的课的学生也常会在课后跑到教室去欣赏他留下的板书。

1945年抗战胜利后，章名涛返回工业界，到上海公共汽车公司工作至1948年。

1949年起，章名涛再次重返清华大学电机工程系并出任清华大学电机工程系主任。他当系主任时，工作十分负责任。他矢志不渝地致力于提高教师队伍的科学和教学水平。他鼓励大家"坚决地攻克科学堡垒，掌握最新的技术"。他认为："提高我们现有的师资水平是我们教学工作的一个关键问题"。

章名涛曾对青年教师讲过："如果你想要去掌握好一门知识或学问，最好的办法就是去教那门课程。"他自己学识渊博，在清华大学先后教过电工原理、微分方程、直流电机、交流电机、电力传输、配电工程、发电厂、电磁测量、电机设计及制造、电机电磁场等十几门课程。在教学生涯中，章名涛很重视中国自己的教材建设。20世纪50年代，他曾参与翻译苏联高等学校教材《电力机械》和《电机结构》。1964年，由他主持编写的中国第一部电机学教科书（《电机学》（上、下册））由科学出版社正式出版。

章名涛除重视理论教学外，还很重视培养学生的实际能力，他认为"只知原理,不会实际操作,不能成为真正的工程师"。因此,他在讲授完电机设计课程后,总要让学生实地去设计并参与制造出能用于生产的电机。

【二】教学科研

1952 年,章名涛参加了中国民主同盟,后任民盟北京市委员会委员,以及第四、五、六届全国政协委员。

1955 年,章名涛当选为中国科学院技术科学部的学部委员(即院士),后任常务委员及技术科学部电工组组长和机械电机研究所学术委员会委员。在 20 世纪 50 年代,他还担任过中国电机工程学会副主任委员,以及清华大学校务委员会委员、校学术委员会委员等职。在学术工作方面,他担任过高等教育部《自然科学杂志》(电工、无线电、自动控制版)主编。

1964 年,章名涛和同事把自己关于电机电磁场理论的研究成果做了全面的概括和总结,为研究生课程编写了一部讲义《电机的电磁场》。但是,素材未能成书出版,遇到了"文化大革命",部分原稿被付之一炬。

图 4　章名涛一家(20 世纪 60 年代)

1976 年,那场历时十年的"文化大革命"结束了,尚未到古稀之年的章名涛却坐上了轮椅。1979 年,章名涛和助手俞鑫昌副教授一起把 B. Heller 和 V. Hamata 的名著 *Harmonic Field Effects in Induction Machines* 译成了中文《异步电机中谐波磁场的作用》。这本书当年是世界上该领域的第一部专著,作者 Heller 教授时任捷克斯洛伐克科学院电工研究所所长。1956 年章名涛去苏联和东欧访问期间认识了 Heller 教授,并和他一起探讨过异步电机中的谐波磁场理论问题。章名涛在翻译过程中对全书众多的公式全部重新作了细致严格的推导,并订正了不少错漏。

章名涛还和他的学生一起，花了很多时间重新整理了当年编著的研究生教材《电机的电磁场》。他说："我的时间不多了，但我要干的事情还很多，如不能把我的知识留给后人，那将是我终生的憾事。"最终，《电机的电磁场》这本近50万字的著作终于整理完毕交付印刷。可惜的是，1985年1月9日，78岁的章名涛病逝，生前未来得及看到该书的出版。

【三】电机泰斗

被誉为"电机泰斗"的章名涛一生为人低调，淡泊名利。他质朴无华，心地善良。他是个谦谦君子，言谈举止慢条斯理。据说他一辈子都没有学会骑自行车。此外，除了专业书、牡丹烟、龙井茶之外，他一生没有其他嗜好。

章名涛的夫人姜涓长则健康地活到97岁，无疾而终。她曾回忆说，章名涛遇到好事总是谦让。20世纪50年代初教授评级时，章名涛被评上了一级教授。但当他得知数学系赵访熊（1908—1996）被评为二级教授时，便去找蒋南翔校长，要求把自己降为二级。此事传到了周恩来总理耳中。总理说，教授评级是在全国范围内进行的，不能随便更改。后来中国科学院评选学部委员时也是那样。章名涛找到学校领导，说自己不够资格。领导说，这是中国科学院在全国范围内评选出来的，清华无权修改，章名涛才作罢。

1992年，时任国务院副总理的朱镕基为清华大学电机系建系60周年写的贺词中提到，章名涛曾对朱镕基等学生们说过："你们来到清华，既要学会怎样为学，更要学会怎样为人。青年人首先要学'为人'，然后才学'为学'。"

图5　章名涛格言

（本文首发表于2022年9月2日）

《天元数学文化丛书》已出版书目

（按出版时间排序）

1　数苑趣谈　2021.8　万精油　著
2　中国计算数学的初创　2022.3　王涛　著
3　灿烂群星：我心中的杰出科学家　2025.6　陈关荣　著